人類發展的文化本質

The Cultural Nature of Human Development

Barbara Rogoff　著

幸曼玲　校閱

李昭明、陳欣希　譯

THE CULTURAL NATURE
OF HUMAN DEVELOPMENT

Barbara Rogoff

作 者 簡 介

　　Barbara Rogoff 是美國加州大學聖塔克魯茲分校（University of California, Santa Crutz; UCSC）心理學系的教授。她曾經是美國史丹佛大學行為科學系高等研究中心的研究員，也曾是著名的期刊「*Human Development*」的編輯。多年前曾因《認知的學徒制》（*Apprenticeship in Thinking*）一書，得到美國教育研究協會（American Educational Research Association, AERA）的 Scribner 獎。

　　對 Barbara Rogoff 而言，人類發展其實是文化歷程。她曾經在瓜地馬拉馬雅（Mayan）社群中工作近三十年。她主要針對學習歷程和情境之間的文化差異進行探究，尤其是學校教育尚不普及的社群。她對於孩子熱烈參與的文化活動、孩子參與成熟的文化活動的學習、成人引導者的角色，以及學校教育在西方社會扮演的角色有深厚的興趣。對她而言，孩子的發展其實跳脫了心理學的層面，而是一個參與社群活動的過程；而這個革命性的觀點對發展心理學有長遠的影響。

校閱者簡介

幸曼玲

（http://www.tmue.edu.tw/~kid/teacher_shing.htm）

學歷：國立台灣大學心理學學士
　　　美國俄亥俄州立大學發展心理學碩士
　　　美國俄亥俄州立大學發展心理學博士
經歷：台北市立教育大學幼兒教育系副教授兼幼兒教育系主任
　　　台北市立師範學院幼教系副教授兼兒童發展研究中心主任
　　　台灣省板橋教師研習會研究室副研究員
現職：台北市立教育大學幼兒教育系副教授兼兒童發展碩士學位學程主任
研究興趣：以發展心理學的觀點關注兒童在學校中的發展與學習；對教室中，
　　　　　如何透過師生互動的歷程幫助兒童學習深感興趣。

譯者簡介

李昭明

學歷： 台北市立師範學院幼兒教育系學士

國立政治大學幼兒教育研究所碩士

台北市立教育大學教育研究所博士班研究生

經歷： 台北市南海實驗幼稚園教師

教育部委託專案專任研究助理

現職： 台北市立文山特殊學校教師

陳欣希

學歷： 輔仁大學哲學系學士

輔仁大學應用心理學研究所碩士

國立台灣師範大學人類發展與家庭學系博士候選人

現職： 台北市立教育大學幼兒教育系兼任講師

長庚技術學院幼兒保育系兼任講師

校 閱 者 序

　　早在 2003 年一開始看到這本書時就想要翻譯了，不為別的，而是被她在方法學上的思考及表徵方式的清晰所吸引。而這些思考正是我個人從心理學界轉戰教育界多年來一直有的困頓。而我雖然與 Rogoff 素昧平生，但思維卻是如此相似，而她卻清清楚楚將思路呈現在大家眼前。

　　從心理學的發展歷史來看，科學是心理學發展的標竿，是心理學之所以成為一個學門的立足之地。而外在的環境是影響因素，在實驗設計下因著研究者的需求可加入，也可拿掉的影響因素（factors）。可是，真實世界並不是如此。於是，多年來實務界與理論界間總有一道難以跨越的鴻溝。甚而，研究無用論的耳語總在實務界悄悄蔓延。質性研究的加入雖然解決了這樣的難題，但在研究方法上卻不容易和學生溝通清楚。在這本書中，Rogoff 直指一般坊間所用的類比模式其實是干擾我們理解的最大因素。我們不自覺的採用「俄羅斯娃娃」的層層相疊，作為思考的模式。於是加入或拿掉似乎就這樣輕而易舉，一點都不拖泥帶水。可是，一個人從一個空間轉換到另一個空間真的可以如此乾淨俐落嗎？Rogoff 不但以另一種方式來表徵人在轉換空間的交錯複雜，也在語言使用上明確的區分了「social influence」和「socio-cultural」。這樣的觀點也許對原本非心理學取向的人並不稀奇，但是受過心理學基礎訓練的人的確需要 Rogoff 的想法來擔任「Bridging」的角色。

　　Rogoff 不僅在方法學上澄清思考的歧異點，Rogoff 也將文化的概念納入「發展」的思維。對發展心理學家而言，「發展」是遺傳或環境，或遺傳和環境交互作用的歷程。而 Rogoff 將「發展」定義為「在文化活動中參與歷程的轉化」，毫不扭捏的直接將文化所扮演的角色納入發展；Rogoff 在其書中強調人類演化過程中演化而來的學校制度或是家庭制度都是文化社群的產物，而此交錯動態的歷程也造就了兒童，成就了發展。在其研究中，文化不是「變項」，而是活生生、血淋淋在生活週遭的點點滴滴。

　　曾經有國外的學者問過：台灣兒童的發展心理學是什麼樣貌？我們無言以對，

因為我們對我們的文化環境並不理解。我們的研究不斷因襲國外的理論、國外的工具；我們對自己的兒童不夠理解，更遑論建構出屬於我們孩子的發展觀。然而，觀念不是沒有，如何落實才是核心。冀望本書的出版，可以激起探究的興趣，也希望不久的將來，我們說得出我們孩子的樣貌。

目 錄

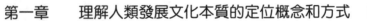

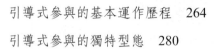

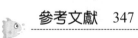

1

理解人類發展文化本質的定位概念和方式

譯者：李昭明

　　人類發展是一個文化的歷程。作為一個物種，人類的本質被定義成文化參與度。我們不但利用已有的文化和生物遺產，像是語言或其他文化工具；我們更使用已有的文化遺產來相互學習。使用像是語言和文學這樣的工具，使我們能夠共同記住一些個體不曾經驗過的事件——使得我們能跨越不同的世代，以感同身受的方式進入他人的經驗。

　　身為人類，就隱含了人類自古以來對生活的束縛，也蘊含了創造生活的其他可能性。同時，每個世代都會繼續修正和調適他們的文化和生物遺產，以面對當時的環境。

　　在這本書中，我的目的是藉由檢驗社群間生活實踐與傳統的相同點和相異點，以理解人類發展的文化型態。為了與文化歷程做對照，我把注意力放在描繪社群生活中例行工作的行事結構。我把焦點放在人類參與社群文化實踐和傳統的過程，而不是平衡個人在國族或種族的文化差異。

　　為了理解人類發展的文化層面，這本書的主要立場是：人類在發展過程中如同文化社群的參與者。他們的成長或改變只能以他們所在社群的文化實踐和社群的狀態來理解。

　　現在，人類發展的研究大都來自於歐洲和北美洲，以中產階級社群為對象的研究和理論。這樣的研究和理論通常被假設適用於全體人類。的確，許多研究者從單一群體而過度普遍化所得出的研究結論；我們都宣稱：「兒童本來就是這個樣子」（the *child* does such-and-so），而忽略了其實「這些兒童過去是這個樣子」（these children did such-and-so）。

　　舉例來說，很多研究企圖決定：什麼樣的年齡就可期待「兒童」具備某種特定的能力。大體而言，這些論點都依賴年齡；呈現一般兒童進入一個階段的年齡，或是應具有某個特定技巧能力的年齡。

　　但是，文化取向關注的焦點則是，不同文化社群可能期待童年時期的兒童投入活動的時間不同；因此，以「時間表」（timetables）作為其他社群的發展指標是危險的。如果我們思考一下，「兒童何時能開始完成某些事情的文化差異之研究報告」的種種問題：

何時兒童的智力發展能允許他們自己對別人負責？

何時兒童可以被信任能照顧一名嬰兒？

　　美國中產階級的家庭中，兒童在 10 歲前，通常不被認為有能力照顧自己或其他兒童（某些地區甚至更晚）。在英國，讓未滿 14 歲的兒童獨自在家而沒有大人陪伴是違法的（Subbotsky, 1995）。然而，在許多世界的其他社群當中，兒童在 5-7 歲就負起照顧他人的責任了（Rogoff et al., 1975；見圖 1.1）；而且，在一些地方，甚至是更年幼的兒童開始承擔這樣的責任。例如，大洋洲的 Kwara'ae 族。

　　　　三歲幼兒對於園藝和家務，是有能力的工作者；他們能把比他們更年幼家人照顧得很好，也有很好的社會互動。雖然年幼的兒童也有時間去遊戲，但許多基本的遊戲都與工作有關。對成人和兒童而言，工作與唱歌、說笑、口語遊戲和歡樂的對話是結合在一起的。用布偶的扮演遊戲中，兒童也很像是在照顧真正的嬰兒。除了在庭院裡工作之外，幼兒有一塊屬於自己的土地。這塊地比較像是遊戲用的，但許多三、四歲幼兒都拿來種植，把長出來的東西拿去市場上賣，因此，對於家庭收入有顯著且有價值的貢獻（Watson-Gegeo, 1990, p. 87）。

什麼時候孩子的判斷能力和協調性能讓他們安全地使用刀子？

　　雖然美國中產階級的成人常常不信任 5 歲兒童使用刀子，但是在剛果共和國中的 Efe 族，嬰兒很習慣安全地使用刀子（Wilkie, personal communication, 1989；見圖 1.2）。同樣地，Fore 族（新幾內亞）的幼童在會走路的時候，就能安全地使用刀和火（Sorenson, 1979）。在中非 Aka 族的父母教導 8-10 個月的嬰兒如何丟擲小型的矛，使用小型有尖頭的鏟子和具有鋒利金屬刀片的小型斧頭：

圖 1.1

這個 6 歲的馬雅女孩（瓜地馬拉）
有能力照顧她的表弟。

　　在嬰兒期就開始有自主性的訓練。嬰兒被允許爬行或走路到他們想去
的營地，以及在營地附近使用刀子、大砍刀、鏟子和陶壺。然而，只有當
嬰兒爬行到火堆或攻擊其他兒童時，父母或其他人才會干預嬰兒的活動。
舉例來說，看到一個 8 個月大的嬰兒拿著 6 吋長的小刀在砍削製作房子的
支架，是很平常的事。3 或 4 歲兒童能自己用火烹煮食物，而 10 歲的 Aka
兒童則瞭解獨自在森林裡生活所必要的生存技巧（Hewlett, 1991, p. 34）。

　　所以，到底什麼年齡的兒童才能發展出對他人的責任感，並有足夠的技巧及判
斷能力來面對危險的工具呢？若讀者基於自己的文化經驗做了一些猜測之後，可能
會說：「喔，當然。視情況而定。」

　　的確。視情況而定。

　　在兒童理解各種事情的過程中，我們對不同的狀況需要有不同的期待。兒童其
實在不同的情境脈絡中獲得意義。像是：他們準備「餐點」或「照顧」一個嬰兒；
什麼樣的資源是有用的或什麼狀態是危險的；哪些人正在附近；當地成人的角色是
什麼，他們如何生活；人們使用什麼樣的制度來組織他們的生活；這個社群對於制度

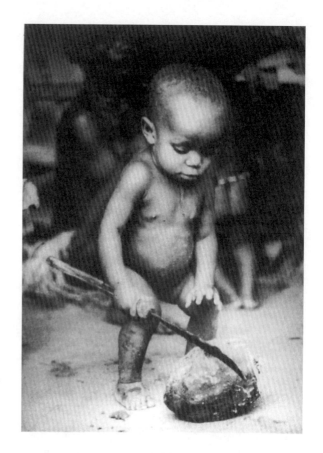

圖 1.2

在親友注視之下，11 個月大的 Efe
嬰兒很熟練地用刀子切開水果（在
剛果共和國的 Ituri 森林）。

和文化習性發展到成熟的過程中，有著什麼樣的目標……等。

　　不論活動本身是否為每日的例行工作，或是參與一個測驗或實驗，人們的表現
有很大部分是依賴社群的規範和他們慣常的文化實踐方式。他們所做的事情來自事
件本身被賦予的文化意義；而且在社群中提供的社會和制度上的支援，也幫助他們
完成在活動中特定角色的學習。

　　文化研究已幫助學者以歐洲人和歐裔美國人為基礎，來檢驗他們的理論在其他
環境下的適用性。一些文化研究已經針對假定能適用全人類的理論，提供了關鍵性
的相互對比實例，顯示出這些理論可能有的限制，或挑戰該理論的基本假設。這類
的例子有很多來自於 Bronislaw Malinowski（1927）的研究，他質疑 Sigmund Freud
理論中的伊底帕斯情結（Oedipal complex）和跨文化認知發展測驗問題。後者更造
成 Jean Piaget 放棄自己對於所有青春期個體均能以系統性測驗的方式達到「形式運
思期」階段（1972; see Dasen & Heron, 1981）。

　　近幾年來，理解文化過程變得十分重要。在北美和歐洲，人口統計急遽變化，

每個人與不同於自己文化的人有更密切的接觸。現在，學者再次認知到理解人類發展的文化面向，對於「解決急迫的實務問題」與「去瞭解世界人類發展本質的進程」是同等重要的。為了詮釋社群間異同的問題，也為了跳脫每個世代都認為的假設——「各地人類發展研究者所在的社群都一樣，也都用著相同的方式運作」，文化研究其實是不可或缺的。

　　瞭解人類發展中文化本質的規律（regularities）是本書的主要目標之一。然而，在 Bora Bora 或辛辛那提的觀察，不但構成有趣的文化圖像，也展現迷人的文化習俗差異；但更重要的，這些結果能幫助我們分辨在不同社群當中，人類發展的不同樣態。

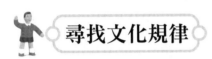

尋找文化規律

　　在本書中，我除了說明「文化要素」之外，還要統整所有可獲得的觀念和研究，來對「文化如何在人類發展過程中產生影響」這個問題有更深入的瞭解。什麼樣的規律可以幫助我們瞭解人類發展的文化層面呢？描繪單一人種動態發展的過程，就像描繪他們不斷改變的文化社群，我們需要確認不同社群之間各種差異的規律，就像我們人類種族之間存在著重要的共通性（commonality）。雖然人類發展的文化面向相關研究仍然很少，但這也是拋棄「視情況而定」想法，完整地呈現文化實踐中多變性和相似性的樣態的時候了。

　　無論其他社群跟我們的社群有多相像，尋找不同文化傳統的過程，能夠幫助我們比較容易感受到自己或其他種族生活的文化規律。文化研究能幫助我們理解自己生活中認為理所當然或令人訝異的文化層面。

　　舉例來說，關注以時間順序排列和各個時期發展成就，對於許多學習人類發展的人來說，是毋須懷疑的。然而，關注不同時期轉化的問題就是立基於一種文化觀點的。它們是和那些從人類出生開始，把經歷的時間拿來當作一種發展量尺的文化制度相互搭配的。

一套模式：兒童以分齡的方式，或以分隔的方式投入或參與社群中更成熟的活動

　　在美國和其他國家，一直到 19 世紀後半，年齡才變成安排生命的一種規準；而

到了 20 世紀初期更是如此（Chudacoff, 1989）。隨著工業化的發展，以及努力讓人類服務（如教育和醫療照顧）系統化的興起，年齡成為發展的一種量尺和區分人們的基準。個殊化的機構依據不同年齡層的人被設計出來，包括老年人的機構和分齡學校，發展心理學和小兒科也在這個時代開始出現。

　　過去在美國（現在許多地方尚持續著），人們很少知道自己的年齡，在教育過程中，學生是依自己學習狀態逐步升級。儘管區別出嬰兒期、兒童期和成年期，美國的專論和大眾文學也很少提及特別的年齡層。過去的 150 年，儘管某些文化社群仍不重視這個部分，但是年齡的文化概念和與年齡結合的文化實踐已經扮演重要角色；這些不重視文化的社群大部分是本書現在的讀者。

　　年齡的分級（age-grading）則伴隨著隔離措施。兒童從社群中的活動裡被區隔出來，如義務教育和工業化就使得工作場所從家庭裡被分離出來。在尚未進入成人世界之前，年幼的兒童都需要投入或參與這些獨特的或關注兒童的機構，以便為往後進入這個社群做準備。

　　我認為，規劃以兒童為主的環境和做法，與年齡分級和兒童隔離的觀念緊密相連，而這也是現在中產階級父母與他們的孩子互動的狀態。以兒童為主的環境布置和中產階級兒童養育的生活實踐，在發展心理學中也是重要的主題。它們與生命階段、思考與學習歷程、動機、親子和同儕關係、在家庭和學校的訓練方式、競爭和合作的各種觀念都有關聯。我在全書之中都在檢驗這些文化規律，把它們當作是在許多社群中瞭解發展的重要關鍵。

　　另一個可能的型態是，將兒童與他們每天活動的社群整合。這個型態包含了與過去人類發展非常不同的概念和文化實踐（Rogoff, Paradise, Mejía Arauz, Correa-Chávez, & Angelillo, 2003）。比起脫離情境脈絡的知識運用和技巧訓練課程而言，研究者藉由觀察和投入現場的機會，使得兒童能經由敏銳的注意力及持續進行的活動來學習。在這個狀況下，一個時段之內，兒童的人際關係常常包含與很多群體間的相互合作，而不是只跟「某個人」合作。在本書中，我將會檢驗這些內容和其相關的規則。

 ## 其他型態

　　因為文化研究對這個領域仍然相當新穎，所以有關社群之間相同、相異規律的研究並沒有太多的內容可以參考。然而，的確有幾個地區在文化實踐中出現了重要的規律。

有一套規律的型態是人際關係被假設是一種階層（某個人可以控制其他人）的組織方式。另一個可能的型態在結構上較為扁平，個人不會被其他人所控制──個人做決定的自主權會被尊重，但是個人也會被與之合作的團體目標所限制。就像是我在往後幾個章節會討論到，在睡眠安排、紀律、合作、性別角色、道德發展，以及學習協助方式的文化差異等議題，都與這樣的型態有關。

其他的型態則是處理與生存有關的策略。嬰兒和成人的死亡率、食物和其他資源的短缺或充裕、安定或流浪的生活，似乎都與嬰兒的照顧和依附行為、家庭角色、發展的階段和目的、兒童的責任感、性別角色、合作和競爭、智能的優勢等文化間相似性和相異性有關。

我在本書中會提出這些規律和其他型態的議題。雖然尋找文化系統規律的工作才剛開始，但這已經讓我們有一種期待：可以幫助我們瞭解世界上各個文化社群中（包括我們自己的社群）令人驚奇或習以為常的運作方式。

為了尋找文化型態，去檢驗我們如何思考文化歷程和個體發展間的角色是重要的。在前三章中，我把焦點放在我們如何將個體和文化歷程間的相互關係概念化的歷程。本章的下一節中，為了瞭解我們能如何思考在人類發展過程中的文化歷程角色，我將介紹一些重要的定位概念（orienting concepts）。

 ## 作為理解文化歷程的定位概念

我在本書中開展的「作為理解文化歷程的定位概念」，是源於社會文化（或文化─歷史）的觀點。近幾十年來，探究文化實踐如何與思考、記憶、推理和問題解決等發展方式之間產生關聯的研究中，這種取向變得很重要（Rogoff & Chavajay, 1995）。Lev Vygotsky 是 20 世紀初期以來這個取向的先驅。他認為所有社群中的兒童都是文化的參與者，他們各自生活在一個獨特的社群和一段特定的歷史時間裡。Vygotsky（1987）主張，比起試著「展現永恆的兒童」（reveal the eternal child），他的目的是更想發現「有歷史性的兒童」（the historical child）。

從一個社會文化─歷史觀點來瞭解發展，需要對於日常生活的文化本質進行檢視。這些檢視的內容包含探究人們對於文化工具及技巧的使用和轉換；以及他們所參與家庭生活的結構和制度，和他們參與社群實踐的情形。

另一種對人類發展文化和歷史本質的統整性理解，源自於科技整合的取向。所涵蓋的學科領域有心理學、人類學、歷史學、社會語言學、教育學、社會學和其他

領域。它建立在一種多元化的研究慣例上，包括從人類學的角度對日常生活的參與觀察、在自然情境或受限的「實驗室情境」的心理學研究、歷史方式的報導、對錄影帶中事件的詳細分析等等。統而言之，這些研究和跨領域的學術傳統激發出一個新的概念——人類發展是一種文化歷程。

　　為了檢驗我們如何思考文化歷程和它們對於個體發展的關係，去瞭解不同社群人類發展文化歷程之相同、相異的規律是很重要的。我們認為文化歷程是什麼？人們要如何瞭解自身或是其他社群的文化實踐和傳統？我們要如何讓個體參與文化歷程，並且對文化歷程有貢獻？我們如何去處理各個文化社群間的關係，以及文化社群本身如何轉變？

　　這一節將概述我稱為用來理解文化歷程的定位概念。這些是引導思考文化歷程如何對人類發展有貢獻的概念。

　　這個作為用來瞭解文化歷程的整體定位概念（overarching orienting concept），是我對文化歷史觀點的說法：

人類是透過不斷改變他們在自身社群中社會文化活動的參與而發展的，在此同時，他們的社群也會產生變化。

　　這整體定位概念為其他作為瞭解文化歷程的定位概念，提供了一個基礎：

文化不只是其他人所做的（事情）。除非他們已經與幾個文化社群接觸過，否則，人們會把自己當作是沒有文化的（我？我沒有什麼特別的啊），或自認他們的歷史發展都是理所當然的。多樣的文化經驗給予我們去見識每天人類活動和發展中文化歷程的機會。而這些文化歷程與我們使用的技術、我們的制度、社群中價值和傳統都是有關的。研究者、學生、記者和教授等人的工作實踐上，其實都具有文化性，就如同口述歷史學家、產婆和巫醫的工作一樣。

瞭解一個人自己的文化遺產，就像瞭解其他文化社群一樣，需要站在與自己相對的文化觀點進行檢視。檢驗文化歷程中最困難的是，從本身社群的實踐中，建立出有信心且毫無疑問的假設。文化歷程圍繞在我們周遭，而且通常投入一種微妙、無可言喻、先驗的事件和做事方法。這些都需要特別打開自己的眼睛、耳朵和心智，才有辦法覺察和理解（兒童非常機靈地學習這些來自於先驗的做事方法）。

文化實踐工作是環環相扣的。每一個層面都需要從文化取向的其他層面獲得理

解。文化歷程包含了與社群功能層面間多層次的關係，它們不只是各個可操弄變項的集合體。進一步來說，它們是以有組織的型態結合在一起的。文化歷程具有連貫性，是超越「各個元素」（例如，經濟資源、家庭規模、現代化和都市化）的。想要減少社群間的差異性到一、兩個變項（甚或一、兩打變項）是不可能的。為了減少差異性可能摧毀了文化中維持連貫的各個層面，而這些層面對文化歷程都是有用的。一個社群會以某種方式做一件事，而在另外一個社群，可能會用另一種方式去做，但都可以達到相同的效果。同樣地，在兩個社群中用相同的方式去做一件事，則可能導致不同的結果。瞭解文化實踐之間如何相互搭配在一起，是相當重要的。

文化社群持續改變，個體也隨之改變。一個社群的歷史及其與其他社群間的關係都是文化歷程的一部分。此外，因為個人以各種方式和其他社群及經驗相連結，所以社群成員之間的差異並不令人訝異。橫跨不同社群或在社群內的變異性，對人來說是一種資源，它提供我們為多變的和不可預期的未來做好準備。

不太可能有一種最佳方式。瞭解不同的文化實踐不是要界定一種方式是「正確的」（當然也並不是所有的方式都是好的）。瞭解在不同情況下，事情是如何被進行，這樣的做法能使我們開展其他的可能性。從其他社群進行學習，是不需要放棄自己的做事方式的，它只需要短暫地停止對他人的個別觀感，而且小心地區分對於瞭解文化成果和判斷文化價值之間所得到的結果。對於文化型態進行猜想是必要的，但還得持續地驗證，並以開放的心胸修正個人的想法。這樣一來，總有更多的事物可以學習。

本章的最後會檢驗我們如何超越那些必然的假設，那就是我們每個人都受限於個人經驗。我們必須跳脫個人經驗，進而擴展對其他文化取向人類發展的理解。這個檢驗過程是以在地性的觀點為基礎，豐富地發展出規律的型態。這個過程需要：

- 擺脫種族中心主義的觀念，思考其他不同的觀點。
- 考量發展的多元目的。
- 重新認識處於特別文化社群中的局內人和局外人的知識價值。
- 以系統化的方式和開放的心胸，修正我們無法避免的在地性理解，讓這些理解能更加完整。

接下來的兩章是討論個體和文化歷程之間、文化和生物學之間的關係（人類是

生物性文化的爭論），以及思考如何在變動的文化社群中參與等相關問題。

剩下的幾章會檢驗在發展的各個層面——像是兒童與同儕和親子間的關係；思考、記憶和閱讀技巧；性別角色；社群如何安排兒童的學習等——其中的文化本質存在的規律。上述研究文獻，我在這些章節中會廣泛地呈現，同時說明與心理學、人類學、歷史學、社會語言學、教育學、社會學有關的研究方法。這些不同的研究方法會提升研究品質，進而幫助我們獲得更深更廣與人類發展的文化本質。在選擇研究的考量上，我強調一些調查報告——在社群學習過程中，一些與日常生活緊密結合的內容——以促進對這些結論的理解。

本書總結的章節會聚焦在文化不斷變動的本質，以及人類如何進行和創造這些文化。這章會特別把焦點放在西方教育——在遍及全球的兒童和成人生活中逐漸普遍化，進而檢視能建基於新的實踐方式和文化傳統之上的動態文化歷程。

超越最初的假設

魚兒很難發現水的存在。

—Kluckhohn, 1949, p. 11

就像魚兒不離開水，就無法意識到水的存在。人們常常假定自己社群的做事方式就是那樣。從事於這些實踐工作的人們，一直要到他們失去或重新安排這些工作方式時，才會意識到自己的社群和其他人們做事的方式不同（LeVine, 1966）。「在比較不同文化工作中最有價值的部分〔是〕獲得受其震撼的機會，並在與之抗衡的經驗中理解它。」（Goldberg, 1977, p. 239）。

沉浸於其他社群的人們，比起只經驗自己的社群的人，更有機會經驗到「文化震撼」（culture shock）。他們在新環境中做事的方式經常與他們原先做事的方式相衝突；同時，他們可能把各自的文化運行方式視為可有可無的一個選項，而不是一種「順理成章」的做事方式，而沒有解決彼此的差異。一篇談論文化震撼的論文提及一群來自北半球的旅行者，以自身的假定記述了一些新發現。這些新發現的內容呈現了上述的觀念：

所謂的先前假設，就是你不瞭解某事，可是你卻正在進行。就好比在澳洲，你第一次把洗臉台的塞子拔開時，看到水以螺旋的方式流到一個不知道通往何處的洞時，所感受到的迷惑。物理學全部的定律只會告訴你，

那些水現在距離你的家有多遠。

在紐西蘭，電話甚至是以逆時針的方式撥號呢！這其實跟物理學定律沒有任何關係——只是在那兒是用不同的方式做這件事而已。這樣的震撼是因為它從來沒有發生在你身上過，你也從來不用任何其他的方式做這件事。事實上，你從來沒有想過這件事，而它突然就在眼前——以不同的方式出現。就在此時，你原本的立足點滑動了（Adams & Carwardine, 1990, p. 141）。

即使沒有沉浸在另一個文化系統中，文化比較仍可能會在那些只認定自身文化實踐先前假設的那些人心中進行。這些只認定自身文化假設的人會讓人有不舒服的感覺。但是，許多人開始學習其他社群的不同方式時，他們開始會質疑自己社群中的方式是否適當。

一個本土的美國作家指出，文化比較——必須達到文化歷程的理解——會被過去只習慣用一種文化系統思考的人，視為一種令人不悅的質疑態度：

這樣的相對性和比較性，讓人們傾向極端。因為包括我們在內，都認為比較是一種批評，所以他們也會感受到被攻擊或被排除……（但是）比較是不可避免的；同樣地，經由發展而成為我們文化遺產一部分的重要文化偏見也是一樣（Highwater, 1995, p. 214）。

在本書中，我有一個目的是：區分價值判斷與理解文化歷程對人類發展影響的差異。在文化研究當中，有個相當清楚的意念就是要避免對於其他人類活動方式驟下定論。這點也是下個段落的主旨。

為了瞭解一個人自己的文化方式，常常需要暫時停止價值判斷。人們有時假設尊重其他活動方式，就意味著對他們自己熟悉的活動方式進行批評或質疑。因此，我想要強調一個觀念：去瞭解不同文化社群的運作模式時，要區辨出哪些是理解，哪些是價值判斷。假如價值判斷是不可避免的，那麼價值判斷應該需要更多的訊息再做呈現。因為許多判斷是在熟悉的狀況下被延遲了很久，也有些判斷需要在其他社群才容易突顯。

超越種族中心主義和缺陷模式

人們通常將其他社群的實踐方式視為野蠻，他們假定自己社群的觀點是合宜的、

理性的或文明的（Berger & Luckmann, 1966; Campbell & LeVine, 1961; Jahoda & Krewer, 1997）。例如，遠古的希臘人貶抑使用不同語言，有不同生活習俗和其他人類本質概念的人種，來提升自己的文化認同（Riegel, 1973）。的確，「barbarous」這個字源自於希臘人用來形容「外國的」、「粗野的」和「無知的」意思（Skeat, 1974；也可能源自於Barbara這個名字）。「barbarian」這個字是被應用在那些說話不如希臘人清晰的鄰近部落身上，因為他們的話聽起來就像是「bar-bar」：

> 文明的核心地區之外就是野蠻人的所在，他們只用布披在身上，粗野無禮，有貪婪的、無法掌握的和攻擊的性格，以及不願意遵從法律、規定和宗教的引導……（他們）根本不像人類，因為他們沒有住在真實與美好生活的城市之中，也因為他們缺少清楚明白的語言。他們是 barbarphonoi，就是一群只會 bar-bar 地說話的人〔Homer, *Iliad* 2.867〕。以 Aristotle 的觀點，這就使得他們成為天生的奴隸和被放逐的人（Wolf, 1994, p. 2）。

從個人自己的社群，強加其價值判斷在他人的文化實踐上──不曾瞭解這些實踐在這個社群有什麼樣的意義──就是一種「種族中心主義」。種族中心主義即為，基於一個人自身的文化背景，不考慮另一個社群之中各個事件所代表的意義和狀態，就將另一個文化社群視為不道德的、愚笨的或不適當的。換言之，一個社群的實踐和信念被評價為低等的，但並未考量以該社群的觀點來看這些實踐和信念的緣起、意義和功能。這是一個沒有獲得充足訊息而有偏見的問題。

舉例來說，從我們自己文化社群的實踐工作來看，關注良好的養育方式是很正常的。Carolyn Edwards 在下文談到當代北美中產階級對兒童養育價值的特徵：

> 階級制度是令人厭惡的，較大的兒童不應該去使喚較小的兒童，口語推理和溝通應該普及化，兒童應該永遠保有選擇權，體罰被視為兒童虐待的第一步。上述想法編織在一起，就代表某種意義系統（1994, p. 6）。

Edwards 指出，在其他社群裡，上述這個意義系統的所有組成要素不一定會被找到。一個肯亞的媽媽說：「停下你手邊的事，不然我會打你」；但是，相同的情況如果出自一個歐美中產階級母親口中時，則並不意味著相同的意義。在一個人們認為以某種身體或心理上的困頓而維持生存的環境（為了繁重的勞力工作、戰鬥的準備工作、在飢餓狀態下長途跋涉），與一個人們認為要保持身體舒適的環境相比，體罰所代表的意義有相當不同。相反地，肯亞的母親不認為限制她的子女吃東西是種懲罰：「對她而言，如果是美國母親（要給子女最好的）這麼做，會被稱之為限

制兒童的進食，和剝奪他們認為可口、需要、想要的食物，那是相當悲慘的、難以置信的，接下來可能就是虐待兒童！」（pp. 6-7）。從各個意義系統的表面來看，沒有考量每個系統本身的內涵的話，這兩種實踐的方式也許都會被判斷成不適當的。

18 世紀以來，學者擺盪在缺陷模式和浪漫觀點之間。缺陷模式認為「野蠻人」（savages）是缺乏理性和社會秩序的，而浪漫觀點看待「高貴的野蠻人」（noble savages），則認為他們生活在一種和諧的自然狀態，沒有受到現代社會的限制（Jahoda & Krewer, 1997）。這兩種極端除了出現在被觀察者視為異類的人之外，也同樣會在文化社群當中的人們身上出現。他們一方面會受到外界的責難（或同情），另一方面也會被投以期待的尊崇。

這些模式仍然存在我們身邊。缺陷模式的內容出現在澳洲原住民Yolngu族的一週紀實裡，內容寫著：

> 人們持續停留在非常低階的認知發展階段。他們做的所有事情都是在重製。對我來說，Yolngu族並非進步的群體，是不證自明的。
>
> 但是毫無疑問的，歐裔美國文化對於差異性、科學性思維，與來自任何原始社會原創性表現的關注，都存有高度的彈性和寬容態度（Hippler, quoted and critiqued Reser, 1982, p. 403）。

多年來研究者使用缺陷模式比較不同膚色的美國人和歐裔美國人之間的差異，結果顯示歐裔美國人的技巧和教養態度被認為是「正常的」，但其他社群的不同表現，則被視為脫序或有缺陷的，而且研究者設計一些介入計畫用來補救兒童的「文化剝奪現象」（cultural deprivation）（See discussions of these issues in Cole & Bruner, 1971; Cole & Means, 1981; Deyhle & Swisher, 1997; García, Coll, Lamberty, Jenkins, McAdoo, Crnic, Wasik, & García, 1996; Hays & Mindel, 1973; Hilliard & Vaughn-Scott, 1982; Howard & Scott, 1981; McLoyd & Randolph, 1985; McShane & Berry, 1986; Moreno, 1991; Ogbu, 1982; Valentine, 1971）。

> 不同膚色的兒童和青少年常被當作是「問題」（problems），我們使用在我們領域中聲稱是客觀和公正的工具，進行仔細的研究和分析……以及把一個白人的樣本作為「控制組」，（這個研究）再繼續進行比較分析……從這個問題假設的一開始，我們就尋找著差異性是什麼、何時會出現。當我們找到這些差異時，那就成為這些問題存在的證據（Cauce & Gonzales, 1993, p. 8）。

將解釋與價值判斷區分開來

　　為了瞭解發展狀態，區分觀察的事件與價值判斷是有助益的。對於當地的文化結構和目標而言，檢驗事件的意義和功能亦是重要的。我們需要有意識地避開個人對另一團體獨斷的偏差價值。

　　詮釋人類的活動而不考慮它們的意義系統和目標，這樣的結果會成為沒有意義的觀察。我們需要瞭解來自不同社群人們做事的一致性，而非簡單地定義一些社群當中的人不做哪些「我們」會做的事情，或用跟我們不同的方式做同一件事，甚至是直接下結論：他們的實踐工作都是野蠻的。

　　減低種族中心主義並不是要避免（根據提供的訊息）價值判斷，也不是為了避免改變所做的努力。減低種族中心主義不表示要我們放棄自己的方式去喜歡其他社群的人，也不是暗示有一種保護社群不會變動的需求。假如我們瞭解意義的背後有一種運作方式是最佳的、必要的，我們能在他們的時空環境當中，考慮其他方式的可能性、瞭解他們如何工作，以及尊重他們。不過，這並不表示所有的方式都是好的——因為許多社群中，人們的實踐方式確實是令人反感的。我的論點是認為：價值判斷應該要有足夠的訊息。

　　一般人持續不斷地做出決定，這些決定都會對他人產生衝擊；如果他們來自不同的社群，那麼這些隱含他們社群目標和實踐的意義，是可以作為一種參照的訊息。而依據這些訊息再進行價值判斷則是相當重要的。一個誤解種族中心主義結果的悲慘例子——下了沒有根據的判斷，是加州的 Hmong 族兒童受到不當醫療的報導。當時美國健康系統背後的假設和溝通模式，與那些家庭和鄰近的社群都是不相容的（Fadiman, 1997）。醫療工作者心中不容質疑的文化假設，造成了兒童照顧的惡化情形。

　　國家的多元化和全世界的多元化是發展未來人性和創造的來源。假如強調方式多樣化的重要性是為了使人類生命能持續地適應變動的狀態，那麼，文化方式的多元化就成為保護人類的資源，保護人類未來不會因實踐的僵化，而危及到人類的生存（see Cajete, 1994）。我們無法預知人類未來會遭遇的議題，所以我們不能確定任何一種處理人類議題的取向是絕對有效的。在不同社群的實踐和世界觀當中，某些想法和做法可能是重要的，可以用來處理未來的挑戰。一個絕對不變的人類文化可能限制了有效處理未來需求的可能性。就像是，對可怕疾病的治療方式也許仍會停留在把雨林中的各種樹葉混合而成的藥劑，但是可能遠方（或鄰近）小型社群的知

識和技巧已經可以提供當時或未來疾病的治療之道。雖然僵化的體制會被多元化所取代，而一成不變的舒適性也會被多元所左右，但生命的開展和學習歷程就是依賴這種多采多姿即興創作作品的出現而存在。

發展目標的多元化

　　若要能超越個人自身原本的假設系統，其關鍵在於對人類發展的目標——被認為是成熟的標準或期望具備的能力——「進行再確認」的工作。而這些目標會因著不同社群的文化傳統和狀態展現極大的差異。

　　人類發展的理論和研究通常都有某種假設——認為發展歷程（應該歷經）朝向一個獨特、被期待的成熟終點。最為人所知的發展「重要理論」已明確說明了單一的發展軌跡，且朝向某個高峰前進。這個高峰可能與這些理論學者所處的社群有相同的價值，或者恰巧就是這些理論學者自己的生命歷程。舉例來說，相當有文化修養且在學校環境待了許多年的理論學者，通常注重文學和歐美學校所強調的思維和行為方式，並將其作為發展的目標；甚至將其定義為所有社會都有的「較高等」的文化演進方向和結果。

線性文化演進的觀念

　　社會依循著一個向度，從原始狀態一直發展到「現在的我們」，這樣的想法已經造成思考有關文化歷程議題時的麻煩。一個明顯的實例出現在 19 世紀初期 Thomas Jefferson 寫給朋友的信當中：

> 　　讓一個哲學觀察家（philosophic observer）開始一段從落磯山脈的野蠻部落，往東向我國海岸方向前進的旅程。他將觀察到以野獸的肉和皮毛維持生命和保暖等，這些最初期、沒有法律規範，但保有人類本性的社群生活。接著，他可能發現那些豢養家畜來彌補狩獵不足狀態的人們，出現在國家邊境的放牧區，那是我們半野蠻的人民，也是文明進步的先驅。在他前進的過程中，還會遇到逐漸進化中人類的陰影，直到這些陰影也把他自己涵蓋進去。不過，這樣仍未包含我們文明最進步的海港地區。事實上，這個過程就如同一個成人看待自己從呱呱墜地後到今日的發展歷程總覽

（Pearce, quoted in Adams, 1996, p. 41）。

社會演化的歷程就如同上述逐漸產生差異的社會生活方式，這個假設——對於原始人類的過去發展過於簡單的認定——成為 19 世紀末和 20 世紀初期留給後人的智慧成果（Cole, 1996; Jahoda, 2000; Shore, 1996）。舉例來說，在 1877 年，文化演化論者 Lewis Henry Morgan 提出人類進程的七個時期：低度原始時期（lower sava-gery）、中度原始時期、高度原始時期、低度落後時期（lower barbarism）、中度落後時期、高度落後時期和文明時期。所有社會都以不同的評比方式，逐項被定位在這樣的量表當中。將一夫一妻制與核心家庭、農業和私有財產制等做法當作經濟和社會組織的基礎，是他認為「進入文明世界」的觀念中特別重視的部分（Adams, 1996）。

學術上對此線性文化演進的想法，也正好是心理學、人類學、社會學、歷史學等領域規範興起的年代。因為這些領域的出現，使得文化演進的想法得到更廣泛的探究。Michael Cole（1996）談到，這個時期也是大型的形式主義結構逐漸掌握教育（學校）和經濟活動（工廠和企業組織）的過程。另外，歐洲人對於非洲、亞洲和南美洲的影響力在同一時期也都達到高峰；在北美洲，來自歐洲移民者集中撲向發展中的城市。他們逃離貧窮的家園，投入農業為主的美國社群當中，並尋找著美國城市裡所隱含的希望。

在正式的西方教育之中，以歐洲人為主的運作系統被認為是一種關鍵的工具，可以使那些尚未進入文明的人漸漸變得文明。政治家們則說，學校教育是加速進化歷程的方式（Adams, 1996）。美國教育部長 William Torrey Harris 在 1890 年代談到：

> 不過，針對原始的人們，我們應該說除非他們已通過所有的過渡時期，否則他們不可以參與這些重要的事情嗎？或者，我們能直接教導他們這些重要的事情，讓他們及早跨過進步緩慢的時期嗎？以基督教文明的觀點來看，的確有種能快速進步的方法。教育已經成為我們手上最偉大的力量，我們也相信自己現在能感同身受地拯救他們，因為白種人就是這樣走過來的。看看封建制度，看看莊園制度時期……我們雖已嘗到與他們相處的痛苦，但是我們仍能對這些落後的種族說：我們能幫助你們脫離這些苦難。我們能幫助你們避開這些不完美的時期，從現在的苦難朝向文明的層次前進。將你的孩子交給我們，我們會在幼稚園和各級學校當中教育他們。我們會教導他們很多文字，讓他們瞭解書本的內容（guoted in Adams, 1996, p. 43）。

「所有社會的發展都是遵從一個向度，從原始到進步」，這個假設充斥在 20 世紀的後半期（Cole, 1996; see also Latouche, 1996）。當時，在第二次世界大戰之後，聯合國計畫為新興的獨立殖民帝國訂定經濟和政治的「發展」（development）計畫，其目標是希望這些國家能有更多的「已開發狀態」（developed）（此種單向思維，就像前人想讓他們更「文明」的想法一樣）。正式的學校教育是關鍵性的工具。學校教育以歐洲或北美洲的學校為藍圖，散布至舊時代的殖民帝國，用來「提升」（raise）人們脫離貧窮和被忽視的狀態，並帶給他們「現代化」的生活方式。

 ## 超越人類發展是單一目標的假設

以一個人自身的生命歷程來尋找「什麼是全體人類發展所需要的」的假設，對於研究者和理論學者是非常困難的，因為他們的生活背景都太相似了（事實上，直到近期之前，幾乎排除了不是來自歐洲和北美洲受過高等教育的人）。就如 Ulric Neisser 指出，自我中心的智力定義構成了智力測驗的基礎：

> 學院派的人受到智力概念最堅強的保護……測驗內容似乎對於我們這些學術社群中的成員來說，明顯相當有效……無疑地，學術上的智力定義對我們從事的工作真的非常重要。我們很容易陷入一個想法，相信它對各種有意義的工作都是重要的……因此，學院派的人處於一個位置上，他們只把焦點放在自己擅長的活動，圍繞在一個獨特的個人特質上而已，例如只對某種特定技巧有興趣。因此，我們依據這類技巧去定義它的性質，而且聲稱缺少這些特殊技能的人們就完全沒有智力，作為我們的結論（1976, p. 138）。

如果研究者和理論學者增加對不是自己文化社群的訪視，也增加與不同社群的個體互動，則比較容易擺脫這些種族中心主義的觀點。目前學術界關注的焦點在於不同的社群所訂定目標及其與兒童發展間的關係（see Super & Harkness, 1997）。

舉例來說，文化研究會把焦點放在不同社群中，讀寫能力的有無和文化社群間的相關性。假如有一個社群將讀寫能力視為成年人溝通和經濟成就的關鍵，那麼在這個社群中，學齡前兒童可能就需要開始學習區辨出印刷符號的顏色和形狀。不過，如果讀寫能力不是這個社群的重心，那麼，年幼兒童在察覺彎曲線條的技巧上可能也變得不重要了。

同樣地，如果讀寫能力的發展是為了完成某個重要的宗教功能，則成人可能在

年幼兒童身上就會強化它的重要性（見圖 1.3）。例如，在 20 世紀早期歐洲的猶太社群裡，男孩第一天上學，會在學校參加一個大型的儀式，主要是使他們感受聖經的內容和學習的樂趣（Wozniak, 1993）。男孩的父親會帶著他去學校，用禱告的披巾蓋住他，避免男孩在路上看到不神聖的東西；接著在學校裡，祭司會用蜂蜜在石板上寫下字母表。在此同時，其他成人會從男孩頭上灑下糖果，像為男孩淋浴一般，並且告訴他，這是天使為了讓他喜歡上學所灑下的禮物。

　　以學校的方式來說話，在一些社群中是有其價值的；但是對其他社群來說，則不一定有意義，反倒是兒童若以故事的方式說話，才是重要的（Minami & McCabe, 1995; Mistry, 1993a; Scollon & Scollon, 1981; Wolf & Heath, 1992）。例如，非裔美國人在「分享時間」（表演和說話）中，採用故事的方式說話，並且常利用相關的事件發展出許多主題；反之，歐裔美國人使用故事的方式說話時，可能都有帶著很強的結構性，並且只針對單一的題目；聽起來更接近於美國教師要求的語言型態（Michaels & Cazden, 1986）。當說故事的方式不被團體成員重視時，歐裔美國成人會認為他們的語言型態是比較有技巧的，而且在閱讀表現上成功的機會也比較高，因此會以此標準要求兒童。相對來說，非裔美國成人發現非裔美國兒童的敘事內容有好的表現時，才會認為他們有較好的語言技巧和成功閱讀表現的可能性。成人的判斷反映在他們與兒童的共享文化腳本（shared cultural scripts）的評價中，這些腳本會強調哪些內容是有趣的、值得敘說的，以及如何組織這些內容來敘說（Michaels & Cazden, 1986）。

圖 1.3

東歐的猶太老師和年幼的學生正在進行與宗教內容有關的考試。

在某些文化中，把焦點放在讀寫能力或學校所推動的課程型態上，可能並不是那樣重要。重要的是，幼兒要學習注意天氣或與周遭的人互動所需的線索，或是要學習在比賽中所使用的文字，或瞭解人類和超自然事件之間的關係。1744 年，五族（Five Nations）的印地安人回應維吉尼亞官員們的邀請，讓一群男孩前往 William and Mary College 時，這個回應的內容則展現出族人和官員在教育目標上的歧異：

> 聰明的你一定知道，不同的國家對很多東西都有不同的概念和想法。如果我們對教育的想法和你所接受到的不同，那一定不是你的錯；因為我們已經有些這樣的經驗：從前，在我們的年輕人中，有一些是由北部的大學培養出來的，他們接受了所有來自於你們的科學知識。但是當他們回到我們這兒時……（他們）對於森林中所需的生活技能，或對於如何當獵人、戰士或指揮官，都一無所知；他們沒有可取之處。然而，我們並不是要改變你們所提供的教育方式……而是想表現出我們對它的重視。如果維吉尼亞的紳士們願意送他們的孩子到我們這邊來，我們將會特別重視他們的教育，教導他們所有我們已知的知識，以及教導他們成為真正的男人（guoted in Drake, 1834）。

另一個在教育目的上有差異的例子，是剛移民到巴黎的西非國家的母親。她們批評法國人要孩子玩玩具的目的，是為了要這些嬰兒學習某些東西，但總是因而讓嬰兒玩得精疲力盡；而她們卻希望嬰兒在玩的過程中不會疲累（Rabain Jamin, 1994）。這些西非的母親批評，這些玩具會讓嬰兒減低溝通行為，以及造成孤立行為（類似的想法，在美國中產階級的父母身上也可見到，通常是展現在對電視遊樂器的負向觀點上）。這些非洲母親似乎將社會智能放在技術智能之前（Rabin Jamin, 1994）。比起法國母親，她們會較常回應自己 10-15 個月大嬰兒的社會行為，而較少回應嬰兒初期對物體的探索。非洲母親經常培養她們的嬰兒跟周遭人們的互動，但法國母親則常把焦點放在嬰兒對於無生命物體的探索上（see also Seymour, 1999）。當嬰兒將互動的焦點放在物體上時，非洲母親會進一步強調這些物體的社會功能；就像是透過分享進一步提升社會關係，而不強調物體的使用或基模的內容。

對於社會關係的優先性也出現在美國阿帕拉契的社群中。通常成人積欠他人債務時會影響到兒童的學業。當家人或鄰居的欠債壓力提高時，阿帕拉契的年輕人通常會從國中或高中輟學，一起幫忙還債（Timm & Borman, 1997）。在這樣的社群中，社會團結的評價是高過於個人成就的。一般說來，協助親友或鄰居不但是被倡導的，也是世代傳承的。

在每一個社群當中，人類發展受到符合邏輯的目標所引導，這些目標都會要求兒童優先學習該社群的文化制度和技術。成人優先考慮的是，自己在社群中的成人角色、工作實踐或自己未來可見的地位，以及被認為是適當的成熟角色所具備的性格（Ogbu, 1982）（當然，人們通常參與多個社群時，也可能從不同的團體中相互學習而獲益——這些議題都會在本書之後的內容出現）。

雖然發展目標的文化差異性需要再深究，但這樣的差異性不代表每個社群都有獨一無二的一套價值和目標。因為這些多元化中存在著一致性，我的觀點是認為發展需求當中，要拋棄的唯一「產物」就是種族中心主義。

的確，發展的「產物」這個想法來自於對兒童期的特別觀點：為將來生活做準備。這樣的想法在社會的工業化之後逐漸出現（此點會在後續章節中討論），兒童從他們所屬社群中被分隔出來。當兒童被認為是處於為生活做準備的時期時，他們被對待的方式會有不同。而有些社群則有對待兒童的不同方式——兒童可能會被要求參與當地一些成熟的活動，而這些活動不會與成人的活動區分開來，也不會到類似學校的專門預備場所就讀。

為了向有別於我們社群的其他社群學習，我們需要跳脫自己一開始接觸每個社群的所有種族中心的假設。通常最初、也是最重要的步驟就是認知到「我們最初產生的觀點，大體而言只是我們原本的文化經驗所產生的影響，並不代表那些觀點就是唯一正確或可能的生活方式。」這個想法在實際上可能會令人不舒服，因為人們有時會假設，若以尊重的方式對待其他活動方式，其實就暗示對自身活動方式的批判。事實上，以一種學習的態度，停止對自己和他人的生活方式進行價值判斷是必要的。這樣的態度不但是為了能面對在地化傳統習俗，進一步瞭解人類在家鄉或其他地方活動運作的方式；同時也為了藉由建立在地化的通則，進而發展出對人類發展的普遍性理解。在文化研究裡，「學習」的可能性，需要透過各個社群內和社群外的人相互溝通才能逐漸發展出來。這個部分的內容我會在下個段落中說明。

 ## 透過局內人／局外人溝通（交流）來學習

為了超越我們對人類發展理解的假設，並融合其他社群的觀點，「局內人」和「局外人」之間的溝通是必要的。何者的觀點正確並不重要——因為兩者都代表一種角度，可以幫助我們建立對現象的理解。

然而，社會科學的角度常常質疑局內人或局外人的觀點是否真實（see Clifford,

1988; LeVine, 1966）。這類的爭論包含局內人或局外人所處的社群是否會阻礙瞭解？以及，局內人或是局外人的觀點比較值得信賴（Merton, 1972; Paul, 1953; Wilson, 1974）？

　　有些人甚至認為，多元化的觀點其實不代表真實，所以我們應該放棄對於瞭解社會互動所做的努力。但是，這個觀點對我而言太過悲觀了。如果我們接受這樣的觀點且一直抱持這樣的想法，那麼我們不只會對社會科學本身，甚至對日常生活的事物都會感到麻木。

　　若抱持這種論點——只有社群中的成員才能瞭解這個社群事件的真正意涵，而覺得局外人的意見就應該被捨棄——將會使得「某位社群成員發現有巨大差異存在於社群當中」，以及「需要界定社群的特性」時陷入困境。不僅如此，社群中的成員常常難以察覺自己的狀態，因為他們將自己所做的事視為理所當然，就如同魚不會覺察到水的存在一樣。

　　個體常會同時參與好幾個不同的社群，當人們花越多時間沉浸在不同社群當中時，局外人和局內人的界線就會顯得更加模糊（see Clifford, 1997; Walker, 2001），對這種想法，我會在第三章做完整的討論。舉例來說，現居在美國境內的墨西哥人對於歐裔美國人社群而言，其實並不完全屬於局外人；這兩個社群的工作實踐和政策制度是相互關聯的。同樣地，一位人類學家若停留在某個社群之中 10 年或 50 年，參與一些當地的生活習俗而理解當地的狀態也是可能的。在一個擁有許多文化傳統的家庭中成長的年輕人，就如一般所預期的，會在每個他們參與的社群中，擁有一些局外人或局內人的理解。而社群間來自於媒體、日常契約的相互重疊，而透過合作、相互依賴或競爭而有的努力，都是促成相互理解的來源（見圖 1.4）。

　　因此，判斷個體處於獨特社群的「內」或「外」的方式，常常是過於簡化的；許多社群沒有嚴格的界線，也沒有清楚的同質性區分哪些屬於「內」或「外」（在第三章中，我認為我們需要超越在固定單一團體中對成員這個語詞的思維，並且要將這樣的思維替換成人們參與各個社群的文化實踐，以及連結各個社群關係的動態歷程）。

　　為了更進一步理解人類的功能（human functioning），我們需要許多熟稔不同社群運作的人結合他們觀察到的事物。舉例來說，我們目前同意「某種程序」是瞭解事物的有效方法，「某種程序」就被當作是所謂的「真理」（truth）；然而，這樣的真理其實是不斷被修正的。這種理解事物方式是構築在抱持不同觀點人們之間的

圖 1.4

約在 1953 年（墨西哥裔的美國人），Leonor、Virginia 和 Angelica Lozano（從左至右），圍坐在家中的第一台電視機前。照片和說明取自洛杉磯公共圖書館（Los Angeles Public Library）。

建構性交流（constructive exchanges）。所以，理解的過程其實是企圖連續不斷地去瞭解不同觀點所抱持的內涵，而這個過程會同時考慮觀察者的背景和所處的位置。

　　對於觀察和詮釋來說，觀點的差異是必要的。視覺感受需要眼睛捕捉影像的細微變化。假如影像與眼睛同步移動時，會使得人們沒辦法看見這個影像。同樣地，假如我們閉上一隻眼睛，導致失去兩眼建立的立體感，我們的深度知覺就會意外地消失。同理，有些人們在社群中有強烈的認同（局內人），有些人則很少接觸此社群（局外人），此兩者會在進行觀察和解釋觀察現象時產生許多困難。然而，若是在共同工作時，局內人和局外人可以共同創造出更具啟發性的價值，這是勝過只有單一觀點所表現的結果。

站在局外人的位置

　　在尋找理解社群實踐工作的過程時，局外人會遇上許多困難。這些困難來自於社群中的人對出現局外人而產生的反應（害怕、好奇和以禮相待），與來自局外人對當地事物意義網絡的不熟悉。局外人是此意義系統的新訪客，且必然受到某些限制：他們不知道眾多的社群實踐工作如何緊密地組織起來，也不知道這些實踐工作如何從早期的模樣漸漸演進到眼前的樣態。同時，他們還要面對來自社群成員對局外人的預設立場，還要接受社群成員對待新訪客時的一般分類方式。

　　局外人的角色並不是中立的，因為當局外人出現的情境，只是整個社群實踐活動中的某一部分，他們也只能在這些情境當中進行回應或評價。例如，Zinacantecos，是墨西哥境內馬雅民族的一支；Berry Brazelton（1977）在這個部落進行嬰兒發展的研究時，提到成人和嬰兒都存有對觀察者的恐懼：「我們自動披掛上『邪惡之眼』……嬰兒對陌生人的焦慮，強烈地被同樣對我們的出現感到焦慮的父母所增強。在9個月之後，我們甚至不能和這些嬰兒聯繫，因為這種效果非常強烈。」（p. 174）。

　　另一方面，觀察者亦可能造成他人好奇或是給予熱情的招待，這雖讓人感到自在，卻也成為被觀察事件的一部分。Ruth Munroe 和 Lee Munroe（1971）的報告中提到，非洲的 Logoli 家庭，當觀察者一抵達，要研究與嬰兒有關的日常養育工作時，嬰兒就已經被準備好，可以馬上開始進行觀察。Logoli 母親非常配合，會抱起他們的孩子帶到觀察者身旁，讓觀察者開始進行。在這種狀況下，觀察被認為是一種公開造訪。類似的情形，Mary Ainsworth（1977）則談到，她在烏干達的Ganda部落中被歸類為訪客；Ganda 的母親堅持她得在下午進行觀察，因為那是一般用來休閒和娛樂訪客的時間。

　　針對四個不同社群進行的研究中，父母對於家庭訪問和親子互動觀察的目的都有不同的感受（Rogoff, Mistry, Göncü, & Mosier, 1993）。在一些社群中，父母把此種觀察視為對於兒童發展有興趣的熟人的友善拜訪；在其他社群裡，此種觀察則是用來幫助當地學校教師、研究者的愉快社會義務，或者成為炫耀自己孩子技能和衣著的機會。一位土耳其婦女以她幽默的語調詢問在當地出生、但到外地求學的研究者說：「這是一個國際競賽……不是嗎？」

　　如何詮釋觀察的議題與局外人能否趨近觀察對象所受到的限制有關，舉例來說：

　　　對 Hausa 母親而言，她們的風俗是不要在公眾場所對她們的孩子表達

情感。現在,那些關注養育和依賴行為的心理學家如果沒有體認到這樣的風俗,將會偏離他們原本要觀察的主題。一個想推論因果關係的「觀察者」大概只能見到公開的互動歷程;只能依據那些未被放置到合宜觀點的事件,就做出進一步的推論(Price-Williams, 1975, p. 17)。

只有在少數的情境中,局外觀察者的存在不會使持續進行中的事件變成公開的狀態。像是:如果事件本身已經是公開的、如果觀察者的出現沒有被察覺、如果觀察者與被觀察對象相當熟悉,都將使得他們的存在不被特別注意。當然,觀察者的存在和家庭中熟悉的成員一樣時,在此種觀點之下所做的詮釋,就如同其他熟人出現一般,都必須在詮釋情境的過程中被考慮進來。

 ## 站在局內人的位置

面對局內人和局外人的相關議題都必須在「人們永遠都在社會文化脈絡中運行著」的事實之下進行。一個人對情境的詮釋是必要的,因為那代表一個人在特定時間和多如繁星的背景經驗之下的交集。在一個情境中,如果偵測到一個人的存在,就表示這個人是一名情境參與者。我們是無法避開詮釋和社會觀感(social presentation)的。

人們在知曉自己被觀察,或沒有被告知有觀察者(或攝影機)存在時,他們的行為表現是不同的。例如:當美國中產階級母親知道自己被觀察(錄影器材明顯地在運作)時,或只是在觀察室等待(修理「正在運作」的錄影器材,而觀察者站在單面鏡後面觀察)時,與她們的孩子會有不同的互動方式。相較於未被觀察的情景,當母親知道她們被觀察時,她們的行為反映出美國中產階級「好媽媽」的表現(Graves & Glick, 1978)。她們對孩子說話的次數會加倍,使用間接的方式在命名和例行事物上,以及詢問更多的問題。

局內人可能也會因他們原本的社會地位,而限制了自己融入觀察的情境。舉例來說,他們的家庭在社群中的地位和個人的聲望都不是他們能夠輕易排除的項目。當要進入別人的家庭時,局內人會帶著自己和自己家庭過去扮演的角色進入。某一性別的人們進入情境當中時,依照常理推斷,想不引起另一性別的人的懷疑眼光是很難的。而一個人的婚姻狀態也會影響到他(她)與其他人相處的情境和方式。舉例來說,一名本地的年輕人若想訪談一個家庭,但他過去曾經向這個家庭中的女性求婚過,或是這個家庭的祖父很久之前被指控騙了這名年輕人的祖父一些財產時,

會是相當難以處理的。局內人，如同局外人一樣，很難在社群中保持中立。

　　除此之外，局內人在一個與自己社群類似的環境中，是不會像局外人一樣，對現象背後的意義感到興趣的。如在種族中心主義一段中所提及的，只有一個社群經驗的人常常假設他們所屬社群的做事方式是唯一合理的方法。這是個根深柢固的假設：我們經常沒有意識到自己所進行的社會實踐，除非我們有機會看到其他人不同的做事方式。即使其經驗到差異甚大的社會實踐引起局內人對自己實踐有所察覺，局內人仍可能理所當然地對那些不同的實踐做出詮釋：

　　　　我們很少有這樣的意識——察覺到什麼是有價值、什麼是沒價值的，因為我們根本沒有意識到自己判斷的標準。但是一般來說，我們認為理所當然、不需要探究或反思的事物其實就代表了我們的思考，也決定了我們要下的結論。而這些存在於反思層次之下的內涵，正好就形成與他人接受與付出的互動關係（Dewey, 1916, p. 22）。

　　下一節的內容是檢驗多種詮釋，如何在不同文化社群中被使用和修改，進而努力達到人類發展狀態的描述。跨文化群體的理解需要採納：

　　　　一種我稱之為自我轉換學習（learning for self-transformation）的「遇見」（encouder）模式：在一個特殊的學習空間中定位自己和他人，在那個空間中，我們所追求的不只是獲得「資訊」或「表徵」，而是要認識和迎接透過「遇見」而轉換的內在自我。Geertz 宣稱，不必為了瞭解其他世界而去接納這些觀點……我也認為，真正的理解一定是根基於真誠的人性：那就是，和他人互動會發生什麼事情，或是，我學到了什麼教訓（Hoffman, 1997, p. 17）。

於在地化和全球性的理解間移動

　　研究者的工作就如同社群的局外人，他們研究、緊抓著反覆思考如何從所觀察到的現象做出推論（這些由文化研究者發展出來的概念，對於企圖瞭解他人與自己之間差異——包含與自己年齡或性別不同的共事者在內——的所有研究，都是重要的）。「需要同時反映出來在地性的觀點，與超越在地性的細節內容」的兩難情境，對研究者來說是有價值的。能有效地結合對人們情境運作理解的深度和超越現象獨

特性的議題之一，就是根據現象做出更具普遍性的描述。有兩種能從在地化移往更具全球性理解的取向，將在下文進行說明。第一種詮釋的方式是尋找觀念開放、無偏見的理解。第二種則是企圖在不同社群當中，比較類似情境中的角色意義。

 ## 修正源自於衍生式客體取向的理解

新訊息顯現時，謹慎地驗證假設和以開放的心胸修正想法，在文化活動的學習上是必要的。由 John Berry（1969; 1999）提出用來區辨文化研究的主體（emic）、強加式客體（imposed etic）、衍生式客體（derived etic）概念等，有助於對修正過程的思考。

在主體取向中，調查者企圖呈現在一個獨特社群中文化局內人（culture insider）的觀點。他們通常依據廣泛的觀察並參與社群中的活動。主體取向的研究製造出對單一社群的深度分析，而這通常是有效用的。

強加式客體和衍生式客體取向中，則是企圖類化或比較一個以上的團體，以及區辨這些團體主體訊息的差異。強加式客體取向可以作為深入瞭解衍生式客體理解的開端。

在強加式客體取向中，調查者強加不合宜的文化理解在各個社群上，進而決定人類運作上的普遍狀態。這樣決定的過程，是不帶批判地運用來自研究者所在社群的研究或日常生活所推導出的相關理論、假設與測驗來進行。這樣的假設或理論可能並不完全適用於這個被研究的社群，更何況，雖然研究者可以「獲得資料」，但結果並沒有辦法用「足以代表被研究社群所呈現之現況」的結語來詮釋這些現象。

舉例來說，強加式客體取向可能包含設計過的問卷、已編碼的行為，或對社群中的個體進行測驗，但沒有考慮到應該修改某些研究程序或前人的詮釋，以符合研究社群的觀點。強加式客體取向所使用的研究程序，沒有充分的證據可以支持此地的狀況就如研究者所假設的那樣。即使當研究者對某件事情感到興趣，而這件事看起來非常具體，只包含少許的推論（例如：人們是否正在互相碰觸）；但是，對於一些區域性的實踐工作和意義的理解，仍有必要決定應在何時何地去觀察，以及如何詮釋行為的意義（例如，仔細思考「相互碰觸」是否為一種對嬰兒的刺激方式，或是瞭解嬰兒敏感度的證據）。Mary Ainsworth 批評強加式客體的研究中使用預設變項的研究方式：「讓我們別蒙蔽自己，以熟悉的社會——我們所在的——限制我們自己的觀點和研究程序，去面對陌生社會當中的不尋常特徵。」（1977, p. 145）。

在衍生式客體取向中，研究者改寫問話、觀察和詮釋的方式，以符應參與者的

觀點。所得到的研究結果的訊息不但來自每一個被研究團體的主體取向，而且來自研究參與成員試圖尋求並瞭解現象中所代表的意義。

　　文化研究者通常渴望同時使用主體取向和強加式客體取向的方式進行研究。他們以學習到的觀點找尋與瞭解被研究的社群，選擇合適的研究程序和詮釋方式，以及修改理論內容，來反映他們觀察後所感受到的相同點和相異點。這種衍生式客體取向的研究方式，在多元化的人類實踐和習俗中用來區辨文化模式是必要的。

　　以強加式客體取向作為企圖瞭解任何新奇事物的起始點可能是有幫助的。我們都是從我們已知的地方開始。如果以主體取向的方式觀察，伴隨著超越初期假設的努力，我們就可以更接近衍生式客體的理解。但是，衍生式客體的理解是一種不斷移動的標的物：處於連續的改進和修正的過程中，新的理解都會成為當下強加式客體的理解，而它則會形成下一階段研究的起始點。

　　因為觀察本身絕對不會脫離觀察者的假設、興趣和觀點，所以一些學者歸結出不應有企圖瞭解社群間現狀共通性的想法。然而以敏銳的觀察和詮釋方式，我們能對感興趣的現象獲得更令人滿意的理解方式和內容，而這些理解能協助引導我們與他人彼此之間的互動方式。這類永不終止的學習歷程不應成為逃避（或忽略）它的理由。

　　的確，不管針對日常生活運作方式或學術工作，嘗試理解他人的過程都是必要的。特別是現在世界各地研究參與者對於研究設計和詮釋所做出的貢獻，並不只是回應外國學者的問卷或測驗內容而已，不同觀察者可以依據自己的興趣，以不同的觀點、角度來詮釋各種現象。

　　與文化本質相關議題的研究會要求將一個系統的意義放在另一個系統進行檢驗。一些研究更明確地進行文化社群間的比較。但是，即使是主體式取向的研究（要以社群本身的詞語敘述該文化社群的活動方式），若要描寫出一段讓社群內人們認同的內容，還需考量非此文化系統的人是否能夠理解。所以，常常可以看到，很多描述的內容是以非該社群成員使用的語言所撰寫的，可能是從某一國家的語言轉換成另一國家的語言，或是從通俗的用字遣詞轉換成學術上所使用的詞語。所有語言都是依據當地認為重要的（有別於其他地區）概念發展出來，且反映了溝通過程中的文化概念。因此，有關「翻譯」（translation）的各項議題——意義的考量、情境的比較和跨社群的想法等——是無可避免的。

不同社群之間，類似情境所代表的意義

對於社群間任何比較或討論的議題之一，就是意義的相似性或被觀察的情境是否可比較（Cole & Means, 1981）的問題。顯而易見地，就算是現在被歸到同一類的人或同樣的教學方法，也不一定可以拿來相互比較，因為人或教學方式獨特性的意義多半在各個社群是不同的。

例如，從美國和密克羅尼西亞（Micronesia）的照顧者和嬰兒中所蒐集到的資料顯示，研究者需要面對一個困難的決定。他們能在最普遍的社會脈絡中檢驗照顧者與嬰兒之間的互動（這個部分可以在每一社群的照顧者和嬰兒身上輕易看見）：美國的照顧者和兒童通常是一對一的單獨相處；密克羅尼西亞的照顧者和兒童則通常處於團體當中。或者研究者需要控制兩個社群中社會脈絡的一致性（Sostek et al., 1981）。這些研究者決定觀察這兩個不同社群的狀態並比較其發現；他們獲得一個想法：他們觀察的社會脈絡中，每個社群都有不同的照顧者—嬰兒關係。

研究者針對兩個社群採用完全相同的研究程序，卻無法確定觀察內容是否可比較。如限制觀察母親和子女單獨相處的次數，也無法比較兩個社群。例如，檢驗母親和子女互動關係的跨社群研究則需要反映出情境中各層面的差異性。例如，幾十年前，一項美國的研究中，92%的母親經常或總是照顧他們自己的子女；反之，在東非的農業社會，只有38%的母親是經常的照顧者（Leiderman & Leiderman, 1974）。一個比較兩個文化社群中的母親—子女互動關係的研究，應分別詮釋個別社群裡，根據不同目的與不同層面所顯示的母親與子女互動關係。

除了要思考誰是需要呈現的主體之外，比較的內容還需要呈現人們共同工作的內容、工作目的，以及他們的活動是如何符應他們社群的實踐和生活習俗。

「在跨文化研究中，不確定有哪些情境曾被嚴謹地拿來比較過」，以及「對於兩個社群可比較性的觀念都是假設：除了自己有興趣的主題之外，那兩個社群的其他層面都是一致的」。這兩個說法造成跨文化研究嚴重被質疑，且討論逐漸升高。在一個人格研究的評鑑當中，Rick Shweder（1979）歸結出跨文化社群的情境是不能被拿來比較的：

> 談到人格差異，首先必須討論在類似情境中觀察到的行為……關鍵性的問題隨之出現：我們如何決定這些觀察到的不同反應，實際上是因為相同刺激下所產生的不同反應？……有哪些描述的成分（情境、脈絡、環境）

被視為相同刺激？……一個場景（情境、脈絡、背景）所包含的，比起外來觀察者對它的物質定義還要多出許多……界定一個情境化的活動，有一部分需要考量活動的目的，而這個目的必須來自行動者本身的觀點。「任何理性的人在這樣的環境會做哪些事」，全賴這個人試圖達成什麼目的而定（pp. 282-284）。

Shweder 認為，因為地域性的基準（想要達到目標而制訂合宜的意義）只能被認為是獨特行為情境下的特殊定義，所以提到「兩個行動者在『可比較』或『相等』的情境時，最多只能顯示他們是同一文化背景的成員而已！」（p. 285）。

或許關鍵的議題在於，「可比較性」在於如何詮釋被觀察到的內容。我們不能假設，在不同的社群中，相同的行為就代表相同的意義。舉例來說，在夏威夷學校班級中的觀察，夏威夷的原住民兒童比起高加索兒童，以較少的口語表達尋求協助（Gallimore, Boggs, & Jordon, 1974; cited in Price-Williams, 1975）。然而，在做出這個團體以較少口語表達尋求協助的結論之前，研究者已思考到兒童有要求不同協助方式的可能性。的確，他們發現夏威夷原住民兒童以非口語方式尋求協助：從在一段距離之外靜靜地看著老師，漸漸地靠近老師，或是短暫地碰觸老師。這些非口語的要求可能直接和兒童的文化背景相關，也許在他們的文化背景中，以口語表達尋求成人協助被認為是不合宜的，而非口語的表達是可以被接受的。

在不同的社群中，完全相同的行為可能有不同的內涵和功能（Frijda & Jahoda, 1966）。比起把焦點放在獨特的行為上，一些研究者已經提出，現象之間的比較應該取材自人們正在嘗試完成的事件。Robert Sears（1961）則認為，可以利用達到目標的手段（像是兒童是用口語或非口語方式尋求協助），來區辨行為的目標或動機（像是在夏威夷研究當中的尋求協助）。以他的觀點，雖然行為的意涵會因為不同社群而有不同意義，但是，目標本身也可能被認為會因為文化環境的差異而轉變。John Berry 提及行為層面的比較，「只有當它們之間產生相同的功能時，才能思考行為層面的問題，也才可能出現解決方法。」在此狀況下，不同團體間共通出現的問題，才考慮行為所代表的意義（1969, p. 122；見圖 1.5）。

我們對人類行為功能（目的或目標）的關注，可促進一種理解——對於不同做事方法如何用來達成相似目標，或相似的做事方法如何符合不同目標。雖然所有的文化社群都提出這樣的議題——基於我們人類文化性和生物性遺產，全球人類發展是有共通性的，但是不同的社群仍可能運用相同的手段來達成不同的目標，以及使用不同的手段而完成相同的目標。

圖 1.5

John Collier 和 Malcolm Collier 認為，家中的用餐時間能夠提供一些依據，有助於定義在不同社群中家庭成員關係的比較。第一張圖片顯示在秘魯 Vicos 市一個家庭的晚餐情形；第二張圖片顯示在新墨西哥州，一個西班牙裔美國人家中的晚餐情形；第三張圖片顯示在康乃狄克州，一個廣告公司主管家中的早餐情形。

　　接下來的兩章裡，焦點會更集中在「我們如何想像人類發展的文化本質」。這兩章的內容將檢驗「人類發展是生物文化性的歷程」這個觀點，以及討論不同的社群在思考方式上的相同和相異之處，以便瞭解人類是如何進行學習與發展。同時，這兩章會討論有關個體和文化歷程之間的概念，再擴展到與以下這個定位概念有關的所有層面：人類透過不斷改變在其社群內社會文化活動中的參與狀態而漸漸開展；在此同時，這些文化活動也隨之改變。

2

「發展」是參與於
文化活動中的轉化

譯者：陳欣希

數十年前，那些對「文化歷程如何有助於人類思考」感興趣的心理學家們，對於他們所觀察到的現象感到困惑。此困惑產生的原因是——這些心理學家試著以當時盛行的「人類發展與文化」的概念來理解人們的日常生活。由於這個困惑，當中許多研究者便開始尋找一些更有用的方式來思考「文化」與「個體功能」之間的關係。

本章我會討論為什麼那時所盛行「個體和文化歷程之間的關係」的想法會造成這些研究者的困惑。其中一個關鍵議題在於對「個體」（individual）的基本假設。那時研究者常假設個體是與世界分離的，而且假設個體所擁有的基本和普遍特徵也許會間接受到文化的「影響」（influenced）。由此伴隨而來的另一個問題是——「文化」（culture）常被認為是一靜態的特徵混和物。檢視這些假設之後，我會進一步討論文化—歷史理論。此理論有助於解決研究者的困惑，但是，在此所談的文化歷史理論只著重我自己的觀點。我的觀點是，人類發展是一個歷程，在此歷程中，人們持續參與文化活動而逐步轉化，而這些文化活動依次對於跨世代間文化社群的改變有所貢獻。

同時，第二章和第三章主張要把人和文化社群視為彼此是相互創造的。第二章著重在概念的探討，探討那些與個體發展有關的文化歷程的概念。第三章則提出隨之而來的議題：我們如何把文化社群看成是變動的，而且是隨著往後幾世代人們的貢獻而有所變動。

研究者所面臨的邏輯困惑

在 1960-1970 年代之間，北美及歐洲的跨文化心理學家把兒童認知發展的測驗從美國、歐洲帶到其他地區。這些測驗常源自於 Piaget 的階段理論，或是一些分類、邏輯和記憶的測驗。

這些測驗的目的是，藉由那些與人們日常生活不太相關的測量思考的方式，來檢驗其獨立於先備經驗的能力。所以，研究者會要求人們回答水量是否會因倒入不同形狀的燒杯而有所改變、要求人們將不熟悉的圖片做分類、要求人們解決那些只有在某些設定的前提下（而非真實世界知識）才能解決的邏輯問題，以及要求人們記憶一連串無意義音節或一連串無關聯字詞。

這些測驗背後的觀念是——被假設是潛藏於日常表現之下的「真實」（true）能力，可用一些從未被教導解決方法的新奇問題來辨別。人們能力的層次被認為是一普遍性的個人特徵，此能力廣泛地潛藏在行為的各個不同面向，而且，這些行為在跨情境中不會有任何變異。這些測驗企圖決定普遍性的思考階段，或企圖決定普遍性的分類、邏輯思考和記憶的能力。在這些測驗下有著隱含的期待，期待有些個體（或團體）會比其他人處於「較高」（higher）的階段，或擁有較好的分類、邏輯和記憶能力。跨文化研究常用來檢驗在廣泛、多樣的環境下，什麼樣的環境因素能產生較好的「能力」（competence）。

至於前面所提到的研究者困惑，即是指在研究測驗中表現不好的那一群人，卻在非測驗情境中有著令人印象深刻的推理能力或記憶能力（或是那些測驗中應該會測量到的其他認知技巧）。例如，Michael Cole 注意到，在某社群中對於數學測驗有很大困難的人們，卻在市集或其他當地場所中表現優異：「在計程車上，司機常和我議價。這些計程車司機看起來在計算里程數、道路的品質、車子損耗的程度、乘客的數量和距離等方面，並沒有什麼困難。」（1996, p. 74）。

在「認知是個體跨情境的普遍能力」的假設下，個體參差不齊的表現就會令人感到困惑。在試著解決跨情境中的「能力」（ability）差異時，研究者首先應該將測驗的內容和形式變得更熟悉，以發現潛藏於能力下「較接近真實」（truer）的測量。研究者也要嘗試把能力再區分成較小的「領域」（domain），例如：生物知識和物理知識，或口語技巧和非口語技巧，如此一來，跨情境的差異則會縮小（這在認知發展的領域中仍屬於持續蓬勃發展的方向）。

　　研究者也開始注意到，雖然這些測驗不見得與人們經驗的特定面向有關，但是，在測驗上的表現與西方教育中的讀寫經驗有些關係。這個發現讓研究者獲致一個結論：學校或讀寫能力能使人們變得更聰明；然而，研究者對日常的觀察卻對這個解釋提出質疑。有些研究者像 Sylvia Scribner、Michael Cole 及他們的同事，則開始研究測驗中的表現與學校經驗之間的特定關聯性（在第七章提到文化和思考時，我會對此研究的細節及其發現有更多的說明）。

 ## 一個例子：「我們總是只說我們所看到的」

　　一個邏輯問題的例子能說明學校教育和測驗表現之間的關聯。一個常見的邏輯思考測驗是三段論證，就像那些在 1930 年代常被 Alexander Luria 所使用的測驗一般。在 Luria 的研究中，一位訪談者呈現下列的三段論證給那些讀寫能力和教育程度不同的中亞地區的成人看：

> 在遙遠的北方，那裡有雪，所有的熊都是白色的。
> Novaya Zemlya 是在遙遠的北方，而且那裡總是有雪。
> 那麼，在那裡的熊是什麼顏色？

　　Luria 的研究指出，當要求受訪者以三段論證為前提做推論時，有讀寫能力的受訪者能解決此問題。然而，許多沒有讀寫能力的受訪者則無法解決該問題。以下是一位沒有讀寫能力的中亞農夫的回應。這位農夫並沒有將三段論證當作是由邏輯關係所組成可允許推論的前提：

> 「我們總是只說我們所看到的；我們不談論未曾看過的。」
> 〔訪談者提示：〕但，我的話語中隱含了什麼（訪談者把三段論證再重複一次）？
> 「嗯，這些話聽起來像是：我們的沙皇不像你們的沙皇一樣，你們的沙皇也不像我們的沙皇。你說的話只能由那裡的人來回答，而且，如果這個人不在那裡的話，他也不能以你的話為基礎來說些什麼。」
> 〔訪談者繼續：〕但，若以我的話為基礎——在北方，那裡總是有雪，那裡的熊都是白色的，你可以在 Novaya Zemlya 推斷出什麼樣的熊呢？
> 「如果有一個 60 歲或 80 歲的人曾經看到一隻白熊，而且曾經談論過這隻熊，那他所說的話可能會讓人們相信；但是我從未看見過，因此我不

能回答這個問題。就是那樣。看過的人可以說,而沒看過的人則不能說什麼!」(此時,有一個較年輕的人自願回答:「從你的話中表示在那裡的熊是白色的」)。

〔訪談者:〕嗯,那你們哪個人是對的呢?

「公雞所做的正是牠所知的。而我所知道、所說的,除了剛剛那些,就沒有了!」(1976, pp. 108-109)。

這位農夫和訪談者對於什麼樣的證據可被當成真理,有不一樣的看法。農夫堅持要有第一手的知識,也許可相信一個可信賴、有經驗的人的話。但是,這位訪談者試著誘導農夫來玩一場語言遊戲,檢驗字詞本身的真值(truth value)。這位沒有讀寫能力的農夫主張:因為他個人從未看過該事件,所以他沒有適當的證據,而且這位農夫也暗指他不認為訪談者有適當的證據來做推論。當那位受過教育的年輕人做了結論——以問題中所陳述、但未經證實的前提做結論時,這位沒有讀寫能力的農夫則暗指年輕人沒有權力匆促做出結論。

就像這位農夫,許多其他沒有讀寫能力的受訪者拒絕接受該主要前提是一個被假設的事實(given);而且,這些沒有讀寫能力的受訪者也聲明「他們只能判斷他們曾看過的人事物」或「不想說謊」(這模式已被其他地方的研究者所證實,例如:Cole, Gay, Glick, & Sharp, 1971; Fobih, 1979; Scribner, 1975, 1977; Sharp, Cole, & Lave, 1979; and Tulviste, 1991)。如果研究者不是要求這些沒有讀寫能力的受訪者來陳述一個結論,而是要求他們評論「此假設性的前提」和「研究者所陳述的結論」是否符合邏輯,那麼這些沒有讀寫能力的人也許會比較有意願把這樣的問題當成自足式的邏輯單元(self-contained logical units)(Cole et al., 1971)。

在 Luria 研究沒有讀寫能力農夫的論證中顯示:關於一個人能使用什麼資訊來當佐證的能力,代表著一種相當抽象的推理能力。的確,Luria 注意到,沒有讀寫能力的人的推理和演繹只有在處理立即的實務經驗中才會遵循規則;他們會做優秀的判斷並描述其隱含的結論。這些沒有讀寫能力的農夫不是不能進行假設性思考,而是不願意把三段論證當成邏輯問題。一位受訪者解釋自己不回答假設性問題的理由是:「假設你認識一個人,而所詢問的問題是關於這個人,你才能去回答。」(Scribner, 1975, 1977)。從這句話中可瞭解,在這位受訪者拒絕對未經驗過訊息做假設性推理時,他即是在進行假設性的推理了。

三段論證代表一種專門的語言類型,用這樣的語言類型來處理實務中此類專門的問題形式時,會變得比較簡單(Scribner, 1977)。在學校裡,人們透過故事問題

愈來愈熟悉這類型的語言，該經驗會讓人們瞭解答案一定是來自問題中的陳述；而且，學生會被要求以陳述的前提來作答，而不是去質疑該前提的真實性。

願意接受一個不可能證明的前提，而且從那兒去做推論，是學校教育和有讀寫能力的特徵。這常用在邏輯「能力」（ability）的測驗，因而反映了某種語言形式的特定訓練，而且，研究者常將此種能力視為理所當然，認為就像他們自己一樣是受過高等教育的個體。然而，這個困惑（在研究測驗中表現不好的那一群人，卻在測驗情境外有著令人印象深刻的推理能力或記憶能力），質疑了普遍性的假設。

 ## 質疑假設的研究者

文化研究者尋找替代方式來思考個體發展和文化歷程之間的關係。有關兒童屬性和文化屬性的假設常被視為該問題的一部分。

原先研究者認為，兒童是透過整體的、普遍的發展階段而有所進展，然而，有些研究者已開始懷疑這個觀念了。研究者注意到人們思考和與他人連結的方式，事實上並不能廣泛地應用在不同的環境裡。

研究者也注意到「把文化當成一個整體性的實體」也有相似的缺點。個體成為「文化的一分子」（member of a culture）的結果就是，無論在成員之間或跨情境之間，個體受文化影響常會被假設有其一致性。舉例來說，（在不同的研究傳統中）整個文化團體有時會被界定為口語的、複雜的或是相互依賴的團體。然而，當研究者看見一個社群中的成員常常在某些向度上和別人不同，而且，這些與眾不同的向度似乎比起其他向度能應用到更多情境當中時，研究者才會開始關心辨別文化「本質」（essence）的事情。

現在，學者用不同的方式思考個體發展和文化歷程的關係，試著看到更特別的個體屬性和文化屬性。當研究者試著對個體屬性、思考領域、文化屬性做更多細微的分析時，將使我們對個體和文化有更進一步的理解。

然而，我相信有些問題仍然需要再思考，再思考我們對於個體和文化社群之間關係的基本觀念。不過，我仍然反對那個常見的取向——把個體視為與文化歷程分離的實體、獨立存在於他們的文化社群。這種取向只是在看看「文化」（culture）是如何將其「影響」（influence）加諸在發展中的「孩子」（child）身上。

本章剩下的部分將著重於我們如何把人類發展轉化為文化歷程概念化。當孩子在此歷程中成為他們文化社群中的參與者時，發展也就開始了。首先，我會呈現幾個相當有影響力且有助於思考的取向：Mead、Whitings 和 Bronfenbrenner 的研究。

然後，我主張我們要丟棄「個體和文化是分離的實體」、「文化特徵『影響』（influencing）個體特徵」這些隱而未見的假設。唯有如此，我們才得以解決某些問題。

　　許多研究者，包括我自己，已經發現由 Vygotsky 所提出的文化──歷史理論相當有幫助，而且，近幾十年來，許多學者已建基於此理論。Vygotsky 有一本具有影響力的書籍──《社會中的心智》（*Mind in Society,* 1978），已被一些研究者介紹到英語世界中。而這些學者（包括 Cole 和 Scribner）同樣對於人們在認知測驗和每日認知活動中的不同表現感到困惑。Vygotsky 的理論把個體思考和文化傳統連結一起，例如：學校教育和讀寫能力。

　　本章的最後一部分，我會描述我的取向，我的取向是建立在先前的研究上。我設想發展是人們持續參與社會文化活動中而有的轉化，而社會文化活動本身也會隨著往後幾個世代之中個體的投入而有所改變。

關於文化和個體發展的概念

　　Margaret Mead 的開創性研究說明了短暫的共享活動如何成為發展的素材，雖然這些共享活動對於孩子而言不一定有明顯的啟發。Mead 在好久以前（在便於攜帶的錄影科技出現以前）已經把每天的事件拍成影片並仔細地觀察，此舉有助於展現個體行動和互動的文化面向。幾個有關聯的調查研究已提供一些模式來幫助研究者思考個體發展和文化歷程的關係。

　　兩個重要取向，Whiting 和 Whiting 的心理──文化模式，以及 Bronfenbrenner 的生態系統，都適合用來描述該關係（個體發展與文化歷程之間的關係）如何被概念化。其他好幾個盛行的取向，包括文化──歷史觀點，都是建立在這些最初進行的研究之上。在這一節中，我會描述這些模式提供的一些觀念。這些模式已經提供了重要的概念，並且激發一些研究的開展。然而，我想提出一個需要關注的部分。意即，這些以圖表來顯示個體和世界之間關係的模式，也許會無意地引導我們朝向一個受限的觀點──認為個體和文化歷程是分離的實體。我擔心的是貫穿在社會科學領域之中，那些大多用來描述個體和文化歷程的圖解方式。

 ## Whiting 和 Whiting 的心理──文化模式

Beatrice Whiting 和 John Whiting（1975）提供「心理──文化模式」（psycho-cultural model）來解釋個體發展和其當前環境、社會夥伴的特徵，以及制度、文化系統和價值之間的關係。這個觀點強調，理解人類發展需要對人們發展時所處的情境（即當前環境）有細緻的理解，也要對孩子和其夥伴（及他們的祖先）所參與的間接文化歷程有所理解。

Whitings 主張對於文化歷程要有較深的理解，而不是像一些研究中簡單地把孩子的發展連結到廣泛的類別，例如：文化、社會階層和性別。Beatrice Whiting（1976）催促學者「卸下」（unpackage）這些變項，不再把它們當作一堆未分析的「獨立變項」（independent variables）。她強調角色類型及孩子行動的場所，在決定孩子們的發展進程時有絕對性的影響。

Whiting 和 Whiting 的模式（見圖 2.1）呈現人類發展是一連串環繞在孩子周圍的社會和文化環境的產物。這一連串從環境開始（包括氣候、植物、動物和地形），然後導向歷史（包括遷移、借用和創新）。接著，歷史反過來影響團體的維持系統（生存模式、生產工具、定居模式、社會結構、防衛系統、法律和社會控制、勞工分派），團體的維持系統又形成兒童的學習環境。所謂學習環境，包含他們的日常情境、照顧者和老師、指派的任務及母親的工作量，然後，這條關係的鎖鍊連上了

圖 2.1

Whiting 和 Whiting 為心理—文化研究所提出的模式（1975）

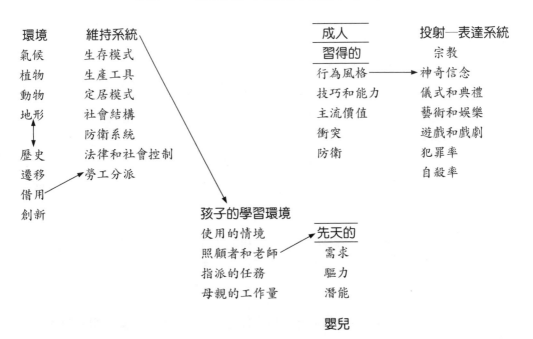

個體，包含先天的需求、驅力和嬰兒的潛能，也包含了後天學習到的行為風格、技巧、主流價值、衝突和防衛。

　　Whitings 的模式包含一組假設，這組假設是有關於因果的潛在方向，從圖中可看到箭頭從環境和歷史指向孩子的學習環境到個體的發展。Whiting 和 Whiting（1975）假設：維持系統對於學習環境有某種程度的決定性，而孩子就是在學習環境中成長，而且，此學習環境影響了孩子的行為和發展。

　　這些假設提供 Whiting 和 Whiting 及其研究小組一個架構，此架構使他們在其具有劃時代意義的《六個文化研究》（*Six Cultures Study,* 1975）中，對於理解文化和孩子發展方面有重要的進展。在人類發展的文化面向的研究中，由於 Whiting 等人對孩子學習環境的著重，而有了關鍵性的研究發現。我自己的研究就深深地被 Whiting 等人的觀念所影響，而且，在這一本書中都可以看到他們的研究。

　　然而，雖然是無意的，但是他們的圖表所帶來的內隱假設，容易限制我們對於個體和文化實踐間關係的看法。這些類別所組成的鍊條被看成是獨立的實體，而且，那些箭頭也指出了一個實體造成了下一個實體。因此，個體和文化歷程會被看成「好像是」（as if）它們彼此獨立地存在，而且，個體屬性是被文化屬性所創造出來的。

 ## Bonfenbrenner 的生態系統

　　Urie Bronfenbrenner 的生態觀點在人類發展的文化向度方面，也貢獻了許多重要的觀點和研究。Bronfenbrenner 的模式與 Whitings 的模式是不相同的，卻有著相似的問題，亦即把個體和文化歷程當成是分離的實體。

　　Bronfenbrenner 強調在一個變動環境中，一個不斷變動的有機體所進行的各種互動。在 Bronfenbrenner 的觀點裡，環境包含了一個個人直接接觸的場所（immediate setting），也包含了在不同場所之中，關係所存在的社會、文化的脈絡，例如：家庭、學校和工作場合。Bronfenbrenner 對於那些在人們的「生態小環境」（ecological niches）中，會促進或破壞發展的社會環境和物理環境的特性及條件感到興趣。他定義了人類發展的生態包括：

　　　在「一個主動的、成長的人」和「這個正在發展的人所直接接觸場所
　　的變動特性」之間漸進和相互的調適過程，會被這些場所之間的關係所影
　　響，也會被這些場所所嵌入的較大脈絡而有所影響（1979, p. 21）。

　　雖然這個定義說明了個人和場所是相互包含的，不像其他理論所提的個體，其

被當成是直接接觸的場所和「較大」（larger）脈絡下的產物。Bronfenbrenner 把他的生態系統描述成是由一些同心圓所組成的，就像一組彼此相嵌的俄羅斯娃娃（Russian nesting dolls），一個俄羅斯娃娃是在一個較大的娃娃裡面，而這個娃娃又在另一個更大一點的娃娃裡面等等（見圖 2.2A）。

就像圖 2.1，那個由箭頭連結各個類別的圖表一樣，Bronfenbrenner 的同心圓主張，也對於個體和文化歷程之間的關係帶來了相同的內隱假設，即個體和「較大」的脈絡被認為是個別存在，可以獨立地界定彼此，而且在一階層結構中產生關係——就是「較大」的脈絡影響「較小」（smaller）的脈絡，並依次影響在發展中的個人。

在 Bronfenbrenner 的系統中，最小、最核心的圓是最靠近個體的直接經驗（見圖 2.2B）。外部的圓指的是較少直接影響的場所（透過對他人的衝擊而間接產生的影響），個體並沒有直接參與其中。此系統被分為四個個體運作的生態面向：微系統（microsystems）、中間系統（mesosystems）、外在系統（exosystems）和大系統（macrosystems）。雖然我關注的是這四個系統如何相互關聯，但 Bronfenbrenner 清楚地表示每一個系統都有所貢獻：

微系統，根據 Bronfenbrenner 的看法，是個體直接經驗的場所——這些場所包含小孩本身和他人，例如：家庭和學校。在微系統層次中的基本單位之一是成對

圖 2.2A

Bronfenbrenner 以俄羅斯娃娃來描述其生態系統

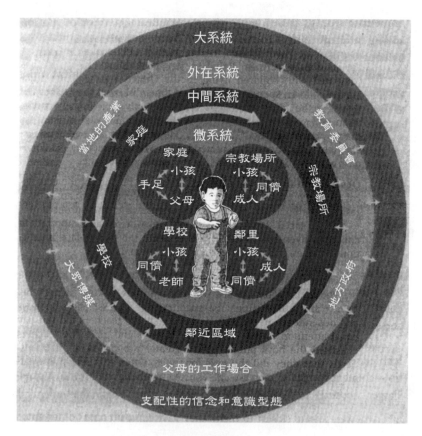

圖 2.2B

Bronfenbrenner 的巢狀式生態系統（資料來源：Michael Cole & Sheila Cole, 1996）

（dyad。即一雙或一對的意思）；成對接著會與較大的人際結構產生關聯而成為三人一組（三人系統，例如母親—父親—嬰兒）。但，即使是在最直接的場所中，個體和成對也是極為關鍵地依賴於第三個團體和較大的團體。

　　中間系統，在 Bronfenbrenner 的取向中，是指個體所在的微系統之間的關係，例如，家庭和學校的互補式實踐或衝突式實踐。中間系統涉及兩個系統之間的關係，或三個、甚至更多系統之間的關係。Bronfenbrenner 提到一個重要的觀點是，任何一個場所（例如家庭）會與他人有所關聯（例如學校或宗教機構）。Bronfenbrenner 強調場所之間的重疊和溝通，並強調在每一場所中需提到其他場所的訊息。中間系統的分析對於下列問題給予重要性，即一個年輕人進入一個新的情境時（例如：學校或露營）是單獨好呢？還是在陪伴下好呢？或是有熟悉的同伴陪伴好呢？還有，在年輕人和其同伴進入之前，對於新場所有進一步的資訊較好嗎？Bronfenbrenner 強調

生態轉銜（ecological transitions）的重要性，無論是人們在角色方面的轉換或場所方面的轉換（例如：即將有新手足到來時，入學、畢業、找工作，以及結婚）。

外系統，與孩子直接接觸到的微系統有關，卻是孩子不會直接參與的系統，例如：孩子不會去父母的工作場合。雖然，孩子的直接環境，即他們直接參與的環境，強而有力地影響孩子的發展，但 Bronfenbrenner 主張那些孩子沒有直接經驗的場所也是很有影響的。他特別指出父母工作的角色和社群的組織：父母在家庭中是否能有效地表現其角色，會視工作場合和延伸家庭的要求、壓力，以及支持而定。父母的教養角色對孩子的直接衝擊也會受到間接因素的影響，所謂間接因素有：父母工作計畫表的彈性、兒童照顧安排的適當性、朋友和家庭的協助、健康和社會服務的品質、社區安全。看似無關的公共政策會影響上述全部的因素，而且，公共政策是人類發展的外在系統的一部分。

大系統是文化或次文化中、廣泛社會制度中的意識型態和組織。談到大系統，Bronfenbrenner 聲明：

> 在任何文化或次文化裡，每一種場所——例如：家庭、街道或辦公室——往往是相似的，然而在文化之間，這些場所卻是明顯不同。這就像是在每一個社會或次文化中，對於每種場所的構造都存在著藍圖。此外，這些藍圖可以被改變，但隨之而來的是，社會中該場所的結構會明顯地產生改變，而且在行為和發展方面會產生相對應的變化（1979, p. 4）。

Bronfenbrenner 的取向有數個重要的貢獻：特別的是，這個取向強調要探討多個場所中的關係，而這些場所則是孩子和他們的家庭直接或間接參與的場所。檢驗孩子和家庭在不同生態場所中如何進行轉銜的觀念相當重要。然而，把生態分離成巢狀系統會限制了「個體和文化歷程之間的關係」這個觀念。

 ## 衍生而來的想法

Whiting 等人和 Bronfenbrenner 的觀念和研究對於文化和人類發展研究的整個領域有著重要的導引。我自己的研究和觀念就是直接從這一系列研究衍生出來，並結合文化—歷史取向的觀念而成的。

受到 Whiting 等人、Bronfenbrenner 等影響的數個其他取向，其著重點是以生態小環境（ecological niches）為主，以這個概念來思考個體和社群之間的關係。其中，Tom Weisner、Ron Gallimore 和 Cathie Jordan（1988）強調要理解文化的影響，則要

探討孩子的日常例行工作（daily routines）的特徵：

> 有機會而且會與孩子們互動的人員
>
> 人們參與的動機
>
> 被人們用來指引做事方法的文化「腳本」
>
> 例行工作中，任務和活動的類型和頻率
>
> 人們涉入的文化目標和信念

Charles Super 和 Sara Harkness（1997）則著重於「孩子性格」與「發展小環境的三個次系統」之間的關係：

> 孩子所居住的物理環境和社會環境
>
> 照顧孩子和教養孩子的文化習慣
>
> 照顧者的心理學（包含父母對於孩子本質和需求的信念、教養的目標、
> 關於有效教養技巧的共享理解）

用圖表呈現個體和文化歷程關係的相關議題

在許多社會科學領域中的教科書和學術論文，個體和文化歷程的關係仍常用圖表來呈現，圖表中的實體常由箭頭做一連結或被包含在同心圓裡（如圖 2.1 和 2.2）。

這些描繪觀念的方式是如此地熟悉，以致於社會科學家也許沒有機會質疑它們所賦予的內隱假設。作為溝通理論觀念的視覺工具限制了我們的觀念，而我們並沒有注意到此種侷限性。我認為修正這些圖表，使得這些圖表能表達「文化和個人歷程創造彼此」的觀念，是很重要的。

方框—箭頭圖表或巢狀—圓圈圖表其實限制了我們的概念，因為這些圖表把個人和文化分離成單獨的實體，變成文化影響個人（或是，在某些模式裡，是指個人和文化這兩個實體的互動）。圖 2.1 和 2.2 把個體描繪成與環境分離（因此，受到環境的影響）。此分離（個人和文化的分離）出現在 Whiting 等人的模式——先前變項和後來變項之間的單向因果，以及出現在 Bronfenbrenner 的生態理論——內在系統是處於階段層式的巢狀中，且依賴於外在系統。

行為（或思想）常被認為是獨立於文化變項的「結果」（outcome）。文化對個體「影響」的研究，常以「測量」（measuring）文化的某些特徵（例如：社會中其

社會組織的複雜度）和個體的某些特徵（例如：人格特徵或智力的測量）來進行，然後讓它們產生關聯。但是這種研究方式與另一個取向成一對比；所謂另一個取向是指個體和文化實踐在共同定義的歷程中運作時而有的貢獻。

把個體和世界分開的圖表在社會科學中是如此普遍，以致於我們想找尋其他方法來表徵觀念時有所困難。Whiting 等人和 Bronfenbrenner 也許無意侷限其觀念，而是如我所說的被圖表的形式所隱含。比起 1975 年的研究，Whiting 和 Edwards（1988）在檢驗「性別差異」和「孩子們所結交的友伴」之間的關係時，比較少提到因果鍊（causal chains），雖然此研究仍有一個目的是想瞭解其所在場所對個體發展的影響。同樣地，Bronfenbrenner 的俄羅斯娃娃意象也伴隨著一個理念，其認為個體和他們所處的場所是透過進展的、相互協調的過程而有所關聯。

我對於「用視覺表徵來作為思考工具」的方式相當感興趣，所以，我一直尋找其他方法來描繪文化和人類發展的相互關係，以避免變成個體或是文化單獨地發生（而沒有另一個的貢獻），或是其中一個造就另一個的結果出現。在描述社會文化—歷史理論如何看待個體和文化歷程的關係之後，我會提供一些圖表來描繪「發展是在社會文化活動中持續參與的歷程」。

社會文化——歷史理論

對於文化和發展有興趣的許多研究者，在 Lev Vygotsky 和其同事的著作中發現一個理論，提供了一個有助於將個體發展與社會、文化和歷史脈絡整合起來的基礎。相對於那些把個體與社會或文化脈絡看成是分離實體（相加或相乘）的發展理論，此文化—歷史的取向假設：個體發展必須在其社會脈絡和文化—歷史的脈絡中被理解，而且不能與這些脈絡分離[1]。根據 Vygotsky 的理論，個體的成就不能與他們所投入的活動分開來看，也不能和他們即是其中一部分的制度分開來看。

Vygotsky 著重在認知技巧及其所依賴的文化發明，例如：讀寫、數學、記憶技巧，以及解決問題和推理的方法（Laboratory of Comparative Humana Cognition, 1983;

---

[1] 這個取向常被社會文化取向、社會歷史取向或文化—歷史取向等不同名字指稱。積極的學術研究繼續檢驗並且延伸 20 世紀初一些學者的洞見，例如：Vygotsky、Luria、Leont'ev 和其他蘇俄學者，例如：Bakhtin 和 Ilyenkov。尤其可參照 Bakhurst, 1995; Cole, 1995, 1996; Kozulin, 1990; van der Veer & Valsiner, 1991; Wertsch, 1991, 1998。

Vygotsky, 1978; Wertsch, 1979）。以這觀點來看，思考涉及學習使用符號的和工具式的文化工具，並以特定的方式來使用這些文化工具。已有一些研究可舉證說明——讀寫經驗促使特定技巧的使用，而不是促進一般的認知提升（Scribner & Cole, 1981）。

Vygotsky 主張孩子為了思考而學習使用工具，這些工具是由文化所提供，而且是在近側發展區（zone of proximal development）中與較有能力的夥伴互動而習得的。透過和別人一起參與複雜的思考、使用思考的文化工具，孩子將能獨立完成這樣的思考，把文化工具轉化到他們想要達成的目的。在近側發展區中的互動使得孩子參與活動（此活動若讓孩子自己單獨進行，則是不可能的任務），使用適合特定活動的文化工具。

文化工具同時是遺傳而得，也是經過幾世代轉化而來的。文化不是靜態的，它是由一些人們共同努力而成就的。那些人們一起工作、使用並調整由祖先所提供的物質工具和符號工具，並且在工作的歷程中創造新的工具。

越過生命全程的發展是先天涉及到物種和文化社群的歷史發展；發展，是在每日每刻的學習機會中發生。發展，發生在不同的時間架構——種族改變的步調、社群的歷史改變、個體的一生，以及當下個體的學習時刻（Scribner, 1985; Wertsch, 1985）。在四個發展層次，以不同分析觀點提供一個有用的思考方式，用來思考「文化」和「生物歷程」，以及「變動的文化本質」相互交錯組合而成的本質。此在下一章會有更深入的討論。

學者們正進行一系列社會文化—歷史的研究計畫和理論，這些研究計畫和理論是從 Vygotsky 學派的文化—歷史理論而得來的靈感，除此，也從數個其他理論傳統中所得到的觀念（see Goodnow, 1993; Rogoff & Chavajay, 1995）。John Dewey（1916）的理論也補足了 Vygotsky 學派的觀念，而且幫助許多社會文化學者進一步發展這些觀念。除此之外，居住在不同社群中每天進行的溝通工作，對於「思考發展中的個人面向和文化面向」提供了重要的概念（Erickson & Mohatt, 1982; Goodwin, 1990; Heath, 1983, 1989a, 1991; Mehan, 1979; Miller, 1982; Ochs, 1988, 1996; Rogoff et al., 1993; Schieffelin, 1991; Watson-Gegeo & Gegeo, 1986b）。

與社會文化理論相關的計畫形成一個普遍性的共識，意即個體發展構成了社會和文化—歷史的活動及實踐，而且，個體發展也是被這些社會和文化—歷史活動實踐所構成。在這萌發的社會文化觀點中，文化不是一個影響個體的實體。相反地，人們對於文化歷程的創造有所貢獻，而且文化歷程也對人們的創造有所貢獻。因此，

個體和文化歷程是互相構成而不能被定義為彼此分開的[2]。

發展是參與於社會文化活動中的轉化

　　在我自己的研究中，我強調人類發展是一個歷程，是人類在其社群的社會文化活動中持續參與的歷程。人們在社會文化活動歷程中繼承了他人所發明的實踐，同時，也對所參與的文化活動歷程有所貢獻（Rogoff, 1990, 1998）。

　　比起個體發展是被文化所影響（而且也影響了文化）的觀點，從我的觀點來看，當人們參與文化活動（此活動是連續世代中，人們的投入而發展出來的）並有所貢獻時，人的發展就逐步顯示出來了。每一個世代的人們，當與他人一起投入社會文化而努力時，是在利用前個世代所遺留下來的文化工具和實踐，並且加以延伸擴展。當人們透過對於文化工具和實踐的共享而有了發展，他們同時也對文化工具、實踐和制度的轉化有所貢獻。

　　為了澄清這些觀念，我已發展了一系列的意象，目的是為了跳脫方框—箭頭圖表及巢狀—圓心圖表描述文化影響的那種模式。圖 2.3A～G，我提供一個社會文化的「參與觀點的轉化」（transformation of participation perspective）的意象。在其中，對於人類活動這個持續、相互構成的歷程，會有個人、人際和文化面向的不同分析觀點。

　　下一章，對於我所說的文化社群會有更深的討論。在檢驗圖 2.3 的意象時，也許能充分地顯示出，在我的想法中，文化歷程與國家團體或種族團體當中的所有成員數目是不相等的，而且個體通常不只是一個社群當中文化實踐、傳統和制度的參與者。

2　相關的同質性社會文化計畫包括：Bruner, 1990; Cole, 1990, 1996; Engeström, 1990; Goodnow, 1990; Heath, 1983; Hutchins, 1991; John-Steiner, 1985; Laboratory of Comparative Human Cognition, 1983; Lave & Wenger, 1991; Miller & Goodnow, 1995; Ochs, 1988, 1996; Rogoff, 1990, 1998; Schieffelin, 1991; Scribner, 1985, 1997; Serpell, 1993; Shweder, 1991; Shweder, Goodnow, Hatano, LeVine, Markus, & Miller, 1998; Valsiner, 1987, 1994, 2000; Wenger, 1999; Wertsch, 1991（也參考期刊 *Mind, Culture, and Activity* 和 *Culture & Psychology*）。雖然，我對於社會文化取向的觀點與其他版本有許多相同處，但和在總的看法之範圍外，仍有一些重要的差異。

圖 2.3A

這個意象描繪了在發展心理學中已成為慣例的研究客體：孤獨的個體（solitary individual）。有關「個體與他人的關係」，以及「活動目的和場所」的訊息都被移走了。當我要人們猜猜這個孩子在做什麼，人們的猜測是猶豫且模糊的：是「正在思考？」、「正被處罰？」或「正在閱讀？」

圖 2.3B

當然，其他人的角色（父母、同儕、老師等）被認為是有意義的。這個意象描繪了研究如何探索「社會關係」——把「焦點孩子」（the child）遠離其他人，即使他們是一起進行同一件事情，研究者仍然會分開地研究這個孩子。然後，透過該獨立實體的特徵或行動之間的相關來檢驗「社會影響」（social influences）的部分[3]。（有時，分析會包含雙向箭頭，試著含括這個主動的個體對於他人的影響。）當我要人們進一步猜測這個孩子在做什麼，並提供一些關於「社會影響」的訊息時，人們的假設不會比圖 2.3A 的孤獨個體更明確。

---

[3] Vygotsky 學派的學者抱怨：Vygotsky 常常提到的近側發展的概念被化約為這類社會影響的分析，忽視了 Vygotsky 所強調的文化歷程。

Development as Transformation of Participation in Cultural Activities

圖 2.3C

這個圖，就像前面兩個圖一樣，是以方框—箭頭圖表為基礎來看文化和人類發展的關係。當「文化影響」（culture influences）（以書本和櫃子來呈現）加進來以後，這個孩子仍然是與它們分離的，所以會「受到」（subject）文化屬性的影響。這個個體和其餘的人事物是彼此分開的，研究者在分析時並不在意他們在社會文化活動中一起做了些什麼。有了這個「文化影響」的訊息，雖然有些人開始較確定這個孩子是在閱讀，但是人們仍然無法具體猜測這個孩子在做什麼。

圖 2.3D

這個意象著重在從參與觀點的轉化（transformation-of-participation perspective）來看同一個小孩。這個小孩被放在前景，有一些關於他的訊息，這個個體就是分析的焦點（individual as the focus of analysis）。同時，在背景中可看到人際的訊息和文化制度的訊息。雖然對這些訊息的注意不需要像對孩子所做的那麼詳細，但是，想理解這個孩子在做什麼的話，必須有一般對於人與人之間和文化—制度訊息的敏感度。當我顯示這個意象給人們看時，他們對於孩子在做什麼的猜測就更加具體了：「在玩遊戲……噢，那是拼字遊戲……他正在思考下一步……這是在教室裡……」。

圖 2.3E

如果我們不是想研究這個特別孩子的發展，而是對於這個孩子及在他身邊的人之間的關係感興趣的話，那麼，我們可以把焦點放在「他們一起做了些什麼」。這會涉及人際的分析焦點（interpersonal focus of analysis）。我們會有興趣知道這三個人正在玩拼字遊戲，此拼字遊戲看起來好像是這個成人所組織的拼字活動；這個成人是位夥伴，當這個孩子的同伴可以自己拼字時，成人自願用她手肘下的字典來幫忙孩子確認字詞；而且，他們以一種友善的競爭形式來進行此遊戲，亦即，當他們在玩時會彼此幫忙。

雖然這是在一個教室所發生的事，但是，我們不會詳細地分析這樣的活動如何符合這個學校或這個社群的文化（見圖 2.3F）。但是若想要理解人們在做什麼時，對於個體和文化訊息這些背景的敏感度是重要的。

同樣地，事件的人際、個人，和文化─制度面向構成了這個活動。沒有一個面向是單獨存在或可以隔離於其他面向來進行研究的。觀察者在一個面向或另一個面向的聚焦可以改變，但是這些面向絕不會遠離彼此而存在。人際面向的分析不可能在沒有社群歷程背景（例如：歷史角色和文化角色，以及學校和家庭的變動性實踐）的理解之下發生。同時，分析時需要注意到個人的歷程（例如：在持續進行的活動中，透過觀察和參與的學習的努力）。

拿著分析鏡頭的手也是重要的，就像是觀察者或研究者，其指出了我們所建構的分析焦點。這個分析焦點來自於我們身為觀察者的選擇──在圖 2.3E 中，我們會看到在這三個人當中的關係。它是一個事件的特別觀點，而且著重在一些對我們而言較重要的訊息，並使其他訊息變得較不明顯而成為背景。通常，把現象的某些面向放在前景、某些放在背景是必要的，因為沒有一個人可以同時研究每一件事。雖然在我們的分析中，前景資訊和背景資訊之間是有區別的，但是這些資訊在事實上並不被假設是彼此分離的實體（相反地，方框─箭頭取向和巢狀─圓心取向常把圖表中的實體看成是獨立存在的）。

圖 2.3F

有些研究（或有些探討的路線，或有些學門）需要文化制度的分析焦點（cultural-institutional focus of analysis），而把特定的人及其與他人關係的細節放到背景。在這畫面中，我們也許會對這樣的文化—制度歷程感興趣，想研究：這特別的學校如何發展出讓家長自願例行性地出現在教室，設計一些「寓教於樂」（fun educational）的活動來幫助孩子學習；當有家庭的新世代加入時，這學校的社群又是如何修正其實踐；以及這學校的實踐與文化和學校教育（創新學校、傳統學校）的歷史是如何連結的，還有，該實踐又如何與國家政策和教育政策連結一起（這樣的分析可參考 Rogoff, Goodman Turkanis, & Bartlett, 2001; Rogoff, 1994）。
以圖 2.3F 來看，我們看到一行進中的圖片，從快速的一瞥中，看到這張圖片包含了活動的歷史，也包含了未來人們和其社群參與而有的轉化。

圖 2.3G

這張圖描繪了一個有時會發生的問題：研究者是否承認文化的重要性，卻忽略「那些構成文化活動的人們」也是同等的重要。這張圖與 2.3A 一樣難以理解。若沒有考量到人們參與所做出的貢獻，也沒有把這些人放在文化、制度的社群歷程之中來看，那麼，研究這樣的文化歷程是沒有意義的。

　　我相信，這個取向將有助於整合跨研究和跨學門的訊息，以對於我們所感興趣的現象有更完整的理解。藉由背景訊息的傳達而保持與我們的分析焦點的關係，較能把放在不同焦點的跨研究或跨學門所獲得的結果做一整合，而不是以競爭的方式來解釋現象，因為每個焦點都傳達了其他焦點的訊息。

　　雖然，在這本書中我關注的是個人、人際和文化的歷程，圖 2.3D～F 中所呈現活動的生理面向可能是其他相關研究的分析焦點。舉例來說，研究可能著重在神經元、荷爾蒙，或基因的歷程，其背景中有著個人、人際和文化的訊息。以這樣的想法來看，人類運作的生物性、社會文化和個人等面向都對全面歷程有貢獻，而不是想把彼此踢出圖片中的對手（下一章，我會討論生物歷程和文化歷程之間的關係）。

　　我的取向是著重在人類活動中的歷程。然而，圖 2.3D～F 的靜態性質無法完全捕捉這個精神，印刷頁面的媒介限制了動態歷程的表徵。如果你能把意象想像成看動畫中片刻的一瞥，就比較能欣賞我所主張的觀念——動態的、相互構成的個體、人際和文化—制度歷程。

　　下一章將檢驗那些關於文化歷程的概念。學者和政策制定者常認為文化是與個體分離的，就如在方框—箭頭或巢狀—圓心圖表中的呈現。文化已被當成是對個體屬性的外在「影響」，文化也常被認為是加諸於個體之上。如同我在下一章的解釋，以我參與轉化的觀點來看，所有人都一直參與持續變動的文化社群。個體和世代在歷史的那一刻中繼承了前人的實踐、傳統和制度，同時，也在這之上形塑了實踐、傳統和制度。

3

個體、世代和動態的文化社群

譯者：李昭明

我們每個人以一種獨特在地性的表現形式，活出屬於我們種族的本性……我們的文化和歷史是這個本性當中不可或缺的重要部分。

——*Shore, 1988, p. 19*

　　學者和戶口普查者一樣，都努力想瞭解個體和文化社群間的關係。本章的焦點在於，如果我們認為，發展是在動態文化社群中的持續改變參與狀態的過程，那我們如何具象化各種文化的歷程和社群。

　　當本章嘗試描繪出人們文化遺產的面貌時，面臨兩個主要的挑戰。第一個挑戰是需要超越長久以來的二分法概念：文化性特徵相對於生物性特徵，以及相似性相對於相異性。第二個挑戰則是如何思考文化歷程的動態特質，這個動態歷程維繫了人類社會的連續性；而非將文化視為伴隨個體而來的靜態的社會位置而已。

人類是生物性的文化產物

　　大家所熟知的先天／後天的爭論，把文化性和生物性放在相對的位置上。支持者認為，如果某個東西是文化性的，就不是生物性的；同樣地，如果某個東西是生物性的，就不是文化性的。尤其，心理學家已經花費了很長一段時間，試著找出人類性格當中有多少百分比是屬於生物性的，多少百分比是屬於文化性或由環境決定的。這個人為的切割方式，把生物性和文化性視為獨立的，而非將人類視為是生物性的文化產物。

　　先天／後天的爭論通常歸結出社群的差異就屬於文化性，而社群的相似點就屬於生物性。這樣的論點有時候假設基本的人類發展歷程（例如學習語言）存在於一個無關文化的生物型態，然後獨特的文化引發表現方式的不同（例如某個人所說的

獨特語言）。

　　然而，如果普遍的就是生物性，而相異的就是文化性的想法是錯誤的。全體人類都有一個普遍的狀態是來自於生物性和文化性共享的特徵：我們都能用兩腳走路、用語言溝通、像嬰兒般都需要被保護、在團體中的組織運作和會使用工具。我們也共同分享了環境的限制，例如固定的日夜循環，常常指引我們有相同的適應歷程（生物性和文化性）。我們每個人也會因為生物性和文化性狀態的不同而有差異，產生不同視覺的敏銳度、肌力強度、家庭的擺設，和以特別的語言表達親密。社群間的相似性和相異性並不會把現象切割成生物性或文化性。

　　人類的定義特徵（defining features），例如，使用語言、傳遞發明和適應生活的方式給下一個世代，是我們文化的遺產。有些人類生物特性的彈性和不同社群的文化規範（cultural arrangements）間的相似性也是一樣的（see Heath, 1989a; Ochs, 1996）。

　　文化差異通常表現在普遍共有的主題上，這些主題在實踐上各有其重視的價值，而不是全有全無（all-or-none）的差異。例如，兒童學習的方式因社群而有不同，像是正式的學校學習、學徒制或在農田中幫忙。然而，同時，所有兒童都是利用觀察和參與一些社群活動來學習。

　　解釋人類實踐的在文化層面上的相同或相異點，是要我們在人類運作的多種型態中找出規律性。哺乳提供一個很好的例子，用以說明實務工作的普遍性和差異性。在使用奶瓶之前，餵母乳是人類生存必要且實際的工作——事實上也是世界共通的（Trevathan & McKenna, 1994）。但是，各個社群哺乳的時間長短是不同的。在堪薩斯市的研究當中，研究者發現，嬰兒斷奶的時間愈晚，則伴隨著沮喪的機會愈大（Sears & Wise, 1950, reported in Whiting & Child, 1953）。然而，普遍來說，堪薩斯市的嬰兒斷奶得很早；在 70 個 7 個月大的嬰兒中，只有 5 個還在吃奶。以全球 52 個社群的樣本中，斷奶的年齡介於 6 個月到 5 歲半之間，而中位數是在兩歲半（Whiting & Child, 1953）。連結全球的樣本和堪薩斯市的研究結果發現，到了年齡愈大（13 到 18 個月）時才斷奶，則愈會有明顯的沮喪行為出現。但是過了這個高峰期之後，斷奶會隨著年齡的上升而愈來愈容易處理，年紀大的兒童多數可以靠自己完成斷奶。全球在斷奶實踐上的多樣性研究，可導引出斷奶時年齡和沮喪行為間的關係。

　　為了瞭解發展，找出在不同社群，以什麼樣的路徑造就出相似或不同的發展歷程是必要的。我們要拋棄無意義的二選一方式，去思考各社群間的人類發展是相似或相異的，以及影響人類的究竟是文化性或生物性的問題。這樣二選一的問題跟去

問人類比較喜歡用左腳或右腳走路一樣沒有意義。我認為生物層面和文化層面是共同運作的。

　　Vygotsky 提供一個有用的思考架構來看待個體、文化和人類發展的統整、動態本質。他提出四個相互關聯，且包含在不同的時間架構下個體和環境的發展階段研究：微發生（microgenetic）、個體發生（ontogenetic）、種體發生（phylogenetic）和文化─歷史的發展（Scribner, 1985; Wertsch, 1985; Zinchenko, 1985）。傳統的發展心理學家處理個體發生的發展，它是指個體生命的時間架構裡出現的變化情形，例如，在兒童期的階段會有什麼發展狀態。這只是一個不同於其他三個發展層次的時間架構。種體發生的發展是一種緩慢改變人類歷史的過程，它是指給予個體留下一些遺產，使其遺傳因子的形式在百年或千年當中漸漸轉化。文化─歷史的發展則橫跨在幾十年和幾百年進行變化，留給個體一些符號和工具技能形式（例如文學、計數系統和電腦），以及價值系統、日常生活型態和概念的遺產。微發生的發展是個體在獨特情境中當下時間片段（moment to moment）中的學習，是建立在個體基因遺傳和文化─歷史背景之下的。

　　這些層次的發展是無法分割的：個體的成就是建立文化實踐，而這些實踐也促進個體的發展。相同地，人類生物性發展與文化制度和實踐共同運作，構成了人類、展現了人性。個人生命進程（course）的發展在文化歷史的進程，以及和種體發生的歷史進程間產生。

　　人類發展必須建立在來自同屬於該種族和該社群中成員的歷史遺產之上。因此，把焦點放在「先天」和「後天」能個別影響人類發展的想法是一種錯誤的二分法。嬰兒帶著各種行為的模式、學習方式來到這個世界，這些偏好的來源則是他們個人、種族基因和父母的經驗。另外，嬰兒也同時擁有照顧者本身構成他們自己的生物性和社會性世界──源自於他們自己和祖先的種族發生觀和文化歷史觀（Hatano & In-agaki, 2000; Rogoff, 1990; Trevathan & McKenna, 1994）。

　　當然，同一時間，新的世代轉換著文化制度和文化實踐，以及對生物的進化有所貢獻。生產本身包含了陣痛和分娩的文化實踐，例如，對母體藥物的使用、母體姿勢的變動（蹲或躺），以及母體受到何種對待（獨力完成或與他人合作、在醫院或在戶外）。一個社群中的生產技術，例如，用藥或草藥醫療技術、剖腹生產等，都是文化創造（cultural invention）的過程（見圖 3.1）。

　　這類文化創造可能形塑人類在生物上的特徵（生物上的改變也可能有益於文化實踐）。例如，剖腹生產常被視為是要保住那些頭圍過大無法通過母親產道的嬰兒。這些具有頭圍較大基因的嬰兒，因為他們的存活，經過幾個世代之後，可能使得人

圖 3.1

一個亞美尼亞家庭聚在一位母親和新生兒的床邊

類社群中演化出具有較大頭圍的人。剖腹生產是許多有益於人類族群，和有益於我們後代子孫生存的文化技術之一。來自於此類文化實踐活動的生物改變可能接下來會改變所在的文化。因此，生物和文化歷程是不斷同時運作的。

　　嬰兒的呼吸也能展現出文化和生物共同運作的歷程。世界上，兒童是否和他人共寢，嬰兒是否被期望有較長的睡眠時間（如在美國，對 4 到 6 個月嬰兒睡眠的發展目標是要有 8 個小時不受干擾的睡眠）是不一樣的。在一些社群中，至少在嬰兒 8 個月大之前，他們每隔 4 個小時就會清醒和被餵食一次（Super, 1981; Super & Harkness, 1982）。嬰兒通常和他們的母親或保母共寢，並保持對成人睡眠最小的干擾。當嬰兒需要餵奶時，母親會繼續入睡，或是醒來餵食，並與嬰兒有一些互動，然後再回去就寢。在這樣的狀態下，家長就產生一個小小的行為模式，強迫嬰兒「睡整個晚上」（sleeping through the night）。

　　一些研究者推測，鼓勵嬰兒睡整個晚上，可能延展他們不成熟的神經系統，並使神經的休息跨過睡眠時間（McKenna, 1986; Trevathan & McKenna, 1994）。在中產階級的歐裔美人社群當中，嬰兒不只被期望要有較長的睡眠時間，通常還被要求獨自入睡（Morelli, Rogoff, Oppenheim, & Goldsmith, 1992）。一些研究建議，如果嬰兒

在有人陪伴的狀態下入睡，他們的呼吸可能會與身旁陪伴者的呼吸一樣規律。對於嬰兒睡眠安排的文化性差異（在長久、獨自的情境下睡 8 小時，或聽從「專家」的建議把嬰兒放在自己身旁就寢），也許對虛弱的嬰兒是否能維持呼吸或遇上嬰兒猝死症（Sudden Infant Death Syndrome, SIDS）有決定性的影響（McKenna & Mosko, 1993; Trevathan & McKenna, 1994）。但在任何個案中，文化實踐很清楚地和生命初期的生物歷程相連結。

　　人類發展的兩條研究路徑特別能說明生物和文化歷程相互交錯的本質。一是嬰兒準備好經由他人來學習，另一是對性別差異的解釋。這兩者都會在接下來的部分進行討論。我們會瞭解文化性與生物性因素，在人類的規律性和社群間差異中的共通性當中扮演的角色是一樣的。

 ## 準備好學習的嬰兒和幼兒

　　嬰兒一生出來就準備好學習那些圍繞在他身邊的事物。在二選一的思維下，一些學者低估了嬰兒已經準備好學習人類生活，而傾向認為發展是在環境中才會發生。然而，來自數千年人類歷史的遺產提供了每個新世代基因，以及讓他們具備參與人類的生活方式。這些遺產對嬰兒在學習如何利用雙腳平衡、使用工具或物體，以及吸引成人的關注等提供幫助。在跨文化社群的觀察中，我們可以發現，嬰兒的發展階段的連續性和發展的里程碑中有此現象；此外，嬰兒在分離狀態，因依附關係而出現的高興或沮喪反應，也在跨文化的觀察中看到此現象（Gewirtz, 1965; Goldberg, 1972; Konner, 1972; Super, 1981）。

　　人類的嬰兒之所以能準備好學習語言，是因為他們擁有祖先留下來的技能。在各種不同的社群當中，語言學習的階段呈現出一個固定的發展階段（Bowerman, 1981; Slobin, 1973）。嬰兒用來學習語言的準備工作，包括了來自文化學習的傾向，而這也是祖先們留下來的遺產（用以連結世代之間的技能，而不僅是基因而已）。

　　人類的學習是有賴於比起其他物種都要長的嬰兒期（long infancy）。其他許多物種出生之後就能做一些人類所不能的，像是走路或自行覓食。較長的嬰兒期可能對我們在學習使用語言和適應其他文化發明有所幫助。在這個早期人類發展過程中，兒童能夠使用較長的時間適應學習任何社群的活動方式：「Hu 族人一出生就有一種自我調節的策略，能由人們的溝通和合作行為獲得知識⋯⋯因此，社會化如同呼吸或走路一樣，對人類大腦來說是自然的、天生的或『生物性的』。」（Trevarthen, 1988, p. 39）。

事實上，人們從他們的文化社群的學習，甚至從出生前就開始了。胎兒時期的經驗讓新生兒瞭解到許多他們出生前的生活。他們瞭解到自己母親的聲音；他們能區辨出在出生前幾星期重複聆聽的故事中的不尋常處（不管是否是由他們的母親或其他女性所朗讀的）；他們甚至能區辨出不熟悉的聲音和自己「母親的聲音」（Cooper & Aslin 1989; DeCasper & Fifer, 1980; DeCasper & Spence, 1986; Mehler et al., 1988）。

嬰兒快速的語言發展有賴於孩子偵測語言差異的能力，以及使用這些可區辨的語言之經驗（Jusczyk, 1977; Werker & Desjardins, 1995）。1 歲之後，孩子對他們很少聽到的聲音的敏感度降低；就像是調整他們的耳朵和發聲，使之變成和周遭經常聽到的聲音一樣。世界中所有嬰兒牙牙學語的聲音都是一樣的——所有語言的聲音都有，直到 6 個月之後才有了差異。而有時候在 6 個月到 1 歲之間，兒童會特別注意母語——他們開始拋棄那些平時沒有用到的聲音。例如，在西班牙文當中，字母「b」和字母「v」通常聽起來是一樣的，但是在英文中，「b」、「v」是有差異的。小嬰兒在說西班牙語的環境中，最初能區辨說英文的人所發出的「b」和「v」的聲音，但是等到嬰兒長大後，這樣的區辨能力就沒有了；而「volleyball」聽起來就會跟「bolleyball」一樣。

嬰兒能夠區辨語言的源頭，如同人類歷史一般，透過生物性和社會文化過程漸漸出現。毫無疑問地，我們的祖先努力試驗許多溝通的方法而存活下來。那些成功溝通的方法透過祖先們的基因和他們的實踐工作，傳承到下一代，成為我們人類重要的生物文化特徵。

人類生活的生物性和文化性特徵也支持了語言的學習，因為這些特徵給了嬰兒機會去傾聽他們當地的語言和開始跟使用這種語言的人進行溝通。健康的人類嬰兒有能力跟社會上的其他成員親近或參與他們的活動，像是模仿他人和拒絕獨處。嬰兒努力的方式跟其他人學習處於一個不熟悉的文化環境時的行為相似：待在信任的引導者旁邊，觀察他人的活動，有機會時就試圖加入他們的活動，而且接受引導者提供的建議。

嬰兒的成功，與照顧者—兒童間關係和文化實踐（鼓勵兒童參與他們社群當中的活動）的生物性和文化性特徵相關聯。不論如何，照顧者認為自己是站在圈外教導年幼的兒童，使用固定的模式讓他們努力達到跟成人一樣的表現，調整他們的互動方式，以及用當地獨特的學習型態來組織兒童的環境和活動（Rogoff, 1990）。

透過整個兒童期，兒童有了照顧者和友伴的引導，他們增加了參與文化活動的機會，也開始組織其周遭的文化活動（Fortes, 1938/70）。兒童藉由那些協助他們的

重要他人，學習社群中的技巧和實踐工作。這些人協助兒童組織學習歷程，在合作活動中引導兒童，依據兒童熟練的程度調整參與度（見圖3.2）。舉例來說，來自瓜地馬拉的馬雅族母親協助她的女兒學習如何織布，她會把工作分割成一個一個階段的步驟、在共同參與活動中提供引導，以及根據女兒的技巧和興趣的提升，來調整女兒在織布過程中的參與程度（Rogoff, 1986）。相同的狀態也出現在墨西哥的織布活動和賴比瑞亞的裁縫工作中（Greenfield, 1984; Greenfield & Lave, 1982）。

兒童在運用某些技能和有協助者的情境當中，處處都在學習。在印度的學步兒學習如何區辨使用他們的左手和右手（在其他社群裡，對許多較大的兒童來說，這樣的區辨技巧也是很難的）。右手是「乾淨」的手，用來拿東西吃的，而左手是「骯髒」的手，是在排便後擦拭用的：

> 如果一個兒童沒有透過參與和觀察的方式，學習用右手吃東西；他的
> 母親或年長的姊姊會操控他的右手，不准使用左手，直到這個兒童理解且
> 確實做到。最先開始教育的內容之一，就是教 1 歲半到 2 歲的兒童區辨左

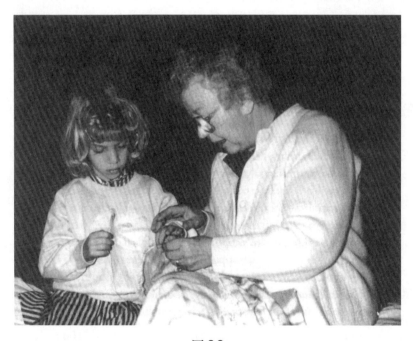

圖 3.2

一個中產階級的 6 歲歐裔美國女孩學習縫紉，而她的祖母，一個專業的裁縫師，在一旁協助和指導她各個步驟。

右手和它們個別的用途……雖然我們認為，印度的飲食型態要求許多操作技巧，但是我們觀察到一個女孩，不到 2 歲，對著她的 chapatti（印度麵包）哭泣；因為她只會用右手握住一小塊麵包，並用它撿起蔬菜來吃（Freed & Freed, 1981, p. 60）。

同樣地，歐裔美國人的照顧者常常要嬰兒看看他們指定的東西。如果嬰兒出現不瞭解「指某種東西」的手勢時，他們的母親可能會幫忙用嬰兒自己的手指去碰觸指定的物體（Lampers, 1979）。

當嬰兒三個月大的時候，他們的母親就會跟著孩子凝視的方向，企圖建立彼此間的共同注意（joint attention）的目標；或者母親會在嬰兒和他們之間擺一個物件，或在孩子間擺一個物件，讓孩子企圖搖晃這個物件（Bruner, 1983; Schaffer, 1984）。

這些為了學習而產生人際互動的地域性樣貌，是來自長期生物和文化歷史發展的結果。在人類這個種族之中，每個世代來到這個世界就準備好學習和參與年長者平時的實踐和傳統習俗，並且與年長者一同分享在文化活動中的價值和規範。這可能因為要兒童快速發展為文化實踐中的參與者，和快速發展對自己社群的理解——不管是學習織布或學習閱讀，照顧家畜或幼兒、做學校的功課，或根據自己在社群中的性別角色而行動。人類發展生物文化性的本質也能從性別角色發展當中清楚展現出來。

 ## 性別差異來自何處？

一般說來，「性別差異是否為生物必然性或為文化可塑性」總會產生激烈的辯論。從之前的討論中，我認為性別差異同時立基於生物和文化遺產的觀點是相當清楚的。不管文化間的差異性或相似性如何，我們觀察到來自生物性和文化性的訊息，都能幫助我們決定那些活動型態是否就是我們想要繼續觀察下去的。

這兩個普遍用來解釋性別角色差異的想法（生物性或文化性），通常假設彼此間的想法是相互對立的，但是這都有益於性別差異的討論。從生物性的想法看來，人類和其他動物在生物特徵上就有性別差異，特別是兩性在繁衍後代的角色差異上更是明顯。這樣的想法通常與認為性別角色是透過一個性別結構世界中的教導和經驗「訓練」出來的想法恰恰相反（Draper, 1985; Eagly & Wood, 1999）。在這樣過度的簡化下，這兩種觀點常常不幸的被視為是二選一的狀態，而且這種狀態還伴隨著對某一「方」或另一方強烈的情感忠誠度（see also Miller & Keller, 2000）。

性別角色的生物性準備

生物性準備的論點認為，男性角色和女性角色的出現，包含非常不同的複製策略，而這些策略會延伸到生活的許多層面。依據這樣的想法，動物（包含人類）行為的主要驅力是確定自己的基因能夠存活下去。性別差異可以回溯到以下的事實，女性必須花很多時間在每個兒童身上，以確定自己的基因能夠繁衍下去；反之，男性卻只需要付出一點點時間和努力去照顧兒童。

為了想要讓一個孩子順利長大且繼續成長，女性得花 9 個月的時間懷胎，花 2、3 年的時間養育他（在史料中的平均值），花更多的時間保護和教導他如何生存。相對地，男性只要花費一點時間幫忙照顧孩子，就可以跟女性一樣擁有相同的地位。男性只要協助女性養育子女，提供資源和保護，幫忙確定他們的基因能夠存活下來。這樣的協助有時候只是一個允許男性有機會繁衍的條件而已。一個在 Navajo 流傳的想像故事中，展現了生物性準備的論點：

> 在第四世界中，Áltsé hastiin 是世界上第一個男人，也是個偉大的獵人。所以，他能夠提供他的妻子 Áltsé asdzą́ą́（世界上第一個女人）很多食物……有一天，他帶一隻新鮮的鹿回家。他的妻子煮了一些，然後他們一起享用了這頓晚餐。當世界上第一個女人 Áltsé asdzą́ą́ 吃完之後，她把手上的油污擦在自己身邊的葉鞘（sheath）上，打了幾個嗝，然後接著說：「謝謝 shijóózh 我的陰道（vagina），謝謝你給我這樣美味的晚餐。」
>
> Áltsé hastiin，世界上第一個男人聽到之後接著說：「為什麼妳這樣說？為什麼不謝謝我？不是我去殺了這隻鹿，妳才能盡情享受這個新鮮的晚餐嗎？不是我把鹿皮給剝掉的嗎？是誰把這隻鹿處理好讓妳煮的？nijóózh 妳的陰道是偉大的獵人嗎？為什麼妳感謝它，而不是感謝我？」
>
> Áltsé asdzą́ą́ 提供了這樣的答案：「事實上，是它沒錯。」她接著說：「就是這個 jóósh 陰道。如果沒有這個 jóósh 的話，你根本沒辦法殺這隻鹿。沒有它的話，你根本沒辦法把鹿拖回來。你就沒辦法幫鹿剝皮了，你這個懶惰的男人，沒有 jóósh 的話，你根本做不了什麼事。就是 jóósh 陰道做了這裡發生的所有事情。」（Zolbrod, 1984, pp. 58-59, brought to my attention by Deyhle & Margonis, 1995）。

根據生物性準備的論點，試圖幫忙養育子女的男人有一個困難是，男人沒辦法確定這個孩子是他的（相反地，女人清楚地知道這個孩子是她的）。所以對於一個

孩子而言，這樣的論點說明了，男人想要一些東西來確認自己是孩子的父親。這個部分也被用來代表對貞操和性行為的雙重標準。

在此同時，女性事實上控制了男性想要傳遞基因到下一個世代的通道。為了獲得這樣的通道，男性可能需要忙著展現勇氣或是去說服女性，比起其他男性，他們能提供更多的資源或保護。這樣的想法，在生物性準備的論點中，解釋了男性比女性有更多的競爭，也解釋了男性要比女性有更多能力。

然而，性別差異的解釋方式間有相當的矛盾。許多熱門的論點是基於人類在現有的性別差異上，來思考事情應該如何發展。雖然生物性準備的論點和性別角色訓練論點常常處於對立的狀態，但事實上不需要這樣。的確，很難想像在某些方面，這兩者是可以協同運作的。

性別角色訓練

性別角色訓練的觀點認為，兒童藉著在日常生活中參與與性別相關的活動，或參與與性別無關的活動而發展出性別角色的區辨能力（見圖 3.3）。

生活中不鼓勵「不合宜」的性別活動出現的例子，就如要求美國女孩保持乾淨和保護漂亮衣服。在多數的社會當中，女孩比起男孩要接受更多合宜社會行為的訓練（Whiting & Edwards, 1988；見圖 3.4）。一首來自拉丁美洲的兒歌展現了性別角色訓練的型態：

圖 3.3

大約在 1950 年，佛羅里達州的 Sarasota 市。一個小孩企圖嘗試瞭解自己的性別角色行為模式。

圖 3.4

性別角色訊息普遍地存在每日對兒童和家庭的打扮和安排，同樣地，也能在 19 世紀的法國畫家 Pierre-Auguste 的畫中看到。Madame Geroges Charpentier 是有名出版商的妻子。她的女兒坐在家中所養的小狗身旁，而她的兒子 Paul，則穿著女性的服裝坐在她的身邊，因為他還未滿 5 歲。

Chiquita Bonita	漂亮的小女孩
Soy Chiquita, soy bonita	我還小，我很漂亮
Soy la perla de mamá	我是我媽媽的珍珠
Si me ensucio el vestido	如果我弄髒衣服
Garrotzos me dará	她會打我

（Griego, Bucks, Gilbert, & Kimball, 1981, p. 6）

性別差異出現在一般被標示為男孩或女孩的教養工作裡。Beatrice Whiting 強調，兒童學習對待他人的方式經常受到與他們互動的對象的影響，尤其是友伴的性別和年齡：

　　父母和其他社會化的代理人規範了兒童在特別情境下所需執行的工作。不管是對嬰兒的照顧、與成年女性在家中工作、在田裡跟成人和兄弟姊妹一起工作、跟鄰居小孩在外頭遊玩、跟成年男性去打獵，或者跟同年齡的兒童到學校上課，兒童每天的工作對於人際互動行為的發展有重要的影響，這些影響可能不是那些寫書的社會學家瞭解的（1980, p. 111）。

　　在《六個文化》（*Six Cultures*）的研究中，Whiting 和 Whiting（1975）及他們的研究伙伴觀察到兒童跟年長者、同齡者和年幼者互動的狀態。通常那些跟年幼兒童相處的時間較長的兒童，他們會表現出較多的照顧行為。在 Beatrice Whiting 和 Carolyn Edwards（1973, 1988）以各種文化社群為對象的研究中發現，與男孩相比，年長女孩的照顧行為與她們經常被要求去照顧嬰兒有關。各年齡的女孩都被要求在家裡或附近做與家庭相關的雜務，且被要求要順從她們的母親；相反地，男孩都可以到離家較遠的地方和他們的朋友玩耍或工作。此外，女孩與男孩相較，則在較小的年紀開始就要做家事。

　　負責照顧嬰兒對男女孩的影響在肯亞的 Luo 族當中可以看到（Ember, 1973）。Luo 族的母親通常指派女孩和男孩去做家庭雜務，而這些雜務是依據文化中所定義合乎某一性別（gender-appropriate）的原則進行分派。然而，缺少年長女性的家庭裡，男孩還是會被要求去做一些女性的雜務。被要求在家做女性工作（特別是照顧嬰兒）的 Luo 族男孩，比起那些不做此類工作的男孩有較低的攻擊行為和較多的利社會行為。不僅如此，擁有照顧嬰兒經驗的 Luo 族男孩，其行為則可以推衍到與他人互動的方式。

　　兒童尋找在行為上的規律，是依據在他們社群當中明顯的類別而定。性別通常是一個不變且顯著的類別（Whiting & Edwrds, 1988）。比起身邊的成人，兒童本身對於性別差異常常是更為謹慎的。他們尋找著規則，假如他們認為自己找到了規則，與年長者相比，他們會更為窄化這個原則的應用範圍，而且他們通常利用反證來支持自己的看法。例如，我有一個 2 歲大的女兒，我們正在看一個電視節目，節目上有兩個地質學家穿著西裝在說話。我的女兒會問他們是誰，我告訴她，他們是教授。她說：「他們不可能是教授，他們是男生。」她認識一個教授，但那是一個女性，所以她推論男性不可以當教授。她發展出一個規則，而且嚴格地限制其應用範圍。

　　性別差異的訊息圍繞在兒童身邊，這樣的訊息提供了他們在社群中學習性別角色的機會；這些訊息可能來自父母、手足、同儕、師長，以及來自其他資源，像是電視、書籍和其他媒體。舉例來說，許多美國的兒童圖書和電視節目給了許多男孩

和男人、女孩和女人做事的刻板印象：女性常做著刻板印象中的女性職業；而主角一般來說都是男性。如果在故事或節目中有女人或女孩出現的話，她們通常被當作背景，而男性則有很多冒險事件（Spicher & Hudak, 1997）。

在日常生活中，與性別差異相關的微妙訊息可能很自然地就被幼兒接受了，因為那些訊息常被視為理所當然。Lee Munroe 和 Ruth Munroe（1997）認為，沒有意識到或無法明確指出的行為模式特別容易被視為理所當然，然後就被認為是好的或讓人比較舒服的。Munroe 和 Monroe 預測，正因為如此，性別角色的抗拒性是很強的，而且改變得很緩慢。

因此，性別角色訓練論點當中提及，與性別角色期待相關的訊息是有渲染性的；而且不只是以目標明確或固定的形式來宣傳，而是以對待男孩和女孩、男性和女性的方式來傳遞。這個論點認為，面對兒童性別角色的發展必須優先考量社會和文化扮演的角色（在第五章，會針對不同文化社群中性別角色的型態做更詳細的說明。此處提及的目的是要呈現生物性和文化性的觀點會同時影響性別角色；我們不認為生物學或文化論是相互排斥的）。

我們能看到性別角色的生物準備度和社會學習存在於不同時間結構中，但擁有相同運作程序。在 Vygotsky 的語言中，在文化─歷史發展的時間結構下，性別角色的演化（生物性）準備，包含了種體發生的發展狀態，而性別角色的社會學習則包含了當代性別角色的微發生和個體發生的發展狀態。因此，生物性準備是遠古人類所發展之生活習俗和規則的一個紀錄點。同時，個體學習他們的角色是來自（或修正）他們所屬社群的傳統習俗和文化實踐，而這些內容與當前及最近性別角色的分配和社會結構有密切的關係。

從社會文化觀點來看，學習生物和文化的歷程就需看待他們是同時對後代改變其實踐工作（改善嬰兒學習準備的瞭解、性別差異的起源和人類發展的其他層面）。我們在考量個體文化參與度和改變文化社群之間關係的過程中，以世代取向（a generational approach）的觀點來思考很重要的。這是我接下來要討論的內容。

動態文化社群中的參與

當界定人類在社群中的連結時，有一個普遍的想法是使用單一的類別來進行分類，通常是以人種或種族分類個體。這樣的想法造成了「箱子的問題」（box problem）：哪些箱子中的問卷可以界定你的種族？被區分到同一個箱子裡的個體被假設

為，以一些決定性的條件作為判斷跟其他箱子中的個體相似或相異之處（以種族或國籍作為分類標準的相關議題討論可見 Ferdman, 2000; Gjerde & Onishi, 2000; Hoffman, 1997; Nagel, 1994; Phinney, 1996; Rogoff & Angelillo, 2002; Verdery, 1994; Waldron, 1996; and Wolf, 1994, 1997）。

　　在下個主題中，我會討論將文化視為主要區分個體類別所產生的問題。我建議將文化歷程視為文化社群中傳統習俗和實踐工作的不斷變動歷程，而且這些歷程是個人參與，且會跨越世代。接著，我會談到在中等社經地位的歐裔美國人社群中的獨特案例，這些人們通常沒有意識到他們自己的文化參與活動。然後，我將擴展檢視跨世代社群的想法，以瞭解新的世代完成和修正那些當初發生在他們身上的文化實踐。

 ## 文化被當作是一種類別，或是一種參與動態的相關文化社群的歷程

　　人類的文化參與通常依據文化或種族的「認同」（identity），例如以「你是誰？」「你是什麼族？」的方式拿來討論。這種分類取向（categorization approach）是基於一個觀點：個體生活的文化層面是固定在「社會位置」（social address）的分類方式上，例如種族、人種和社經地位[1]。這樣的分類方式，對於人類如何區分自己和其他個體的研究來說是重要的，但是以這樣的方式來等同於文化則是有問題的。我在本節當中將有所討論。

　　為了取代以類別的方式來思考文化，我傾向將焦點放在人們在其社群中的投入情形來說明個體生活和社群實踐的變動性和衍生性的特質。若將文化參與作為重心，檢驗個體文化投入情形的問題會變成：什麼樣的文化實踐是你熟悉的？什麼文化實踐是你曾經做過的？為了檢驗社群中的文化實踐，問題則是：什麼樣的做事方式是約定俗成的？或人們通常期望的日常生活是什麼型態？文化實踐——例如母語、宗教、政府或法律系統、教學方式、性別角色、獨特工具或使用技巧、對其他群體的態度——是個體和社群運作時，人們建立或貢獻社群文化所需的重心。

　　從認為文化是「社會位置」的箱子，轉變到對文化社群中參與度的檢驗，能夠

1　把焦點放在個體分類上，種族或「文化」的界定有時被視為是個體的生物性遺產。雖然一些與祖先的社群成員有關的個體特徵可能是個體在基因上的遺傳，像是鼻子的形狀、髮質、新陳代謝率和對某種疾病的反應，但這些標記完全跟文化歷程的檢驗無關（see Wolf, 1994）。

解決一些現在困擾我們的問題。將「文化」視為一種類別變項，會造成群體內部的差異的辯論，在不同社群中投入的重複性，以及次分類系統的複雜性。

以類別取向定義文化，所產生變異性、重複性和次團體的問題

以認同的類別來區分文化常常把焦點放在某人祖先的國籍（或某一洲！），只看各個國家之間的差異性。然而，研究得愈仔細，就會覺得群體中人有更多的差異。這是群體中的個人非常熟悉的畫面：

> 如果一個人是「亞裔美國人」，他有很多方式去感受自己內在存在的很多深刻且必然的差異。因此，日裔美國人知道一些存在於世代間，以及他們適應美國文化的態度間有著重要差異（Issei, Nisei, Sansei 和 Yonsei 對於異族通婚、選舉、適應性等，有不同的型態和觀點）。來自台灣和香港、東南亞和大陸、舊金山和核桃溪（Walnut Creek）、第一代和第二代移民的華裔美國人間也有著重大差異。同樣地，韓國人、菲律賓人、寮國人、柬埔寨人和越南人也能注意到彼此之間的不同。
>
> 當亞裔美國人意識到彼此間差異的同時，他們就可能帶著這種刻板印象去看待具有相同特徵的「他人」，忽視了猶太教和異教徒、藍領階級的愛爾蘭天主教徒和中上階級的聖公會教徒，都將他們當作「白人」而已。同樣地，黑人當中也可以做出細部的區別。例如：在市區下層街頭打滾的；那些住在郊區、雙親有不錯職業的；來自南方的第二代移居者；那些來自南方歷史悠久的名門望族、提倡民族主義或異族融合者等。但是，這些在他們自己的團體中看來有內在差異的非裔美國人，在看待「亞洲人」時，可能只是視為單一的類別而已（Institute of the Study of Social Change, 1991, p. 12）。

將團體劃分成次團體，可以無止境地分下去，一直「分」到個人的層次。許多學者因此擔憂，處理文化的差異將會使社會學家尋找發展人類運作普遍原則而有的努力過度複雜化。然而，這樣的擔憂潮流已經從「箱子」取向到文化取向了。心理學家常假設，為了檢驗種族的起源、宗教的信念、移民前後的世代交替、地域上的差異等等，所以需要更多的箱子來分類。他們認為箱子需要被劃分（成為「次文化」），以便涵蓋個體與他人相處時能個別檢驗他們自己和互動之下的效果。然而，實際上，分類箱和次分類箱的數量會多到數不清，以致於壓垮它們全部的成就。

如果我們能超脫文化是由各個分割出來的類別或因素所構成的想法，而轉移到

描述個體在文化社群中的參與程度，那麼上述的議題就能被解決。我們的描述亦能包含種族的起源、宗教的信念、移民前後的世代交替、地域上的差異等等議題。但是，文化特徵不能被視為區分不同類別的準則（即使這樣的簡化可能便於我們資料分析的使用；see Rogoff & Angelillo, 2002）。文化特徵應被視為一個有著多層面面向間相互依存的關係。

　　舉例來說，如果我們放棄彼此間是相互獨立的類別（如國籍、種族、社會階級等）的假設，且放棄以類別間交集的方式來描述社群，我們就能立基於他人歷史脈絡下的各個層面，以更為流暢的方式描述社群。以這樣的方式，我們可能會說，在瓜地馬拉的一個馬雅印地安社群（Mayan Indian community），數百年來，大部分的家庭都仰賴農業生活，到了近代，開始種植商業作物、零售和專門的職業訓練，以及開始送他們的兒童到西式教育的學校上課。

　　對於一些研究，必先有清楚的種族、社會階級和個人認同的概念定義。的確，在公共政策和日常生活中，將不同習俗一起置入相同標籤（像是拉丁美洲人、非裔美國人、亞洲人）的公共政策中，其實是創造了這些類別（Barth, 1994; Correa-Chávez, personal communication, November 2000）。例如：以法律或生活習俗將人們分到同一類的箱子中，要他們一起面對相同的對待方式和歷史，而不管這樣的分類是否集合了背景差異甚大的一群人。

　　然而，如果社會科學要用這種分類方式，並使類別間的交集讓文化成為一致，我們就等於摧毀了文化這個概念。因為這樣的取向，排除了人類在參與不斷變動和重疊交錯的文化社群中所有的動態檢驗的本質。

文化的社群

　　研究文化的社群是我想法的中心，它是從對類別的強調，轉移到個體的所有特質。這個想法幫助我們從某個特別社群的共同實踐，聚焦於文化歷程中的人類參與。

　　什麼叫作一個社群的問題，在最近幾年已經變成相當重要的議題。不幸地，許多人使用這個「社群」的名詞，簡單地推論成一些只有單一特性個體的集合體。它意味著，只是把「騎單車的人」說成「單車族」，或把「抽菸者」說成「抽菸團體」這樣的小改變而已。以我的觀點，社群並不能簡化為共同享有一、兩個特徵的個體的集合名詞而已。

　　為了這個目的，社群應該被定義成，一群人擁有一些共同和持久的組織、價值、觀念、歷史和實踐的群體。如 John Dewey 指出：「有某種超越語言上的東西，把共通性（common）、社群（community）和溝通（communication）這三個字緊密地連

結起來。『人們』生活在一個擁有共同內涵的社群當中，而溝通是他們擁有共通點的互動方式。」（1916, p. 5）。

　　一個社群需要人們以穩定且和他人相互聯繫和關注的方式，嘗試共同完成一些事情。作為一個社群，需要有結構性的互動；雖然常常對行為的意義有所爭論，但某些時候要相互忍讓、保持某種義務和相互分享。一個社群能持續發展出新的文化實踐和規範習性，這些發展出的成果在一個世代取代另一個世代時，也讓個體超越了原來所參與的社群。

　　在社群中，參與者是多樣且有不同面向的。不同的參與者有著不同的角色和責任，而他們彼此的關係可能是自在的、衝突的或任意獨斷的。另外，他們彼此的關係還包含為瞭解絕不可避免的衝突時，所需要的個人聯絡網和處事程序；這都是企圖維持彼此間關係和維護社群的方式。社群中的參與者可能支持每個人，也對彼此生活的各個層面相當熟悉。當人們的生命是相互聯繫的，且社群的未來是熱情的參與時，不可避免地，他們也會彼此衝突、爭吵和有陰謀的策劃。即使離開社群，不管表現出對社群的忠誠、憤恨，或忽略曾經對社群的努力，社群的參與者通常會認為他們對社群的投入和與社群的關係仍是他們生活中的重心。

　　社群的世代交替同時也伴隨著世代對於約定俗成做事方法的轉變。為了持續運作，社群也隨著時間改變，會以某些方式去經驗或拒絕新的想法。不管這樣的改變來自於社群本身的期望或受到外力的強迫，改變的方式都會以維持社群的核心價值的方式進行。

　　我使用社群這個名詞不只限於面對面互動或居住在相同地區上的人們。典型的社群，以過去的想法來看，是指一群世世代代都住在同一個小村莊的人們。然而，以個人的網絡形式跟遠距離的他人合作；或者，以相似的工具在相關的組織中分享對於如何做事的觀念，也可以是同一個社群。以後期的社群定義來看，人們的關係仍然是具有多面向的；個體間不會是一群沒有共同的歷史、未來、傳統習俗和目標而被丟在一起的。社群是由一群相互合作，超越一種共享和競爭歷史的人們所合力組成的。

在各個社群中，交錯的參與所產生的可預期的差異性

　　當我們探討文化時需檢視文化社群的參與度，而非將文化視為一種類別或是一組自變項時，團體中差異性和部分重疊投入的問題，就不會是我們的絆腳石了。

　　一個社群中參與者間的差異是可被預期的。參與者並不是事先就擁有相同的觀點、實踐、背景或目標；他們是協調的組織當中的一部分。他們常扮演互補的角色；

每個人都扮演其中一部分的角色，這些角色可以組合成整體；他們彼此間扮演的並非同樣的角色，也並非是相互競爭的角色。他們對自己的角色或社群的方向在共同基礎上可能有不同想法。參與者在一個共享社群（community share，即使他們相互競爭）中的普遍運作方式，就是我認為的文化。

人們通常參與一個以上的社群，而且他們所參與的各種不斷變動社群中的文化運作方式可能互相重疊，也可能彼此衝突。舉凡一個種族共享的概念、制度、做事與關聯方式、人們的習俗和實踐工作等範圍中的項目，都會被界定成是這個國族社群的參考依據。在此同時，人們所參與文化傳統習俗和實踐也可以被認為是在地的或是獨特的社群特徵。但是，這些社群相互重疊的程度，很可能因為參與這些社群中的人們而有不同。

舉例來說，許多北美洲的人認為自己是一個種族社群中的成員；這些人認為自己和以一個以上的人種特徵（例如丹麥人、非洲人、猶太人和墨西哥人的血統）、地域性的習俗（如：阿帕拉契山區、都市和南加州地區）和宗教界定出來的社群一樣。學術界（或知識分子）也會被認為是一個跨越國家或種族藩籬的社群（Walker, 2001）。同樣地，1960年代的美國在同個行政區居民組成的社群，則是包括了相當多不同家庭背景和價值觀的人們（Weisner & Bernheimer, 1998）。即使參與在其他的社群之中，個體可能被一個或多個這樣的社群，作為決定他（或她）生活方式的主要依據。

社群通常跟另一個社群有緊密的關係，也經常有可以用來區辨彼此的方式（see Barth, 1994; Nagel, 1994; Wolf, 1997）。例如，以一個世代作為社群，如「1960年代的兒童」，會定義他們的價值和實踐跟他們父母那一世代正好相反。人種相近和不同宗教的團體可能是依據歷史的關係（是衝突、對立、互助或彼此信任）來界定自己，也超越了他們原本的社群。

個體與一些文化社群的連結關係可能會被強調或突顯出來，有些則可能會成為家族的秘密，這取決於不同團體中對於連結關係的社會意義而定（see Valsiner & Lawrence, 1997）。個體通常會依據情境和聽眾，界定他們不同的文化傳承，以反映出社群中的歷史關係：

> 古巴人祖先可能是拉丁美洲（vis-à-vis）而非西班牙語系的種族、古巴裔美國人且為西班牙語系的種族、古巴人中的 Matielito 族，或是非裔美國人當中的白人。被選定的種族定位，受到個體對這個種族定位對他人意義的感受所決定，以突顯了不同的社會脈絡和不同背景的影響。例如，以社

經水準和移民族群來作為古巴人內部的區辨，可能無法全盤瞭解古巴社群的來源。一個Marielito可能是「古巴人」（Cuban）、「西班牙人」（Hispanic）或盎格魯—美國人（Anglo-Americans）。然而，對於一個古巴人而言，移民族群代表一個重要的政治「陳年往事」（vintages），用以區辨那些受到古巴社會改革影響數十年後的人，和那些具有在美國被當作流亡者生命經驗的人（Nagel, 1994; p. 155, Summarizing the work of Pedraza; Pdilla; and Gimenez, Lopez & Munoz）。

我意圖把焦點放在社群中的參與度（participation）而非成員資格（membership）上。想成為一個團體中的成員，通常需要一些共同點，也就是這個人需要符合建立好的界線（就像是分類箱）。不過，人們通常是參與文化社群，而不見得是那些社群中的成員。舉例來說，我參與一個在瓜地馬拉的馬雅人社群好幾十年，但是這個社群的人們（和我）都不認為我是這個社群的成員。然而，我在San Pedro的Tz'utujil Mayan市的文化參與對我自身的發展和我的社群來說，是非常重要的，甚至我對San Pedro文化實踐的投入，影響了他們好幾年。如果我們對參與採取更具彈性的概念，而不是成員類別的概念，我相信，我們能更容易將焦點集中在聯繫個體發展和社群歷史之間的文化歷程。

對於人類和歷程的類化

類別取向假設一些同質性存在於人類的各種類別當中，自動類化（generalizing）同一類目下所有人類，諸如日本人、墨西哥裔美國人或歐裔美國人（以平均值來看）。這個取向需要深切思考研究參與者「代表性」（representativeness）的問題，務使更多人能符合這個類別取向（因為同一類的成員被期待擁有同質性）。

我的論點——我們聚焦在文化社群中的參與情形——則不認為觀察所得能超過人們自己所見的，而類化到其他情境。反之，類化是調查法的問題，檢驗在社群中的觀察能否被延展為一種「亞型」（neighbor）。在我們能界定觀察結果屬於一致性或獨特性之前，還需要有更多的研究。在社群中的一些成員特性將可以應用到較為獨特的社群（因為他們分享一個共同的歷史背景和組織），但是其他特性則沒辦法這樣應用。

這類研究到目前為止僅提供所觀察的現象類化的一丁點基礎。因此，我的取向是利用來自個別的研究，與其他特殊團體的研究做連結，直到有足夠的相關社群研究能夠產生共通性的信度為止。

若是摘要一篇研究，我會試著寫「許多歐裔美國兒童做過（did）這個和那個」，

而非「歐裔美國兒童做（do）這個和那個」，除非有證據顯示這些觀察結果能更廣泛地應用到不同的時間和情境中（然而，定義文化的訊息常常是很困難的。許多已經發表的研究只提供了一些參與者的文化背景資訊，或者推論到大範圍的種族類別——使用「文化影響」取向的分類箱，而缺乏考量文化實踐間的差異）。我們需要用不同的研究模式來思考，而不是假設類別，或認為文化社群能無止境分類下去。

　　我們也需要轉移我們的焦點到文化歷程類化的問題，而不是只處理在分類取向下，團體中成員（groups of people）類化或代表性的問題。在我們尋找文化歷程的一致性時，我認為要以一個動態取向來檢驗文化，取代過去以同質性團體來區分人群的靜態取向。

　　目前的研究只是開始，提供人類發展中文化歷程動態模式的一點線索。在本書中，我將呈現一些我在人類發展領域所發現的文化模式，如：社會關係、認知發展和社會實踐。雖然現在有的研究結果大多是文化影響取向的研究，但那些研究仍是有用的。

　　然而，還是需要更多的研究幫忙描述一致性的內容，這樣可以幫助我們對觀察人類在各種文化社群發展下的差異性有所瞭解。我們已經具有一些共通性的想法和許多文化差異的實例了。但是我們需要更多的研究報告，聚焦在不同文化社群裡，文化實踐中相似和相異點，以建立模式間的一致性。

　　因為大部分兒童發展的研究都聚焦在中產階級歐裔美國人的社群，所以這個社群與其他社群相比，有更多建立人類發展共通性的基礎。不幸地，這種研究很少把焦點放在詳細說明中產階級歐裔美國人生活的文化層面，也更別說是對於其他文化社群了。大量以中產階級歐裔美國兒童所做的研究，都假設它們的研究發現就是一般的兒童發展情形（4 歲兒童會做這些，而 6 歲兒童會做哪些）。

　　許多主流文化社群的參與者，對於「他們的實踐就是文化」是很難理解的。因為日常生活的文化可能很難被那些優勢文化社群中的人所察覺——礙於他們獨一無二的地位，所以，我在這裡特別指的是中產階級歐裔美國人社群的文化層面。

 ## 中產階級歐裔美國人文化社群的個案

　　中產階級歐裔美國人社群的文化實踐、生活習性、價值和認識可能很難清楚地被這個社群中的人們看見，因為來自主導地位的人通常把自己的實踐視為當然，像是典範一樣（Perry, 2001）。一般研究者認為，中產階級歐裔美國人的實踐和發展狀況是「正常的」，甚至是「自然的」，而認為其他社群的實踐才是「文化的」。在

人類發展上，對全球事物和研究都處於主導的社群，因為社群中的人只熟悉這個社群中的活動方式，所以，常常在瞭解自身文化實踐的覺知上更具挑戰性。

人們習以為常的各種關係變成預期的、制度化的規則和取向，這也是他們行事上所表現出來的（Berger & Luckmann, 1966）。這些制度被當作是例行公式一樣，它們常常被認為是自然的；它們在當下活動中的角色也輕易地被認定，不會受到關注或驗證（或責難），並朝向它們各自的目標前進。John Shotter解釋了實踐工作如何成為制度化，並在過程中如何變成理所當然：

> 在人類交易的架構中，我們可以清楚地看到一些基本原則，存在於我們自己和他人之間的制度之中。「制度」意指我們以一種方法——我們過去共同完成事情的方式——運用在彼此的活動之中。制度保證我們在未來能繼續使用同樣的方式做事……一個制度中的成員不一定是它的發起人；他們可以是第二、第三、第四個世代的成員，已經從他們的祖先那兒繼承了這樣的制度。另外一個最重要的部分：雖然可能是一個有意圖的結構導引這個制度，但是，各種制度的實踐者不需要意識到制度結構本身的成因——對他們來說，就只是「把事情做好的方法」而已。某個制度是這個型態而非另一個型態的理由是，過去的型態都被埋葬在它本身的歷史當中了（1978, p. 70）。

為了瞭解全部社群——特別是我們習慣的社群——的人類發展文化基礎，檢驗其他做事的方式是重要的。文化研究幫助我們描繪出主流文化實踐工作的特徵，否則，我們是沒辦法從它們的優勢地位和普遍性當中檢驗出文化特徵的。經驗過差異的人比較可能意識到他們自己的文化活動方式，如Dalton Conley回顧自己在紐約市的童年時期，他發現：

> 我不是你眼中典型的中產階級白人。我是中產階級，雖然事實上我的父母沒什麼錢；我是白人，但是我在一個大多是黑人和古巴人的都市國宅裡長大。我享受著我鄰居沒有的某種特權，但是大多數的美國人都視為理所當然。事實上，我的童年像是一個社會科學實驗：在一個被認為是不好的社區，一個所謂好的家庭中，靠著瞭解他們養育子女的方式，找出中產階級的真正意義。藉由在有色人種的社區當中，放置一個白皮膚的小孩，來定義所謂的白人……
>
> 要求任何非裔美國人列出形容自己的形容詞，他們可能會把黑人或非

裔美國人的字眼放在這個清單的頂端。去問某個歐洲人的祖先相同的問題，「白人」這個答案也不會在清單下方，包含我在內。當我在學習外國語言的時候，我才瞭解白人的活動方式。我知道它的文法、詞性；我瞭解它習慣用法中的細微差異、和那些以英文為母語的人不加思索的口語字彙和片語。俗話說，直到你開始學習另一個語言時，你才會真正瞭解你自己的語言。這個想法對種族和社會階級也是一樣的（2000, pp. xi-xxi）。

想要指出中產階級歐裔美國人的主流社群或文化活動方式，是很難有普遍共識的。一些與一般社會或它們文化活動方式有關而形成的共通性，需要同時包含白人、美國人、優勢族群、主流團體、中產階級、西方人和歐裔美國人在內。

作為一暫時性的解決方式，我經常喜歡不理會「中產階級歐裔美國人」的實踐、生活習俗或社群。對此，我的意思是在近幾十年來，這個團體的文化活動已經取得北美的主流位置。這些具有西歐血統的人所有的社會地位，通常被定位成接受過高等教育和相關職業基礎的中產階級。然而，有趣的是，在近幾十年來，大部分在美國的男性或女性都把自己歸類為中產階級（Kluckhohn, 1949; Shwalb, Shwalb, Sukemune, & Tatsumoto, 1992）。

這也許是因為他們大量投入正式教育的文化制度和相關職業角色（是以職業社群本身，而非國籍或種族做出區別）的緣故，但是這些現在都已經混合在一起了。從歷史觀點來看，甚至到了現在，中產階級歐裔美國人仍然帶有某些類似西歐社會實踐、經濟系統、宗教、哲學和殖民主義擴張歷史的文化系統（Hollingshead, 1949; Latouche, 1996）。學校教育本身就是歐洲人和美國人所發起，進而普遍推廣的一種制度（Meyer, Ramirez, & Soysal, 1992）。

雖然，中產階級的高等學校教育文化系統並不限於西歐人的祖先；但可以肯定的是，在世界上許多大城市之中，祖先曾受過高等學校教育的人，在職業、常規和價值上，漸漸跟中產階級的歐裔美國人愈來愈相像。

一個在地性的團體，或一個特殊團體和另一個團體之間有著重要的差異，而這些差異也伴隨著不同中產階級歐裔美國人社群（和西歐或其他地區的中產階級社群）的文化取向。但這些差異點卻很少被研究。然而，這些差異顯示了文化實踐跟地區、宗教，和其他與美國或其他國家「主流」文化區隔等都有關係。這種變異性和對變異性的覺知，可以在美國東南部就讀的一名大學生身上表現出來：

　　我在「X 大學」就讀的第一年，我清楚地意識到自己不屬於這裡。我在很多方面都跟其他人不一樣：我是南方人、我上的是公立學校，而且我

跟東北區都市的文化與種族完全不熟悉。我的家族歷史是根植於密西西比和阿肯色州的農村生活，而且直到最近，我的家族中才有人上大學。我感覺我之前受的教育比許多同學都要差。我走路、談話，甚至思考，都比周遭的人還慢，而且我常常覺得自己很笨，就像許多人看待我的態度一樣……我很努力試著在這個學期找到一些人或事，可以讓我回憶起有「家」（home）的感覺的「X故鄉」（hometown X）。我參觀了校園附近的浸信會（Baptist）和聖公會（Episcopal）教堂，試著找尋類似我成長過程中去過的教堂……我說話的口音確實變得愈來愈重，因為我正努力保存原有的自我——它強烈地聯繫著我所來自的鄉村（guoted in Diamond, 1999, p. 6）。

在中產階級歐裔美國人鄰近地區的差異程度，大到讓他們很難想像自己是屬於同一個社群。同樣的情形，在美國印地安部落彼此之間的差異、太平洋島國社群，還有鄰近社群之間的差異，亦是相當明顯的。但是，也有一些在價值和實踐工作的基本相似性存在於鄰近地區或部落當中，這些類似的價值和實踐工作可能被認為是較大社群中為了某些目的，而在較小的社群中實踐的結果（Cajete, 1994; Latouche, 1996）。舉例來說，Urie Bronfenbrenner 認為美國強調個人主義、公開表達意見。Bronfenbrenner 自己身為美國移民，他的筆記中寫著：

那些人的特殊性格，在這個國家建立的初期，就已經移居到這個美利堅合眾國了。若我要對自己做個總結，我會說大部分美國人的後代都是不能忍受權威的人，或是權威不能在身上起作用的人（1992, p. 288）。

一本幫助外國人瞭解「美國人」生活方式的手冊，用許多愛荷華大學外國學生的對話，重新呈現其觀察的結果：

瞭解美國人時，最重要的事情大概就是他們對「個人主義」的熱愛。他們從生命初期就開始被訓練，要把自己跟其他為自己處境、生活和自己的命運負責的個體區分開來……

你能看到美國人用這樣的方式教導他們的孩子。即使是非常小的孩子也會被給予機會，為自己做決定和表達意見。父母可能會問一個 1 歲的女孩要什麼顏色的氣球、喜歡什麼樣的糖果，或她想要坐在爸爸或媽媽旁邊……

他們這種自行做決定的概念，至少阻礙了一些美國人，與他人相互分享同一個文化的機會。他們有一個觀念（之前提過的），他們是獨自建立

自己的心智的（自己持有的價值和假設）。來自外在的社會因素，造成他們在重要的活動方式上「跟其他人一樣」（just like everyone else），這個想法會冒犯了他們的尊嚴（Althen, 1988, pp. 4-6）。

為了讓外國人熟悉美國，這本導覽手冊繼續為讀者描述所謂「美國人」的許多人格特質。這些對「美國人」的描述，有些內容可能恰到好處，有些則似乎是有問題的：

- 對隱私有強烈的渴望。
- 當以一種明顯的禮儀對待他們時（如打領結），他們會感到不舒服，但是會使用其他的線索表現自己的心情（如常打斷別人的談話，或坐在桌角上）。
- 有「控制未來，而新的事物會比舊的好」的信念。
- 認為時間是應該好好被利用的資源（「許多外國商人和學生感到更困難的事情是，必須調整自己跟美國人有一樣的觀點，必須盡可能地節省時間，每天也要有效地利用時間」；p. 14）。
- 效率優先，以更少的資源完成更多的事情。
- 在跟他人開會過程中，會有「話家常」（small talk）的習慣（「聽到美國人話家常，會引導一些外國人有種錯誤的結論，認為美國人沒有能力繼續討論任何重點了。一些外國人相信，當討論的主題超出天氣、運動或社會生活時，美國人就沒有能力理解」；p. 23）。

我自己是一個「美國人」，我可以意識到這些特徵之中，有的一些是對的——雖然我也對他們的概括化有不同意見。這些說明可能對遊客在一些普遍狀態的理解上是有幫助的，而事實上也真的帶給他們一些東西。但是當我們在思考特殊狀況、不同移民者和「美國人」的原住民社群時，他們也需要更縮小解釋這些說明的內容。（這本手冊的作者也意識到此點）我在這裡加入這個清單的用意，是因為它對於中產階級歐裔美國人去思考外人如何看待自己這個社群是特別有用的，而這部分反映出他們自己文化活動的過程。

遠離美國沿海地區（U.S. shores）的文化研究，不但能夠在覺知美國「主流文化」型態的過程中提供協助，同時也對建立全球人類發展一致性和差異性的理解上是重要的。中產階級歐裔美國社群的習俗和生活實踐，不論是引用來的概念、常規和制度，對於其他社群的習俗和生活實踐都是有貢獻的。當代中產階級歐裔美國社群的生活方式——就像所有社群的生活方式一樣，都是由過去祖先或其他社群的活

動方式轉化過來的。然後經由世世代代漸漸改變，再由社群成員延續下去。

 ## 以跨世代的觀點來思考社群

如果說要詳細說明社群本身依據哪些東西來定義自己的話，人們通常必然會去找那些記錄他們的家庭、自己和社群的豐富文獻歷史資料。這些背景資料包括他們生活中重要的特徵：他們的祖先或家人的種族來源、跟其他社群的歷史關係、近期的移民狀況、種族特徵、教育背景、性別、各個世代的狀態或年齡層、宗教、現在居住的地區和國家，或參與的重要歷史事件（例如世界大戰、大屠殺、奴役制度）等等。

如果用過去常用的靜態類別來面對團體成員的話，想瞭解這種社群參與的歷史和動態本質是很難的。在界定這個變動且連續的歷程時，我發現思考跨世代（across generation）的社群參與狀態是有幫助的。跨世代的情形下，一些來自過去的歷史連續性會被保留或建立起來，在此同時，每個新的世代都會轉換什麼是「現存的」的想法。

海浪的型態是一種能夠展現跨世代的個體和社群連結的方式。想像一個獨特的、單一（individual）的水分子，有一部分跟其他水分子一起在海洋裡漂移。它的移動有另一部分靠自己控制（雖然要把這種單一水分子的移動比擬為人類，是明顯地有些不同）。同時，水分子隨著可預期形式的波浪或上或下。雖然單一的水分子不同，但是波浪的上下移動仍是以相同的形式進行——就像是一些社群習俗透過世代交替而傳遞下去。如果條件改變了，整個波浪的型態也同時跟著改變。月亮位置的變化，海底的地形差異和當時的風向——水分子本身的狀態，像是它們的溫度，都會影響波浪的改變。

如流行的潮流一般，文化社群習俗會因為世界經濟的波動、戰爭、新技術的發明，和其他對於當代有影響的事物而改變。波浪本身不是脫離其他波浪存在的：一個單一的水分子會參與其他幾個來源。舉例來說，當波浪型態彼此交疊時，會創造出更複雜的流動。這就像是個體參與一個以上的社群習俗一樣：不同的習俗可能相互增強或衝突，就像是波浪的型態一樣。當然，個體——比水分子更複雜——他們會在自己的運動、其他友伴，甚至是整個「波浪」中創造新的方向和改革。

波浪的想像幫助我們思考個體參與社群習俗的交疊情形，形塑世代交替改變或保留的活動型態。這個想像引發了令人感興趣的難題：這需要長時間的觀點，而非短暫的幾十年即可。我在 30 年前已經開始在馬雅社群中尋找這樣的活動型態，而這

個型態就像參加相隔久遠後所舉辦的高中同學會一樣吸引著我。這些型態給了我一個觀點去瞭解個體、社群、世代傳承和改變，而這樣的觀點是過去只在這個世界幾十年的我所沒有辦法體會的。（但是我認知到在一些不舒服的感受，存在於一個獨特歷史年代中的特別生命經驗。這些情境限制了我直接去觀察跨世代長期變化的機會。）

　　經過了 1000 年，各個社群繼續改變他們的實踐工作（通常是被強迫改變的，但也有可能是因為自己的選擇或特殊事件的發生），而他們也同時融合了前幾個世代的想法。他們互相從對方身上引用各種想法，適合提升自身生存和藝術表現的內涵。他們利用大大小小的宗教實踐運動、正式學校教育和道德價值中，彼此強迫對方接受某些觀念。他們相互交易、購買或偷取觀念和知識，例如製陶技術、福利制度和書寫技巧。與來自不同社群，像是敵人、移民的人結婚，或投入需要共同合作的事務中，他們也會因此結合彼此的習俗和文化遺產（見圖 3.5）。

圖 3.5

1930 年，在洛杉磯第 30 街，長野（Nagano）一家的聖誕節情景（日裔美國人）。照片和說明取自洛杉磯公共圖書館。

　　加州聖荷西（San Jose）兒童探索博物館中，就有一個個體引用和延伸他人想法的例子。博物館的負責人談到「自發性地彼此分享想法的行為，出現在同一時間、同一地點的人們身上」：

　　　　幾個星期之前，一位母親和她成年的女兒看到我們藝術品回收處的條狀聚酯物（mylar），就開始把這些材料編織成只有手掌大小、不可思議的複雜三角椎體。結果發現是這兩位遊客從薩伊共和國的兒童身上學到這些令人著迷的新奇事物。薩伊的鄉下兒童用著類似的方法，拿當地的蘆葦或口香糖的包裝紙，就可以編成各種形狀。當這兩位遊客正編著這些令人嘆為觀止的作品時，他們遇到兩個很好的博物館導覽員……都想要學怎麼製作，最後，她們更記住這些做法，並教給其他的博物館遊客。這是一個意外的事件嗎？我們認為不是……

　　　　這個世界所謂的特殊經驗，指的是不斷的編織（woven）和再編織（re-woven）。而這只需要透過一個巧合的時間點，加上文化的創新表現（Osberg, 1994, p. 2）。

　　這樣的引用和延伸情形已經進行了數千年。當鄰近和遙遠的人類以和平或其他方式相互接觸，例如：人們的經濟交易、移居、擴張領土和彼此爭戰時，這樣的情形就會發生。這些連結的出現超越了距離的限制。從祖先的歷史紀錄中可以發現，在某一塊大陸的人們身上發現的材料、習慣和產物，會跨越至另一個大陸而重現。

　　的確，大部分讀者的家族歷史都是為了展現他們自己發現到的重大政治、技術和人口統計的改變，同時結合這個世界上有創造力的個體和各個世代的發明和適應狀態的一種世代文化歷程。為了幫助描繪出社群世代交替的狀態，我使用三個實例來解釋在世代交替和人們引用、輸入與融合他人概念和實踐工作時，將改變他們本身建立已久的傳統。這三個實例分別是歐洲人對美洲印地安人發明物的使用、英語在時間流動下的改變和傳承，以及一個人跨越許多大陸和幾個世紀，對本身家族歷史的溯源。

實例Ⅰ：歐洲人對美洲印地安人發明物的使用

　　在歐洲人抵達之前，幾百年來，印地安人的貿易路線連結了從北美洲到南美洲，四處分散的廣大窮困族群。印加人維持了長達 3000 英哩的公路系統，並利用橋樑和小船用來跨越峽谷和河流，統治著一個比整個西歐面積都還要大的區域（Weatherford, 1988）。使用這個公路系統，印加人可以帶著政府的公文穿梭整個帝國，繁忙的程

度跟現在的 Pony Express（快遞公司）一樣。諷刺的是，傑出的印加帝國公路系統和其他遍布北美洲和南美洲的通道，促成了歐洲人快速占領整個區域的原因，因為若沒有這些鋪好的路線，馬匹和大砲是沒有辦法輕易移動的。因此，有鋪路的地區是最先被占領的，而歐洲人後來也跟著這些印地安人鋪好的公路和通道繼續建造新的道路。

在「舊世界」（Old World）和「新世界」（New World）的連結提供一個令人信服的例子，說明社群是如何在世代交替的過程中進行改變，個體和整個世代如何造成這樣的改變，以及現行的實踐工作如何跨越社群，藉由引用或輸入的方式所建立。歐洲人借用許多來自美國原住民的概念和發明的形式，改革全世界的文化、經濟和政治系統。

歐洲的整個權力結構因為來自安地斯山的馬鈴薯和墨西哥的玉米，這種「神奇作物」的出現而改變（Weatherford, 1988）。在接觸美洲之前，「舊世界」主要以穀類維生，而且經常因為作物產量的多寡影響到生活。此時，政治權利的中心圍繞在地中海四周，也是穀類產量較為穩定的地區。雖然歐洲的農人在馬鈴薯出現後的兩百年都看不起這個作物，但是最後，在 18 世紀後期，因為統治者強迫他們種植馬鈴薯，而且限制穀類的種植，使他們不得不接受馬鈴薯（統治者強迫這種改變的原因，是因為馬鈴薯的單位產量比起相同面積的穀類都要高、穩定、提早熟成，而且勞工需求量小）。一旦農人習慣種植馬鈴薯，他們的營養有了顯著的改善，而且人口也開始成長——特別是在北歐的國家。歐洲的權力中心也因此開始移轉。

現今認為北美洲和南美洲印地安人的食品源自於歐洲許多食物（如義大利肉醬、匈牙利燉肉和炸薯條）的原料。在耕種的作物中，印地安人提供了當今世界上 3/5 的作物（包括豆類、花生、南瓜、向日葵、甘薯、番茄、胡椒、巧克力、香草、楓糖漿、酪梨、鳳梨、腰果、胡桃）。他們小心地繁殖這些作物，透過進步的農業技術和實驗，利用對於作物基因的全然瞭解、各種環境條件和農業技術，改良作物以符合人類的需求。

甚至更令人意外的是，一些美洲印地安社群的政府組織型態，對於其他國家民主制度的提升相當有幫助。早期歐洲的遊客，對於沒有統治者或以財產區分社會階級的社會組織印象深刻，這種社會的理想是基於合作而非高壓統治，由團體而非個人賦予權力（Weather, 1988）。Sir Thomas More 在 1516 年出版具有影響力的著作：《烏托邦》（*Utopia*），首次將此種觀點呈現在遊客的報告中，並在後來引起歐洲對這種文明制度展開廣泛的辯論。在 1600 年代晚期，第一個研究北美印地安人的法國民族誌的學者，把研究的焦點放在有關自由的議題，而後利用這些結果改編成很

多歌劇和戲劇，更深深地影響了 Jean-Jacques Rousseau——一生關心自由的哲學家，把焦點放在印地安人和歐洲人生活方式的對比。Thomas Paine 在 1776 年宣布美國獨立時，就使用印地安人的生活方式作為「應該如何組織一個社會」的藍圖。

美國的開國元老過去使用了印地安人政府組織架構，解決如何使 13 個獨立政府（13 州）放棄自己本身的權力，進而組成一個國家的問題（Weatherford, 1988）。北美印地安人聯盟（League of the Iroquois），也就是原來的邦聯系統，掌管了從新英格蘭到密西西比河之間，由五個主要印地安人部落所組成的議會和議會代表。這些早期的接觸，已經使得歐洲和美洲的殖民開拓者相當著迷。

受到印地安政府系統啟發的個體之一就是 Benjamin Franklin，他以北美印地安人的運作系統作為改造一個新政府的模式（Weatherford, 1988）。Franklin 在他第一次的外交工作上，對印地安人政治文化，特別是北美印地安人聯盟，愈來愈熟悉。1744 年，他回應印地安人聯盟的首領 Canassatego 的提議，將印地安人聯盟政府的系統特點納入新的美國政府組織。

北美國會（Continental Congress）秘書 Charles Thomson，也把這些印地安人政府組織的想法融入美國憲法的內容當中。當他是 Delaware 部落的一員時，他花了相當多的精力學習和吸收他們的概念，而他在印地安人社會和政治組織當中所書寫的內容，都收錄在 Thomas Jefferson 的書中。美國憲法在許多方面都承襲了北美印地安人聯盟的模式，包括區分軍事和治理人民的權力、允許彈劾政府的可能性，以及同意增加正式的州名取代殖民地的名稱。

在北美東岸印地安人（East Coast North American Indians）許多世代的參與之後，團體決定的原則漸漸取代了歐洲人以權力為基礎的規定：

> 對北美印地安人的另一種模仿也在政治會議的運作過程中出現，同一時間只允許一個人發言。這跟大英帝國的傳統正好相反，因為在英國國會中，發言者說話的時候，會有其他國會成員大聲贊同或反對，造成彼此的干擾。歐洲人開始習慣制止任何無禮發言的人……因為北美印地安人不允許干擾或大聲咆哮。他們在每段演說的最後，甚至會加入一段簡短的沉默時間，以因應演說者可能忘記某些重點；或希望再仔細說明或改變自己演說的部分內容。……在印地安人議會中，辯論的目的是說服或教育他人，而不是在對質（confront）（Weatherford, 1988, pp. 140-141, base on Johansen）。

這些美國印地安人關於個體和行政區關係的想法，現在繼續影響著全球的政治。

19 世紀中期，Henry David Thoreau 有關公民反抗（civil disobedience）的文章中，提供了他對於印地安人提倡個人自由，拒絕跟行政區配合的想法，協助 Mahatma Gandhi 和平地讓印度脫離英國獨立。這個方法轉化到在美國和平爭取市民權的運動上，如：Martin Luther King Jr.領導的運動（Weatherford, 1988）。對於美國印地安人想法的詮釋，這百年來，同樣也大大影響學校教育的改進（這些有影響力的人當中，有些是之前提過的，像是 Rousseau、Thoreau 和 Jefferson）。

這個狀態展現在數十年、數百年間，個體和文化社群如何傳遞和改造傳統。社群透過特殊個體和其他社群的貢獻，維持和改變一些實踐工作。當實踐工作改變的同時，它們仍會保留一些存在已久的價值（另一個例子是來自 18 世紀初期到現代，日本養育兒童概念中的傳承和改變，以及日本機構和日常生活主要的改變；see Kojima, 1996）。為了瞭解人類發展，將社群視為一個動態的歷程是必要的。因為這個歷程包含了個體的積極投入、開創性的參與和有力量的、變化中的文化傳統。

實例 II：盎格魯地區語言的改變和傳承

根據 Albert Baugh 和 Thomas Cable（1978）的說明，從歷史的角度來看，現代英語的形式是透過一連串長期的引借、征服和企圖而來。這些企圖使得語言被修正與校訂，也因此有些被修整的語言無法持續地演化。這個過程展現了像文化實踐的穩定性和連續改變，也展現了特殊個體的貢獻，以及每個成功修改前一代成就的後輩所共同呈現出來的結果。我們現在使用的語言（和其他文化工具）是獨特交疊和持續遊移所存留的暫時型態。

人類居住在不列顛群島已經數千年了。然而，英語成為當地使用的語言不過 1500 年，那是當初來自丹麥和低地國家（Low Countries）——朱特族（Jutes）、撒克遜族（Saxons）和盎格魯族（Angles）——入侵了原本使用凱爾特語（Celtic）和拉丁語的地區，而且發現了使用英語的族群。英格蘭地區在 597 年改信基督教後，開始接觸拉丁文，而到了 18 世紀，來自北歐丹麥人的侵略，才又再次接觸了這個語言傳統（language tradition）。英格蘭地區在 1066 年被諾曼第人（Normans；就是那些早先征服法國，並接受了法國人的生活方式的北歐維京人）占領之後，讓法語成為尊貴的語言而英語被認為是低等的語言長達 200 年。等到英語再度成為英格蘭地區的共通語言時，已經是 1200 年之後的事了，那時的英語已經跟之前的語言說法有很大的不同，而且由於這個島上居民跟其他民族的接觸，使得語言也持續開展——成為各種生活語言的集合體。

當代英語的使用者沒有辦法瞭解 1000 年前的古英語。約有 85%的古英語字彙已

經消失了；許多文字都被從拉丁文和法文借來的文字所取代，而這些借來的文字有超過一半以上都是現代英語經常使用的基礎文字（Baugh & Cable, 1978）。然而，仍在使用中的古英語文字是現在英語字彙的核心，它們之中有主詞、介系詞、連接詞和助動詞，就像 *cild*（child）、*strang*（strong）、*drincan*（drink）、*slopan*（sleep）、*feohtan*（fight）這些字一樣。

　　印刷術大約在 1476 年由德國傳到英格蘭，改變了溝通方式和創造了語言標準化的重要性，這兩者共同提升文學的發展。到了 16 世紀末，英語緩慢地被接受，被當作學者的書寫語言，而不再使用簡單的區域方言，但是英語書寫的表現方法是一大困擾（Baugh & Cable, 1978）。中世紀英語的拼字方法就跟文字的發音一樣。然而，諾曼第人的文字抄寫者製造了困擾，因為他們企圖把英文的書寫習慣更改為他們已經熟悉的法文。不僅如此，當英語的發音內容持續改變的時候，拼字方法卻漸漸標準化。在 16、17 世紀，許多作家為了將英語標準化，也企圖創造拼字方式的規則和系統。

　　文藝復興時代，16 世紀和 17 世紀初期的英國人企圖藉由擴大字彙的方式，改進他們的語言。這個想從古典和其他來源學習的想法，促使人們從那些來源再度引借許多文字。以技術面來看，英語最大的缺點就是不斷地借用他人的語彙。大量的作家相當慎重、愛國地（patriotically）從 50 種語言（主要是拉丁文、法文、希臘文、西班牙文和義大利文）引進新的文字，就如下方 Sir Thomas Elyot 介紹成熟（maturity）這個字的例子：

　　　　結果，我被迫竄改一個拉丁字……這個字，雖然它是奇怪和黑暗的（難懂的），不過……比起其他不同於義大利文和法文的拉丁文字，這樣應該比較容易理解……。因此，「成熟」這個字是被翻譯成一種人類的行為……保留這個字對果實成熟和轉紅的意思，再加上其他來自某些事務的意義，來作為我們現在使用的方法。而現在這個做法，我記得是要增加我們語言文字的必要手段（guoted in Baugh & Cable, 1978, p. 216）。

　　同一時間，對於這種引進其他語言的優點有著激烈的辯論。例如，Sir John Cheke 在 1561 年寫道：「我的立場是我們的語言方式應該清楚和純粹地被書寫，不應混雜其他語言或受到其他語言的破壞」（p. 216）。Thomas Wilson 也反對，這些新的字詞如果太過自由地引用，會造成重大的影響。應該避免這樣的引用英語，否則將忘記自己的母語是什麼：「一些到遠地旅遊的人，在歸途上，總是喜歡穿著外國的服飾，所以他們也會驕傲地說著外國的語言」（p. 218）。Wilson 在他的信中，譏諷這

種虛假的現象，痛擊這些在他的時代裡出現的新字與在他自己文章中的那些斜體字（其中有些是現在通用的文字）：「沒辦法，我還是要恭喜（*celebrate*）和稱讚（*extol*）你那足以超越其他人的偉大智慧（*magnifical dexteritie*）……但是現在我放棄（*relinquish*）再使用任何無聊的贅詞（*frivolous verbositie*），讓你的聰明頭腦持續疲累（*fatigate*）了。」（pp. 218-219）。

在這個時期被接受的文字，現在都已經普遍使用了，但仍很難想像 400 年前它們的陌生和矛盾──把文字視為：民主表現、氣氛、期望、榮耀、靈活運用、昂貴的、世襲的、愚蠢的、有害的、習慣的、有益處的（首先由 Cheke 所使用，雖然他反對這樣的引借）、漠視（John Milton 所介紹）、存在感、基本架構、系統、策略和熱誠。當然，許多其他引借來的文字被拒絕了，許多新的字詞漸漸改變，還有許多英語的特徵保存下來並未改變。

這樣引借新字的範圍能從一個獨特個體幫忙呈現建構的過程（同時透過世代傳承的發展和這種文化工具的使用）當中看見。舉例來說，Sir Thomas Elyot 介紹了許多新字，包括 analogy、animate、encyclopedia、exhaust、experience、infrequent、irritate 和 modesty，而且 Sir Thomas More 則衍生出 anticipate、contradictory、exact、exaggerate、explain、fact、frivolous、paradox 和其他許多的文字（Baugh & Cable, 1978）。當然，William Shakespeare 積極地接收新的文字，而且在很多場合引借文字（包括 assassination、indistinguishable、obscene、reliance 和 submerged）。

這樣的創新者展現了個體的努力如何對文化實踐做出貢獻。同時，社群和文化歷程，像是歷史變化、發明物和爭論，也對個體思考、說話和表現方法的方向有所貢獻。特殊文字在表現意念上的優勢──democracy、expectation、hereditary、adapt、system、experience、contradictory、exact、explain、fact──被認為是對個體和世代的討論和思想都有貢獻。

在 18 世紀，隨著世界大事的發生，要求語言標準化和系統化的需求愈來愈高漲。英國學者從可清楚界定和確實可達到溝通目的的正確說法中尋找規則。以邏輯方式的想法伴隨著一種「時間中心主義」（chronocentrism）（如果我能在這樣的脈絡下定義一個字！），類似種族中心主義（ethnocentrism）這個字一樣：

> 18 世紀，像是歷史上的其他時期一樣，沉靜地意識到屬於自己的優勢，它沒有受到任何強大的歷史使命感、任何比自己本身更有效力的信念、任何引發興趣的時代背景因素所束縛。它能輕易地認同自己對重要決定正確與否想法的判斷，以及思考它本身能豎立一些足以成為長久標準的理想

（Baugh & Cable, 1978, p. 254）。

對於英語持續腐化的現象，而產生修正語言和永久固定語言的關懷，透過改變現狀的方式來達到目的。字典和文法書愈來愈多。作家們對後代無法瞭解他們的作品感到恐懼。雖然早期的學者已經察覺語言的改變是無法避免的，在這個年代的學者（不管是在義大利、法國或英國）都在尋找永恆的語言型態。

理所當然地，由於大英帝國的持續擴張為英文字彙的改變帶來許多壓力，和來自世界各地的例外用字（例如，北美印地安人的麋鹿和浣熊；墨西哥的番茄和巧克力；古巴和西印地安人的烤肉和颶風；印度的棉布、吊床、叢林和暴徒），這些歷史的改變使得「永恆不變」成為一個不可能的任務。此外，英語文法持續的改變，像是被動進行式（「the house is being built」）只出現在 18 世紀末期，將不需要的改變拋棄，而將有用的部分保留到下一個世紀。語言是有生命的，也是會成長的，它會隨著創造新字彙以及需要用來表達某些想法的文法型態等事件和發明漸漸地改變。

不同世代在文化實踐的連續性和變化性當中，盎格魯地區（Angle-Land）的語言經由世代交替後的改變，展現其對個體、社會團體和社群的關鍵角色。我們用來表達想法的語言是透過許多祖先和在其他情境中的實踐傳承到我們身上的，而我們對這些語言進一步的維護和轉換也有許多貢獻。

實例Ⅲ：穿越數百年的 Alex Haley 家族遺產

Haley 的報導反映了世代交替下，個體在改變和維持非洲人和美國人習俗的連結上所扮演的角色：

> 我第一次聽到我們家族從以前一直傳下來的故事，是在田納西州的 Henning，往 Memphis 北方 50 英哩處，那是在我祖母房子的前廊。我在那兒跟祖母 Cynthia Murray Palmer 一起生活，而她每年夏天都會邀請很多親戚來家裡住。在吃完晚餐把碗盤都洗好之後，他們就會坐在吱吱作響的搖椅上，開始談著過去，從黃昏談到深夜，還可以看到螢火蟲在忍冬（honeysuckles，植物名）上一閃一閃的發亮。

> 不知何時，他們正好談到我們的祖先，祖母和其他人談著——我注意到，他們總是用著敬畏的語氣——最早的祖先，他們稱他叫「非洲人」（the African）。他們說，是一些船隻把他帶到一個叫作「Naplis」的地方。有人說是「Mas' John Waller」把非洲人買下來，然後帶他到維吉尼亞州

Spotsylvania Country 的大農場。

　　當他有了一個女兒 Kizzy 之後，他用自己的母語跟她介紹各種東西的說法。例如，當他說「Ko」，會指著一把五弦琴。或者，他會指著一條靠近農場的河流，說「Kamby Bolongo」。當其他奴隸叫他「Toby」的時候，他會很生氣地跟他們說，他的名字是「Kin-tay」。然後，當他漸漸學會英語的時候，他開始告訴 Kizzy 關於自己的事情——他當初如何被抓之類的事情。他說，那時他並沒有離村子太遠，正在砍一些大樹要幫自己做個鼓，結果出現四個人，他嚇了一跳。他們把他壓倒在地、綁架他。

　　Kizzy 在 16 歲時被賣掉，到了北加州的一個較小的農場。她被一個叫作「Mas' Tom Lea」的人帶走，而這個人後來成為她的丈夫，她也有了第一個兒子，叫作George；之後，她教了George所有關於他非洲人祖父的事情。後來，George 有 7 個孩子，他其中一個兒子叫作 Tom，也生了 7 個孩子。故事接下來的發展就像是一種習俗一樣，不斷被傳承下去。而且說這個故事的時間大部分都是在冬天，在收割季節之後，晚上就有比較多的空閒時間。當孩子們聽著、吸收著這些故事和語調時，全家會圍著燒著木柴的壁爐坐著，也會把番薯放在發燙的灰燼裡面悶烤。然後，這 7 個小孩當中最年輕的 Cynthia，就是我的外婆。

　　我聽這個故事，也已經重複 10 年了，雖然我從沒理解過他們口中的那個非洲人，就是我的曾、曾、曾、曾、曾祖父，但這個故事成為我腦中最接近他的一個部分（1972, p. 28）。

約過了 30 年之後，Haley 透過普查紀錄和詢問聯合國總部裡的非洲人，是否懂得非洲語言之後，開始研究這個故事。他們認為最有可能的是來自甘比亞河畔 Mandinka 族的文字，而且這是相當久遠的部落名稱。Haley 依循這些訊息到了甘比亞，接觸了最有可能的一個griot人（一西非種族），他是一個住在邊境，且握有古老部落幾世紀以來歷史紀錄的長者：

　　似乎是他自己拼湊起來的石板，（那個 griot 人）開始說著 Kinte 部落世代相傳的口述歷史。接下來的幾個小時，他的嘴巴開開闔闔，然後解說者開始向我翻譯……17、18 世紀時，Kinte 的後代說著——他們主導了什麼男人要找什麼妻子、他們要「領養」什麼樣的孩子、誰能當這些孩子的友伴……

　　這位 Kinte 族後裔說，一切都是從 Old Mali 族開始的；男人通常都是

鐵匠，女人都是陶工或織布工。這個族群中最大的一個分支遷徙到茅利塔尼亞，而這個族群中的一個年輕人 Kairaba Kunta Kinte，是一位回教聖徒，進入了甘比亞。他一開始住在 Pakali N'Ding 村；接著到 Jiffarong 村；「然後來到這裡，進入我們所在的 Juffure 村」。這位聖徒最年幼的兒子叫作 Omoro，他後來有四個兒子。然後，griot 人說：「大概是國王的軍隊來的時候，這四個孩子中最年長的 Kunta，那時他 16 個雨季（16 歲），正好離開村莊，想砍柴做一個鼓，結果再也沒有人看過他了。」（p. 29）。

從這個訊息，Haley 能夠在倫敦找到國王軍隊的紀錄，而且確定了那艘把「非洲人」當作貨物的船，連帶還有其他 139 個人、黃金、象牙、蜜蠟和棉花，都被送到 Annapolis（美國馬里蘭州）。找尋過 Annapolis 的紀錄之後，他發現有一個 16 歲 Kunta Kinte 跟其他順利存活的「98 個黑鬼」（98 Negros）的名字並列在一起。他發現船貨銷售的告示單寫著：「來自非洲，甘比亞河……好的選擇，健康的奴隸……」。

Haley 這個引人注目的故事，成為電視影集「根」（Roots）系列，說明了對他家族故事和傳統中，變動性和連續性的每個起伏。這個例子給了我們一個想法，我們觀察到的只有短短數十年，只是想瞭解不同個體的生活如何形塑出對後代有貢獻的事情，或個體如何受到已消逝社群的實踐和傳統所影響等，但我們卻很少能做到這種深度。

其他在美洲的非洲海外移民的例子能說明社群的創造性，建立在不同世代中，他們的遺產、限制和機會（Comer, 1988）。舉例來說，爵士樂和牙買加雷鬼音樂的歷史與美洲具有非洲血統的社群、技術和政治的變化、人類的表現和改革的歷史狀態都有關係（see Chude-Sokei, 1999）。另一個依靠成功的世代交替維持和適應社群傳統的例子，是 Gullah 語言的使用，那是源自於西非喬治亞海岸外的群島上（Smith-erman, 1977）。非洲和他們的後代對於行程美洲主流文化傳統非常有貢獻（Walker, 2001）。

在本章中，我發展了將焦點放在跨世代的文化社群改變，以瞭解個體和文化社群共同建構的角色的想法。當個體和他們同一世代的人們共同參與他們社群的日常活動時，他們會建立那些他們傳承自祖先的文化實踐和規範習俗，而他們也對於文化活動方式的維持和革新有所幫助。

在往後的章節裡，我會轉向討論人類發展研究的古典主題。這些主題包括兒童

必須參與他們社群中活動的角色和機會的全貌；人類從嬰兒到老年、不同性別、相互依賴和自主、學習和思考歷程等角色的轉變；社群為兒童安排和協助兒童學習的種種活動方式。這些章節當中，我會將焦點放在瞭解「個體在不同社群中對社會文化活動的參與」和「發展過程中的文化相似性和相異性」之間的關係。雖然人類發展的歷史研究相當稀少，如果可能，我會將文化模式和社群漸進的改變串連起來。本書的最後一章將回到外顯化的社群變化的問題，特別是針對世界上，兒童和社群日常生活裡普遍的混雜現象和相關性。

4

家庭和社群中的教養

譯者：陳欣希

　　誠如 Beatrice Whiting（1980）主張的一樣，兒童生命中的各種角色和發生的故事是人類發展關注的主要面向。未成熟的人類嬰兒需要他人大量的照顧來維持他們的生存，而且兒童需要別人提供機會來學習社群中所需的成熟運作方式，使自己能夠持續存活下來。

　　在兒童發展過程中，家庭和社群所扮演的角色在世界各地大不相同。下面所談的議題在世界各地都有文化差異。例如：嬰兒死亡或存活的可能性、兄弟姊妹和延伸家庭的可得性、兒童廣泛參與社群活動的機會、文化的原型是以團體的形式參與社群而非以成對方式參與社群……等。這些議題在不同的文化都展現不同的樣貌。

　　在世界各地，孩子的教養都會涉及兒童的家庭、鄰居和社群等多種角色。印地安村莊的印度學者 Joseph Suina 敘述了一個童年經驗，這個童年經驗正可完美地說明一個社群對兒童教養所需要的責任：

　　　　我的堂兄弟姊妹和我一起去獵兔子。由於找不到兔子，我們開始射擊錫罐子和其他各式各樣的標的物。其中一個標的物剛好是一隻豬。這隻受傷的豬使得我們胡亂射擊的行為受到了關注。部落開會討論補償措施，並召喚我們當中的兩個人前往訊問。在聽訟期間，一位會議成員透露他曾看過我們那種不顧後果的射擊行為。另一位較年長的會議成員則詢問那位成員，他看到那樣胡亂射擊的情況時有什麼反應。「沒有反應，」那位成員回答。他更進一步說明，因為那時快要下雨了，所以，他無法做任何處理。接著他又提醒其他的成員——當雨即將來臨時，忽略農作物的可怕後果。

然而，其他成員則立刻提醒這位大意的成員——若這些鄉村孩子被忽略時，又可能會發生什麼事！因為那位成員忽略了他對這些孩子的責任，所以這位怠忽職守的成員必須要付一半的賠償；而這些射傷豬隻的孩子則必須付出另外一半的賠償（Suina & Smolkin, 1994, p. 117）。

來自美國的 Barbara Kingsolver 和她的四歲大女兒 Camille，曾在西班牙的 Canary Islands 住了一年，而在她的觀察中，「社群對教養孩子責任的安排」顯露無遺：

> 穿著黑色衣物的寡婦、衣著守舊的執行總裁、穿著紫色運動鞋的青少年、屠夫、麵包師傅，都會停在街道和我的女兒聊一聊……。只要 Camille 在餐廳開始不安時（說實在的，接近午夜的時候，你要期待什麼呢？），服務生便會逗弄她，並且給她一些小禮物；而且鄰桌用餐的人會用一種甜蜜、渴望的眼神看著這一切，那眼神幾乎讓我以為這些用餐者想要我們的甜點。我發現，西班牙是將兒童當成菓子（meringues）和小餅（eclairs）的文化。回顧我自己的文化，對我而言，傾向將兒童視為一種有毒廢棄物（toxic-waste product）：也許，它是一種必然的惡；如果它不是我們自己的，我們就不會想去看它、聽它，或是，上帝幫助我，去聞它。
>
> 如果你沒有孩子，你會認為我太誇張了……。在美國，常會在餐廳裡聽到別人告訴我：「我們來這裡是為了要逃離小孩。」（這全然和我關不關心女兒無關，我只是現在不想看到她。）在飛機上，有個女人的嬰兒一直哭叫著（我自己會做的是，不斷地嚼口香糖，以降低耳朵的疼痛），我聽到一個男人告訴那個被圍攻的女人：「如果你不能讓那個東西保持安靜的話，那你應該把它留在家裡。」……
>
> 當我到另一個國家時，我才瞭解到，其實我完完全全地接受我的國家給予每個家庭的信條。在西班牙時，只要我的女兒在遊戲場上跌倒，就會看到一位臉色紅潤、說著西班牙語的陌生人把她抱起來，而且將灰塵拍掉，這樣的舉動令我感到震驚。如果有一個美麗的包裹掉在我的腳邊，我會低下頭看看四周，尋找是否還有另一個包裹；但我很懷疑，如果這個包裹是個孩子，那我會怎麼做？（1995, pp. 100-101）。

孩子出生後，由誰來照顧孩子，或是在什麼環境下照顧孩子，這些安排都與社群連結關係及延伸家庭（extended family）所能提供的支持緊密相關。就如前一章所指出的，與「兒童教養」有關的文化實踐有兩方面：一方面是跨世代承襲下來的，

另一方面是新世代隨著新環境和新觀念所修正而來的。然而，有些環境和新觀念與國家政治和國際政治有關。

家庭組織和政府

我們以世代變化和家庭環境的連續性來檢視近幾十年來與人口成長有關的國家政策。有些政府鼓勵大家庭，甚或阻止大家庭，好為他們的政治目標和經濟目標尋求增加的人口，或是維持穩定的人口。這在中國和墨西哥近來的人口歷史發展中特別顯著，也因此中國和墨西哥這兩個國家已顯著地改變了家庭的組成。

Lee Lee（1992）的研究指出，1949 年以前，中國人口是高出生率伴隨著高死亡率，因此造成了緩慢的人口成長。1949 年，由於政府想要增加人口，所以大家努力消除疾病，而且限制節育和墮胎、鼓勵生育。1953 年，疾病控制住了，但人口卻以令人擔憂的速率成長：四年內就成長了 5000 萬人。1956 年，一位中國經濟學家有計畫地發動了節育和人口計畫，以避免過度耗損生活水準、教育的有效性及國家的重建目標。然而，1957 年，這個政策又倒轉了回來，而且每個人都努力地增加人口；直到 1964 年——政府再度注意到快速人口成長的危機，才又轉變了方向。

直到 1970 年代後期，在嚴格限制生育和墮胎的一胎化政策（single-child policy）實施之前，中國政府對於人口的成長並沒有任何處置。而一胎化政策實施後，中國城市的 9 歲兒童中有 90% 是獨生子女（Jiao, Ji, & Jing, 1996）。這樣的一胎化政策造成每個小孩有父母兩人和祖父母四人。從先前家庭結構而來的劇烈變化導致了許多相關問題的產生。例如：寵愛小孩、父母和年長者的心理壓力、孩子照顧自己的能力，以及與他人分享、與他人相處的同儕技巧等等（Lee, 1992; Jiao, Ji, & Jing, 1996）。由此我們可看到，與孩子生存、家庭生育有關的全國性政策的轉變；這些轉變與教養孩子的文化實踐有密切關係，也與個人發展有密切關係。

墨西哥國家政策的起起伏伏對「家庭結構及家庭大小」也造成大幅度的擺盪（Dillon, 1999）。在一個世代中，一個家庭的新生兒平均數從 7 人（1965 年時）下降到 2.5 人；這樣的數字些微地低於全世界的比率。有一個母親，她自己是 14 個孩子中最大的一個，但她計畫不要再有孩子。她說：「小家庭的生活品質較好。」這個母親的心聲與電視上不斷播放的廣告詞相附和；這個廣告是政府 1974 年為反轉「促進生育的政策」所製成的宣傳語。

墨西哥政府的早期政策導致在 50 年內人口成長 5 倍——這還不包含那些已移民

到美國的大量人口。在這段時期初，墨西哥政府為鼓勵人口快速地成長，部分是因為他們認為，前一世紀，就是因為人口稀少才使得美國能奪取墨西哥的領土（從加州到德州的土地）。

　　1974 年，政府政策的大反轉是來自於墨西哥人口統計學家的警告。人口統計學家指出，人口的快速成長會對國家的穩定帶來挑戰。於是，政府成立臨床部門幫助夫妻有效地控制家庭的大小。而且，政府預期人口的緩慢成長將有助於國家的經濟；至少當政府所需要支援的孩子數目較少時，對國家的經濟會有幫助。然而，當高齡化現象出現時，家庭對老年人的照顧也許會因為人口數的減少而受到傷害。原本延伸家庭常可提供小小孩和年長父母的照顧，但是，由於國家政策（節育）所形成的家庭變化，使得家庭逐漸從延伸家庭所形成的社會網絡中移出（Dillon, 1999）。

　　從中國和墨西哥這兩個國家都可以看到人口改變和國家政策之間的動態關係，此動態關係與兒童的每天生活、教養、其父母的境遇有著密切的聯繫。讓我們想想父母在下列情境中可能有的考量：「只有一半的嬰兒存活」和「大多數的嬰兒存活」、「家裡有 7 個孩子」和「家裡有 1 個或 2 個孩子」時，家庭成員間關係的改變。跨過世代，我們可發現教養孩子和家庭關係通常可反映先前世代的教養模式和策略；雖然所在的教養環境也許已經不同——所以人們會挑戰每一個世代。人們會以他們所承襲的文化取向為基礎，面對他們當前的需求，挑戰每一個世代。

　　本章將會提出一些處理「兒童生存和兒童照料」的文化策略。這個議題相當重要，但在此富足時代的人們常會忽略此議題。然後，我們將轉而談論嬰兒與其照顧者間關係的文化差異；以及討論家庭和社群中，對於照顧兒童的角色專門化。最後，本章將檢視兒童參與和投入其社群中成熟的活動（mature activity）；以及孩子在團體中整合的情形，或是在一對一互動時的狀況。

 ## 兒童存活及照顧的文化策略

　　「兒童存活」在教養的實務上是重要議題，雖然在一些較為富裕的家庭和國家常將此議題視為理所當然。生活在曾經經驗過嬰兒高死亡率社群中的父母，與那些生活在認為嬰兒會自己長大的社群中的父母相比，其照顧嬰兒的優先性會相當地不同（見圖 4.1）。在許多社群中，大多數兒童需要確定能生存下來，並在兒童期和青年期貢獻家庭，而且日後可以支援年邁的父母——能夠支援那些失去其他「社會安全」（social security）形式的年老父母。

圖 4.1A

圖中為 1914 或 1917 年，美國加州洛杉磯地區拉丁美洲社群中，Nepomoceno Baez 的葬禮。他出殯時是躺在他阿姨的懷抱中。

　　然而，對美國的許多家庭而言，由於嬰兒死亡率的降低，以及母親因難產而死亡的比例下降，因此「童年死亡」或「變成孤兒的兒童」這些議題與先前世代比起來是較為罕見的（Mintz & Kellogg, 1988）。當美國還是殖民地時，許多父母都失去了孩子，或者孩子常變成孤兒。例如，Cotton Mather，一位新英格蘭的傳教士，是 15 個孩子的父親，但其中只有 2 個小孩活得比他久。在 1713 年麻疹流行期間，傳教士的太太和其中 3 個孩子在兩個禮拜內相繼去世。他因而在日記裡寫下了幾段話：

　　　　1713 年 11 月 8 日、9 日……在這許多個月中，我聽到有毒的麻疹侵襲 60 英哩到我們的南方，我心裡已經十分擔憂了。因為麻疹將成為我這個窮苦家庭的災難，現在它即將要成真了。我常常，常常向那些關心的朋友表達我的恐懼。現在，我最害怕的事即將降臨在我的身上！……

　　　　要與如此契合的、如此和諧的夥伴分開，就如鴿子要離開有許多小鴿子的巢穴一般！噢！我的天父竟然指派了這樣的任務給我！……

　　　　一個星期一的早上（1713 年 11 月 9 日），下午 3 到 4 點之間，我親

圖 4.1B

1850～1860 年代，美國中部的父母與他們去世的孩子。

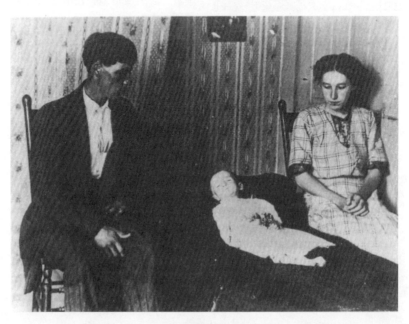

圖 4.1C

1930～1940 年代，美國中部，一個美國小孩的驗屍照片，其父母在一旁陪伴著。

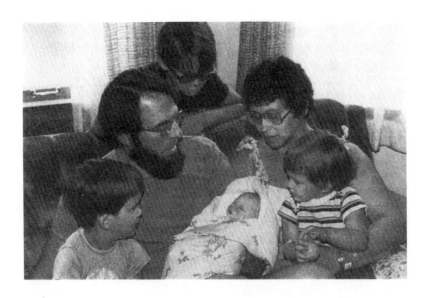

圖 4.1D

1981 年，一個美國家庭與他們的死產嬰兒，亞當。

愛的、親愛的、親愛的伴侶去世了。

1713 年 11 月 17～18 日。午夜左右，小 Eleazar 去世了。

1713 年 11 月 20 日。小 Martha 去世了，大約是早上 10 點鐘。

1713 年 11 月 21 日。這一天，我參加了葬禮——我兩個小孩：Eleazar、Martha 的葬禮。

在晚上 9 點到 10 點之間，我所愛的 Jerusha 去世了。她只有 2 歲 7 個月大。就在她去世之前，她要求我和她一起禱告；我和她一起禱告，以悲痛但順從的心靈禱告；我把她交給了主……

主啊，我非常沮喪！保佑我！（guoted in Bremner, 1970, pp. 46-48）

在 1800 年左右，美國女性生產時，平均有 7 個嬰兒安全出生；但 1/3 或 1/2 的孩子則活不過 5 歲（Ehrenreich & English, 1978）。1890 年左右，20%的白人小孩和 40%的黑人小孩在 15 歲之前就去世了（Hernandez, 1993）。1900 年代，由於衛生設施和營養的改善，美國孩子的死亡率下降；到了 1973 年，只有 2%的白人小孩和 4%的黑人小孩會在 15 歲時早逝。

然而，世界各地的其他許多社群仍然和美國的某些地區一樣，「兒童存活」仍是大家最關注的議題。例如，在經濟不佳的內城地區，非裔美籍家庭中的孩子仍然

要面對存活與否的風險。根據芝加哥配屋方案中的一位非裔美籍父親的陳述：「嬰兒在出生的那一刻必須大聲哭泣。一個微小的、虛弱的嬰兒也許無法存活，哇哇大哭的孩子才在能在我們的鄰里中長大。」（guoted in Trawick-Smith, 1997, p. 84）。因此，許多年輕人在這種背景下並不被期待能活過 21 歲（Burton, Obeidallah, & Allison, 1996）。這種情形是生存成為青少年成功與否的一個重要指標。就如一個 14 歲青少年的解釋：「我知道我是成功的，因為我知道如何在街上存活下來。我打賭那些有錢的白人小孩一定做不到我能做的事」（p. 401）。

　　Robert LeVine（1980）提出一個三階段的父母教養目標，但這些教養目標在不同社群中有所不同。他主張各個社群都要根據優先性（priority）和教養實務（practices）來考量教養目標。這反映了 LeVine 是以童年時期對兒童死亡的威脅來考量的：

1. 在嬰兒和孩子高死亡率的社群裡，LeVine 主張父母必須先考量孩子的存活率和身體健康（physical survival and health）。
2. LeVine 教養目標層級中的第二個是，父母要優先準備讓孩子在成熟時能在經濟上維持他們自己的生活（maintain themselves economically）。
3. 如果這前兩個目標都優先達到的話，父母可以投入更多的心力來考慮每個孩子的潛能，把其他的文化價值增加到最大的限度（maximize other cultural values），如：聲望、對宗教的虔敬、智力的成就、個人滿意，以及自我瞭解。

　　因為孩子死亡的最大威脅是在嬰兒期，所以在嬰兒高死亡率社群中的父母可以在孩子過了嬰兒期後，再來考量第二個和第三個目標。

　　有個例子可以說明嬰兒死亡率和教養實務之間的關聯。此例子即是 1900 年代後半時期日本父母的情況。那時，日本的嬰兒死亡率戲劇性地降了下來，從 1950 年每 1000 人中有 60 人死亡，到 1975 年中每 1000 人只有 10 個人死亡（Kojima, 1996）。1960 年代，日本父母對他們孩子的存活有信心，於是將他們的注意力轉向「創造出最成功的兒童」。而且在 1970 年代，日本人照顧孩子的書籍開始提供一些在嬰兒的智力發展和人格發展方面的建議，而不只是日常照顧和醫學照顧而已。

　　父母不單只是自己面對教養孩子的議題，相反地，就如 LeVine 所指出，每一世代的父母會依賴既有的文化慣例，這些文化慣例已是歷史上發展好來面對先前的環境。父母們手邊有照顧嬰兒和孩子的習慣模式，此模式是社群所經驗到歷史上最危險的狀況而有的回應。所以，在疾病或危險（例如：烹調而引起的火災）發生率高而有高死亡率的區域，照顧孩子的習慣會聚焦在生存和健康的目標。在維持生存都不穩定的區域，一旦確保了孩子的生存，教養模式就可聚焦在「使孩子在成年期能

謀生」的方面了。

　　在非洲，那些父母為了要調適嬰兒普遍的死亡及持續生存的困難，所以 LeVine（1980）以熱帶非洲農業人口中的父母的教養模式來說明前段敘述的概念。在非洲，孩子是否能夠存活和未來經濟的問題是父母眼前最顯著的目標，而父母的策略就是「生許多孩子」。在孩子生命的前兩年或前三年時，父母都特別注意每一個孩子的身體狀況：嬰兒是吃母奶的，而且吃了 18～24 個月；嬰兒與媽媽同床並依其需求餵奶；大多數時間嬰兒都被帶在身邊，而且哭泣時會迅速得到回應。這是一種「俗民小兒科」（folk pediatrics）的方式，藉由就近的監控和快速的補充，以避免最常見的危險——從痢疾中脫水。一旦斷奶，孩子就必須加入有責任的、服從的兒童團體，而且母親會將自己投入照顧下一個嬰兒和她的農業工作當中。

　　LeVine 把這些非洲母親的文化實踐與美國中產階級的社群做一對照比較。美國中產階級社群的嬰兒死亡率低，兒童對家庭經濟少有貢獻；而且父母年長時很少依賴他們的孩子來撫養（相反地，相當依賴社會支持）。擁有孩子必須承受經濟上的花費，而慣用的策略即是只生一些孩子。而且父母無需太著力在孩子的生存方面（當然，所有的父母在這方面都會有些關心），但卻需致力於孩子在其生命中獲得重要位置——這個位置是與父母一樣好或是比父母好。這是養育孩子的概念，父母對少數的孩子做大量的投資。這種被認為適合未來成就和擁有的地位（如獨立）的養育特質，必須假設父母要從嬰兒期和兒童期開始，就要提供長時間的照料和長期的努力，才能完成的。

　　瞭解了這兩個背景下嬰兒死亡率和經濟環境的差異後，就可瞭解美國中產階級的教養策略其實就不適合熱帶非洲的農業社群。然而，非洲父母的教養策略也不適合美國中產階級的生活情況。LeVine 認為，任何一個在地的教養策略是文化的折衷公式。此折衷公式提供父母經過測試後解決問題的方式，而這些解決問題的方式是在歷史演化過程中為了處理在地父母的問題而運作保存下來的。

　　當然，每一個世代建立在一個移動的歷史基礎上，一方面維持了他們父母和祖父母的某些解決方法，而另一方面隨著變動的環境而修正父母和祖父母的其他方法。想像一下在中國和墨西哥以及橫跨美國歷史的世紀下教養實務的改變——連同努力地保持傳統，教養實務可能會伴隨著變動的人口和嬰兒健康的情況而有所變化。

嬰兒—照顧者的依附關係

　　嬰兒的生存與否視其與照顧者之間的連結而定，而所謂的照顧者，是指保護他們、教養他們的人。心理學文獻常以嬰兒和主要照顧者（通常假定是嬰兒的媽媽）之間的一種天生依附連結，甚至是一種吸引力，來說明照顧者與小孩的關係。然而，從其他社群和其他歷史所得來的訊息已經挑戰了這個觀點。雖然這個觀點在當前的歐裔美籍嬰兒和兒童的研究中通常被假定是普世的標準（Fisher, Jackson, & Villaruel, 1998; LeVine & Miller, 1990; Rosenthal, 1999; Serpell, 1993）。

　　文化研究使得人們注意到嬰兒與照顧者間彼此依附的社群面向。所謂的社群面向包含了社群的健康狀態和經濟條件、照顧嬰兒的文化目標，和家庭生活所需的文化安排。然而，當我們考量到母親對嬰兒的依附、嬰兒對母親的依附、嬰兒與其他家庭成員的依附可能有的文化差異時；如果我們能夠進一步考量這些個體在動態文化社群中嘗試成為參與者，並試圖與他人連結時，我們會更能理解這些差異的來源。

在嚴峻條件下的依附

　　當前的研究將歐裔美人中產階級的親子（母親—小孩）關係視為一個普世的標準，這樣的觀念已受到了挑戰。這樣的挑戰是來自於其他社群中對待孩子的方式。例如，在某些情景下，人們接受殺害小孩或遺棄小孩（如同古希臘時期）；或是把孩子送到鄉下、送到付費的奶媽那裡去生活，儘管那兒的嬰兒有死亡的高風險（如同1700、1800年代的法國）。當支援扶養孩子遭遇困難，或是當孩子不健康時，殺害嬰兒或遺棄孩子的狀況經常會發生。然而，在許多例子中，父母是在懷著希望的情況下遺棄這些孩子，他們希望孩子會被其他人找到並撫養長大。在1700年代，在法國的許多城市，約有1/3的兒童被遺棄；但在較貧窮的區域中，比率則高達1/2（Getis & Vinovskis, 1992）。

　　「中產階級表達其母性的情感是先天的」，這個觀念帶來的最大挑戰是來自Nancy Scheper-Hughes對母親—嬰兒關係的觀察。Nancy Scheper-Hughes的觀察是在巴西的貧民窟地區中進行的。生活在農村的移民、在絕望的貧窮情況下，因為疾病和長期營養不良，嬰兒死亡率非常高。在Nancy Scheper-Hughes訪談期間，平均一位女性有3.5個孩子去世，但有4.5個孩子仍然活著。這些孩子的死亡大多發生在孩

子快滿 1 歲時。這些母親們的回答如下：

　　「他們死掉，是因為我們窮，我們餓」；「他們死掉，是因為我們所
喝的水裡面有細菌、是不乾淨的」；「他們死掉，是因為我們無法使他們
穿鞋子或無法使他們遠離我們所住的垃圾場」；「他們死掉，是因為我們
所得到的醫療照顧是沒有幫助的……」；「他們死掉，是因為當我們出外
工作時，沒有安全的地方安置他們……」

　　「他們先天就營養不良，在子宮裡就已是飢餓的狀態。他們先天就是
瘦弱且蒼白無血色的，他們的舌頭是腫脹的。如果我們持續地照顧他們，
我們都會死於肺結核。而虛弱的人們不能給他們大量的牛奶……」（1985,
pp. 301, 303）。

　　在這些環境下，Scheper-Hughes 觀察到母親對嬰兒的分離與漠不關心，是因為
母親判斷孩子太虛弱了，無法在他們現有的生活條件下生存。這些女性們認為生活
是一串掙扎，在這過程中讓一些嬰兒，尤其是非常虛弱的嬰兒，在不受注意、不受
照顧或不受保護下死掉是必要的。

　　這些母親的選擇性忽視並不是因為對孩子有敵意而促成的（如美國「虐童」的
概念）。在這個社群中，傷害孩子而導致死亡是件可惡的事。在巴西人的生活中，
常常頌揚「母愛」，而且會以身體對嬰兒表達許多情感。家庭中人們常常抱著嬰兒、
撫摸嬰兒、逗弄嬰兒、與嬰兒說話。若孩子沒有展現其韌性（此韌性對於孩子在貧
民窟環境下生存是必要的），那麼，伴隨著母親的分離而來的選擇性忽視會被認為
是對孩子適當的反應方式。在母親面對沒有能力改變目前環境的狀況下，他們對孩
子的態度是對孩子的一種憐憫。

　　這些母親寧願選擇那些明顯有可生存特質的一些嬰兒，這些特質包括身體特質
和心理特質——如主動的、機警的、喜歡遊戲的、早熟的，甚至有一點粗野的。這
些母親會談論這些求生本能不夠強或奄奄一息的嬰兒。談論學習如何在貧民窟中照
料孩子，其中有一個部分即是學習何時應該「放手」（let go）。這些母親同意，這
些虛弱的嬰兒在沒有拖延、沒有多餘的掙扎下去世是最好的狀況：「他們死掉，是
因為他們必須死。……我想，如果他們一直很虛弱，他們在生活中也無法保護自己。
所以，讓這些虛弱的孩子死掉真的是一件較好的事。」（p. 305）。一位媽媽提到她
的兩個嬰兒死掉時「沒有帶給她麻煩」（no trouble）——他們只是「翻轉他們的眼
睛，而且靜靜不動」（p. 304）。這些母親所害怕的是緩慢的、拖長時間的死亡。

　　當 Scheper-Hughes 試著介入挽救一個嚴重營養不良，甚至無法坐起來的 1 歲嬰

兒時，當地的女人卻嘲笑 Scheper-Hughes 的努力。這個嬰兒自己拒絕吃東西，而且女人們「說她們已看過許多像這個嬰兒一樣的孩子，『如果一個嬰兒想死，他就會死』；還說這個孩子完全灰心、無生氣、沒有鬥志。她們警告著——和死亡搏鬥是錯誤的」（1985, p. 294）。但 Scheper-Hughes 極度努力，迫使這個孩子吃東西而且活下來。當治療成功時，這個嬰兒受到他母親的歡迎，而且當他長大成人時，他提到他媽媽是其生命中最重要的朋友。

其他倖存下來的孩子，也在日後贏得家人的愛和保護。以當地的標準來說，母親與孩子的早期分離和對孩子的忽視，對孩子能否在貧民窟嚴苛的環境下生存，是適當的反應。如果一個嬰兒經歷許多危機而能生存下來，他的媽媽會對這個孩子感到驕傲。這個孩子的成功證明其有與生俱來的生命力，而且，證明他將會活下去。

伴隨著孩子的死亡，母親和周遭的他人被期許不要掉眼淚。有時失去孩子的痛苦衝破了對文化的順從，帶著對嬰兒的回憶減損了這個母親對未來的希望。而其他女人會責備這個哀傷的女人，勸她不要因為悲傷而失去理智，而是要繼續生活。

基於這些觀察，Scheper-Hughes 對於「母性的依附是與生俱來」的假設感到懷疑，而且主張我們在看待親子關係時需要一個更具脈絡化的模式；這個模式是與生物歷程和文化歷程有關的模式。Scheper-Hughes 批評醫院提出的實踐方式，因為醫院鼓勵一開始母親和嬰兒直接接觸以建立情感連結，但沒有注意到當母親和孩子一旦離開醫院後，是否也有相關環境的支持。她注意到，把虐待和忽視僅僅歸因於早期母性連結的失敗是不適當的，而是要進一步考量圍繞著嬰兒照顧的社會特徵為何：

> 與先天的母性腳本相關的理論，例如：「連結」（bonding）、「母性思考」（maternal thinking）或「母性本能」（maternal instincts），都含括文化和歷史的結合，這些理論都反映了一個非常特定及非常當代的生產策略：這個策略是生較少的孩子，而且努力地投資每一個孩子。但是，從大部分的歐洲歷史到現代社會這段期間而言，一般人對這樣的生產策略的反思是陌生的；而且，此策略也沒有反映出今日第三世界的許多女性的「母性思考」。第三世界所抱持的另一種生產策略是：生許多孩子，但是僅以文化上所偏好的特徵選擇性地投資孩子，而且希望這個現象在少數生存的嬰兒身上看到，或是生命中的前幾年就能看到……
>
> 這個典型的母性連結模式……大大低估了社會和文化因素的力量和其重要性。這些因素伴隨著時間影響和塑造母性思考：母親看待性行為、繁殖力、死亡和生存等現象的文化意義；母親如何評估她的經濟資源、社會

支持資源和心理資源；母親如何看待家庭大小和家庭組成的樣態；母親對
嬰兒的特性和對嬰兒的評價等等（pp. 310, 314）。

很清楚地，當我們解釋母親對待嬰兒的方式時，需要考量社群在處理當地面臨
挑戰時所使用的文化策略，而且需要檢視父母養育子女所在的情景。母親與嬰兒的
關係其實和「母親與其社群的關係」、「嬰兒與其社群的關係」連結一起。

 ## 嬰兒的安全依附

大部分「嬰兒與其照顧者依附關係」的研究是在美國和西歐國家中進行的。嬰
兒依附的研究說明了嬰兒如何安全地與他們的母親（有時是與其他的照顧者）連結
一起。研究者常在實驗室中以稱為「陌生人情境」（the Strange Situation）的實驗來
檢視嬰兒的安全依附。而在「陌生人情境」中，研究者會要求照顧者離開，然後再
回到孩子的身邊；如此，研究者藉以觀察嬰兒在緊張狀態時反應為何。

如果嬰兒與照顧者分離之前會探索陌生情境且在其中自在地行動，與照顧者分
離期間顯示些微的謹慎，當照顧者回到身邊時是自在的而不生氣；那麼，研究者就
會判斷嬰兒與照顧者間有「安全」（secure）的依附。除了安全依附之外，研究者也
區分了其他數個不同的依附關係。「焦慮／抗拒」（anxious/resistant）關係的特徵
如下——當照顧者不在時，嬰兒會很擔憂；當照顧者回到嬰兒身邊後，試著安慰孩
子時，嬰兒卻不容易平靜下來。嬰兒會同時企圖尋求照顧者身體上的接觸，卻又抗
拒照顧者的親近。「焦慮／逃避」（anxious/avoidant）關係的嬰兒則是在照顧者走
開時有一點點不安，但當照顧者回來時，會轉過身去或故意看別處來逃避照顧者。

大多數的歐裔美籍的嬰兒都被歸為這三類別的其中之一，由於最多數的嬰兒是
屬於安全的依附，所以此類別被認為是理想的類別。

然而，在世界各地的其他社群中的研究卻已注意到各個地區普遍模式的變異性
（Harwood, Miller, & Irizarry, 1995; Jackson, 1993; LeVine & Miller, 1990; Sagi, 1990;
Takahashi, 1990）。雖然安全的依附普遍存在於大部分所研究的團體中，但焦慮／逃
避的依附在西歐某些國家才是一般的現象，而焦慮／抗拒的依附則在以色列和日本
的研究中較為普遍。

孩子對「陌生人情境」的不同反應似乎反映了文化價值和文化實踐（LeVine &
Miller, 1990）。例如，在壓力下與照顧者分離再重聚，或是在陌生人接近的情境下
與照顧者重聚，德國北部孩子的焦慮／逃避頻率較高；這也許反映了德國文化對於

早期獨立訓練的重視（Grossmann, Grossmann, Spangler, Suess, & Unzner, 1985）。相反地，Dogan（西非）嬰兒之中沒有逃避的依附這一類，也許是來自於他們社群中實際照顧嬰兒的方式；其照顧嬰兒時涉及回應的方式、與母親持續地接觸，以及母親在回應孩子發出的緊張訊號時的立即性等等（True, Pisani, & Oumar, 2001）。

日本之所以有較多的焦慮／抗拒的依附，也許是來自孩子在陌生人情境時有較大的壓力，此壓力是由於嬰兒不習慣被留下來與陌生人一起相處所致（Miyake, Chen, & Campos, 1985）。相反地，非裔美籍的嬰兒習慣被好幾個照顧者照料，而且大人也常鼓勵他們對在短途旅行中所遇到的陌生人表示親切；所以當研究者在實驗室情境中觀察孩子的依附行為時，也許會引發嬰兒探索的興趣。換句話說，被培養成群居人格的嬰兒在實驗情境中更自在，同時也仍然會理解照顧者的行為。「對他們來說，當父母的身影暫時不在身邊，自己在一個充滿玩具的房間，與一個或多或少會娛樂他們的友善陌生人相處時，根本沒有什麼理由好心煩意亂的。」（Jackson, 1993, p. 98）。

對於孩子的早期關係來說，社群所具備的目標是重要的。這個現象在訪談 Anglo（美國西南部北歐裔英語系美國人）和波多黎各的母親時可以清楚地呈顯出來（Harwood et al., 1995）。Anglo 的母親表達其首要考慮為──她們的孩子要在「自主性」（autonomy）和「關聯性」（relatedness）之間發展出適當的平衡。這些關注與「陌生人情境」所研究的三種依附關係非常吻合。此三種依附關係的焦點分別為情緒的隔離、自主性的不足，以及最理想平衡的依附關係。相反地，波多黎各的母親則著重在她們孩子要投入適當的關係層次時該有的技巧。這些社交技巧包含「適當的舉止」，要有禮貌和對人恭敬。她們根據「適當舉止」來區分學步兒的行為，而不是用自主性和關聯性來區分。

這些研究指出，以標準化情境來評量嬰兒依附行為所產生的重大爭議，也指出社會所「強調的目標」及「在嬰兒─照顧者互動中的社會關係」都存在著文化差異。這些研究主張「嬰兒不只是對特定的人產生依附，而是對特定條件產生依附。這些特定條件是提供給嬰兒慰藉，而當慰藉被拿走時會引發焦慮。而母親對嬰兒的意義則有部分是由這些條件所提供的。」（LeVine & Miller, 1990, p. 76）。

依附誰？

提供嬰兒舒適的環境常常涉及母親以外的其他人。嬰兒對照顧者的依附與社群對孩子照顧的安排緊密相連；而社群對孩子的照顧安排則反映了家庭在照顧角色方

Child Rearing in Families and Communities

面的歷史環境和文化價值。

　　文化研究針對這個假設提出了質疑——母親或其他家長，或甚至是一個特定的成人會自然地扮演照顧的角色。在世界各地，家庭裡、鄰居們、社區中的不同人提供照顧嬰兒和孩童的不同面向（Fisher, Jackson, & Villarruel, 1998; Mead, 1935；見圖4.2）。就照顧嬰兒而言，共同分享照顧嬰兒的責任似乎對於嬰兒與母親間依附關係的建立沒什麼阻礙（Fox, 1977; Harkness & Super, 1992b; Hewlett, 1991; Jackson, 1993; Morelli & Tronick, 1991; but also see Sagi, van IJzendoorn, Aviezer, Donnell, & Mayseless, 1994）。

　　在 Efe（剛果民主共和國中一個以採集和打獵為主的族群），社群中的女性共同分享嬰兒的照護和養育。除了親生母親（biological mother）之外，這個文化的實踐工作超越了原來的生身母親，擴展了嬰兒的母性關係。但是，這些嬰兒仍然可從其他照顧者中分辨出自己的母親（Morelli & Tronick, 1991; Tronick, Morelli, & Winn, 1987）。當 Efe 的學步兒與他們的父親聯繫，也會與他們那個營地的其他男人有所聯繫（Morelli & Tronick, 1992）。這些兒童與男人和男孩間所建立的廣泛關係是重要的，因為如果父母離婚或父母死亡（這兩者時常發生），這些兒童仍然繼續存在於父親的族群中。

圖 4.2

在南非、一個以打獵和採集為主的族群！Kung（now Ju'/hoansi）中的一個男人和小孩。

在許多文化社群中，父母親可能的死亡已是養育孩子習俗中慣有的特徵。在美國的某些殖民區域中，有穩定的家庭生活幾乎是不尋常的，大部分的兒童在他們的童年時期至少有一位家長去世（Getis & Vinovskis, 1992）。在這樣的情境下，孩子與延伸家庭、教父教母，及其所在社群機構的關係，對於他們的生存就格外重要。

在中非 Aka 的畜牧者之中，母親是主要的照顧者，父親則是次要的照顧者。嬰兒最容易與他們的母親產生依附，其次則是與他們的父親（Hewlett, 1991）。在此同時，嬰兒與其他許多照顧他們的人有依附關係。在這個露營場所裡，1 到 4 個月大的孩子常常被抱著，但被自己母親抱的時間卻不到 40%。這些孩子大約每小時有7次機會被轉到其他照顧者的手上；而且，平均一天有7個不同的照顧者在照顧他們。

在嬰兒身邊的父親所扮演的角色隨著社群的不同而有所不同（Whiting & Edwards, 1988）。父親涉入育兒最多的族群似乎是出現在 Aka 那個地方的畜牧業者。在 Aka，嬰兒的父親幾乎有一半的時間（24 小時期間）都在抱嬰兒，或者是人就在其手臂可及嬰兒的範圍內。父親在營地裡的時間約有 20% 是抱著嬰兒（Hewlett, 1991），然而，這仍然少於母親抱嬰兒的時間。根據 Hewlett 做的摘要，在世界其他的農業區域和畜牧區域，父親抱嬰兒不到 4% 的時間。然而，即使父親很少直接與嬰兒互動，但他們常常扮演重要的支持者（例如，對孩子的生計和保護有貢獻）。研究提出，那些沒有父親的孩子，其胎兒、嬰兒和孩童疾病及死亡是較高的（Hewlett, 1991）。

然而，在許多社群中，母親並不是唯一的照顧者，也不是唯一的依附對象。其他的照顧者及其所扮演的角色可能與母親有很大差異；這些差異端看家中還有哪些人，以及其責任是什麼而定。

 ## 家庭和社群角色的專門化

在某些社群裡，兒童與他人之間的關係是以父母為主，其次才是手足。然而在其他社群裡，手足在嬰兒期之後就扮演主要的角色。還有一些場域中，延伸家庭或社區鄰居，或甚至是專業的照顧者或專業機構對於兒童都有責任。在喀麥隆（西非國家），人們認為只有那些未出生的嬰兒是屬於父母親的；一旦出生了，嬰兒就屬於他們的家族團體了（Nsamenang, 1992）。在傳統的日本家庭中，人們認為兒童是屬於那個家庭的（Hendry, 1986）。如果女性因為離婚或分居而離開，孩子通常會被留下來；而且孩子會由爸爸的新太太或爸爸的母親（即奶奶）撫養長大。

與孩子一起時，不同個體扮演不同的角色。例如，有些人是擔任照顧者，有些

人則是孩子的同伴，以及說話夥伴或遊戲夥伴。在傳統的 Chewa（尚比亞人）社群中，教養角色的分配會隨著兒童長大而有所改變：

> 父母有責任生孩子……母親要餵養嬰兒直到孩子斷奶。從孩子斷奶後，進一步的養育責任和教育責任就落在祖父母的身上了。當孩子離開祖父母時（大約 7 歲），孩子就進入未婚的休眠階段；而且，這時對孩子的訓練就更是社群中關心的事而非父母個別的事了。

 ## 延伸家庭

照顧孩子的角色專門化與「家庭中或社區中還有誰可運用」及「文化對於適合角色的期待」有關。從中產階級歐裔美籍家庭的流動性和文化實踐來看，兒童不常在祖父母、阿姨和舅舅，或堂兄弟、表姊妹的附近。2000 年的人口普查顯示，只有 4%的美國家庭包含三代同堂，尤其在許多高社經的新移民社會中（Seligman, 2001）。相反地，只有一個人的美國家庭的比例則是三代同堂的家庭六倍之多（26%）[1]。

核心家庭，是指雙親或雙親之一（和一個或兩個小孩），單獨住在一個地方，所居住的地方也許與家族距離幾百哩。而這樣的核心家庭情境與有親戚圍繞的教養環境顯著地不同（Chudacoff, 1989; Jackson, 1993; Mistry, Göncü, & Rogoff, 1988; New & Richman, 1996; Seymour, 1999; Tafoya, 1989; Whiting & Edwards, 1988）。例如，在玻里尼西亞，當孩子的父母與其爸爸媽媽一起住時，即使是排行老大的兒童通常都有較大的孩子陪他們一起並且照顧他們（Martini & Kirkpatrick, 1992）。在 Kokwet（肯亞，東非國家），嬰兒常常處於一個社會團體之中；此社會團體包括他的媽媽、數個兄弟妹姊和半兄弟姊妹（half-siblings）。在 Kokwet 的嬰兒平均有 6.7 個同伴，而美國社群的嬰兒只有 1.8 個同伴（Harkness & Super, 1985）。

在歐裔美籍的社群中，被孤立的核心家庭是來自於特殊的歷史環境：

> 美國社會是由一群人創造出來的，而這群人有意識地想把歐洲的統治和限制拋開，並且重新建構不同的生活方式；希望在美國個體可以成為自己，成為靈魂的主宰，成為命運的主人。因此，美國人把自己當成個別的原子來思考和行動，最好被單獨留下。……在物質豐富和個人對自由的熱

1　這是值得注意的變化。因為 17 世紀以來，麻薩諸塞州和康乃迪克州的殖民地立法禁止單身的人獨立生活，這些人被要求要以道德次序的考量而住在一個家庭中（Morgan, 1944）。

愛的前提之下，這些人相信個人主義加競爭是美國人生活方式的基礎。……如果人們被養育成具有個人主義和競爭性的個體，則當他們回家時，不可能把這些特質遺留在門外……。

「很多」是現代家庭的要求。夫妻期望能分享彼此的興趣，在彼此的陪伴下擁有樂趣，能經常享有性愛和獨占性愛，且能在他們已創造的庇護所中找到個人成長的空間。從蘇格拉底的雅典，我們已走了很長的路。在雅典，男人從不被期待與他們的太太交談。然而，這些高期待會變成壓力……

如果壓力過多且期待未得到滿足，那麼離婚就變成一個常見的選擇。美國人有世界上最高的離婚率。當要讓婚姻成功不再成為壓力來源時，一旦婚姻不順遂，一般人甚至會鼓勵大家走出婚姻……（美國人致力於）序列式的一夫一妻制（serial monogamy），此是指人們會有多個配偶，但是一次只和一個……

美國人心中所期望的「核心家庭」是非常孤立的。其他親戚無論是外在物理條件方面或是情感方面，距離都非常遙遠，因此無法提供什麼協助。美國人也不會期望這些親戚提供什麼協助。在此同時，有極少數的家庭天堂——那是美國人被鼓勵把家庭當成的愛巢，有時可能會變成一個令人絕望的地方〔如果我們是來自一個偏遠部落社會的人類學者，我們就會注意到〕。如果一個丈夫毆打他的太太或父母虐待他們的孩子，不會有憤慨的親戚或關心的鄰居來阻止他們。美國社會如此地維護隱私權，這些虐待太太、虐待孩子的人的行為便得到默許，除非有人已經被傷害得很嚴重，足夠把這家庭帶到法庭上，這些行為才會受到注意（Maybury-Lewis, 1992, pp. 112-116）。

相反地，在許多非裔美人、美洲印弟安人和拉丁美洲人的社群中，祖父母和其他親戚是兒童日常生活的一部分。他們常常住在兒童的家裡，要不然就是和孩子有頻繁的接觸並且幫忙照顧孩子（Harrison, Wilson, Pine, Chan, & Buriel, 1990; Hays & Mindel, 1973; Jackson, 1993; Leyendecker, Lamb, Scholmerich, & Fracasso, 1995; MacPhee, Fritz, & Miller-Heyl, 1996）。

在夏威夷中產階級日裔美國人家庭中，有 64%的家庭描述祖父母和父母的手足幾乎每天都會幫忙照顧孩子。但在夏威夷中產階級白人家庭中，只有 6%有這種現象。即使是那些有親戚住在島上的白人家庭，只有一半的人每天會看到他們（Martini,

1994a）。大部分的白人家庭，一年只有一次或兩次機會看到孩子的祖父母或阿姨舅舅來做短暫的拜訪。針對日常的兒童照顧，白人家庭多半依賴日間托兒、幼稚園、保母，和學校及課後照顧；然而，只有 19% 的日裔美籍家庭（有相似的父母工作）會使用這些場所。

　　孩子與他們延伸家庭的關係也與他們長大後是否被期待要成為原生家庭的一部分有關。一般來說，中產階級的美國人期待孩子日後要「離家」，去組成他們自己獨立的家庭。在某些其他社群中，則期待孩子在整個生命歷程中仍與他們的原生家庭相連，並且負起責任（Kagitçibasi & Sunar, 1992）。

　　由於中產階級的父母期望孩子離開他們的原生家庭，所以這些父母在孩子成年期時很少繼續扮演角色。就是說，這些父母很少成為延伸家庭的一分子，經常與孩子接觸並扮演不同的角色。這與一些擔任「知識基金」（funds of knowledge）的延伸家庭成員形成對比。延伸家庭的成員在工作、學校、語言和其他技巧及訊息方面相互協助，就如同許多墨西哥裔的美國家庭一樣（Moll, Tapia, & Whitmore, 1993）。在延伸家庭中，多重關係的運用使得角色的分化得以可能。不同的人可以提供育兒照顧、相互陪伴、社會化和其他教養孩子方面的支持。

 ## 照顧、陪伴和社會化角色的區分

　　一個社群中有不同的人扮演不同的成熟角色，如生理照顧、陪伴和協助，可以由社群中不同的人提供。在某些社群中，母親對於嬰兒來說，同時是生理照顧和社會互動的主要提供者，然而在其他社群中，母親也許只有滿足（孩子的）生理需求，而他人則滿足（孩子的）社會需求（Edwards & Whiting, 1992; Harkness & Super, 1992b; Leiderman & Leiderman, 1973）。

　　父母或他人除了擔任幼小孩子的照顧者之外，是否也要擔任孩子的玩伴？對於這件事，不同的社群常有不同的期待。中產階段的中國父母和歐裔美籍父母，以及 Aka 的打獵—採集父母，常常是他們學步兒的玩伴（Haight, Parke, & Black, 1997; Haight, Wang, Fung, Williams, & Mintz, 1999; Hewlett, 1992; Rogoff et al., 1993）。相反地，在某些社群中，玩伴的角色則屬於兄弟姊妹和延伸家庭的其他成員。例如東非的社會，地處義大利中心的勞動階級小鎮，以及在瓜地馬拉（中美洲國家）的馬雅小鎮（Harkness & Super, 1992b; LeVine, Dixon, LeVine, Richman, Leiderman, Keefer, & Brazelton, 1994; New, 1994; Rogoff & Mosier, 1993）。馬雅的媽媽描述，當學步兒在玩遊戲時，就是媽媽完成工作的時候了（Rogoff & Mosier, 1993）。雖然馬雅的父母

也許會溫柔地逗弄和上下搖動嬰兒，但很少像玩伴一般地陪學步兒一起玩。

在路易斯安那州的非裔美籍孩子會注意成人、聽從成人，他們和其他孩子一起玩、一起交談、一起打滾（Ward, 1971）。較大的兒童會照顧較小的孩子，而且會教導較小的孩子一些社交技巧和認知技巧，例如：背誦字母、韻文和字的遊戲，以及為顏色和數字命名。「沒有一個小孩不受到這樣的教導，即使是第一個出生的孩子，因為與他們同年齡的堂兄弟姊妹和年紀較大的阿姨舅舅總是在身邊。」（p. 25）。同樣地，在南北卡羅來納州的勞動階段、非裔美籍社群中，女孩們發明一些遊戲歌曲，這些遊戲歌曲是用來教導語言的，而且這些遊戲歌曲可讓幼童從事字的遊戲、數數，以及命名身體的各部位（Heath, 1983）。這些讓孩子從事童謠和語言的主題，在中產階級歐裔美籍社群中是由成人主導，但這些活動卻不是勞動階級的非裔美籍社群中，成人和小孩互動的一部分。

即使，當教養孩子的責任是落在延伸團體之中，母親對於孩子早年的照顧仍有主要的責任。夏成夷本地的學齡兒童平均和 17 個人有所牽連，這 17 個人是主動參與孩子的照顧和娛樂（Farran, Mistry, Ai-Chang, & Herman, 1993）。雖然母親們描述了他人的重要貢獻，母親們也描述她們自己是有責任的，而且是投入的（Gallimore et al., 1974）。在世界各地，無論母親是孩子的唯一照顧者，或者是否將責任委託給他人，或是否監督他們孩子的共享照顧者，母親的角色常常是重要的（Jackson, 1993; Lamb, Sternberg, Hwang, & Broberg, 1992; Rogoff, Mistry, Göncü, & Mosier, 1991）。

母親也許能藉由確保他人會持續地提供撫育和支持，就像母親們自己直接照顧孩子一樣。這個照顧兒童的形式因此涉及了間接的支持鍊，由母親或其他成人所管理（Weisner, 1997）。例如，在家庭的觀察中，當馬雅媽媽被要求去幫助他們學步兒學會操作新奇的物品時，馬雅媽媽有時會叫其中一個較大孩子和學步兒一起。媽媽督導這些兄弟姊妹，而且有時指導這些孩子與學步兒的互動，卻很少自己扮演學步兒玩伴的角色。在類似的執行方式中，雖然肯亞和美國的情境類似，但肯亞人的嬰兒所受到的注意量卻是美國嬰兒的三倍（Harkness & Super, 1992b）。

 手足照顧和同儕關係

在那些「母親參與他人照護和支持幼兒」的社群中，手足扮演了重要的角色，他們提供照顧和教學。手足在兒童生命中所扮演的角色顯然與手足的存在（existence）連結一起，而且也和手足在家庭組織中的例行角色連結一起。

兄弟姊妹的可用性在跨文化的社群中顯得相當不同。在某些社群裡，每位母親

的平均生產 1 個小孩，孩子沒有兄弟姊妹，就像是今日中國法律規定的獨生子女的家庭一般。相反地，在傳統的肯亞社會中，一個母親平均生產超過 8 個小孩（Harkness & Super, 1992b）。

在殖民時代的美國，超過一半的兒童有多個手足；36%的家庭有 9 個或是更多兄弟姊妹（Chudacoff, 1989）。越過這幾世紀，手足的數目已降低了。在殖民時代的美國，17 世紀的女性們平均生了 7.4 個小孩；在 19 世紀初的美國，平均生了 4.9 個小孩；到了 1870 年代，結婚的女性平均只生 2.8 個小孩。

在許多社群中，照顧嬰兒和學步兒傳統上是由五歲的小孩來執行（Edwards & Whiting, 1992; Harkness & Super, 1992b; LeVine et al., 1994; Watson-Gegeo & Gegeo, 1989; Weisner & Gallimore, 1977; Wenger, 1983; Whiting & Edwards, 1988; Whiting & Whiting, 1975）。兒童也許會把較小的弟妹或堂弟妹背在背上或抱在膝上，在該社群的視線範圍內和聲音可及處與其他兒童一起遊玩。如果較小的孩子餓了，這個孩子的照顧者就要回去找媽媽，好讓那個小孩得到照料。成人要在旁邊監督孩子的照顧者，但娛樂較幼小孩子則是其他孩子的責任。

例如，當玻里尼西亞的孩子過了嬰兒期後，他們變得相當獨立；不但獨立於父母，而且會主動參與兄弟姊妹和孩子的團體（Martini & Kirkpatrick, 1992）。一旦嬰兒會走路了，母親就會把他們交給 3、4 歲的兄姊來照顧，兄姊們會在旁邊玩，按時看看這些小小孩。母親會向兄姊們示範如何餵食和娛樂這 4 個月大的小孩，示範如何讓哭哭啼啼的小孩安靜下來。「如果照顧者沒有給這年幼小孩他的（his）哭泣嬰兒，這孩子會覺得沮喪。這年幼小孩很認真地看待他的工作，並且學習嬰兒喜歡什麼東西或不喜歡什麼東西，以及嬰兒要養成的習慣。」（p. 211）。根據玻里尼西亞母親的說法，學步兒對於和其他兒童一起玩較感興趣，而且當兄姊走開而沒有帶他，把他留在家裡和媽媽一起時，他會哭。母親認為學步兒想要待在或睡在兄姊的旁邊是自然的，因為兒童的遊戲會吸引學步兒，而成人活動對他們而言是無聊的。父母監督這些孩子（是否好好照顧幼小孩子）而不直接涉入。指派給孩子的任務常是整體的，讓孩子決定誰要做什麼，而所有孩子都有責任完成大人所交待的任務。

相對於玻里尼西亞，許多社群中適合擔任照顧者的年齡是 7～10 歲，而中產階級歐裔美籍的家庭則很少任用小於 12 歲的保母。這也許是因為「小家庭」和「上學」限制了兒童獲得照顧幼小孩子的經驗（Harkness & Super, 1992b; Whiting & Edwards, 1988）。因此：

美國的學步兒和學齡前兒童幾乎總是由成人看管，這些成人設定可能

的限制、主導活動、安排吃飯和休息的時間表，使孩子們感到舒適，並且解決孩子們的衝突。美國的學步兒在一個受限制的、保護嬰兒的場所中遊戲……而且不是由年幼的兄姊來負責（Martini, 1994b, p. 87）。

但是，哈佛畢業的肯亞大學生不熟悉這些慣例，所以，當他們看到美國孩子會找父母們互動，而不是找兄弟姊妹互動時感到訝異（Whiting, 1979）。

美國之外的其他社群中，也很少有孩子來照顧幼小孩子的現象。在!Kung（now Ju'/Hoansi）或 Aka 的社群中，女孩和男孩都不會被當作幼小孩子的照顧者。這也許是來自於這些社群中，孩子出生間隔較久，所以比較不需要孩童的照顧，或是在營地裡有其他成人可以幫忙照顧孩童。

在孩子有機會與手足廣泛互動的社群中，兄弟姊妹就能以必要的方式來補足父母的角色。在孩子群中，彼此關係所形成的組織對於幼小孩子的發展可能是一重要的基礎。

為幼小兒童提供機會
從手足照顧者那學習

手足的照顧也許為較小的孩子提供了特別的學習機會，尤其是習慣以這樣的照顧方式的社群裡更是如此（LeVine et al., 1994; Maynard, 2002）。例如，在吉庫猶人（Kikuyu，非洲肯亞最大的班圖民族）之中，愛開玩笑、年紀較大的兄姊則是兒童的重要指引，讓兒童知道該如何適當地行動，以及該如何辨別什麼是真的（Edwards & Whiting, 1992）。Kwara'ae（所羅門群島）的嬰兒是從這些不同的認知刺激和社會刺激中獲益；這些不同的刺激來自來來去去的手足照顧者，以及他們提供的技巧。被照顧的較小孩子的適當年齡是 3 歲，到了 6、7 歲之後就不需要監督了（Watson-Gegeo & Gegeo, 1989）。

觀察墨西哥勞動階級家庭中，發現學步兒很少和他們的母親在一起玩，相反地，他們會和混齡的兒童一起玩。這些混齡的兒童和學步兒一起玩時，與美國勞動階級手足相比，他們更能容忍和合作（Farver, 1993）。事實上，墨西哥的手足和學步兒之間的遊戲——其遊戲的複雜性、對於學步兒的支持及撫育，則類似美國的母親和孩子間的遊戲。

在 Marquesan Islands（玻里尼西亞），學齡前的兄姊教導 2 歲的幼兒，只要他們可以確保自己的安全，並且不會妨礙團體的活動，他們就可以待在兒童團體中，直到活動結束（Martini & Kirkpatrick, 1992）。在這過程中，學步兒學習對自己有信心和不會崩潰。他們在團體的邊緣遊玩並且專心地觀看，直到他們可以跟上遊戲。

例如，有一個穩定的遊戲團體，成員有 13 位，年齡從 2 到 5 歲，當其哥哥姊姊上學時，他們在沒有人監督的情況下，一天可以玩數個小時（Martini, 1994b）。這些學齡前兒童和學步兒在沒有成人的介入下一起組織活動、解決爭執、避免危險及處理傷害。遊戲場域中有潛在的危險，可能有破碎的玻璃、大浪衝擊著的船塢，以及陡峭、滑溜的岩壁。兒童們和對手們拿著大砍刀、斧頭在高高的橋上或牆邊玩著。雖然有這些潛在的危險，但意外卻很少發生；如果發生，情況也不嚴重。

世界各地的兒童會觀察其他兒童，而且也許從幼年期就試著追隨這些兒童，將之視為榜樣。馬克薩斯的母親宣稱學步兒之所以會發展出技能，是因為他們想和哥哥姊姊在一起，而且想和哥哥姊姊一樣。藉由模仿，學步兒自己學習如何跑步、吃飯和穿衣，學習到外面尿尿和排便，而且幫忙做一些家庭雜務（Martini & Kirkpatrick, 1992）。

在西非的村莊裡，當兒童處於同儕團體中，必須為照顧兒童承擔責任時，兒童就學習了集體生活中的角色、責任、同儕指導，以及學習處理衝突和學會妥協的方法。這些團體中的兒童，年齡從 20 個月到 6、7 歲不等，而且在 1、2 個較大手足（常是 8 到 10 歲的女孩）的指導下：

> 混齡、雙性團體的兒童會在較年長同儕的監督下四處走動。當他們在街坊中玩著假裝遊戲、小圈圈（group-circle）及其他遊戲時，他們也被期待要能完成其所指派的家庭雜務，這些像是裝水和蒐集柴火之類的事。當兒童肚子餓時，他們會回到屋子裡，吃母親為他們準備的食物；這時較大的兒童會餵較小的兒童。至於成人，尤其是祖父母、有時是父親，經常會在災難發生時，例如：嚴重的打架、傷害或被蛇咬到時，才會大聲喊叫或跑過去幫忙處理（Nsamenang, 1992, p. 153）。

以前，這樣的團體常被用來作為領導角色的訓練場所；當這些成員長大後，他們經常是政府和執行法律系統的一分子。

兒童與其他年齡不同但有關聯性的兒童間的相互參與，提供了一個學習如何與他人產生關聯的組織。在某些社群中，兒童也會──或是反而──花許多時間與一些不相關但同年齡的兒童玩在一起。不論是兒童投入混齡團體或同齡團體，其間的文化差異對於兒童發展的社會關係的理解，都扮演重要的角色。

同齡夥伴：把兒童與其他年齡的兒童分離出來

一般而言，世界各地的兒童團體都有混齡的現象。例如，在我所工作的馬雅社群中，兒童與其同齡孩子互動的時間少於校外時間的 10%（Rogoff, 1981a）。一般說來，兒童的同伴經常都是兄弟姊妹和其他不同年齡的年幼親戚們（Angelillo, Rogoff, & Morelli, 2002）。

「將同齡的兒童分成一組」這種方式在世界各地並不普遍。「將同齡的兒童分成一組」需要在小範圍的地區中有適當數目的兒童，以確保同齡兒童的可得性（Konner, 1975）。這種分組方式似乎也需要藉由官僚制度的成長和家庭大小的縮減而促成。

現在，許多北美地區的兒童，其時間多花在同年級的官僚機制中，例如學校或夏令營。在學校或夏令營中，同年級的團體常是為了成人的方便而形成的。與這樣的隔離一致的是，中產階段的北美洲人常會強調兒童的同儕關係甚而超過其與兄弟和姊妹之間的關係（Angelillo et al., 2002; Ruffy, 1981; Wolfenstein, 1955）。然而，在官僚機制的場所以外，跨年齡團體的接觸也許在某些中產階級的美國社群中是頻繁的（Ellis, Rogoff, & Cromer, 1981; Fitchen, 1981; Gump, Schoggen, & Redl, 1963; Hicks, 1976; Young, 1970）。

直到最近，多數的兒童雖然被要求去上學，但就不會根據年齡來分組，即使是在學校課程的分級制中也如此（Chudacoff, 1989; Serpell, 1993）。在歐洲的學校，其分級制直到 16 世紀才開始，而且，那些年級是根據學生在學習方面的進步情形而不是根據其生理年齡。以生理年齡為基礎的分級制在 19 世紀初才開始，但即使是那時候，一個班級裡的年齡差距有時會高達 6 歲（Serpell 於 1993 年對 Ariès 的報導所做的摘要）。

在北美洲，有組織的學校教育在 18 世紀開始普及，但是並沒有一個標準的入學年齡或結業年齡；非常年幼的兒童可以與青少年在同一教室中（Chudacoff, 1989）。在入學年齡方面及出席次數方面的變異，使得年齡無法成為兒童是否獲得學校知識的指標。

在 19 世紀末，在美國以年齡來區隔兒童隨著義務教育的出現而定形，義務教育要求標準的入學年齡以確認孩子不是逃學者。以年齡來分級的制度在學齡兒童的數目大量增加時有其必要；而會有學齡兒童的數目大量增加則是由於工業化、人口的都市化，以及大量移民人口湧入造成的。在 1870 年代，61%的 5～19 歲白人小孩去上學，此與 1830 年的 35%相比，有著快速的成長（Chudacoff, 1989）。官僚化地教

學管理也來自於 19 世紀末，那時偏好有系統地編纂一套「合理」（rational）的系統。此系統與一致的分類、課程、教科書及教條等方面有關，並且以年齡作為分類學生的公定方式（Chudacoff, 1989）。

以相似年齡來區隔孩子成不同團體，對提供手足照顧和手足互動的機會有明顯地衝擊。例如，現在 5～10 歲的吉庫猶（肯亞）的兒童通常都去學校，他們就不再被當成是學步兒手足的照顧者了，雖然這些 5～10 歲的兒童仍處於適合照顧學步兒的年齡。這表示吉庫猶的母親現在需要依賴那些 5 歲以下的兒童來幫忙照顧或娛樂那些學步兒（Edwards & Whiting, 1992）。留在家中兒童間互動年齡範圍也因此有所限制。

這種以年齡為基礎的限制減少了學齡兒童與較年幼（以及較年長）兒童在活動中學習的機會。與各式各樣年齡的兒童互動時，讓兒童與較年幼兒童一起時有實踐教學及照顧活動的機會，而與較年長兒童一起時則有模仿和實踐角色關係的機會（Whiting & Edwards, 1988; Whiting & Whiting, 1975；見圖 4.3）。從另一方面來看，與同年齡兒童互動似乎能促進競爭力。

圖 4.3

在這個包含不同年齡的非正式團體中，瓜地馬拉馬雅的兒童會用他們找到的材料假裝製作餐點。當這個最年長女孩假裝做玉米粉薄烙餅，而在替代的磨石上磨穀物時，這些較年幼的兒童就會熱切地觀察這個最年長女孩的行為。

　　隨著年齡—年級制度的強調，也創造出一種新的社會結構。在此社會結構中，兒童與相似年齡的人的連結在許多例子中先於兩代間的家庭關係和社群的關係。在殖民時代的美國，父母完成養育兒童任務之前，最年長的兒童往往已經開始有了他們自己的家庭，但大部分的家庭通常不會分割成相互獨立的世代。這個家庭中的最年幼兒童往往有與自己年齡相近的阿姨和叔叔，而且長大成人的兄姊仍住在同一個家庭中（Chudacoff, 1989）。家庭活動和社群活動同樣都包含了不同年齡和世代的人們。

　　到了 20 世紀初，相似年齡的同儕團體取代了跨世代間的整合（Chudacoff, 1989）。更多的兒童去上學，而且在學校花了更久的時間。童工法律將兒童從工作的壓迫中解放出來，但也限制了這種跨世代間社會化的來源。隨著年輕人有更多空出來的時間，成人關心兒童不時有的消遣娛樂，因而努力控制兒童的休閒活動。這些努力被以年齡發展為階段的新理論所運用。服膺這些理論的遊戲改革者認為，為順應發展的次序，較為年長的兒童應投入某種特定形式的遊戲或是規則性的遊戲：「同時在學校和娛樂活動中都強調的分層年齡團體，將孩子圍困在一個令人信服的環境中。此環境讓他們習慣於幾乎只與同儕互動，而且認為這是日常生活中的重要部分」（p. 78）。

　　除此之外，20 世紀初家庭成員的縮減也減少了手足間的年齡差距，使得家庭中的兒童就像在同儕團體中。兒童時期與其父母時期之間的差距造成世代間更大的隔離，但也造成在年齡相近之中的兒童間有了更多的連結（Chudacoff, 1989）。還有在丈夫和妻子之間的年齡差異也減少了，因為現在年輕人在以年齡分級的學校和娛樂活動中有更多接觸彼此的機會[2]。這使得婚姻關係較多是同儕關係。兒童和成人的生命漸漸被分割成相同年齡的團體。

　　現在，在某些國家中，即使是非常小的兒童都花許多時間在幼兒園和托育中心等機構中，而這些機構通常都是以年齡來分隔年級的。這些以年齡來分級的機構，對解決在這種場所中長大的兒童發展影響的爭議必有所助益！當某些國家的兒童照顧逐漸機構化，對於兒童發展的責任則更建基於政府政策之上——一種以社群為基礎的照顧形式。

---

[2] 在 1889～1890 年之間，美國高中的登記人數只有 14 到 17 歲全部人口中的 6.7%；到了 1929～1930 年時，學校人數為 32.3%，而到了 1929～1930 則有 51.4%的人登記入學（Chudacoff, 1989）。

以社群作為照顧者

對兒童的日常監督也許是整個社群的責任，而不需要某一特定成人專注照顧一群兒童。在許多社群中，照顧和教養的責任是屬於任何一個在兒童附近的人。當母親走開或忙碌時，嬰兒通常被那些視照顧嬰兒為己任的親戚及鄰居所環繞（Gallimore et al., 1974; Munroe & Munroe, 1975a; Rohner & Chaki-Sirkar, 1988; Saraswathi & Dutta, 1988; Ward, 1971）。

例如，在玻里尼西亞，孩子常在一個持續發展的社會網絡中成長。這樣的社會網絡中，許多成人和兒童都認為自己對養育孩子擔負責任（Martini & Kirkpatrick, 1992）。孩子是屬於社群的，而且每個人都會被期待要能安慰、教導及糾正這些孩子。在這樣的延伸家庭中，一個新生兒屬於這個家庭，家庭中的所有成人也在這個小孩成長時照顧、教導和教養他。兒童有「許多大腿」可坐，而且可看到許多成人行為的示範。在一個家庭中，孩子是被分享的，也因而加強了成員間的連結。在此鞏固連結的系統中，兒童往往是被親戚收養或撫養，而不是被其親生父母照顧。

同樣地，在西非，親生父母常常在不喪失其父母權利的情況下，將兒童的照顧委派給領養的父母，因此成為一種在延伸的社交網絡中養育兒童的方式，而且因而加強親屬關係與朋友關係的連結（Nsamenang, 1992）。這個延伸的親屬網絡的投入也提供了父母在子女養育方面的核對和平衡。例如，這種多人存在和涉入的機制也避免了那些超出文化所允許範圍的處罰。這樣狀況下的父母，也許較不容易觸及那些在其社群中沒有許多人可幫忙調節情緒的父母的惱怒程度。

在印度，那些與家庭沒有親屬關係，卻與部落村莊有長期關聯的鄰居，會對「其他人對待兒童的方式」表達他們的看法（Mistry et al., 1988）。這些不是親戚的人幾乎總是出現在學步兒的家庭，而且會與學步兒從事些活動；這些人與學步兒從事的活動，至少像有親屬關係的人與學步兒進行的活動一樣廣泛。這些沒有親屬關係的人告訴學步兒的母親該做什麼，會修正孩子的行為，而且會開玩笑式地逗弄孩子（Rogoff et al, 1991）。相對於這些沒有親屬關係的人與學步兒之間的直接參與接觸，在美國中產階級、土耳其中產階級和馬雅的家庭中，則很少有這些非親屬關係的人的存在。而且，即使存在著那些沒有親屬關係的人，這些人也通常只扮演著旁觀者的角色。

的確，許多美國納稅人似乎認為照顧孩子只是孩子父母的責任（Getis & Vinovskis, 1992; Lamb, Sternberg, & Ketterlinus, 1992）。在美國，對兒童的照顧很少被當成

是為下一個世代的社群所做的投資。雖然這樣的投資會為社群負責，或是為將來支持年長世代承擔責任。

　　相反地，某些社群堅持在養育孩子的過程中應有他們該扮演的角色。例如，一些被美國西南部北歐裔英語系美國家庭領養長大的納瓦荷族（Navajo）印地安兒童已被送回其部落，該部落宣稱他們有權利養育這些孩子，即使這些孩子的父母已同意放棄養育權。以色列的基布茲（Kibbutz，以色列的合作農場）運動則試著鼓勵兒童的成長是全體社群的責任，並建議將孩子帶到與父母分開的屋子養育。這些孩子被社群成員以專業的方式來照顧（Oppenheim, 1998; Rosenthal, 1992）。教會的社群在非裔美籍兒童的彈性（resilience）方面的培養有著強大的影響力（Comer, 1988; Haight, 2002）。

社群參與以照顧兒童的專家形態出現

　　工業化的國家中，專業化有薪資的照顧者、教師、養育兒童的專家、社會工作者、小兒科醫師，和以兒童為主的機構與建議書籍，構成養育孩子的社群責任。這些角色中的大多數是隨著社會的工業化而來。工業化約在一世紀之前發生於美國和許多其他國家，取代了先前世紀中延伸家庭和周遭鄰居的許多責任（Chudacoff, 1989; Demos & Demos, 1969; Ehrenreich & English, 1978; Hareven, 1985; Harkness, Super, & Keefer, 1992; Kojima, 1996; Lamb, Sternberg, Hwang, & Broberg, 1992）。

　　的確，「專家」（experts）宣稱有權利決定養育兒童的實踐方式，這可以被視為在法律上規範父母的權利和責任的方式而透過社會代理人所促進。例如，「給母親建議」（Instructions to Mothers）這本小冊子，是堪薩斯城的研究醫院（Research Hospital of Kansas City）於 1949 年給新媽媽的資料，其宣稱冊子中的醫療專業知識勝於家庭成員的知識和建議。其中第 24 項提到：「別聽朋友和親戚的草率建議。實行醫生所給的建議。你的醫生會比你的朋友和親戚更瞭解你和你的嬰兒。」

　　其他對母親的教導是處理一些像是減肥、排便（關於母親和嬰兒的排便）、清潔、換尿布，以及如何用硼酸溶液清潔嬰兒的眼睛等等。有些建議則清楚地顯現文化假設：

1. 除非有其他的建議，規律地在早上 6 點、9 點、12 點，下午 3 點、6 點、10 點和凌晨 2 點，喚醒嬰兒以便餵食。規律地餵食和小心建立的生活慣例，對嬰兒來說是最基本的。

10. 盡量不要搬動嬰兒。不要把他舉起來秀給親戚和朋友看。保持安靜並且避免喧鬧和傳染。

13. 不要每次嬰兒一哭就把他抱起來。正常的幼兒每天會哭一下以獲得運動的機會。嬰兒會因為撫觸而很快地被寵壞。

19. 嬰兒應該不要跟你或任何人一起睡。[3]

　　自從 19 世紀末以來，學校在許多國家的兒童生命中變得普遍時，教師也許是社群所委派的優秀兒童照顧專家。在殖民時代的美國，家人被期待要在家裡照顧兒童、教導兒童閱讀。有一些小學是為了教育貧窮兒童而存在，但初中和大學是為了教育那些準備成為部長的少數人（Getis & Vinovskis, 1992）。學齡前和幼稚園的文化實踐則是 19 世紀時美國從歐洲引進來的觀念，希望透過社會的努力而為那些母親在外工作的貧窮兒童提供照顧及讀寫教學，以幫助這些兒童克服他們的「文化不利」（disadvantaged）背景（Getis & Vinovskis, 1992）。自從那時候起，「家庭和公共機構哪一個地方對於年幼兒童的照顧和社會化才適合」的爭議即帶來某種程度的緊張。

社群對兒童與家庭的支持

　　許多工業化國家中，兒童投入家庭以外和當前社群的機會逐漸增加，使人開始關心幼兒的發展。在美國的城市裡，社群對於幼兒的責任似乎已開始擴散，而且觀察者常常為了成人缺少監督青少年的權威感到哀嘆。這些觀察者常常責怪父母，忽略了鄰居和其直接接觸的社群必須扮演起與以往不同的角色。Alice Schlegel 和 Herbert Barry 主張青少年的犯罪起因於社群，這些原因多過於家庭的衰竭，也因此即使來自於「良好家庭」（good homes）的青少年也有犯罪行為：「父母沒有藉由社群的常規和約束力來控制青少年；尤其〔在非工業化社會中〕，男孩在許多男人的面前有較好的行為舉止。而這些男人不見得必須是男孩的父親。」（1991, p. 204）。

　　二十世紀初，一個已經減弱的社群支持系統有助於美國的波蘭移民瞭解到其家庭困境。在「原來國家」（old country）的波蘭農夫生活中，父母權威會藉由延伸家庭與全體社群的組織而得到支持或取得平衡，也因此讓父母的角色同時更為強壯且更加合理。而移民到美國的波蘭人則發現，父母和兒童之間的很多摩擦是因為積弱不振的支持系統造成的：

　　　　首先，在美國並沒有傳統意義的家庭存在；結婚的夫婦和他們的小孩幾乎是完全地分離，而且父母幾乎沒有權威（在少數例子中，家庭成員定居在同一地區，則掌控會比較強）。再者，如果有某些東西等同於原先國家的社群，如教區的較不封閉或集中，則很難與家庭有相同的影響。美國

---

[3] 謝謝 Sally Duensing 讓我看當時發給她母親的醫院小冊子。

家庭的構成是新的、偶發的和持續改變的……且因此缺乏累積一些傳統（guoted in Thomas & Znaniecki, 1984, p. 143）。

對於兒童健康發展有強烈社群責任的例子已在日本出現，在日本，該責任是由家庭、學校和工作場所一起分擔（White, 1987）。在學校的校外旅行，如果有不幸事故發生，其責任被認為是每一個人的——小孩、同學、老師、校長、看管參觀之處的人及父母，這些人都要道歉。如果一個高中生被抓到無照駕駛，則該學生的學校老師、校長和父母會被警察叫去，與學生一起解釋。剛開始為一家公司工作的年輕人可以期待其上司幫忙尋找適合的太太或丈夫，而且，上司有時要擔任婚禮的主持人。

在社群照顧中兒童的自由與監督

在社群照看兒童的場所中，兒童同時擁有移出社群的自由，以及在指導下參與更廣泛的社群的自由（Comer, 1988; Heath, 1989b）。Jane Easton，50歲，回憶在1950年代紐約哈林區（黑人區）：

> 每個人都認識每個人……你可以從一個人的房子裡跑到另一個人那裡，而且不需要按鈴，因為門會是開的。當我們是孩子時，我們有許多樂趣——到處跑。鄰居是安全的。每個人會下樓來，而且你可以玩像廢物的東西、在消防栓那跑來跑去。你可以為了母親或是物品去商店……
>
> 你認識每一個人。你知道那位跑去雜貨店的女士……我祖母的家……擁有一家乾洗店。你知道那些擁有超級市場和肉舖的男人。他們認識你，你知道……「噢，你是某某小姐的孫女。」這是真正的家庭（guoted in New-man, 1998, p. 267）。

如果照顧的責任是廣泛地被社群分擔，比起照顧責任只是委派給在一個單獨房子裡的成人，或一個在兒童照顧方面是專業的機構而言，前者的情況能讓那些即使是非常小的孩子也有機會廣泛地參與且觀察社群的活動。例如，約30年以前我開始工作的瓜地馬拉之馬雅社群，3～5歲的兒童大多是自己照顧自己。這些孩子被放到鄰近地區的小團體中，沒有成人的照顧者，但也沒有被限制在家裡（Mosier & Rogoff, 2002）。如果需要幫功，附近較為年長的兒童或成人就會協助兒童。

在這種環境下，兒童可以自由的去觀看正在進行的社群活動，而且根據他們的興趣和萌發的技巧加入這些活動。一個比家裡其他人更篤信宗教的3歲馬雅兒童，通常自己一個人晚上去做禮拜。她會在晚上7：30披上她的圍巾（黃昏後），走過

4 個街區到教堂，大約 2 個小時後回家（Rogoff, 1981a）。她在許多熟悉的鄰居面前為自己負責，而且不受限制地參與社群活動。下一節的焦點則談論參與如上述社群成熟活動，或是自社區成熟的活動中隔離出來。

兒童對成熟社群活動的參與或隔離

　　在不同的文化社群、兒童生命中一個最有影響力的變異來源是——他們被允許參與和觀察成人活動的程度。在中產階級的場所中，兒童與成熟的社群活動隔離被視為理所當然，但是這種狀況在許多其他社群中卻是罕見的。

　　兒童學習機會（從正在進行的成熟活動中學習的機會）之差異，與兒童教養之文化模式緊密關聯（Rogoff, 1990; Morelli, Rogoff, & Angelillo, 2002）。相對於隔離自社群活動的範圍，兒童參與社群活動的範圍對建立文化模式的規律性是重要的，此概念已在第一章中強調。在這裡，我主要描述關於「在生命早期，兒童透過成熟社群活動的觀察及參與而學習」的社群差異。接著，我會說明這些差異與兒童生命中其他面向的關聯性，這些面向包括：信賴正式的學校教育、重要的認知技巧、兒童的動機和興趣、照顧者和兒童之間的溝通，以及同儕關係。

接近成熟的社群活動

　　在一些社群中，孩子從嬰兒開始，從早到晚幾乎被包含在所有社群的事件與家庭事件當中（見圖 4.4）。在成人世界中，小小孩很少被藏起來，這些小孩常常存在於成人的場所中。例如，在 Kokwet（東非），2～4 歲孩子花了許多時間伴隨他人，他們常常坐在手足旁邊，躲在觀察母牛活動的隱密場所，看著較年長家庭成員的行為（Harkness & Super, 1992a）。在開羅市中心，「無論是白天或夜晚，兒童完全融入社群中是非常顯而易見的」（Singerman, 1995, p. 98）。年幼的 Efe 兒童（在剛果民主共和國內）在其營地中任何他們喜歡的地方漫步，在那些地方很少有牆會阻礙觀看進行中活動（Morelli & Tronick, 1992）。在那裡，學步兒與父母共同分享睡覺的地方，就算是在夜晚也沒有從白天所參與的社會生活中區隔出來（Hewlett, 1992; LeVine et al., 1994; Morelli, Rogoff, Oppenheim, & Goldsmith, 1992; New, 1994）。

　　相反地，中產階級歐裔美籍的嬰兒則處於不尋常的境遇——以遍及全球和歷史的語詞來說，從早到晚都是與其他人隔離（Morelli et al., 1992; Ward, 1971; Whiting,

圖 4.4

在聖露西亞（加勒比海）（聖露西亞是一個國家，位於西印度群島）的島嶼上的一個小小孩，即使她打盹時，仍與漁夫在一起，他正以蘆葦編織捕魚籠。

1981）。研究者觀察到美國麻薩諸塞州中產階級的嬰兒花許多時間在互動或隔離間交錯；然而印地安人的中產階級嬰兒則常常處於他人陪伴的情境之中（New & Rich-man, 1996）。但勞動階級的非裔美籍嬰兒幾乎從來不會是單獨一人，他們早晚都被抱著、帶著，而且通常有一個以上的其他人陪伴著（Heath, 1983）。

　　比起中產階級的美國小孩來說，世界上某些國家的年幼兒童有更多機會去觀察成人的工作活動。例如，Aka 的母親們和父親們（在中非）會抱著他們的嬰兒打獵、屠宰和分享獵物（Hewlett, 1992）。

　　同樣地，在馬雅人的小鎮、印度的部落社群及在剛果民主共和國中的打獵—畜牧社群中，學步兒已慣有地利用機會去觀察他們家人的經濟活動。他們可能觀看成人在家裡進行編織、做裁縫與照顧店面，在家附近蒐集食物和建造房子，或是在野地或工廠中勞動（Morelli et al., 2002; Rogoff et al., 1993）。相反地，來自土耳其和來自許多美國城市的中產階級幼兒一般都待在父母或是照顧者的身邊。這些人的工作侷限於家庭雜務、跑腿差事及照顧兒童。美國中產階級成人工作日的結構使得兒童很難觀察及參與其社群中較大範圍的經濟活動和社交活動。

來自早年兒童期的「貢獻」

　　也許與「早期有機會觀察成人工作」有關的是，許多社群的兒童在年齡很小時就開始與家庭相關的工作了（見圖 4.5）。到了 3～5 歲，馬克薩斯（Marques，玻里尼西亞人）兒童學到簡單的家務技巧，這些兒童也被期待能蒐集樹枝、撿些葉子、清潔打掃，以及到商店辦些跑腿差事。「他們看著他人工作，然後一旦他們知道做法時，就會執行該任務了。」（Martini & Kirkpatrick, 1992, p. 211）。

　　同樣地，來自東非農業社群的 4 歲兒童約花了 35%的時間做家務，而 3 歲小孩也約有 25%的時間做家務（Harkness & Super, 1992a）。相反地，同年齡的美國中產階級兒童花不到 1%的時間在家務上，雖然他們的確花了 4%～5%的時間陪著他人做家務（例如，幫媽媽削一個胡蘿蔔或是摺洗好的衣服）。

　　在西非，孩子從開始會走路就常在屋子周圍執行任務，而且從 2 或 3 歲開始，就有一些簡單的責任，而他們所扮演的角色隨著能力的增加而轉變。這些孩子在他

圖 4.5

在剛果民主共和國的 Ituri Forest，一個年幼的兒童在幫成人準備葉子以建造房屋。

們住宅群和村莊的工作是重要的，而且他們會認為自己是社群中有用的成員。他們工作而有的小收入在維持家計上常有決定性的差異。當年幼的兒童被納入所有場所中時，他們參與社群的社交生活，也參與其經濟生活。他們是成人世界的一部分，而不是「妨礙者」。除此，兒童工作是社會化的重要元素，「是兒童學習各式各樣的角色和技巧的核心歷程」（Nsamenang, 1992, p. 156; see also Ogunnaike & Houser, 2002）。

　　Aka 的兒童（中非）幾乎時常與其父母在一起，而且在嬰兒期時就學習使用刀子和挖掘的工具，而且當他們是學步兒時，就會在火堆上面煮飯。當他們 7～12 歲時，已知道生存所需的大部分技巧：如何宰殺大型獵物、如何安慰新生兒、如何辨認可吃的蘑菇、如何製藥、如何設陷阱捕捉豪豬，以及如何種植木薯植物（Hewlett, 1992）。

　　在 Gusii 社群（在肯亞）中，大部分的 8 歲女孩可以完成大部分的家務工作（LeVine et al., 1994）。研究者觀察到 2 名 6 歲小孩可以照顧一塊玉米田，從種植到採收全部一手包辦。

　　近年來在中產階級的社群中，兒童常與成人的工作和社交世界隔離（Beach, 1988; Crouter, 1979; Hentoff, 1976）。然而，在西歐和美國的殖民地時期，工作場所和家庭並沒有分開。兒童養育涉及許多親屬和非親屬，而且兒童的學習是其在參與進行中的活動而發生的（Chudacoff, 1989; Hareven, 1989；見圖 4.6）。在殖民時期的美國，4 歲大的兒童都能精巧地參與家庭的經濟工作（Ehrenreich & English, 1978）。

　　即使是現在的美國，如果父母在家工作，兒童也常會參與（Orellana, 2001）。在一個針對父母在家工作的美國兒童的調查中，發現所有年齡夠大，且可表達思想的兒童，已有與他們父母工作相關的具體知識（在職業方面，像是：日間托兒的提供者、機械工、廚師、翻譯者、木匠、獸醫，以及藝術業者；Beach, 1988）。他們能夠標示工作名稱、能描述程序，以及能說出工具的名字。這些孩子在持續發展的進程中——從遊戲和觀看、到執行簡單的任務、到實行定期的協助、到投入固定的付費工作，都與其父母的工作一起。

　　一個 12 歲的女孩，在有固定薪水的基礎上，為其家庭餐廳切菜和為增添香味配菜。她是透過觀察而漸漸瞭解銳利刀子的使用方式；「有時當〔爸爸〕剔去小牛肉的骨頭，而且那時我們無事可做，因為我們沒有電視，所以我們只是坐在那裡看著他……〔一次〕我正看著他時，他開始秀給我看，該如何做東西（切蔬菜）。」訪談者問道：「那刀子一定很利——你如何學會去使用它們？」那個女孩回應：「從小時候，我們就使用刀子了，因為我們總是看著爸爸和材料。」（pp. 216-217）。

圖 4.6

「野外工作的用餐時間。」荷蘭兒童陪伴他們的家人工作（年代未知）。

　　那些父母工作時，在場的學齡前兒童忙著進行遊戲—觀看的活動：玩少量的紗線或衣料、玩編織機器的針或工作，或是玩秘書的打孔器。一個 7 個月大的孩子，在他媽媽的漂亮小舖裡，有鬈髮夾子和毛巾可以玩，有大鏡子可以玩，可以在椅子旁邊旋轉，而且可以在吹出涼風的吹風機下坐著。這些小孩逐步地轉銜到幫忙做些簡單的工作。有個例子是一個 3 歲女孩所提供的，她描述如何幫她媽媽縫毛衣：「我幫媽媽把它〔線〕穿進小洞，然後把它穿進裁縫機的洞裡。」（p. 217）。

　　20 世紀以後，美國家庭中提供愈來愈少的技巧，幫忙兒童為成人期做準備（Ehrenreich & English, 1978）。努力保護美國兒童避免經濟開發和身體上的危險，延長他們的學校經驗，以及將他們從與成人的經濟競爭中移開，這些努力事實上已減少孩子直接學習有關成人工作和其他成熟活動的機會。

 ## 把兒童和年輕人從勞動以及從生產性角色排除

　　在美國，從 18 世紀末到 20 世紀初，發展中的工業經濟為童工帶來令人驚訝的好處（Chudacoff, 1989; Ehrenreich & English, 1978）。當工業革命到達美國時，在新

英格蘭的棉花工業中，兒童形成了一股勞工勢力。1801 年，第一個棉花紗線工廠的勞工勢力是由 100 位兒童組成的，年齡範圍從 4 到 10 歲不等（Bremner, 1970）。在幾十年內，棉花製造業成為普遍的工業；兒童在美國麻薩諸塞州、羅德島州、康乃迪克州形成了近半數的磨坊勞工勢力。未滿 10 歲的兒童常常在一個禮拜 6 天（從日出到日落）中努力工作，以支付 6 磅的麵粉或 4 磅的糖。機器的廣告商則向客戶保證，其機器可以讓 5～10 歲的兒童所管理。

　　產業界所雇用的兒童，其實是在極端和危險的情況下被剝削的廉價勞工（Bremner, 1970; Ehrenreich & English, 1978）。在紐約廉價的公寓裡，工作 16 個小時的 4 歲幼兒持續捲著雪茄菸或是把珠子分類；在南方，做夜工的 5 歲孩子則是搬運麵粉，直到他們昏厥。1900 年，南方區域有 1/3 的磨坊勞工是兒童——這些兒童有一半的年齡在 10～13 歲間，而且這些兒童當中有許多人年紀更小（見圖 4.7）。

圖 4.7

在世紀的交替中，年紀約 8 或 9 歲的「軋碎機男孩」（breaker boys）艱苦地幹著活，「從早上 7 點到晚上，把板岩從滿是灰塵的滑運道、翻滾的煤塊中挑出來——只為了一個禮拜 1 或 3 塊的薪水……卻出乎意料之外是成人的 3 倍」（Boorstin et al., 1975, p. 251）。當 Lewis W. Hine's 的照片，就像這張，將這些情況公布出來，並主張通過法律以禁止一天工作 10 個小時；直到 1930 年代，童工在美國才變成非法的事情。

　　產業界雇用的童工，在整個 19 世紀的大部分時間中，被認為有道德和經濟上的價值。但是在 1880 年代和 1930 年代之間，為了回應在工廠中有害身心的情況，以及工會為了保護成人的工作，而有禁止聘任童工的禁令出現（Bremner, 1971; Chudacoff, 1989）。

　　在工廠中剝削兒童，和兒童參與於工作及成熟社會生活，在許多方面有其不同；後者常被看作是前世紀美國兒童在小型農場和商業中對於家庭工作所做的「貢獻」（pitching in），直到現在，許多社群中仍有此種情形（包括在美國境內的某些社群；Orellana, 2001）。以一社會和經濟家庭成員身分做出貢獻的兒童，和那些他們與之分享生命的人一起工作；工作並不是從家庭中的社會生活分開，這些兒童分享他們工作的成果，而且通常能看到他們的角色在全面發展歷程中的位置（相對於那些被限制在生產線中的反覆、小部分的工作）。

　　當然，在家庭農場或家庭事業中工作的兒童有時也會被剝削（Nieuwenhuys, 2000）。然而，當兒童與親戚（不只是經濟上的關係）一起工作，從貢獻於生產性工作而來的學習和獲得的滿足會更多。在工業化之前，兒童在更多各式各樣的家庭工作和社交生活中與家庭成員一起合作。這種現象在勞工的工廠生活被分離之前是很普遍的。

　　現在，在美國，大多數的兒童和青少年很少有機會為其家庭和社群貢獻心力，或是很少有機會與成人一起工作——此舉實在錯失了一個有價值的安排，因為該安排能同時對於兒童的學習及滿足感的獲得有些貢獻。雖然在過去歷史的過程中，與成人一起協力合作在童年期中是件平常的事，這個現象也不限定在某一工作情境。但其在工作領域中的限制似乎更是限定了它讓孩子透過工作而得的學習和滿足的功用。然而，由於成人與小孩肩並肩地工作而一起完成共同任務機會的減少，Shirley Brice Heath 指出這種情景對美國兒童和青少年發展的重要性：

> 目前，除了農務家事以外，相當少的家庭會把時間花在跨越年齡的活動中；該活動需要數個禮拜或數個月，其需要計畫、實踐及生產性的工作。然而，這些活動正是兒童最有可能投入對他們和他人有利的任務的情境，而且兒童在進行活動中最有可能規劃未來、連結目前的行動和未來的結果，以及從評量自我與糾正自我的行為和態度（1998, p. 217）[4]。

---

[4] Heath 的研究已指出，這是許多自發社群中年輕組織（例如：戲劇、藝術、運動及服務俱樂部）的重要特徵之一，在這些年輕組織中，年輕人學習並論證其重要的計畫、假設性思考、語言及領導技能，這些能力都不會在學校中展現出來。

　　美國兒童和青少年缺乏了觀察成人經濟活動和社交關係的機會，所以他們也許較沒有機會意識到他們在社群中發展成熟的角色為何（Panel on Youth of the Presidet's Science Advisory Committee, 1974; Rogoff, 1990）。在中產階級的社群中，兒童並不是在成熟的活動中與成人一起合作，而是從童年期間開始就常常參與成人所創辦的專門化機構，這些機構是在為兒童做準備（prepare），以能在日後進入成熟的活動。

成人為兒童預備未來或是兒童參與成人的活動

　　對成人來說，另一個提供兒童觀察和參與其社群活動的替代方法是：「讓兒童在那些專門設計用教導兒童成熟技巧的場所中活動。這些場所是專業的、以兒童為中心的場所，但其活動卻脫離了成熟社群活動。」其中一個主要的場所是學校，學校的功用常是使兒童離開成人的場所，而且藉由一些非生產性的、專門化的練習，以使得兒童「預備」好，進入成熟的角色。

　　與年幼兒童有關的專業化兒童本位活動在中產階級家庭和社群中是普遍的，但在那些「年幼兒童較常出現在成人工作場所中」的社群卻是少見的。這些專業化兒童本位的活動包括了和成人一起玩；成人就像是兒童遊戲中的玩伴或是遊戲的組織者。在家庭中提供的課程是為了日後參與學校活動或工作活動所做的預備。而在以兒童為中心的談話中，成人則扮演同儕的角色（Rogoff, 1990; Morelli et al., 2002）。

　　在那些社群中──兒童並未從其年長者的活動分離，學習的責任也許較少落在那些「養育」（raise）兒童的人身上，而是落在兒童自己身上，看兒童是否自己「走過來」（coming up）（這是 1983 年 Heath 對於勞動階級、非裔美籍社群的研究中所使用的語詞）。當兒童嵌進在其延伸家庭及社群的日常生活與工作時，他們可以學到該社群中的成熟角色。在這些場所中，也許兒童與其年齡較大的人較有可能在團體中協調。

參與團體或是在兩人成對中參與

　　在許多社群裡，嬰兒和兒童熟悉於團體的活動，而不是與照顧者進行獨有的、一對一的（成對的）互動。有一篇文篇探討當前西方兒童發展研究對於奈及利亞的應用性，請大家注意在配對中互動的反常現象：

　　母親─孩子的配對也許不會比兄姊─弟妹的配對、繼母─繼子配對，或祖母─孫兒的配對來得更重要，並沒有人可以被設定為兒童的主要照顧者。更進一步來說，促進發展所需的社會脈絡也許很難包含任何（any）一種配對的形式：典型的互動模式是在任何時刻中都有一個以上的人與兒童互動（Wilson-Oyelaran, 1989, p. 56）。

　　不同社群的兒童在參與團體的經驗比參與兩人一對的經驗多了許多。在以馬克薩斯（南太平洋）3～5 歲兒童為對象的研究中，發現觀察總數中的 75%兒童是在 3～6 個小孩團體中遊戲，18%的觀察則看到兒童在 7～10 個人的團體中遊戲。這些兒童從來沒有自己一個人玩，而他們只和一個小孩玩的比例只有 7%。相對之下，美國兒童在觀察總數的 36%中都是獨自一人玩，而只與一個夥伴一起則占了總觀察中的 35%（Martini, 1994b）。

　　同樣地，在紐西蘭的東加群島人、薩摩牙人、毛利人的家庭中，共讀的活動通常除了該學齡前幼兒以外，還有另外一個人參與。相反地，在歐裔、中產階級的新英格蘭家庭通常只有一個人與孩子共讀，即使大部分的家庭都還有較年長的兒童存在（McNaughton, 1995）。

　　兒童參與團體似乎與在其社群中參與成人的形式相當，而且能在成人的活動中學習。不同社群中兒童參與團體的差異可以從照顧者與嬰兒間的定位（彼此面對面與面向團體）看出。在家庭中，不同的文化重視成對關係或是團體的社會關係所展現的差異，在教學場域中也會相當明顯。

嬰兒取向：與照顧者面對面與面向團體

　　對於中產階級歐裔美籍的嬰兒而言，每次在成對的、面對面的互動中主要地與一個人互動是件普通的事。研究人員在家庭觀察中發現，中產階級歐裔美籍的母親與嬰兒面對面的互動，幾乎是中產階級日籍母親的兩倍（Bornstein, Azuma, Tamis-LeMonda, & Ogino, 1990）。

　　但在某些社群中──其嬰兒是較大社群的參與成員，母親與嬰兒親密面對面的互動也許並不常見。許多社群裡，被背著的嬰兒，像照顧者一樣面對著同一方向，像照顧者一樣觀察相同的事物，而且參與相同的活動（Heath, 1983; Martini & Kirkpatrick, 1981; Sostek et al., 1981；見圖 4.8）。

圖 4.8

一個 Otavalo 的印地安嬰兒有機會從母親的肩膀看出去，以觀察市場的狀況，此市場是位於厄瓜多爾的安地斯高地（南美），必須走好幾哩路才能到達。而母親和嬰兒觀看人群，並且在每一次的購買中繼續磨蹭。

　　例如，在玻里尼西亞的 Kaluli 母親鼓勵那些甚至是新生兒的孩子與他人互動，讓他們的小臉朝外。如此一來，嬰兒可以在其社交團體中同時看到別人，也讓別人可以看到他們。母親常常讓嬰兒面向年紀較大的兒童，而且以一特殊的高音調說話，而較年長的兒童被期待在會話中有所回應（Schieffelin, 1991）。

　　當要求馬克薩斯（在南太平洋）母親以面對面的方向與其嬰兒互動時，這些母親顯得勉強而笨拙（Martini & Kirkpatrick, 1981）。嬰兒通常被抱著面朝外，而且鼓勵與他人互動（尤其是那些年長一些的手足們），而不是與母親互動。這些嬰兒是社群的參與成員，鑲嵌在一個複雜的社會世界。馬克薩斯母親安排嬰兒與他人的社會互動，鼓勵他們廣泛地與社群成員互動：

　　　一旦嬰兒能坐了，照顧者會把他們轉向面朝外，而且鼓勵他們注意他人：例如，「揮手說哈囉」、「對哥哥微笑」。照顧者將嬰兒些微的移動

解釋為他們想試著開啟互動：「噢，你想去姊姊那兒嗎？」

　　成人照顧者精心安排嬰兒的早期互動經驗。他們教導學齡前幼兒如何讓嬰兒參與活動。他們防止嬰兒變成自私的人，引導他們注意他人。成人會叫嬰兒的名字、貼近他們，以及告訴他們去注視某某人、某某事。如果這些努力失敗的話，他們會假設嬰兒累了，然後把他們放下來睡覺（Martini & Kirkpatrick, 1992, p. 209）。

　　同樣地，住在法國巴黎、勞動階級家庭中的西非嬰兒，被鼓勵去參與團體（Rabain Jamin, 1994）。母親會把嬰兒轉向另一個人，並且促使嬰兒：「回答溫蒂啊！」以讓 3 個月大嬰兒與第三人互動。有時，這個第三人甚至不在現場，而是以一趣味性聲音，透過模擬而將距離遠的人（例如，在非洲的祖母或是在學校的哥哥姊姊）帶到目前的情境。與法國母親的比較之下，法國母親與其嬰兒的交流幾乎是成對的，而且關注嬰兒對第三人的語句只占了評論的 9%；而非洲母親與嬰兒互動中對於第三人的指稱則占了 40%。非洲母親示範並模擬溝通的狀況強調了團體關係的重要性。在那關係中兒童已經有規定的角色，即使是針對那些遠距離的人們。這些差異使人想到不同社會關係所具備的文化原型。

就社會關係來看的兩兩互動原型與團體原型

　　中產階級歐裔美國人的社會互動看起來像是以一次一位夥伴的兩兩互動原型而進行的。即使是當有個團體在面前，個體常是成對地互動；視該團體為多個成對的團體，而不是將之視為一整體（Rogoff et al., 1991, 1993）。

　　相反地，在瓜地馬拉的馬雅社群中，其社會組織常常是涉及一群圍圈圈互動的人，而且包含複雜的、多向度的共享活動（Chavajay, 1993; Chavajay & Rogoff, 2002）。學步兒通常看起來像是很順利地被融入該社會組織，而不是一次一個人，單獨受到注意的對象（Rogoff et al., 1993）。在他們嵌入進行的社會事件過程中，孩子是與該團體的成員進行互動，而不是兩兩互動或是在單獨的活動中進行。他們會隨著不同的日常工作事項，以及團體中的多人互動的方式而調整其參與程度。

　　一個 20 個月大的馬雅小孩的互動，說明了其如何調整個人在團體中比在連續的成對活動中有更多的參與：

　　　　正當 María 從她堂兄弟姊妹那拿到另一個玩具時，她看到母親拿出罐子摸索著，當 María 設法從罐子裡拔出極小的娃娃時，她盯著看母親示範

跳娃娃（一種玩具）；她注意到訪問者所做的每件事而沒有中斷她與這個罐子的活動；當她欣賞這極小的娃娃並有技巧地把它放進罐子裡時，她仍敏銳著監視著她的堂兄弟姊妹持續地拿取不同的物品（Rogoff et al., 1993, pp. 50-51）。

María 已經可以連續在幾個不同成對互動情境裡，先和她的母親互動，然後與其堂兄弟姊妹互動。而且對於新事物，她能夠平順地將堂兄弟姊妹突然的出現和她原本關注和想維護的目標物結合在她與母親互動的過程之中。她的做法已經脫離一對一的兩人互動方式，而是藉由參與者對不同活動的不同貢獻，產生一種複雜的、多向的交疊。

支持「兩兩互動關係被視為是中產階級歐裔美國人之人際關係的基本單位」這個想法的證據，可以從「成人的對話常常被幼兒打斷的現象」當中看到。如果一位母親沒有停下手邊的工作來照顧孩子的話，孩子可能會抓著她的下巴將她的頭轉過來，或者是站立在母親和另一位成人的中間。這類兒童已經習得並期待社會化溝通是一對一的，而且他們想要取得這個溝通的機會。

美國中產階級的學步期兒童比起馬雅人的學步期兒童更常打斷成人的活動，這或許是因為中產階級的美國母親在做另一件進行中的活動時，很少關注兒童細微的呼喊聲（Rogoff, et al., 1993）。在和其他成人互動時，美國中產階級的母親常常會停止她們與子女的互動。相反地，馬雅母親即使和其他成人正在互動，仍會維持她們對子女支持性和體貼的協助。因此，當美國中產階級母親投入成人活動時，學步期的兒童可能必須藉由強烈的方式來吸引關注；反之，即便馬雅母親正投入成人活動當中，學步期兒童受到關注也是過程中的一部分。

美國中產階級人們雙方彼此關注和兒童介入模式的實例是 20 個月大的 Judy。她正在玩洋娃娃的時候，洋娃娃卻被她的姊姊搶走。

> 當她的母親在跟訪談者聊天時，Judy 安靜地喃喃自語：「寶寶，寶寶，寶寶。」在沒有獲得回應的狀況下，Judy 逐漸提高她的音調，並且搖晃著她的頭，說：「寶——寶，寶——寶，寶——寶……」她拉著母親的大腿說。她的母親不管 Judy，繼續講話。
>
> 當她的母親在跟其他成人說話時，Judy 要求著：「寶—寶，我樣（要）它！」一次又一次，不時看著她的姊姊。
>
> 最後，當她的母親對訪談者說完故事之後，她四處張望，提出一個疑問：「好。寶寶去哪裡了？」這情景就像是母親真的不知道Judy的姊姊把

玩偶拿走，而 Judy 正試著要她幫忙把玩偶找回來一樣——她鼓勵 Judy 去把玩偶找出來，就好像玩偶不知道被放到哪裡去了。Judy 用沮喪的語調抱怨著說：「媽媽」，並且等她的母親有所動作，但她的母親只是好奇地問：「喔。妳覺得寶寶跑去哪裡了？」Judy 開始玩弄另一個物體，而她的母親則繼續跟訪談者說話。

當她的姊姊把玩偶拿走的時候，Judy 重述著她的要求——「我要寶寶」——溫柔地堅持了幾次，然後她看著她的母親且帶著更強烈的語氣說：「我樣一個寶寶！」

母親一直注意到 Judy 的姊姊從房間喊出——「我要它！」為止，她才結束成人的對話，開始進行一段長時間以兒童為中心的事件來解決這個狀態。她跟 Judy 的姊姊溝通，並請她歸還玩偶。然後，母親又持續跟訪談者說話，而 Judy 則對著攝影師偷笑了一下（Rogoff et al., 1993, pp. 96-97）。

這個事件充滿了母親的介入（interruption）和雙方的彼此關注（dyadic attention）。相對來看，來自瓜地馬拉馬雅社群中，18 個月大 Nila 的事件就是一種沒有阻礙、平順、不顯眼的多向度團體溝通的情形。在一個成人活動之中，Nila 需要他人協助把餅乾從塑膠包裝袋裡拿出來：

在訪談期間，Nila 把整包餅乾拿給她的母親，她的母親問她是不是想要一塊餅乾，而 Nila 也點頭稱是。她的母親安靜地對著 Nila 微笑，並且打開塑膠包裝袋，當時，她的母親仍注視著訪談者。

Nila 也注意到訪談者。當她的母親從袋子裡拿出餅乾時，她放低手臂，將餅乾放在 Nila 空無一物的雙手，讓 Nila 拿到餅乾。Nila 拿了餅乾開始吃，然後繼續以溫和的方式，將母親的手往餅乾的方向推去，要求母親拿另一塊餅乾給她。母親繼續把注意力放在訪談者身上，但她很快地回應了 Nila 的手勢；她沒有看著 Nila 或塑膠袋，就拿起整包餅乾。她將袋子拿給 Nila，安靜地稍微瞥過一眼，然後再把袋子拿起來（對於學步期兒童而言，這個包裝袋很難打開）。然後在她拿出另一塊餅乾時，再把注意力放回訪談者身上。餅乾曾經掉到包裝袋之外，母親牽著 Nila 的手，去把餅乾拿起來，而她仍繼續跟訪談者談話。在這個不起眼的事件中，Nila 的母親只有瞥過包裝袋一眼。她與 Nila 的互動絲毫沒有打斷訪談的過程（p. 97）。

在團體中有合作經驗的兒童（不指定他們作為聽眾或作為兩兩互動的夥伴）可

能更容易持續保持對活動的參與。舉例來說，當每 2 個 9 歲兒童被要求共同去教導一位年幼的兒童玩遊戲時，Navajo 族的 9 歲兒童，比起 9 歲的歐裔美國兒童來說，更可能發展出針對那位年幼兒童參與活動的想法。但 9 歲的歐裔美國兒童比較常提出兩條平行線，是毫無關係的兩種一對一教導年幼兒童的方式（Ellis & Gauvain, 1992）。即使無法掌控遊戲的進行，Navajo 族的 9 歲兒童仍繼續參與這個任務，觀察著那位兒童的表現。但是當自己的夥伴分心，或者無法掌控遊戲時，有時就是 9 歲歐裔美國兒童退出任務的主因。

看起來在團體中，兒童若具有與他人合作的技巧，可能比較容易發展出對共享團體成果有貢獻的作為。舉例來說，當奧勒岡州的一年級教師開始在班上安排小組計畫時，印地安兒童的小組在沒有指定領導者的狀況下，能夠運作地很平順。他們快速和有效率地工作，不需要來自教師的介入，也沒有「誰應該做某事」的衝突（Philips, 1983）。相反地，在盎格魯的團體裡，一些兒童會試著控制他人的言談和行為，而且這些團體經常爭論要如何完成指定的任務。盎格魯兒童的小組常常需要教師的介入，完成任務也會遭遇困難。

人們參與團體所形成的方式不同，其建立的文化似乎也普遍存在以成對作為互動方式的社會組織中，也反映在西方的學校教育中。僅有一點或完全沒有西方學校教育經驗的馬雅母親，當她們處理以三個彼此相關的兒童所構成的謎題時，經常會以多面向或是協同合作的方式進行解題（Chavajay & Rogoff, 2002）。相反地，有豐富學校經驗的馬雅母親常常會切割任務，並指定兒童兩人一組或一人單獨進行，而不是運用在多黨派的（multiparty）團體進行。這種多黨派的團體進行方式是較傳統的馬雅人社會組織所運用的流動性合作方式（fluid collaboration）。學校教育似乎在建構社會關係的結構中，扮演重要的文化角色。

在學校教育中，兩兩互動與多黨派團體的互動關係

目前許多人所在的美國傳統教室當中，互動通常仍是以兩兩互動的方式組織，就像是一場對話的雙方一般。學生被期待在一個時間內只有一個人或一起同時對老師說話，這種型態使得他們各自扮演著兩兩互動關係的某一方。

在美國教室中，合作結構（cooperative structure）的使用是在近期才開始的。通常，習慣老師以兩兩互動關係管理教室的兒童，對於在團體中學習如何有效率地共同合作是相當困難的（Sharan & Sharan, 1992; Soloman, Watson, Schaps, Battistich, & Soloman, 1990）。為了合併不同型態團體的學習方式，如合作學習或全班共同討論，

老師常常發現，他們一開始必須建立新的教室實踐方式，以便幫助兒童學習團體的互動模式（O'Connor & Michaels, 1996）。

　　根據本地教師觀察的結果，在正式教育中的兩兩互動過程和多向度的互動結構間出現差異，而這種差異在本地的社群中是很普遍的。舉例來說，與具有歐洲血統的教師相比，阿拉斯加原住民教師通常對教師和學生的言論發表，採行更平等的分配方式。此外，阿拉斯加原住民教師鼓勵團體性的發言，而非個人連續式的發言。如同以下具有一位白人教師和一位 Yup'ik 族助教的一所小學教室裡的觀察紀錄：

　　　　這位教師將她幾位學生的書桌排成矩形，讓學生都面向她、看著她。她的課程形式是〔提出〕一個問題，〔等待〕兒童舉起他們的手再指定發言，然後〔要求〕一位學生回答。……學生的回答都很簡潔，只把焦點放在問題本身詢問的訊息。

　　　　在教室的另一個角落，一位 Yup'ik 的雙語助教〔大約以 6 名學生為一個小組，並且坐在一起〕，彼此面對面，所以只有一半的學生面對著這位雙語助教。……雖然這些學生沒有直接面對雙語助教，但是學生們能互相交談，也能用 Yup'ik 語跟 Yup'ik 助教交談。這位助教允許學生發言「不需要輪流」──意指，不需要助教點到名字，也不用等待某位學生結束發言、坐下之後才能發言。

　　　　〔後來〕導師走向這群學生。她告訴學生要面向助教，把椅子擺正，還要專心聽講。她一直等到學生把他們的座位按照她的修正之後，才回到自己原來的小組。……這位老師離開之後，助教重新進行故事課程，學生都很沉默和小聲說話。

　　　　〔隔天，這位助教談到導師認為〕「每個人都面向同一個方向」和「所有眼睛都看著我」（導師）是代表教室互動的同義詞。〔Yup'ik 溝通的方式〕在我班上是一種對話方式。〔學生〕自由地交談，互相幫忙學習學科內容。〔他們〕都在嘗試讓其他學生理解。……他們相互建構（Lipka, 1994, pp. 64-65）。

美國的教室都普遍由教師組織每位學生發言的順序，依據 Philips（1983）的說法，就像是「總機模式」（switchboard model）。學生在表現自己的能力時，只需要應付教師，鮮少考慮其他兒童的想法。

　　反之，日本小學教室的學習常常包含許多對話歷程。這些對話是兒童在擴展一個問題時，需要組織彼此想法時所產生的（Rogoff & Toma, 1997）。日本幼稚園教

師強調班上要有許多的兒童，才能讓學生們能學習一起工作，不需要教師固定擔任「一對一互動的媒介」（Tobin, Wu, & Davidson, 1991）。

在美國學校教育的一些創新做法也將「和兒童一起建構想法」放在優先的地位上（Brown & Campione, 1990; Rogoff, Goodman Turkanis, & Bartlett, 2001; Tharp & Gallimore, 1988）。許多學者已經建議，多黨派團體中的學習可能特別適合非裔美國人、夏威夷裔美國人、美國原住民和拉丁血統的兒童（Boykin, 1994; Duran, 1994; Haynes & Gebreyesus, 1992; Lee, 2001; Little Soldier, 1989; Losey, 1995; Tharp & Gallomore, 1988）。

兒童養育中的成員陣容和故事情節，與人際關係結構的文化原型，都與兒童發展有密切的關係。嬰兒和家庭成員之間的依附與孩子的生存、對關係所建構的文化價值和針對家庭所進行的社群安置等都有關聯。家庭或社群中還有誰是可支援的，都連結到家庭與社群在照護、陪伴和教育上所扮演的獨特角色。

社群的安排，在許多方面都對兒童學習該社群內成人活動方式（來自觀察和參與成人活動）有很多助益。如果幼兒無法進入社群活動，成人可能設計特別以兒童為中心的情境來協助他們。例如學校教育，以及常常以中產階級父母為主的親子互動型態。親子遊戲、課程和以兒童為中心的對話，這些在童年時期區隔兒童參與社會的做法，似乎為兒童往後的生活提供一種獨特的文化解答。無論團體中的互動型態是以持續以一對一的參與方式，或者是以流動的多黨派參與方式，似乎都會因為是否強調兒童在社群內廣泛的參與活動，而有不同表現方式；也會和西方學校教育的文化組織有所關聯。

下一章將討論從嬰幼兒時期到成人期的發展轉變，例如，該社群所認知的人類發展階段。一些初期發展上的轉變，是以嬰兒的存活率與迎接家族和社群的新成員作為標記。許多後期發展上的轉變，是因為在瞭解如何與團體協調而有的角色擴張，以及如何處理他們社群內文化傳統和制度時而有的責任。標記各個生命個體的發展階段，其產生的原因常常是因為在自己文化社群內被期待的角色不同，或者是他們在社會文化活動中的參與狀態不同。

5

社群中個體角色的
發展轉變歷程

譯者：李昭明

　　發展心理學的核心問題是，確定人類從一個發展時期到另一個時期轉變過程中的本質和時間表，就像從嬰兒期到兒童期，再到成人期。許多社群的人種誌紀錄中，研究者藉由自己的研究結果，用文件記錄了自己定義的發展階段或時期。舉例來說，在納瓦荷（北美印地安人）的發展模式中，嬰兒的第一個微笑被視為重要的轉變，就如同一位納瓦荷母親所提到的：

> 在嬰兒 2、3 個月大的時候，他們會舉辦一個第一個微笑（First Laugh）的儀式……不管是誰都會逗這個嬰兒笑，然後為這個嬰兒舉辦一個盛宴。〔這個人〕在他家為嬰兒辦這個宴會。這個儀式代表這個嬰兒未來能表現寬容、幸福和快樂，讓他以後能夠具備良好的溝通能力。嬰兒的第一個微笑就是表示他成為一個真正的人了（Chisholm, 1996, p. 173）。

　　一般而言，發展的轉變歷程被研究者認為是屬於個體的，例如，Piaget 的認知發展階段。然而，兒童期的轉換歷程同時也改變了他們在社群結構中的角色。通常，發展時期是依據個體發展出的關係和社群中的角色所決定的。例如，在納瓦荷模式（Navajo）中，成熟的發展狀態是一個獲得知識的歷程，使得個體能為自己和他人負責。當被問及發展目標時，一位納瓦荷人回答說：

> 成為族人的領導者是發展的最高層次，也是發展的目標。總結來說，就是責任感──能關心萬物。首先，你只能學習如何照顧自己。接著是照顧一些事物、一些動物，接著是自己的家庭。然後，你能夠幫助你的族人

和整個世界。所謂話說得很好的意思，就是當你準備好幫助族人，在一大群人面前把你想表達的內容說得很清楚，那就表示你已經開始可以幫助別人了（Chisholm, 1996, p. 171）。

從嬰兒期開始，納瓦荷模式顯現出生命中各個接續的發展階段（according to Chiholm, 1996, building especially on Begishi's scheme）：

1. 開始覺知（2～4歲，自我規範的第一個指標）

2. 開始自我覺知（4～6歲，能知覺到自己的想法和慾望）

3. 開始思考（6～9歲，開始合宜的、令人尊重的貢獻）

4. 思想開始存在（10～15歲，不需要他人的幫忙或指導完成自己的責任，以及在人際結構中理解自己的位置）

5. 開始考慮自己（15～18歲，完全能夠處理自己的事務）

6. 開始考慮所有的事情（17～22歲，掌握成人生活中每個層面的責任）

7. 開始考慮自己以外的事情（22～30歲，個人的成功是擁有自己的孩子，而且能夠開始對他人的幸福負起責任）

8. 開始考慮所有事物以外的事情（30歲之後）

許多社群用儀式或典禮來標示發展的轉變歷程。一些發展的儀式記錄著有價值的事件和成就，像是第一個微笑、第一個聖餐禮、畢業典禮或開始有月經。其他的儀式可能是以年齡為基準的事件，例如，墨西哥人和墨西哥裔美國人的女孩到15歲的時候，會舉辦 *quinceañera* 典禮和慶祝活動（見圖 5.1、5.2、5.3）。

本章中，我一開始會檢驗「以年齡或事件作為生命階段分界」和「以社群裡有價值的成就為生命階段分界」兩者間的差異；然後，我會思考文化價值與發展的「速率」間的關聯性。本章中接著會敘述從嬰兒期到成人期的轉換，以及思考社群如何重視和標記在特殊事件（常常會因性別差異而扮演不同的角色）中發展狀態的改變。這些文化實踐通常會讓個體的發展狀態與社會文化期望的關聯外顯化，而且，這些文化實踐同時將為個體和整個世代的變遷留下紀錄。

Developmental Transitions in Individuals' Roles in Their Communities

圖 5.1

1944 年，Helen Soto 的第一個聖餐禮（墨西哥裔美國人）。圖片和說明由洛杉磯公共圖書館提供。

 ## 年齡是文化中「發展」的公制量尺

在某些社群中，從出生起所經歷的時間已是界定個人和組織人類生活原則的重要特徵。這種測量的方式與學校教育間的連結，出現在 20 世紀，一個非常年幼的英國女孩（3 歲 10 個月）跟她幼兒園老師對話的觀察紀錄當中：

幼兒：你知道嗎？我的小孩現在 1 歲了。

教師：妳的小孩長大之後，會來這邊上課的。

幼兒：但是她 2 歲的時候，要去上幼幼班（playgroup）。

教師：是嗎？

幼兒：對啊。因為當你 2 歲的時候，你就要去啊⋯⋯我 2 歲的時候，就有去上幼幼班。

另一個幼兒：我也有去。

幼兒：看吧！人只要 2 歲的時候，都會去上幼幼班。

教師：為什麼他們要去幼幼班？

幼兒：因為他們還沒有大到可以去上學。

教師：我懂了。那妳幾歲的時候才來這邊呢？

幼兒：3 或 4 歲吧！

教師：3 或 4 歲啊！那妳 5 歲之後，會怎麼樣呢？

幼兒：妳會去……我 5 歲的時候，我只會……我會去一個……我希望我不用再來這裡了。

教師：那妳會在哪裡呢？

幼兒：在哪裡？當然會在另一個學校啊（Tizard & Hughes, 1984, pp. 99-100）！

圖 5.2

1956 年，在慶祝孩子的滿月儀式上，Tom Chong 抱著他的外孫 Dean Brian Tom。Tom 是他們家族的姓；根據中國人的習俗，老一輩的華人移民帶著他的中國姓名時，Tom Chong 是把他家族的姓放在名的前面，但是，這個嬰兒的美國名是放在前面，而把家族的姓放在後面（華裔美國人）。圖片和說明由洛杉磯公共圖書館提供。

圖 5.3

1948 年 7 月 3 日，Stella Anaya Ortega 和 Raul Ortega 在 Raul 的第一個生日（墨西哥裔美國人）。圖片和說明由洛杉磯公共圖書館提供。

相對於這種根據出生後的年齡安排生命順序的想法，在許多社群中並不是特別重要的（e.g., Harkness & Super, 1987; Mead, 1935; Rogoff, Sellers, Pirrotta, Fox, & White, 1975; Werner, 1979）。Minnie Aodla Freeman 在渥太華（加拿大首都）21 歲生日宴會中，說了這些話：

> 當我站在蛋糕前面的時候，每個人都有說有笑的，沒注意我在說什麼。我試著注視每個人，想知道有多少人瞭解 Inuit 人（即愛斯基摩人的正式名稱）是不過生日的。我們也不以年齡來衡量一個人是否成熟（1978, pp. 36-37）。

在 1970 年代，我從事研究工作的馬雅社群，母親們估計自己孩子的年齡，其結果通常與政府的出生紀錄相差 1、2 歲。當我問這些母親，她們自己幾歲時？她們常常回答：「我不知道，你覺得呢？40 歲？還是 50 歲呢？」年齡對她們不重要。

當我開始在這個馬雅城鎮工作，我很意外地注意到，遇到一個兒童時，成人問：「你叫什麼名字？」之後的下一個問題不是「你今年幾歲？」，而是「你的爸媽是誰？」以個體在時間軸上的發展作為定義身分的方式，是中產階級歐裔美國人對話

過程的習慣。而馬雅人的問題提供了以個體在社群中的社會關係和地位，作為定義身分的另一種方式。

如果不使用出生後經歷的時間作為發展的測量標準，在小型社群中的人們（如我所在的馬雅城鎮）則可能會使用類似年資的觀點。人們在他們的生活中會彼此相互認識，也很可能知道誰比誰的年紀大，以作為負起責任和享有特權的依據。舉例來說，在馬雅人的方言中，有一個詞是代表姊姊，有另外一個詞代表妹妹；女性對語言將此兩者區分開來是相當高興的——這個語言中沒有一個代表「姊妹」的詞，而會用「女性」來代替（類似的說法應用在「男性」上，就是將「哥哥」和「弟弟」區分開來）。

關注年齡的研究者能夠說明被觀察對象的年齡，以及誰的年紀比誰大（或是經歷過一些重大歷史事件，像是大地震或乾旱的人）之類的概念，而且相當清楚。不僅如此，世上的人們在一生中，對於生理上的改變是比較容易意識到的。有時候這些改變都會被當作發展過程的標的物，像是月經的開始，就標記著女性發展的一個新階段。掉乳牙會在兒童期的某一固定時間發生，而西方研究者，假如他們抱持從出生開始計算時間的觀點，卻在社群中無法發現確切的年齡或紀錄時，有時候他們會使用這個現象作為某個年齡的替代物。這種生理上的變化，在其他社群中，也被當作發展階段的標記：

> （中非的）Ngoni 人相信，失去乳牙之後得到恆齒的兒童，就表示他們到達生命發展的另一個新階段。在兒童口中這些明顯的缺口被補滿的現象，也許發生在 6 歲半到 7 歲半之間，但有些到達這個階段的兒童也可能比他們實際年齡小很多。在社會上，因為他們擁有了恆齒，也因為這是每個人都瞭解的生理變化訊號，所以 Ngoni 族的成人認為，這些兒童已經為另一種人生做好準備了（Read, 1968, p. 46）。

即使在美國，使用從出生開始計算時間觀點作為人類發展標記的想法，也成為近代的一種習慣。在 19 世紀中葉以前，在日記、專家作品或大眾文學中，只有一點有關年齡的參考資料（Chudacoff, 1989）。到 19 世紀中期到末期，人們通常不知道，或不把他們的生日記錄下來。到了 20 世紀，美國人普遍依據年齡，開始固定地慶祝生日（見圖 5.4）。會特別為生日印製的卡片是在 1910 年代之後，到了 1930 年代，出現了生日唱的歌謠「Happy Birthday to You」（當時在百老匯的戲劇中成為熱門的曲子）。不久之後，生日成為一個重要的商業活動，流行文化普遍使用年齡的概念（例如，流行歌曲會用「16 歲」作為一個人第一次陷入熱戀的可能時

圖 5.4

1947 年 2 月 6 日，在洛杉磯，Alfreda Masters（左方）和姊姊 Shirley，分別是 6 歲和 7 歲，各自擁有自己的生日蛋糕。圖片和說明由洛杉磯公共圖書館提供。

刻）[1]。

　　由於關注年齡，將年齡視為切割生命歷程的方式，造成近代實務工作者都是以這樣的方式記述人類歷史，現在則擴散到工業化的美國和歐洲。這種方式很適合工業化社會發展過程中的優先性和實踐工作的其他層面，特別是學校和其他機構有效管理的層面。有效的管理模擬了類似工廠的經營，發展出勞工部門和生產線：

> 在 19 世紀晚期到 20 世紀初期，對於年齡的知覺，以及以年齡分級的方式來區分活動和機構，這兩者都是美國社會中大規模切割過程中的一部分。這些階段其實標示著一個以創新方法改變科學、工業和溝通方式等影響人類生活習慣的歷史時期。現在強調效率和生產力的觀念，在人類生活和環境當中，增強了把測量的數據強制加入順序性和可預測性。科學家、工程師和經理人努力透過專業化和專業知識的應用，精準瞭解和控制社會的變化。同樣的方式也被應用在人類的組織和活動方式——學校、醫療照顧、社會組織和休閒方式。理性和測量的運用也包括順序性分類的建立，以便促進精確地瞭解和分析事物。年齡成為在分類過程中一個永恆的標準（Chudacoff, 1989, p. 5）。

1　強調年齡概念的想法持續在美國發展。許多機構、玩具和電影的市場、為特殊年齡層設計的出版物（如 *Seventeen* 雜誌）、法律和參考書，都以年齡作為分級標準。

發展的轉變記錄了與社群相關聯的改變

　　在一些社群當中，發展的階段不是依據時間上的年齡或生理上的變化。取而代之的是，他們聚焦在被社會所認可的事件上（socially recognized events），像是命名（見圖 5.5）。

　　在喀麥隆（西非），一個兒童接受命名儀式，就表示個人特質從此開始發展。兒童提供了一種靈魂溝通的功能：他們會跟剛死去不久的祖先產生聯繫。懷孕代表

圖 5.5

1910 年，根據 Mardell Hogan Plainfeather 所說，這是一次野餐宴會的尾聲，大概是這位 Crow 家的孩子宗教命名儀式（祈禱這個孩子和家族能緊密相連的儀式），所以 Bear Ground 手上抱著這個孩子接受讚頌。Mary Bear Ground 是在圖片左方的小女孩，而最左方的人是 Open Eye Old Lady（或稱為 With Her Eyes Open）。

神同意了祖先們的期望後，透過這一對夫妻，賜福這個社群的一種表徵（Nsamenang, 1992）。剛出生的嬰兒不被認為存在於這個世界，一直要到他們透過命名儀式，才算是屬於這個世界的生命體，而這時通常是在臍帶的殘餘物脫落之後（大概是出生後的第 7 天）。在命名之前，新生兒被認為是比較屬於靈魂世界，而非肉體世界的，在任何時間都有可能被「帶走」（意指死亡）。在命名儀式之前，死亡的嬰兒會被假設，他們還是屬於「靈魂世界」的嬰兒，某些社群會埋葬這些嬰兒但不會哀悼他們，也不認為他們曾經活在這個世界上。因此，命名表示一個值得慶祝的重要時刻，慶祝這個兒童仍然存活在這個世界——進入人類社群的起始點。因為嬰兒死亡率很高，一個星期的時間就是「神認為這對夫妻值不值得擁有這分珍貴禮物的想法和最後決定」的一個關鍵階段（p. 142）。其他在地性的社會發展指標（other local socially marked transitions）還包含第一個微笑、開始說話、被認為是努力和實現自我的社會成熟度、第二性徵的出現、結婚、為人父母和死亡。

綜觀全世界，發展階段的切割方式，通常是依據兒童開始以一種新的方式，參與家庭或社群活動來界定的。舉例來說，中產階級的歐裔美國家庭通常是當嬰兒第一次開始有社會性的微笑表情，或開始會說話的時間做切割標準——這表示嬰兒和他們的照顧者之間的關係有了改變。歐裔美國人連續發展的變遷通常以兒童在重要社會機構的參與為重心——學校：學前階段、小學階段、高中階段。其他一般的美國人重視的變遷時期都是和年齡多寡緊緊聯繫，但是，也有根據社群活動參與的新型態作為發展的分界點，像是規定年輕人能夠開車、投票、喝酒的年齡等。

其他描寫發展階段的方式還會參考兒童與他人和社群之間的關係而定。Margaret Mead 推導出四個主要的階段：

「抱在腿上的兒童」（Lap children）大部分的時間都被抱在某人的腿上或嬰兒車裡。

「腳邊玩耍的兒童」（Knee children）會逗留在照顧者腳邊，或是留在照顧者視線內玩耍。

「庭院裡玩樂的兒童」（Yard children）到更遠一點的地方遊玩，但仍是在自家附近。

「社區中的兒童」（Community children）離開家裡，去參與其他社區裡的機構，像是學校或市場。

通過發展「里程碑」的速率

但是，到底兒童多快（how soon）能夠達到發展的「里程碑」則是有極大爭議的。這邊所說的「里程碑」指的是，開始微笑、端坐、走路、說話，和負起家庭生活中不同層面的責任：

> （中產階級的美國兒童）可能對於語言的使用相當早熟，在一些個案中，兩歲的兒童會跟著父母說出完整的句子。這些兒童會習慣在想像遊戲和競賽中，得到父母或其他成人的注意或讚賞。然而，一般來說，這些兒童若在與家庭責任有關的發展成長速度較為緩慢的話，也可能會讓他們的父母感到沮喪（Harkness & Super, 1992a, p. 389）。

這樣差異有一部分來自在兒童的文化社群中，何者比較有價值？舉例來說，中產階級的歐裔美國家庭強調口語清晰度和說話自信心的提早發展；反之，義大利家庭對成熟的要求是放在對他人需求的敏感度，以及在進出社交場合時的優雅（Edwards, 1994）。

社群價值和期待的差異，也代表父母對於子女在技能學習上會有不同的教導方向（Bril & Sabatier, 1986; Super & Harkness, 1997）。非洲嬰兒在學習端坐和走路的速度總是比美國嬰兒要快，但在學習爬行或爬樓梯則沒有相同的優勢（Kilbride, 1980; Super, 1981）。這可能是因為非洲父母提供學習端坐和走路的經驗給他們的嬰兒。端坐技巧被鼓勵用在非常小的嬰兒身上，像是放在有輪子的竹籃中練習。走路技巧則是要求新生兒練習走路的本能和腿的彈跳。但是爬行的動作並沒有被鼓勵，而且爬樓梯的技巧也因為缺乏有樓梯的環境而受到限制。

在一些社群當中，早些學會走路是有用的，但在其他社群則不一定。在新幾內亞的 Wogeo 族，2 歲前的嬰兒不被允許在地上爬行，也不鼓勵走路，所以嬰兒知道在自己能夠自由移動前，如何照顧自己和遠離危險。如果一個嬰兒表現出想要移動的慾望時，會立即被抱起或被固定放在角落。快到 2 歲時，兒童可以在 2、3 天內學會好好走路：

> 人們認為任何形式的積極鼓勵都是不必要的。當我告訴這些原住民，我們是如何耐心地教導我們的嬰兒能早點學會站立時，他們承認這樣的方

法在沒有火堆或不會跌倒的陽台上可能是合適的，但他們還是會大聲嘲笑
我「教導」嬰兒走路的說法。他們說，一個嬰兒在他長得夠大的時候，會
自己學會走路的；我下一句很想接著說，樹木必須被教導如何長出水果啊！
（Hogbin, 1943, p. 302）

　　相反地，在 Wogeo，說話被認為是需要學習的。Wogeo 的婦女會在哺乳或餵食
子女的時候，模仿嬰兒說話的方式，然後重複說給他們聽。教導物體名稱的時候，
成人指著那個物體，然後重複說著物體的名稱，直到兒童能夠複述那個名稱為止：

> 例如，當她準備餐點的時候，〔母親〕可能會說：「這是鍋子
> （bwara）、鍋子、鍋子。我現在把食物放到鍋子、鍋子、鍋子裡面。你跟
> 著說：『鍋子、鍋子、鍋子。』好，現在，這是什麼？——鍋子、鍋子、
> 鍋子。」之後會輪到其他人開始進行相同的教學方式，說著：「是的，鍋
> 子、鍋子、鍋子。你的媽媽把食物放到鍋子、鍋子、鍋子裡面喔。」這個
> 孩子說了：「鍋子、鍋子、鍋子」，「沒錯，鍋子、鍋子、鍋子。」再由
> 成人複誦一次（p. 303）。

　　瓜地馬拉的馬雅族母親說，她們的子女是依靠觀察他人和用鼓勵的方式，學習
走路和說話；當中有些人說，這是要教導兒童，幫助他們到達這些發展的里程碑。
在印度，來自放牧部落社群的母親，當她們被問到是否教導她們學步期的子女一些
適當的行為或禮儀，或是如何教導時，她們常常是單純地聳聳肩，表示不知道，或
者簡單地回答說：「就學啊」（see Seymour, 1999）。

　　相反地，美國和土耳其中產階級的母親說，自己會嘗試加速子女的發展步伐，
教他們走路、說話或在家幫忙（Rogoff et al., 1993）。這些母親知覺自己要關心發展
的各個里程碑，而且認為自己對於子女的發展速率負責任。一位美國母親為了自己
的孩子，特別設計一個外加的遊戲課程，教她 17 個月大的孩子認字和計數，並依據
Paiget 的認知發展階段記錄孩子的進步。

學習的時間點

　　當我在 Jean Piaget 瑞士研究中心時，兒童要花多久時間才能到達各個發展「里
程碑」，被認為是「美國人的問題」（the American Question）。根據 Piaget 的發展
理論，思考能力發展階段的序列（sequence）是重要的，而非新的發展能力出現的

年齡（age）。不過多年來，美國研究者試著呈現發展階段的出現，比起當時 Piaget 和其研究團隊所定義的約略年齡更早。的確，這點是美國研究者回應 Piaget 理論的主要目標之一。

1870 年代，當標準化測驗成為新興工業化系統的重心之後，關心「準時」（或「落後」或「早到」）的想法便出現在美國人的日常生活中（Chudacoff, 1989）。在這之前，時鐘和手錶很罕見，也不精準，而人們的活動都是跟日常生活的節奏相連的。工廠規律的工作時間、公車和火車的班表都代表標準化的時間，調整了人類的生活方式。

1890 年代，當專家描述了生命事件出現的理想時間點之後，也就指定了某一時間是個人經驗和成就準時（或提早或落後）出現的重要時刻。此時，關注每天各個時刻行程表的想法（以小時為單位），延伸到了對人生的重要時刻（以年分為單位）。在 20 世紀初期的數十年間，對於達到發展里程碑的特定年齡的興趣，則延伸到了依據個體「落後」（或「遲緩」）或「正常」發展的程度[2]。

當學校教育成為義務性質後，制訂學校教育相關法律和不能逃學的措施，造就了標準的就學年齡。這許可學校讓同一批學生透過年齡「團體」（batches）分級的方式，給予相同的教導。學校行政人員把年齡的「成熟度」（maturity），而非學習中個體的進步情形，當作優先的考量（Chudacoff, 1989）。在法國和美國，設計不同年齡階段的教學方式而進行集體教學的方式，也同時幫助管理階層監督教師（Anderson-Levitt, 1996）。

逐漸關心發展時間點想法，有很大的部分是起源於教育管理階層過度擔心那些被學校認為是「落後」的學生。這種落後的現象挑戰著為了方便管理學生，而以年齡分級的行政體系的效率（Anderson-Levitt, 1996; Chudacoff, 1989）。

 心理測驗

和關心兒童是否落後期望水準的想法一樣，關心心理測驗發展的想法，在以年齡分班觀念興起的時候，也變得很普遍。努力界定「心理年齡」的內容，是建立在發展心理學的研究工作上，這樣的情形特別出現在法國和美國。在法國，Alfred Binet

---

[2] 同樣處於一個年段，個體會漸漸以他們的年齡為參照點，拿來描述自己和他人、把年齡當作是一個路標，或以年齡特性作為相互比較的基準（例如，於「在同齡當中長得很高」之類的評價；Chudacoff, 1989, p. 119）。

和研究團隊是最早開始發展智能分級測驗的學者，這種測驗是一種實務上的工具，為 20 世紀的各級學校篩檢出需要「特殊」教育的兒童。

　　量化「智能」所做的努力，反映出這個年代（和社會）對年齡的使用，是當作一種將人們分類的系統化方法，其目的是為了新興的義務教育和更「有效率的」透過分級制將一群一群的學生往前推（Anderson-Levitt, 1996; Chudacoff, 1989）。心理年齡是使用測驗工具的創新模式來界定，這些模式會依據兒童期的不同年齡而有不同。智力商數（Intelligence Quotient）不久就被發明出來，用來比較心理年齡和生理年齡（chronological ages）的測驗結果（若心理年齡和生理年齡都是 100，會被標示為「正常的」IQ）[3]。「特別是美國人，對於定義和測量心理年齡相當熱衷，他們這樣的努力更穩固了年齡模式和發展時程表之間的關係，使社會大眾認為兩者的關係比起過去更加緊密。」（Chudacoff, 1989, p. 79）。

　　諷刺的是，雖然 Jean Piaget 兒童發展的階段理論對發展心理學有相當大的影響，他在 Binet 實驗室開始進行生涯對於智力測驗的研究工作（Anderson-Levitt, 1996）；但是他已經不理會兒童在智力測驗中錯誤的項目有多少，而是想要透過心理發展的不同階段，瞭解兒童對於同一現象的不同理解。

 ## 發展就像是競賽的跑道

　　在發展上，「美國人的問題」就像是競賽用的跑道，說明著早些通過嬰兒期和兒童期里程碑的兒童，在成人期比較容易成功：

　　　　教師使用「提早」和「落後」的詞語，被當作成就高低的習慣用法。
　　去上學聽起來好像是去賽跑，而跑道的譬喻是相當貼切的。競爭者全都在
　　相同的起點準備，這表示相同的年齡；他們從相同的地點出發，就是學校
　　教育的開始；他們全都沿著相同方向的跑道前進，就像是通過一樣的學年
　　課程或階段（Anderson-Levitt, 1996）。

　　在美國和法國的教師會參考兒童在幾個月中沿著跑道前進的情形，使得相同班級的兒童看起來就會有表現「超前」或「落後」的情形（Anderson-Levitt, 1996）。這種判斷跟兒童出生在年頭或年尾，卻都被分在同一年級的情形，有很大的關係。

3　自從 100 年前心理測驗開始發展以來，許多假設和測驗程序的問題就已經浮出檯面。但是，心理測驗和生理年齡仍保留在一般的學校機構當中，為了篩選出符合某些教育和職業機會的個體。

在事先決定的閱讀學習步驟（教師的行程表）中，較為落後的兒童，會被認為在學習上是失敗的或很可能失敗的。

很多美國的父母和政府官員，像許多教師（和發展心理學家）一樣，想像發展就是在這種單一面向的方式，假設通過里程碑的時間點就決定了生命的成功或失敗。他們把一種單一的筆直跑道，強加到人類發展內在的複雜層面和方向。

在有價值的部分，中產階級的美國父母通常強調他們子女跟其他兒童發展速度之間的比較（例如，「高等的」、「領先的」）。這種對於兒童發展速度相互比較的描述並沒有在東非的社群中出現（Harkness & Super, 1992a）。盎格魯澳大利亞人（Anglo-Australian）的母親關心落後的孩子，認為落後「太多」才開始教導的話已來不及了，而且大部分的母親說，自己會教學齡前的子女認識英文字母。她們關注的時間點和黎巴嫩澳大利亞人（Lebabese-Australian）的母親正好相反，黎巴嫩澳大利亞人的母親很少教學前幼兒英文字母，如果能夠維持一般對學習的期待，可以在需要的時候再去學習技能（Goodnow, Cashmore, Cotton, & Knight, 1984）。現代，儘管缺乏證據顯示提早到達生命里程碑會提供任何內在能力的優勢，但一些中產階級的歐裔美國家庭仍以自己對早熟（和害怕落後）的期望，急著從嬰兒期開始進行學術訓練，並期待子女能夠早熟。

在一些社群當中，嬰兒並不被期望要快速瞭解他們身邊的事物，而成人對於「如果在不強迫嬰兒的狀況下，他們在身心準備好之後，再開始學習」的想法也感到安心。嬰兒的發展不被認為是在一條時間軸線上，依序超越一個個里程碑的過程。嬰兒努力的方向並不會被期望要跟著相同的規則，或跟他們的長輩一樣的線性模式前進；反之，它們被視為一種獨一無二的社會地位。

將嬰兒視為處於一個獨特的社會地位

在一些社群當中，嬰兒和學步兒都被視為處在一種獨特的社會地位——他們的行為和責任被認為跟年長的兒童和成人完全不同。就因為如此，他們不會簡單地被稱為「未成熟」（immature），也不會被要求提早學習如何在社會行為的規範下進行活動。他們是處在一個暫停期（period of moratorium），一段不被期待要跟著相同規則做事或被趕著去做某事的時間。

在這樣的社群中，嬰兒和學步兒不被認為能瞭解如何跟社群中人們合作的能力，他們也被視為沒有能力可以傷害或虐待其他人。所以沒有理由催促他們跟著規則行

事。他們被有耐心地對待，直到脫離嬰兒期之後，就會被認為有能力做出有目的的行為和瞭解如何跟他人合作。在這段時間裡，他們在家庭中的角色是處於一個受到特殊禮遇的狀態（Hewlett, 1992; Martini & Kirkpatrick, 1992; Mosier & Rogoff, 2002）。

　　舉例來說，在 San Pedro 的瓜地馬拉馬雅人社群中，當 2 歲以下的兒童想要某個東西時，其他人就會拿給他。有一次，當我帶禮物給一個馬雅朋友的小孩，她 4 歲大的孩子在幾分鐘後回家，因為他沒把他的玩具直昇機帶回來，他哭著說：「因為小嬰兒要玩。」他的母親回答說：「你真好，把你的玩具給他。」因為他 1 歲大的弟弟年紀太小，而無法瞭解如何分享，對於一位兄長而言，最好的做法就是幫忙這個嬰兒，在尊重嬰兒期望的同時，學習如何成為這個團體中的一員。

　　這種對待嬰兒和學步兒的方式，被那些來自「視兒童一出生就很任性」社群的研究者稱之為「縱容」（indulgent）（Blount,1972; Briggs, 1970; Harkness & Super, 1983; Joseph, Spicer, & Chesky, 1949）。在中產階級歐裔美國人的家庭，1 歲和 5 歲的兒童可能會以同樣的規定來對待，而且給予同等的關注。他們通常被要求對於大家都想要的物品要輪流使用。雖然比起年長兒童來說，在遵守規則方面，可能會給予年幼兒童比較多的照顧和容忍，但他們的行為是被詮釋為故意的或任性的，所以還是要以成熟的標準糾正。嬰兒和學步兒的發展狀態就是要求他們做出合宜的行為，然後他們就會學習到這個行為。

 ## 對學步兒和年長手足之間的差別待遇

　　為了檢視學步兒在家中地位的差異，Mosier 和 Rogoff（2002）參訪了馬雅和中產階級歐裔美國人家庭中，一組 1 歲和一組 3～5 歲的兒童。中產階級歐裔的美國兒童通常為了想要的物品扭打成一團，而他們的母親會試著要他們相互協商如何分配這個物品，而且認為每個人都有權利可以玩。母親可能會說：「為什麼你不給你的哥哥／弟弟玩一下，等一下就輪到你玩」或「你已經玩很久了，把它拿給你的姊姊／妹妹玩」。雖然母親會稍微容忍 1 歲嬰兒的行為，但她們還是會讓嬰兒和較大的兒童遵守同樣的規則。

　　相反地，在馬雅人的家庭中，3～5 歲的手足通常對待 1 歲的嬰兒將其視為需要特殊禮遇的狀態，允許嬰兒不需要遵從一般的社會規範。年長的手足幾乎不會從學步兒手上搶走東西，而且如果學步兒想要某個東西，他們通常會自願把東西拿給他。他們想要某個東西的時候，通常還會徵求學步兒的許可，如果學步兒說不可以，他們也不會繼續堅持要那個東西（有時候，年長的兒童會聰明地發現一些方式，可以

讓學步兒答應跟他一起玩，所以年長的兒童也可以玩到這個物品）。馬雅人的母親不需要常常介入，不需要想辦法讓年長的兄姊禮讓年幼的學步兒，而且手足之間也不需要有輪流的規則。偶爾，母親們回憶，年長兒童禮讓學步兒玩某件物品的原因，是因為學步兒「不懂事」。

馬雅人的母親談到，學步兒的年齡還沒有大到能夠抱持某個目的去做某件事；他們不會故意去破壞東西，也不能瞭解打人或拉別人頭髮的疼痛感。這種想法在我跟一名健壯的 15 個月幼兒相遇的事件中可以發現。那時，我只帶了一個長型布偶去拜訪，這個小孩在他哥哥、姊姊、母親和阿姨身邊打鬧。成人和年長的兒童只是試著保護自己和這個靠近他們的小孩，但並不會試著阻止他（當這個小孩靠近我的時候，我把這個長型布偶從他手上拿走，而他對我做了一個生氣的表情。他的母親趕快給他一個暗示，說我只是在開玩笑，然後他才比較釋懷。而我所做的事情，在這個社會是不適當的──我強迫他停止他正在做的事情）。當我詢問一個當地人關於這個小孩所做的事情時，他的評論是：

> 「他是個很不錯的人；他那時應該玩得很開心。」
> 他是試著傷害任何人嗎？
> 「喔，不。他沒辦法故意去傷害任何人；他只是一個嬰兒。他沒有攻擊性，因為他太小了；他不懂事。嬰兒做任何的事情都沒有特定目的。」

相反地，大部分中產階級歐裔美國母親則認為他們學步兒有能力故意去破壞東西。舉例來說，幾個母親說，她們的學步兒雖然「比較懂事了」（know better），但還會故意去破壞或撕毀別人的作品（諷刺的是，觀察結果顯示，馬雅人的學步兒比起中產階級歐裔美國人的學步兒更能覺知自己在社群中的行為和意義，也更能調整自己的行為；Rogoff et al., 1993）。在這兩個社群中，針對學步期兒童如何能為社群中的成員負責，有著不同的想法。

 ## 幼兒期的連續性和不連續性

馬雅人的模式中，「允許學步兒不需要遵從常規行事」，是根基於「他們應該被給予跟其他人一樣的尊重」的觀念。在孩子 2、3 歲左右，家中通常都會有新生兒出現，馬雅兒童被認為是正要開始瞭解如何跟團體一起合作。然後，他們會開始改變他們的狀態，從「要什麼都不會被拒絕」的嬰兒，變成「瞭解如何合作和不堅持慾望」的人，所以他們之後能夠尊重自己年幼弟妹的慾望。

這樣的轉變代表一種不連續性，存在於嬰兒期到兒童期之間的特殊規則裡。與之相反的連續性，則存在於中產階級的歐裔美國社群，他們對於學步期和年長的兒童都適用相同的規則。

同時，馬雅人的常規包含了尊重他人自主權利的連續性，即使對於沒有辦法理解社群活動方式的嬰兒也是一樣。對於個體自主權利深切地尊重，存在於這個社群，或一些認為嬰兒處於一種特殊狀態的其他社群。即使學步兒不被認為能夠和其他人一樣有做事的能力，但他們被認為是藉由自己的需求被尊重的狀態下，學習如何跟他人合作。

日本的兒童養育模式可能跟這樣的方式有關。日本母親強調讓自己年幼的子女自然地成長，也容忍他們的行為。「隨著發展的過程，難以管理的行為會自然地消失」，這樣的觀念普遍是被認同的。透過母親對兒童的同理心對待，以及鼓勵兒童以同理心對待母親或其他人的感受，隨著時間的流逝，兒童培養他（她）自己的行為跟社會規範一致。「這隱含著，社會規範不能強迫兒童去學習，除非兒童已經準備好瞭解和接受它們，或者是自願服從這些規範。」（Lebra, 1994, p. 263）。

一名被容許以他自己的想法行動，而不被要求跟年長兒童一樣遵守相同規則的Inuit的嬰兒，可能被來自中產階級歐裔美國人的觀點認為是縱容或被寵壞的（Briggs, 1970）。但是，Minnie Aodla Freeman 則用 Inuit 人的觀點來解釋這樣的差異：

> 來到北方定居的〔非 Inuit 族的人〕，不懂 Inuit 人的家庭生活，只相信自己養兒育女的方式，認為 Inuit 族的兒童是被寵壞的。
>
> 〔當我在 Ottawa 參觀一個非 Inuit 家庭時，〕我不能幫忙，卻注意到父母對待孩子的方式。一個兒童問：「這個女生是誰？」她被小聲地告知，而且被要求離開。父母要求她馬上安靜下來，他們不因為孩子的好奇而感到驕傲，不認同孩子使用自己的語言發問。對我的族人來說，這樣的限制會妨礙兒童心理的成長，扼殺了兒童的好奇心。「她從很冷的地方來嗎？她來這邊之前都住在冰屋（igloo）裡面嗎？」噓！她的母親正在警告她。「出去外面！不可以這樣！走開！」我很想抱起這個孩子說：「我來的地方不會太冷，因為我們都穿很溫暖的衣服。」但是，「不可以」、「不」、「出去」之類的字眼，對我來說，就像是在跟一隻「去搶別人食物的狗」，或是「雪橇旅行過程中，不遵守主人命令的狗」說話。我的文化告訴我這個「不」字，會造成往後很難教導的叛逆兒童（1978, p. 22）。

在中產階級歐裔美國社群中，嬰兒期的結束代表會掉入一個突發性反向行為的

出現——「恐怖的 2 歲期」（terrible twos）（Rothbaum, Pott, Azuma, Miyake, & Weisz, 2000; Wenar, 1982）。這種轉變被解釋為自主獨立和分離自治的出現。這種行為是在父母預期中的、雜誌中討論的，也是教養專家詳細解說的表現。例如：一對波士頓的父母描述自己 20 個月大的孩子正好進入「恐怖的 2 歲期」的「階段」，因為他們發現孩子有固執、負向和想要獨立的反應出現。他們舉例：

> 父親：當你把她放在車子的安全座椅上，你不知道她是要伸直身體，還是不准你把她綁起來，或其他……她真的很強壯。
>
> 母親（比姿勢）：用兩隻手。就在他們快滑下去時，不過因為他們還穿著纖維材質的防雪裝，所以他們可以馬上滑出來。然後你就用空手道從中間劈下去……
>
> 究竟是什麼因素造成這樣的行為？嗯，就像是你想在他們身上拴上鍊子，而這就是他們在這個年齡最不想要的事情。因為他們不受控制，他們……你強迫他們去做某事，如果周遭沒有其他誘惑，他們會去做這件事情。而且，他們會做得比你強迫他們所做的還要多……
>
> 父親：你不能哄騙他們，因為他們知道最後的目的就是要把他們綁在安全座椅上，也許這只是我的感覺。
>
> 母親：而且，如果她曾經在那邊待過一次，她就會比較順從，而且會比較穩定。但是當坐好之後，她又會開始調皮搗蛋了。為什麼在這個年齡有這種問題要處理呢？嗯，我猜是因為在這個發展階段裡，他們就是要靠自己向外開展，所以他們嘗試每件事情。她一天到晚掛在嘴邊的是：「我要去做、我要去做、我要去做」，因為他們已經不是嬰兒了（Harkness et al., p. 168）。

相反地，在許多社群中，這種 2 歲幼兒的負向反應和固執行為並沒有被觀察到，也不被預期會出現的（Hewlett, 1992; Rothbaum et al., 2000）。舉例來說，在墨西哥 Zinacantecan 族的嬰兒不會這樣，取而代之的是他們相當警覺、觀察敏銳地尋找機會，跟過去對待他們特別好，但現在轉而對新生兒關注較多的母親接觸（Edward, 1994）。比起從他們母親身上獲得主控權和獨立自主，他們是想改變他們的地位，從母親的嬰兒轉變到團體中的一員——成為一個對新生兒負責任的照顧者，以及會幫忙家庭事務的兒童。

兒童期，承擔責任的角色

　　在許多社群當中，當兒童脫離學步期，他們就開始為家庭中的工作貢獻心力了（Harkness & Super, 1992a; Levin, 1990; Martini & Kirkpatrick, 1992; Nsamenang, 1992）。美國的殖民時期中，4歲女孩編織襪子和手套，6歲女孩則必須站在腳凳上，用紡紗輪紡著羊毛（Ogburn & Nimkoff, 1955）。我工作過的瓜地馬拉市鎮中的馬雅兒童，真正開始幫忙家事的年齡是在4～6歲之間——照顧嬰兒、送信或在鎮裡辦事、幫忙準備餐點和農事。他們在8～10歲時，已經是重要的和稱職的助手——做飯、編織、在父母不在時，可以掌管家事或家庭採買，以及協助作物收成（Rogoff, 1978；見圖5.6）。

 ## 5到7歲是責任感的開端？

　　世界上的許多地方，5～7歲是社群中兒童責任感和地位產生重要轉變的時間點。

圖 5.6

10歲的馬雅男孩正在劈家裡要用的木柴。

在西方世界，幾百年來，階級社會在此時轉變它們對兒童的對待方式，視這些兒童為有能力被教導是非對錯、參與工作，和開始在家庭之外的機構中接受重要的教育（White, 1976）。發展性的研究通常記錄了在 5～7 歲間，有一種不連續的技能和知識表現（White, 1965），這段時間在美國也正好是兒童開始上學的年齡。在歐洲從歷史上來看，兒童在這個年齡做著跟成人一樣的工作：

> 中古世紀是尚未到達現代化的開端，有很長一段時間在低社經水準的家庭裡，兒童不必等到斷奶期之後（換句話說，大概是在 7 歲），就被成人視為有能力做事，且不再需要母親或保母陪伴的個體。他們立刻直接進入人類的複雜社群中，和年長或年幼的人一起分擔工作和遊戲（Ariès, 1962, p. 411）。

在許多社群中，有關年齡變化的描述都把焦點放在這個階段。舉例來說，當兒童失去他們的乳牙和開始長恆齒時，Ngoni（中非）的兒童被期待能展現獨立和被要求為自己無禮的言行負責。男孩離開母親的照顧範圍，進入到宿舍和男性生活的系統當中（Read, 1968）。

全球 50 個社群的人種誌紀錄（from the Hunan Relations Area Files）指出，對兒童責任和期望的出現，在 5～7 歲的兒童身上有很大的變化：

> 對兒童責任和期待集中出現在 5～7 歲這個階段，父母會移交（兒童會假定）照顧年幼兒童、照顧動物、完成家庭雜務和蒐集能夠維持家庭運作物品的責任給兒童。兒童也會為自己的社會行為和因犯錯所需接受的處罰負責。根據這些新的責任，也有對於 5～7 歲兒童的期待：他們是可被教導的。成人給予實務上的訓練，期望兒童能有能力模仿他們的示範；兒童被教導社會禮儀和社會習俗。以這些教導上改變為基礎，讓 5～7 歲兒童獲得一般知識和理性。
>
> 在這個階段，兒童的性格也被認為是固定的，他們也開始設想自己新的社會和性別角色。他們開始參與同儕團體，參與有規則的遊戲。兒童的團體在這個時候會依據性別做區分。同時，兒童被期待在困難的工作中要表現出虛心學習，並依性別差異負起不同的責任，以及強調社會關係。這些事件的差異都指出，當 5～7 歲兒童成為社會結構中更完整的個體時，他們比起年幼時會有更多不同類型的表現（Rogoff et al., 1975, p. 367）。

這些似乎發生在 5～7 歲的種種，反映在人種誌的文字紀錄裡，說明兒童開始負起責任，可以開始被教導了。然而，到了 8～10 歲，父母通常指望兒童具備學習能力和有責任感去幫忙他人（Sellers, 1975）。

對於 5～7 歲（或任何年齡）兒童的期望有一些普遍的偏見，但重要的是，那不會造成太嚴重的偏差，使兒童能完成特定活動的年齡期待落空。雖然許多在 50 個人種誌普查的社群顯示出，對於 5～7 歲兒童必須開始負起責任的強烈一致性，但是仍有一些調查結果則顯示，這樣的轉變並沒有出現在這個階段的兒童身上（Rogoff et al., 1975）。不僅如此，一致性的出現有部分可能是來自於西方人種誌專家的期望；因為大部分的社群當中，人們並不知道自己的年齡，所以大部分的專家必須粗估年齡。

不要過度強調對特定年齡的期望是重要的，因為兒童開始對特定活動提供協助的年齡，跟他們社群所提供的協助和限制有關，這點在第一章已有說明。令人印象深刻的轉變發生在特定年齡的兒童身上，這個年齡的兒童被期望完成複雜且具有文化價值的活動（像是照顧嬰兒或安全地使用刀具或火把），但這些轉變還得看看在他們的社群中，這些活動和兒童的角色是如何被組織起來，才能確定。某個階段的成就表現與機會的有無——兒童必須觀察和參與那些被認為能夠發展特殊技能的各種活動和文化價值——有高度的相關。

 成熟和經驗

有時候，美國的兒童發展專家認為，如果年幼的兒童使用一些危險的器材或照顧嬰兒，那社群裡的成人會被認為是不負責任的，因為他們假定年幼的兒童沒有能力做這些事情。然而，中產階級的美國家庭也期望兒童去做一些其他地區的人們看起來不合適，或甚至是危險的事情，像是從生命初期的前幾個月就讓嬰兒自己就寢（Morelli et al., 1992），或要求學步兒進行類似學校教育的課程與開始學習閱讀（Heath, 1983）。

許多在社群中被認為具有「自然」（natural）轉變時間點的活動，只是自然地被給予這樣的假定、形成這樣的狀況和造成那個社群的組織型態。另一種對於這種年齡轉變的假設是認為這是與生俱來的兒童生物性成熟現象，是一種個別的狀態改變，但合理地去追問這種想法，在獨特社群中的兒童又是如何成為足以使用那個社群期望或支持的活動方式，負起照顧自己的責任呢？這種伴隨生物性成熟現象的重大變化，也同時受到來自「社群期待」和「來自兒童在社群參與重要活動的機會」

這兩者的改變所影響。

　　舉例來說，中產階級社群中，特殊文化組織的角色──正式的學校教育──是相當重要的，以致這些組織對於兒童發展轉變上的貢獻也常常受到檢驗。研究者普遍詮釋兒童的年齡，是作為世界上所有正向經驗是否成熟的一種檢驗方法（Wohlwill, 1970）。發展的差異常常被認為是沿著一條自然發展的時間軸線上，可能因為環境狀況造成早熟或落後的情形，依照著不同的成熟速率前進。這種取向會檢驗與年齡關係最密切、包含特殊學校教育經驗的機構，而這些都是有義務教育的地區（Laboratory of Comparative Human Cognition, 1979）。儘管事實上，美國普遍對於區辨年齡的標籤特別都是依據兒童的學校教育狀況而定──學前階段兒童或學齡階段兒童。

　　許多發生在美國兒童中期的變化，可能大部分是跟在學校裡學習的技巧或做事的方法有關。因為學校教育存在的角色通常一直被檢驗著，所以可以提供在兒童中期裡，一點界定身體成熟和經驗間如何協同運作，進而創造許多重大變化的基礎。而這一點普遍出現在發展心理學的研究中。

青春期當作一個特別時期

　　一些觀察者已經主張，特定的發展時期被中產階級社群視為「自然的」（如青春期），是某種文化條件下的獨特文化發明（Hollingshead, 1949; Saraswathi, 2000）。但是，一些轉變的時間點的確出現在兒童期和成人期之間。在非工業化社會的男孩，進入青春期和成人期時，會普遍出現一種遲緩的現象。他們不被認為可以在 20 歲之前結婚，這是因為不到 20 歲的男孩無法展現出足以負擔妻小的責任感（Schlegel & Barry, 1991）。雖然女性早在 13 歲就可以結婚，但是在非工業化社會的主流想法，大多還是等到青春期和真正成為大人之間的階段才結婚。成人期通常始於結婚的時候（雖然女性在那時仍然常常未達法定年齡或尚未成為家中的主要決策者）。在青春期和到達成人期狀態的表現之間，有一段很大的落差；特別是對於結婚之後需要離家自立門戶的社群，比起年輕夫妻通常跟女方或男方父母同住的社群來說，更為普遍。

　　通常，即將達到生理成熟的年齡被認為處於一個特別的時期，他們的責任感和獨立性比起兒童期的時候要大得多，卻又比成人期的時候低（Schlegel & Barry, 1991）。青少年不可能被允許去結婚、工作、投票、開車，或者是說，他們有許多成人期的責任，卻仍然處於父母的監督與法定年齡之下。在一些情境裡，青少年在

家可能有成人的責任，但是在學校卻被當成兒童一樣對待。例如，這位住在貧民區
的 15 歲非裔美國人說：

> 有時候，我只是無法相信這個學校如何運作，以及如何看待我們的。
> 我是一個已經長大的男人。我照顧我的母親，而且過去我也照顧我的姊妹
> 們。然後我來到這裡，這個什麼都不懂的老師，把我當作沒有任何責任感
> 的笨小孩一樣看待。我非常挫折。她們正在嘗試讓我做一些我不想做的事
> 情。難道她們不覺得我是一個男人，而且，我成為一個男人的時間比她們
> 成為女人的時間還要長嗎？（guote in Burton et al., pp. 404-405）

在一些社群當中，青春期被認為是一段叛逆、情緒危機或自我中心的時期。這
個時期超越了兒童期和成人期之間的轉變時期，雖然普遍存在於多數的社群裡，但
不必然會產生衝突或危機。

不同學者已經提出，青春期的衝突現象對年輕人有一種功能，使其脫離他們尚
未準備接受的社會生產者角色。19 世紀初期，在美國許多地方，青春期漸漸從兒童
期和成人期切割出來。Lydia Child 在 1835 年所著 *Mother's Book*，表達了對於「區隔
年輕人和年長者」和「許多資料顯示年輕人的情緒波動」這兩個現象的關注（Demos
& Demos, 1969）。

第一個正式使用青春期概念的心理學家 G. Stanley Hall，在其 1882 年具有影響
力的專論中，提到了這個生命階段的劇烈變化和壓力，即反映出一種嚴重的危機。
其他學者，如人類學家 Margaret Mead 在其對 Samoa 兒童和年輕人發展的研究中，
對於「青春期必定會進入一段衝突時期」的想法提出質疑。然而，Hall 的想法已經
說服了美國大眾和校園裡的心理學者。

19 世紀末，青春期概念的出現被歸因是美國從農業社會轉變成都市工業化國家
（Demos & Demos, 1969）。在農村家庭中（19 世紀以前的大多數美國家庭），兒童
和成人共同參與工作、娛樂、友誼和價值觀。當美國人開始移入城市、在工廠工作，
這些關係被徹底地改變了。城市的兒童承擔比較少的經濟功能，而有了更多機會與
其他同齡且不同生活背景和價值觀的兒童接觸。如果他們有工作，他們也能從成人
方面得到比較多的經濟自主權（Schlegel & Barry, 1991）。

19 世紀末葉，教養專家討論到都市生活的危險和誘惑，使年輕人受到威脅。都
市生活的出現有如墮落的力量，存在於多種型態的社會和經濟生活方式、商業手法
和娛樂活動。到了 20 世紀後，狀況變得較為明朗，許多作家確定那是幫派和青少年
犯罪的問題，以及職業輔導的需求（Demos & Demos, 1969）。

19 世紀晚期的作家表達出對於同儕團體情感交流的關注。他們也許正好看著這「青少年文化」（youth culture）的興起，看著屬於它自己的型態、語言、優先考量，和社會大眾對於充滿困擾和孤立感受的青春期的想法（Demos & Demos, 1969）。諷刺地，大部分當代美國青少年文化的特徵，例如：音樂、影片、電視遊樂器和運動，都是由成人為了青少年市場所製造出來的商品。這些市場被成人依據他們認為青少年會購買的考量所操縱著（Schlegel & Barry, 1991）。

美國的青少年文化與普遍出現在一些未工業化社會的青少年同儕活動形成對比，那時候的青少年寫著屬於自己的歌曲或規劃村落的節慶活動：

> 儘管這個階段只是社會生活的一小部分，現代的青少年很少人能表現出像是具有建設性、社會意義活動方式的自主團體，他們只有一點對社會的責任感、某種程度上的一點權力。如果年輕人在他們青少年時期表現得相當有成就，那會被認為是有才能的個體，或是在成人為青少年規劃的活動（像是學校的運動）中表現很好，而不是因為自行規劃活動的同儕團體的表現受到成人稱讚的緣故。在所有的社會中，青少年擁有的機會是受到限制的，在他們視野中的活動也都是成人所規劃的，但是世界上許多地區，比起他們進入現代化或正在現在化社會之前，同儕團體似乎在生命階段轉換上扮演著更重要的社會角色。諷刺地，青少年現在正失去了計畫和活動動力的同時，他們漸漸從父母和其他成人權威下解放出來（Schlegel Barry, 1991, p. 202）。

如同對於青少年角色的限制和工業化之間關係的重視，Shirley Brice Heath（1998）指出，這樣的情形也存在於共同合作的計畫和工作內容之中，例如：青少年學習計畫、合作、思考、有技巧性和複雜演說等活動。她強調那些成人所規劃的青少年組織，如社區的青少年中心、藝術團體和運動聯盟，其提供的合作性活動是有其重要意義的。

在一些社會中，精心設計的入門儀式（initiation rite）生動地表現了青少年時期的發展變化，也可能幫助緩和這些變化帶來的影響（Demos & Demos, 1969）。青少年文化可能是一種替代品，用來標記這個發展變化的文化儀式。

成年男性和成年女性的成年禮

在許多社群中，男孩和女孩需忍受一種引領他們成為成年男性和成年女性的成

年禮。青少年時期的成年禮，對男孩和女孩來說可能是割禮（circumcision）；它們總是強調著性別的差異（Ottenberg, 1994）。一個男孩在成年禮可能受到來自母親方面年長者的折磨，被迫離家一段時間，象徵著死亡和重生文化意義（Grob & Dobkin de Rios, 1994）。從兒童期進入成人期的成年禮可能包括痛苦的試煉：生存或耐力測驗、忍受割禮而不尖叫、在令人恐懼事件發生時保持冷靜、體力或口語或靜默測驗等等。對於這些試煉，能有正向的反應會被認為是成熟的訊號。然而，不管反應如何，個體似乎總是都能夠通過這些試煉（Ottenberg, 1994）。

在青少年階段實施成年禮的社群似乎與那些沒有這些儀式的社群，有著不同系統的思考方式。許多實施成年禮的理由已經被提出，包括：

改變至成年人的狀態、對性器官成熟的認知、進入較大的社會組織、創造種族認同感和（或）社會團結的態度，透過伊底帕斯情結兒童期早期經驗的活動、為成人性別角色和表現出特定性別行為做準備、從青少年衝動攻擊傾向和性傾向導向社會可接納的成人角色、維持年長者對年輕世代的控制、灌輸基本的社會文化價值給成熟的個體，以及教導新的技能和態度（Ottenberg, 1994, p. 353）。

基於對世界各地社群抽樣的推測，對男孩使用割禮儀式，可能與嬰兒期和兒童期時男性特徵不明顯有關（Burton & Whiting, 1961; Munroe, Munroe, & Whiting, 1981）。成年禮／割禮儀式，在「男主外，女主內」的社群中經常出現。這種社群通常是一夫多妻制的社會，在這種社會當中，兒童的父親經常住在男性宿舍、自己的簡陋小屋，或常常從某一妻子的家中，搬到另一個妻子家中。研究者已經推測這種成年禮／割禮儀式，提供了一種從兒童期到成年期的系統性重生（rebirth）意義，給予年幼的男孩在一夫多妻制的家庭中，保有一些男性角色的行為模式[4]。

女孩的成年禮比男孩更加普遍。男孩的成年禮通常把焦點放在責任感的議題上，

---

[4] 在那些男孩跟男性角色行為模式接觸較少，且沒有入門儀式／割禮儀式的社群中，建議要執行兩種替代方法。第一種，年輕的男性可能要和同性團體一起，創造屬於他們自己的入門儀式，使他們能透過這個團體的活動進入成年男性的階段。另一種方法是，男性可能渴望女性角色，如一種叫作「假分娩」（couvade）的習俗，即是當妻子懷孕時，男性也體驗類似懷孕症狀的活動（Burton & Whiting, 1961; Munroe & Munroe, 1975b; Vigil, 1988）。在假分娩的過程中，當母親有孕婦晨吐（morning sickness）現象時，父親會感到不舒服；當母親在陣痛時，父親也會感到疼痛——有時候是當妻子要躺上分娩臺時，自己也需要去躺在那邊；有時候則是父親也有類似妻子的感受，且伴隨著較輕微的「症狀」。

女孩的成年禮則常常把焦點放在象徵生育能力的議題上。這種差異可能反映出一種事實：社群成員關心女性對子女的養育、兒童的死亡，以及母親在生產過程中的死亡（Ottenberg, 1994）。

　　在納瓦荷族中，有個特別的儀式引導女孩進入成年的社群裡，但男孩沒有進行這樣的儀式。Kinaalda 是一個 4 天的慶祝活動，用來慶祝納瓦荷女孩第一次月經的到來。這個儀式能給予女性道德和智力上的成長，使這位年輕的女孩能運用這些能力創造自己的新生活，以及傳承納瓦荷的文化（Deyhle & Margonis, 1995）。這個儀式鞏固了社群中母系網絡的擴張和維繫。年輕的女性在儀式過程中接受教導和禱告，形塑她對於這個家庭和社群的承諾和義務（這個觀點與鄰近的盎格魯社會正好相反，它們把青春期視為建立個體獨立的階段）。一位年輕的女性解釋Kinaalda的重要性：

> 「我母親不想讓任何人離家之前沒有任何一次經驗。我母親說，假如妳有過一次經驗，那就表示妳是個正常的女孩。在我姑姑那邊，她們不做這些慶祝儀式。她們就只是東躲西藏。」她的姊姊笑著說：「白人想要隱瞞，我們則是慶祝。這就代表成年的女性，以及一切。」（p. 139）。

　　一些納瓦荷長者看到「減少 Kinaalda 的慶祝」和「愈來愈多的 Kinaalda 年輕女性難以維繫適當的文化傳承」之間，有一種連結關係存在。

　　對於年輕女性和男性的成年禮承認和促進了發展的轉變——存在於社群結構中，標示（建構）出來的狀態轉變。廣泛使用在組織人們在社群中角色和狀態的性別角色，將在本章之後的小節裡，會有更深入的檢驗。

 ## 結婚和為人父母是成年期的標記

　　在許多社群當中，即使年輕的夫妻／父母仍然常常受到年長者的監督和資助，結婚和為人父母仍代表進入成年期的象徵。雖然一些國家為可否結婚設定了年齡的限制[5]，但成年期到結婚階段的轉變是一個基於角色（roles）的發展變化，而非年齡（age）上的變化（Schlegel & Barry, 1991）。

---

[5] 例如，「英國的習慣法原則適用於美國的法令規章，規定未成年的男性在 14 歲，女性在 12 歲時可以結婚。若要低於上述年齡結婚，需要父母的同意，不過，習慣法規定在 7 歲以下的婚姻，就算有父母的同意也屬無效。1886 年，大部分美國各州的法律都提高了允許結婚的年齡。」（Chudacoff, 1989, pp. 85-86）。

　　舉例來說，在喀麥隆（西非），14、15 歲的青少年可能因為結婚和為人父母而變為成人；反之，24 歲的大人如果沒有結婚、沒有子女的話，可能被認為是不成熟的（Nsamenang, 1992; see also LeVine et al., 1994）。一個人需要結婚且有子女才真正稱為成年人。對於父母而言，第一個子女的出生比起他們的婚禮還要重要。為人父母的地位在嬰兒被命名的時候，又更加提高，也就是說，當一對夫妻被大家知道或稱之為某某人的父親或母親時，比起被他人直接稱呼自己的名字時更為光彩。

　　在美國，年輕人很少認為為人父母是代表成人地位的必要條件，但是那些已經為人父母的人漸漸認為這個轉變對他們自己而言是成年人最重要的標誌（Arnett, 2000）。一般而言，美國年輕人在青春期到成人期之間，從他們接近 20 歲開始，直到將近 30 歲為止，都在歷經一個過渡期。這段時間當中，請他們回答「是否感覺自己已經進入成年期」這個問題時，大部分的答案是：「在某些方面是，在某些方面不是」。他們通常都仍然在就學中，還沒有固定的工作或婚姻，但是他們不覺得這些工作或婚姻狀態的轉變是成人期的判斷標準。更進一步來看，他們認為成人期是對自己負責任、由自己判斷後做出決定和經濟上的獨立——個人性格的里程碑；讀者可能會特別聯想到「美國人」的表現。

　　即使在強調個人主義的美國，在一對新人結婚時，個人角色也會與家庭和社群的運作相互聯繫著。在家庭成員投入結婚典禮的舉辦是相當普遍的（見圖 5.7）。婚禮常常是整個社群或家庭的共同安排，而不只是兩個人的決定而已。

　　的確，配偶的選擇也常常是由家庭或社群所決定的。未工業化的社會中，低於 20% 的社會是由年輕人選擇自己的伴侶（Schlegel & Barry, 1991）。例如，在 19 世紀中葉之後，在愛爾蘭，是由這對新人雙方的父親安排婚事（在這樣的狀況下，新郎的地位要從男孩或小伙子成為真正的男人，通常要到 40 歲之後；Horgan, 1988）。在歷史上，世界上大多數的社群，婚姻都是由家庭成員所安排，而非新郎或新娘自行處理的（Levine, Sato, Hashimoto & Verma, 1995）。

　　以下是呈現在 20 世紀初期，Oscar Magarian 在亞美尼亞裔美國人的社群中，對他兄長結婚典禮的描述：

　　　　當他開始展現出對異性的強烈興趣時，父母認為這時就是要幫 Martin 找妻子的時機了。因為舊鄉下習俗仍然被認為是做事的最佳方針，所以 Martin 就讓大家在麻薩諸塞州和羅德島州幫他找一名合適他的妻子……我們這些年輕人開始關注，朋友和親戚談論他們所認識的每個女孩的情形。我想，我瞭解了方圓百里內每個接觸到的美國女孩，她們的家譜、生理條件和其他特徵、婚姻狀況等。

圖 5.7

約在 1920 年，洛杉磯的 Watts 市，John Cummings 和 Helen Cummings 在男方家前院舉辦的結婚典禮（非裔美國人）。圖片和說明由洛杉磯公共圖書館提供。

　　父親和母親安排了很多行程，拜訪了很多家庭。這個慣例看起來像是一時興起，但幾乎都是一成不變地要眼前的女孩先用熱水燙過小杯子，然後要她泡土耳其咖啡，再做幾道家鄉菜讓大家享用。我從來就不瞭解眼前這位窮人家的女孩會做些什麼，或她的表現如何。我們這些小弟根本也沒機會偷聽到什麼、也不瞭解她走路的樣子、她的身體狀況是否能夠生個健康小孩，或一起享用她所做的餐點。不過，這樣四處找尋的過程最後結束了，找到的那位女孩似乎真的很適合我的兄長（1958 年的回憶錄；Oscar 本人在大學時代，靠自己找到了伴侶）。

　　在工業革命之前，美國人的婚姻大事大部分都是由雙方家庭共同安排的。根據 1832 年一位美國作家所寫的內容，父母幫他們的女兒找丈夫的情形是很普遍的，而父母的考量只是典禮的程序如何進行而已（Ogburn & Nimkoff, 1955）。家長們為自己的子女找對象是相當積極的，要有相同的價值觀、體面的個人成就為首要，愛情的有無和個人的吸引力則是其次。在農村當中，大部分住在一起的人們對於彼此、

對方的家世背景、對方的人格特質或名聲都相當熟悉。年輕人被期望能在家庭事務上展現他們的能力。舉例來說，幾百年前，美國人期待的標準是，年輕的女性在能夠靠自己織出布來打扮自己和裝飾自己的床舖、自己的桌子之前，是不能夠結婚的（因此，「紡織女」這個詞語的正式意義是代表還沒結婚的女性）。

在選擇伴侶上，愛情（love）所扮演的角色，在概念上一直到現代國家才有了變化（Saraswathi, 2000）。在近代跨國研究中，來自美國、英國和澳洲的大學生有超過 80%——但少於 40%的印度、巴基斯坦和泰國大學生——表達自己不會跟一個自己不愛的人結婚，即使對方擁有其他優秀的條件（Levine et al., 1995）。

強調「愛情是婚姻的基礎」的想法，伴隨著滿足自我的想法。這個想法與過去「結婚的目的是為了保護、增強和加深家庭間和世代間聯繫」的想法是正好相反的。

浪漫的愛情和強烈的情感依附關係，有時候被視為是對延伸家庭結構的一種威脅（Levine et al., 1995; Seymour, 1999）。浪漫的愛情甚至會被當作是可能危害社群或國家結構整合的因素。這樣的情形出現在 19 世紀初期的美國新墨西哥州的西班牙人（Spanish New Mexico）身上，當時因愛情結合的婚姻——以個人自主性為優先考量，取代父母為了保護家庭和階級經濟結構所安排的婚姻（Gutierrez, 1991）。印度成人解釋以愛情作為婚姻基礎衍生出來的問題：「一段婚姻在很多重要的層面上，是影響很多人、親戚、祖先、鄰居和朋友的大事。你怎麼可以受到自己慾望和熱情的驅使，為了一個年輕人而拋棄這一切，做出那樣的口頭承諾？」（Shweder, Mahapatra, & Miller, 1990, p. 198）。

 # 中年時期與下一個世代的成熟

在一些 21 世紀的中產階級社群中，有一段成人期是被區隔出來的：那是在撫養子女之後和退休之前的這段時間。在 20 世紀初期，漸漸強調把年齡作為生命進程測量標準的觀念，把中年時期作為一個生命階段的想法，首度出現在美國（Chudacoff, 1989）：

> Walter Pitkin 最暢銷的著作 *Life Begins at Forty*，在 1932 年發行，正式肯定在美國文化中，有「中年時期」的概念。他的書名反映出「機械時代中最重大的回饋」，Pitkin 是心理學家和新聞工作者，主張一個人中年之後，應該要有生產力和適時享樂。根據他對於成人期的架構，17～24 歲類

似學徒時期，當時「我們學習在這個社會生活的方式」。24～40 歲之間，要有工作、買房子、養育子女等標準，消耗著個人的能量。在過去的歷史時期裡，Pitkin 觀察到，「人們在 40 歲就透支了」。但是現在，由於新的技術、更好的生活條件和漸漸增加的休閒時間，「40 歲之後的生活比起過去，應該更令人興奮和有意義的。」為了證明他的論點，Pitkin 列舉許多在 40 歲之後「開花結果」（blossomed）的著名人士，而且他更進一步主張「在某些領域裡，超過 40 歲的女性能思考得更為細密和有資格承擔領導的責任」（pp. 108-109）。

Pitkin 的著作在 1933 年，成為非科幻類書籍裡最暢銷的一本書。書名被各媒體引用，出現在雜誌、廣播節目、電影、流行音樂和日常對話當中〔這個現象對全國人民在生命旅程概念（conception of the life course）上，做出的貢獻就是展現出各種文化角色——創造文化實踐過程中的個體和整個世代，以及 Walter Pitkin 和他那一代的人們後續提及的「個人生活中的文化實踐」——的最佳樣態〕。

現在，美國的中產階級，中年時期的界線有時候是依據時間上的年齡，例如 40 歲生日。這個生命時期有時候也由生理上的變化做分界，例如更年期。然而，也有依據含有人際關係的社群團體事件做分界的方式，例如，子女離家（「空巢期」）或工作環境的改變。

其他許多社群中，中年生活並沒有從生命歷程中被區隔出來，也沒有被拿來討論或檢驗（Shweder, 1998）。但是，即使沒有將中年時期當作一個生命階段來看待，成人常常仍感受到由於他們人際關係和責任感的改變，而造成重大的生命變動，例如，當他們的子女進入青春期或結婚：

中年生活實際上跟青少年發展的轉變連結在一起。許多文化有進入青春期的儀式，在青春期後，關於早婚及其相關的互動方式和儀式，和家族及姻親關係的重塑過程。這些不同類型的文化標記被人類學家記錄下來，而且被認為都跟青春期有關。但是，誰主導這些儀式的進行？誰轉變這些儀式的內容？誰重新安排家人活動和休息的地方？誰在他們的生命中養育這些孫兒？答案當然是，在中年時期的父母。中年生活的轉變是存在於人種誌的紀錄中，但是記錄的方式，大多是藉由這些父母的青春期子女在青春期和婚姻狀態轉變過程的描述和表徵，而非直接描述父母本身在這個生命階段的轉變（Weisner & Bernheimer, 1998, p. 217）。

為人父母，代表個體與往後世世代代的連結，在某些社群當中，更是代表精神不滅的意義。舉例來說，在西非，自我轉化經過三個階段：精神階段（spiritual phase）是從懷孕開始，到這個嬰兒被命名為止；社會階段（social phase）是從被命名開始到死亡為止；祖先階段（ancestral phase）是在肉體死亡之後開始（Nsamenang, 1992）。擁有子女能使父母成為精神上的永恆，這也是唯一能對抗死亡的補償方式。因此，大部分的人寧願窮困但在有子嗣繼續存活下去的狀態下死去，也不要生活富裕但膝下無子地離開人世：「老年人面對死亡時的自信程度，是依據有多少擁有他們『血緣』的子嗣而定。」（p. 147）。同樣地，肯亞的 Gusii 族沒有子女的男性或女性會被他人覺得可憐，因為他（她）是「一個沒有獲得完整成人階段和精神延續必要條件的個體」（LeVine et al., 1994, p. 32）。進一步來看，想達到受人尊敬「長者」的成人狀態，女性或男性必須要有已婚的子女，並且這些子女要能夠繼續延續他們的血脈。

從嬰兒期到成人期，人類對他們各個發展階段角色的期待，和與這些角色相關的技能，反映出社群的目標、技術和實踐工作。下一段內容會特別把焦點放在：男孩和女孩的性別角色就是準備用來成為（或轉化為）社群中所期待的男性和女性角色的依據。

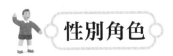

性別角色

世界上，兒童普遍的性別差異與他們社群中的成人性別角色有相當密切的關係。關於性別差異的其中一個例子：彼此不同或相似的社群中，到達成熟階段的父母們（對子女）都特別有一種普遍的期待心理。

大部分的社群中，直到近代，性別角色才跟「女性成為母親和男性成為父親」的機會和限制的生物性角色緊密連結在一起[6]。在一些文化社群裡，例如傳統的東非社會，所有女性都會結婚，而且對於成年女性而言，沒有養育子女的人就沒有社會地位（Harkness & Super, 1992b）（為了生存，婚姻通常是必要的。在許多傳統社群中，以性別差異區隔勞動工作，使男人和女人相互依賴、缺一不可）。自從能夠以

---

[6] 雖然在大部分已經被研究過的社群裡，對於父母期的期待和支持家庭的性別責任普遍都存在異性結合的家庭結構當中，但在同性結合的關係下也是存在的。根據不同的社群，大部分人類生活的各個時期裡，同性戀的期望是會遭到禁止和懲罰的，或者是，被當作一種對某些個體的重要社會角色（Bolin & Whelehan, 1999; Potts & Short, 1999; Whitehead, 1981）。

可信賴的方式控制生育的文化發明出現後的幾十年間，產生了一種可能性，它使得大部分女性都能夠在成年期中懷孕和生育子女。

　　當然，當人類持續轉換他們的文化實踐時，性別角色也同時改變，以維持長久的傳統。接下來的幾個世紀，不可否認地，由於文化和生物性歷程的相互構築，會使得性別角色有更多不同的可能性出現（如第三章所討論的）。

　　以社會文化的觀點來看，「兒童觀察和參與他們社群中的性別角色，也很快速地展現出相同的性別角色」是不意外的。兒童性別角色的發展，被視為是成為「所屬社群中所期望的成人角色」做準備的過程。這些成人角色建立在人類照顧和養育下一代的性別獨特性上。

　　父母對待兒子和女兒的日常互動方式，顯示出其期望的角色、關係和技巧的交流。一個性別角色交流的例子，來自於一個 Nyansongo（肯亞）母親跟她 6 歲兒子一同在院子裡工作的情境裡。在 Nyansongo 成人團體裡，跟同事相互競爭的情形是很普遍的，而這位母親也依據她兒子未來的男性角色和她自己的女性角色為基礎，跟兒子進行和平的競爭：

> Aloyse 在母親旁邊鋤地……「妳已經這麼接近我的速度，我必須努力工作。」
>
> 母親：我沒有這麼接近你。你挖洞的速度快到已經贏過我了。
>
> Aloyse（正在休息）：喔，妳快要超過我了，我必須努力點。
>
> 母親：誰在這邊如此隨便地挖洞啊？你嗎？Aloyse？
>
> Aloyse：不是……我害怕妳超過我。
>
> 母親：不會的。你是一個 omomura（行過成年禮的男孩，或年輕男性——但是還不是真正的 Aloyse）。我只是一個女人——我不可能超過你。
>
> Aloyse：我快要弄完了！妳又快要超過我，比我早完成了。那都是因為我都好好地挖洞。
>
> 母親大笑（LeVine 和 LaVine 1956 年的田野觀察。引自 Whiting & Edwards, 1988, pp. 95-96）。

　　這個部分首先會討論「兒童教養和家庭工作中性別扮演的角色」，接著會檢視「在父親和母親角色的歷史文化變遷」。隨後，是對於「與職業和權力關聯的性別角色之文化相似性和差異性」的概述。結語的部分是檢驗社會關係下的性別差異，例如攻擊行為和哺育行為；這些角色也同時關聯到其他男性和女性參與社群活動所扮演的角色。

在性別角色區分下，兒童養育和家庭工作的中心

　　世界上，兒童養育的工作通常都是由女人或女孩去做，而非男人或男孩（Weisner, 1997; Whiting & Edwards, 1988）。生產是女性的專責工作，而且直到奶瓶發明之前，嬰兒哺乳的工作都只能限於女性。兒童養育的其他方面也常常都是由女性在做。即使在中非 Aka 的糧食掠奪者當中，父親對於嬰兒照顧上占有相當大的比例（每天有 47% 的時間由父親照顧，或待在嬰兒身邊），他們投入照顧嬰兒的時間仍然少於女性（Hewlett, 1991）。這些由父親照顧子女的情形，通常在母親有很繁重的工作要做的情境下才會發生，例如蒐集柴火或準備食物。

　　在許多社群中，女性活動的範圍比男性更靠近自己的房子，有一部分的原因是因為她們負有照顧孩子的責任（Draper, 1975b; Martini & Kirkpartrick, 1992）。在生育控制不普遍的社群中，一個女人通常不是正在懷孕的狀態，就是處於需要哺育子女的日子裡。一名正在哺育子女的母親不是把嬰兒帶在身邊，就是把嬰兒留在家裡跟保母一起，而自己則在可以隨時幫嬰兒餵奶的距離之內。根據這樣的責任感，之前談到女性離家較近的狀態就是相當合理的了。

　　男孩和女孩的性別角色跟他們社群中男性和女性的性別角色是相似的，因為他們很早就跟隨著年長人們活動。然而，年幼男孩和女孩的角色通常融入女性的活動，因為年幼的兒童普遍是由女性陪伴，而非男性（Munroe, & Munroe, 1975b; Rogoff, 1981b; Whiting & Edwards, 1988）。

　　然而在幼兒期之後，男孩比起女孩，普遍離家較遠。女孩的行蹤比較常被她們的父母知曉，她們比男孩更常受到成人的監督，因為男孩通常離家和成人較遠，而是跟其他男孩在一起（Draper, 1975a; Munroe & Munroe, 1997; Nerlove, Roberts, Klein, Yarbrough, & Habicht, 1974; Rogoff, 1981b; Whiting & Edwards, 1988; Whiting & Whiting, 1975）。

　　比起男孩來說，世界許多社群中的女孩更可能需要做家庭工作（Edwards, 1993; Munroe et al., 1977; Whiting & Whiting, 1975）。在 16 個社群的觀察結果相當一致，3 歲之前的女孩都被觀察到，比起男孩，她們每天花很多時間在照顧兒童、做家事、庭院種植，而男孩則花時間在無師自通的遊戲或活動（Edwards, 1993）。在 9 歲馬雅兒童的觀察中，女孩比男孩更常在工作中。女孩的工作常常是兒童養育和家庭雜務，以及手工藝；反之，男孩的工作常常是離家有一段距離的工作，像是耕種（Rogoff, 1981b）。

　　在美國也是一樣，家庭似乎通常也是女性的工作範圍。在不同美國文化社群中的男性有不同程度的家事責任。在夏威夷，中產階級的日裔美國母親，比起美國白人母親，在家庭事務上，會得到較多來自丈夫和子女的協助（Martini, 1994a）。只有少數的日裔美籍母親需要做到 80～100%的家庭工作。相反地，超過一半的美國白人母親都做到這種比例的家事。在日裔美國家庭中，大部分的父親會做 20～60%的家事；反之，在美國白人家庭中，大部分的父親都做少於 20%的家事。

　　雖然女性常常負擔家事的責任，但是完美的「Betty Crocker」形象（譯注：完美的家庭主婦）——家庭主婦可以獨自照顧好家庭和子女——在世界上是不普遍的。女性對於家事的責任常常跟其他職業連結在一起，而女性不會只花時間在照顧家庭和子女。她們會透過她們的工作和大家庭裡的成員，與其他成人互動。三代同堂的大家庭使得女性可以分攤管教子女的工作給他人，允許女性有做家事或外出工作的自由。不僅如此，在許多個案中，某些裝潢簡單、衣服較少或具有節省勞力設備的家庭本身，比起當代中產階級的家庭，就不需要太多的照顧。家庭結構和經濟分配中的社會變化——不管是經過千年或幾十年都是一樣，緊密地與男性和女性責任的變化有關聯。

 ## 千年以來，母親角色和父親角色的社會歷史性變化

　　對於存在這個世界上 99%的人類而言，獲得食物的方式決定人類生活的型態。從人類出現以來，約是 500 萬年以前，游牧式的採集─狩獵生活方式是很普遍的；直到 1 萬年以前，才有一些人類社群開始定居下來，豢養家畜和進行耕種。Adrienne Zihlman（1989）推測，人類進化過程中，可能是狩獵的收穫變得比較有效率或比較不受到重視，或者是人們放棄了農耕生活之後，使得直到近代的現代化社會才發展出以性別區分勞動工作的現象。

　　在幾個以女性提供大部分家庭足夠食物的狩獵─採集社群，被觀察出在性別角色上是比較具有彈性和平等的（Hewlett, 1991, 1992）。對於波紮那（Botswana，東非）的! Kung 糧食掠奪者（現在大家所熟知的 Ju'hoansi）而言，直到其維生的型態改變之前，女性在外採集野生蔬果的工作提供了過半的食物總量（Lee, 1980）。這樣由女性掌握食物分配控制權的情形，與許多通常由男性控制著生產和資源分配的其他社會（即使這些社群當中，表面上女性擁有土地和家庭事務的所有權）正好相反（Draper, 1975b）：

　　! Kung 女性採集食物的工作能夠由其獨自完成。她們不需要徵得他人的許可就可以使用任何土地，她們工作的時候，不需要男性的協助，這樣的情形跟許多農耕社會是相當不同的；因為在其他社會中，男性必須做一開始的繁重工作，像是清理耕地、建築籬笆等等，然後由女性開始進行比較輕鬆的農事（p. 85）。

　　! Kung 的女性角色有相當大的部分是根據她們對兒童的養育和生產食物的責任所塑造出來的。不只是食物的採集，對嬰兒的養育也是! Kung 女性主要的責任。在採集食物（一個星期有幾次來回平均 2 至 12 英哩的路程）和移動營地的過程中，女性會帶著 4 歲以下的子女同行（Lee, 1980）。

　　當!Kung（Ju'/hoansi）從以游牧採集食物的生活方式，漸漸轉變成農耕和久居（定居）的生活時，女性的工作角色減少了外出採集的部分，使得她們的生命週期裡，傳統間隔 4 年的生育期大量縮短，而增加了許多次的懷孕期（Lee, 1980）。轉變成定居的生活，明顯地與她們維繫生活的貢獻和定居生活的許多特徵有關，都減少了女性的自主性和影響力：

- 相對於男性來說，減少了女性的行動力。
- 增加成人工作性別角色的固定。
- 更多重要的物品需要維修。
- 出現一種趨勢，使男性有更大的機會接近並控制重要的資源，如：家畜、有關語言的知識，和附近居住人民的文化、支薪的工作。
- 男性投入超越聚落層級之上的政治事務。
- 更多對於獨特地域和人群的永久個人依附關係（當人們不相處在一起時，容易出現爭執，而非簡單的分離）。
- 增加了家庭事務的隱私（from Draper, 1975b, p. 78）。

　　在中非某些地區中，非採集社會的女性現在是「多產」（prolific）的母親，在勞動力上也有相當的影響力（Nsamenang, 1992）。然而，大部分的男性在努力維持控制女性勞動力的情形下，仍然企圖控制他們妻子收入的使用權；女性財務上的獨立是婚姻不和諧的原因之一。

　　幾世紀以來，美國女性和男性角色的轉變也與家庭組織和經濟結構的改變有關。跟非洲的社群一樣，美國性別角色的改變也伴隨著爭論和不和諧的狀態。瞭解世代交替過程中，性別角色的生物性和文化本質上的改變時，可以幫助我們超過二分法

的限制，並協助我們界定出自己前進的方向。

 ## 最近幾百年來，美國母親角色和父親角色的社會歷史性變化

在 19 世紀的美國，許多女性角色的改變是從以農村家庭的生產性經濟活動為中心，轉移到中產階級人民所關心的母親角色（motherhood）和家事的管理（Mintz & Kellogg, 1988）。幾百年前，美國家庭的成員通常投入所有的人力進行與社群生活相關的生產性經濟活動（這個一致性是以全國的普遍情形來看的；這個模式跟某部分的美國人民有相當大的差異，例如，不為自己或家庭工作的奴隸）。

19 世紀晚期，女性團體形成「母親運動」（the mother's movement），就是以「科學化」的方式教養子女，而兒童養育專家也在此時出現（Ehrenreich & English, 1978）。這種提供兒童養育和家庭運作建議的「專家」成為許多婦女關注的焦點。這是從過去「兒童養育和家庭維繫工作只是所有家庭事務在經濟上不斷努力的一個『自然』部分」的一個戲劇性轉變。

到了 20 世紀，對於美國和其他國家的女性角色在家庭和工作間穿梭，例如，國家需要她們在戰時工廠裡工作，或相反地，需要婦女協助男性重返戰場（Lamb, Sternberg, Hwang, & Broberg, 1992）。使得女性在愛國工作（「Rosie the Riveter」）和全職母親的角色之間擺盪。

美國的優勢人種在過去 150 年的世代交替過程中，父親和母親個別的角色也有著戲劇性的變化。Donald Hernandez（1994）仔細地記錄了這樣的變化。首先，在 19 世紀末期和 20 世紀初期，父親們從農村工作轉移到支薪的工作，使得每個家庭的子女數目急速地下降，而且參與學校教育的比例也快速地升高。1940 年之後，再加上兩個巨大的變化出現在家庭組織當中：母親們大大增加在勞動力上的參與，以及母一子家庭（沒有父親的家庭）增加的影響。本章的這個小節接著要以 Hernandez 的觀點，討論這些變化在世代交替下的面貌（見圖 5.8）。

父親們從農村工作轉變成從事支薪的工作。一百年前，有個快速的轉變出現：從家庭式的農村生活轉變成由父親離家賺錢負擔家計（在都市工作，以獲得更高收入），和母親在家打理一切的生活型態。數百年來，大部分人們的雙親都是農村家庭出身，而且都是所有家庭成員一起工作（1800 年，只有 6%的美國人住在人口超過 2500 人的 33 個地點之中，依據 Ogburn & Nimkoff, 1955）。

大部分美國兒童（70%）在 1830 年住在雙親均出生於農村家庭的環境裡；一百年後，只有低於 30%住在這種家庭中（Hernandez, 1994）。同一時間，「住在非農村家庭且由父親負擔家計、母親照顧家庭」這類家庭的兒童人數從 15%提升到 55%。

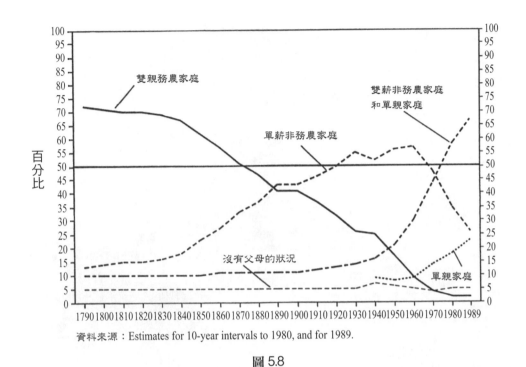

資料來源：Estimates for 10-year intervals to 1980, and for 1989.

圖 5.8

在務農家庭、父親負擔生計的家庭、雙薪家庭中，養育子女到 17 歲的比例（Hernandez, 1993）。

　　家庭規模的縮小。在這個時期，每個家庭的子女數有很大程度的縮減。脫離農村生活的意義代表著支援子女的花費受到現金數目的影響，使得每個子女的花費都看得見。此外，兒童能夠支援家庭經濟的潛在條件，也因為童工法和義務教育的實施而減少了。從 1865 到 1930 年，較小規模的家庭（只有 1～4 名子女）從 18% 成長到 70%。在子女到達青春期的家庭中，手足數目的中位數從 7.3 個降到 2.6 個。

　　學校教育快速擴張。義務教育因限制兒童工作而得到支持：勞工團體嘗試保障成人的工作權，兒童福利工作者要求法律保障兒童遠離危險的工作（對某些人而言，學校教育人數的增加源自不同的動機，像是使美國原住民「文明化」的政治企圖）。不管任何原因，許多兒童開始減少待在家庭的時間。從 1870 到 1940 年，到學校就讀的比例，從 5～19 歲的兒童有 50%，提高到 7～13 歲兒童有 95% 和 14～17 歲的兒童有 79%。同一時期，每年需要上學的天數也變為兩倍，而為了經濟成長，也出現更多高等的學校教育機構（見圖 5.9；also Chudacoff, 1989）。

　　母親從事支薪的工作。在 20 世紀中期，母親離家工作的情形出現一種高峰，與早期父親脫離農村工作的情形一樣。從 1940 至 1990 年間，母親和子女在勞動力的

圖 5.9

1893 年，蒙大拿州的一個礦業城鎮 Hecla，某校的全體學生和教師 Blanche Lamont 小姐正面對著鏡頭。「1864 年底，當時蒙大拿地區剛成為美國的行政區，Bannack 的金礦市鎮和維吉尼亞市的治安委員會處死了謀殺 102 個人民的 23 個罪犯（包括一名警長和兩名副警長）──行政區首長 Sidney Edgerton 說：『一個自我規範的人必須是受過教育的人，而他們的偏見和激情也需要受到法令的規範……兒童處於政府的管理範圍之中，需要瞭解它可以為他們的教育提供最高品質、最完整的支持系統。』其他西部各州和行政區認同這樣的公共責任，另外，也像蒙大拿地區一樣，在他們剛開始的政府政策裡，進行學校系統的建立。」（Boorstin et al., 1975, p. 126）。

比例成長了 6 倍，從 10% 提高到將近 60%（見圖 5.8）（然而，在 20 世紀中，美國人口中有一大部分的女性一直需要離家工作，如許多非洲裔美國女性）。

　　如同在幾年前，父親在勞動力上的轉移，那時，兒童在正式教育機構就讀的比例也在提升，參與生產工作的母親比例也因為子女的離家而提高。1940 年，正式學校教育的增加，使得原本每年有 2/3、每週有 2/3 的時間（除了學前階段之外）需要直接負責子女養育責任的母親得到解脫。此時母親像父親一樣，漸漸開始離家工作，6 歲以下的子女有更多的時間待在幼稚園和其他學前托育機構。

在有 2 名負擔開支的家庭能有較高的經濟優勢，特別是對於自從經濟大蕭條（Great Depression）之後所產生的不穩定工作機會而言（從 1940 年開始，每年至少有 1/5 的美國兒童與兼職或沒有工作的父親住在一起，這樣的情形也給予母親有強烈的動機出外工作賺錢養家）。隨著離婚率的提高，有給職的工作也成為女性重要的安全感來源。

只有母親（mother-only）的家庭增加。從 1860 年代至 1960 年代之間，離婚的情形普遍且穩定地增加，比起 100 年前，提高了 8 倍之多。根據Hernandez的說法，在未工業化的農村生活裡，夫妻在經濟上是相互依賴的，他們需要一同工作以維持家庭。但是對於有支薪的工作而言，父親能很容易地離家，藉由工作獲得收入，女性在幾十年後也呈現同樣的情形。此外，離開小型農業社群的現象，減少了過去反對離婚的社會控制機制，經濟和工作的不穩定性也造成只有母親的家庭漸漸增加[7]。

過去 200 年以來，美國這些人口統計學上的變化，清楚地與當代美國男性和女性職業角色、權力範圍和社會關係有密切的關係。在世界上其他地區也是一樣，每個世代的性別角色與這類的人口統計變化都有顯著的關係。

 ## 男性和女性的職業角色和權力

文化社群間的相似性和相同性，存在於男性和女性被期望的職業角色之中。社群中的人們必須面臨物理環境上體型（來自於先天的條件、男性體型比較大）和力量的差異。男性（平均而言）特化他們的力量，能夠用來面對需要爆發力的活動；而女性（平均而言）則特化她們的力量，能夠用來面對長期搬運時所需的耐久度（Parker & Parker, 1979）。

如果農村的工作需要使用重機械或大型動物，男性會投入這些活動，否則，農業將更容易由女性來主導。世界上，男人的工作似乎被歸類為需要強大體力（特別是能量的爆發力）和能夠遠離家園的工作（Hewlett, 1991; Parker & Parker, 1979）。在狩獵和採集社群之中，繁重的狩獵工作是男性的工作；採集的工作大部分由女性去做，而男性也會參與（Hewlett, 1991）。

在一些社群中，勞動工作的性別分化情形比起其他社群來說更有彈性，某一性別能夠輕易地銜接另一性別的工作。舉例來說，在!Kung（Ju/'hoansi）的採集─狩獵

---

7 1970 至 1982 年間的經濟衰退（譯注：石油危機），據估計造成分居或離婚的母親成長了 50%。而從 1955 年以來，比起年輕白人，年輕黑人沒有工作的情形也有顯著的增加，當這樣的情形被忽視時，可能增加了未婚生子的黑人女性（Hernandez, 1993）。

者當中，有一些工作通常屬於男性或屬於女性。然而，成年男性或女性（不過男性多於女性）都有意願去做另一個性別的工作，就如以下事件所敘述的狀態：

> 我遇見Kxau，一名穩重的中年男子，很勤奮地在蓋自己的小屋。建造小屋是女性的工作，而這是我過去從沒聽說過的。Kxau的妻子到幾英哩外的地方去參觀別人的建築，也許是她之後要建造一間小屋。然而，Kxau的女兒，大約17歲的未婚女性，在營地裡，從來沒有試圖蓋小屋或幫忙她父親蓋房子。Kxau繼續很有方法地建造骨架，一點都不覺得害羞⋯⋯沒人批評或嘲笑他的妻子很懶惰（Draper, 1975b, p. 87）。

在幾個其他的非洲狩獵採集社群當中，性別角色也可能是平等或較有彈性的，由男性照顧和愉悅嬰幼兒的行為是被接受的（Hewlett, 1991; Morelli & Tronick, 1992）。相反地，鄰近的農業社群中，就有很明顯的性別角色差異，包括男性很少花時間在子女身上。在其他社群裡，例如傳統的土耳其，男性和女性角色區分得很清楚，而且欠缺彈性（Kagitçibasi & Sunar, 1992）。

代表家庭和社群中人們角色等社會價值，會伴隨著男性和女性所擁有的權力，而形成男性和女性權力的差異（Kagitçibasi & Sunar, 1992; Ember, 1981; Parker & Parker, 1979; Whitehead, 1981）。而女性擁有與子女和日常家務的決定權則可能被忽視或低估了（對中產階級歐裔美國人而言，女性「只」被視為家庭主婦）。

當工業化將家務工作與授薪工作切割出來，現在的社會價值著重在公共領域的授薪工作，則發展了若干世紀（Deyhle & Margonis, 1995; Ogburn & Nimkoff, 1955）。到了現在，美國家庭不再具有許多教育和生產功能了。取而代之的是，它們只是基於微弱的情感和共同興趣所組成，常常會因為成員在家庭之外的工作角色和關係而有衝突產生（Mintz & Kellogg, 1988）。

男性常常擁有對社群事務的權力，不容忽視。在許多社群中的男人（雖然並不是全部）很有可能都會涉入政治（Best & Williams, 1997）。幾乎在大部分的非工業化社會中，社群的決策，像是解決爭論和決定領土邊界或征戰與否，至少都是正式地由男性所確定的（Schlegel & Barry, 1991）。

然而，也有的社群中，女性擁有與男性角色相同或是更高的權力。在納瓦荷族（北美印地安人）裡，女性是社會的基礎，被當作強大家庭網絡的守護者（Deyhle & Margonis, 1995）。女性是納瓦荷族宗教的核心，在農業工作、兒童養育、宗教和政治上也站在與男性相同的基礎。納瓦荷社會傳統上要求男人在結婚之後，要搬到岳母家，而且要給予女性房子和家畜的繼承權（這些慣例大部分仍持續著，除了某

些搬到城市居住的個人之外）。這樣的家庭大部分決策都是由社群共同決定的，而不是由另外的政治組織來決定。這樣的家庭中，女性至少就擁有跟男性一樣的權威角色。

　　在一些採集和狩獵社會中，女性在生產食物、養育下一代扮演著重要的角色，它們的核心與農業社會和工業社會正好相反。在農業社會裡，女性的工作常常很繁重，而且地位不高。在工業社會裡，女性的角色則是被邊緣化，她們常被限制在家中，被排除在勞動生產力之外，或做著跟僕人一樣的工作（Draper, 1975b; Lee, 1980）。成年女性和男性的職業和相關的權力，引導著兒童期中那些被期待、被鼓勵和被執行的社會關係。

 ## 性別和社會關係

　　在許多社群中，男孩和女孩在兒童中期，特別是當他們在相同年齡的同儕團體時，會以性別區分到不同的團體裡（Edwards, 1993; Harkness & Super, 1985; Kagitçibasi & Sunar, 1992; Rogoff et al., 1975; Whiting & Edwards, 1988）。男孩和女孩常常移動到他們自己的小圈圈裡，男生跟男生做著男性的活動，女生跟女生做著女性的活動。在以性別區別兒童的社群中，兒童在以性別做區分團體所花費的時間是相當清楚的（Schlegel & Barry, 1991）。

　　在非工業化社會中，青春期男性比起女性，加入同儕團體的情形（而且傾向組成人數較多的組織）更為明顯。青春期男孩常常被排除在成人活動之外，因此被鼓勵跟其他男孩共處。男孩比較不可能跟成年男性相處或有比較親密的關係，但女性則比較可能跟成年女性相處或發展出比較親密的關係（Schlegel & Barry, 1991）。這可能跟觀察到的現象有關。在生命的早期，很多社會中的女孩比男孩更加聽從或服從成人（Whiting & Edwards, 1988）。

　　不同的社群之間，男女性在不同面向上所展現出來的自信則有許多差異（Goodwin, 1990）。在一些社群中，男性使用口頭競爭（verbal jousting）的機會（在許多非裔美國人社群中都在玩這種遊戲；Slaughter & Dombrowski, 1989）比女性更多。年輕人以口語相互挑戰，來決定誰比較聰明或誰比較容易在辯論中說服他人。然而，在一些社群中的非裔美國女孩，在辯論時扮演非常積極的角色（Goodwin, 1990）。

　　一些研究者注意到進入青春期之前的中產階級歐裔美國女孩有所謂的「信心危機」（crisis of confidence），這些女孩變得更加順從和表現出更低的自信，她們也關心自己出現的場合和外表（Gilligan, Lyons, & Hanmer, 1990）。相反地，在同樣的

年齡，許多非裔美國女孩變得更果斷和自我滿足（Eckert, 1994）。這個差異可能反映出在兩個社群對於性別的不同觀點。

在社會關係中，男孩和女孩之間的差異，像是攻擊行為和哺育行為，在許多文化社群裡，都清楚地反映出其與「社群本身看待成年男性和女性角色」之間的關係。在世界上，男性的肢體攻擊行為和青春期反社會行為，比女性更為普遍，儘管這種行為出現的頻率在不同社會間的差異性很大（Draper, 1985; Schlegel & Barry, 1991; Schlegel, 1995; Segall, Ember, & Ember, 1997）。系統性的文化觀察發現，男性比女性有比較多的肢體攻擊行為，而女性則較常表現出哺育和照顧行為（Edwards, 1993; Edwards & Whiting, 1992; Weisner, 1997; Whiting & Edwards, 1973）。但是在一些社群中的女孩則表現出較多表示關係的攻擊行為（relational aggression），例如懷著惡意地運用排斥他人、造謠和操控他人的技巧（see French, Jansen, & Pidada, 2002）。

在那些將女人視為負責蒐集食物的社群當中，像是!Kung 或 Aka 族的狩獵採集者，兩性維持著和平的互動方式。雖然普遍發現男性比女性有顯著的肢體攻擊行為，但是男性以暴力對待女性的現象則沒有被發現（Hewlett, 1991）：

> 在那些視侵犯和支配他人行為有其價值的社會當中，這些行為產生在男性之間的差異很大，但在女性之間則是有一致的施予對象：地位比自己低的人。但! Kung 的女人則沒有被發現有這種性別角色的互補。她們仍一貫地維持溫和的態度，就像她們的丈夫對待她們的態度一樣（Draper, 1975b, p. 91）。

在世界上許多社群中，兒童性別角色的差異和同一時代成年男性和女性角色的差異一致的情形並不令人意外。畢竟，從生命的初期，兒童就準備參與未來他們在社群中的成人角色。生命歷程中的發展轉變常常鼓勵、測試和讚許個人在社群中角色的改變。

生命歷程中，角色的發展轉變無疑地將繼續跟文化社群的傳統和慣例緊密相連。但是那些傳統和慣例（包括那些隱含性別角色的工作）的本質，很可能會在下個世代身上有細微或明顯的變化。同時，因為人類已經基於生物學、生態學和文化的限制和支持，發展了幾千年，所以他們可能仍會保有一些延續的角色。在下一章中，藉由陳述自主性和相互依存的關係，我們將直接處理從文化取向來看個體與其社群之間的關係。

6

相互依賴與獨立自主

譯者：陳欣希

西方的「自主」概念是強調個人有追求自己目標的自由，而不被社會責任所束縛……。
馬克薩斯人認為，成熟的大人並不是指那些放棄個人目標……而順從團體的人，所謂成熟的
大人是指那些能把他們自己的目標與其團體目標合而為一的人。

——Maritini, 1994b, pp. 73, 101

　　許多作者認為，「強調個人主義和獨立自主」是歐裔美籍文化實踐的特徵（Harrison et al., 1990; Harwood et al., 1995; Kagitçibasi, 1996; Strauss, 2000）。除此，中產階級的歐裔美籍父母已經把「獨立自主」當成培養嬰兒最重要的長期目標（Richman, Miller, & Solomon, 1988）。

　　當父母們被問到「養育小小孩時，什麼是最重要的？」，大專程度的歐裔美籍母親著重在獨立自主的概念，此概念包含了個體、自我表達，以及擁有在行動和思想方面獨立於他人的自由。相反地，移民到美國的中國母親則著重於一種完全不同性質的獨立自主概念——有自信、學習生活技巧，以及成為一個對家庭和社會有貢獻的人（Chao, 1995）。

　　美國的青少年常有一個目標，就是擺脫對父母的依賴，開始獨立的生活，嘗試「依靠自己雙腳站立」（stand on one's own two feet），並且能靠自己的努力而成功（Lebra, 1994）。然而，當成熟被視為「從原生家庭走向獨立自主」或被視為「重新建立與原生家庭的聯繫並轉換對原生家庭的責任」，實際上存在著許多文化差異。例如，日本就非常注意個人與家庭繼續存在的聯繫關係和相互關係。

　　在夏威夷，中產階級的日裔美籍父母描述養育孩子是一段長期歷程，是一段使孩子準備好終生與家庭結合的長期歷程。相反地，中產階級的白人父母則是把養育當成是延展一個與小小孩參與的歷程，然後將孩子與外在的訓練機構做一連結。當孩子引導他們自己「離開巢穴」（leave the nest）時，父母則要監控孩子的發展（Martini, 1994a）。

　　在日常生活的文化研究中，「社會關係」的議題引起研究者注意到人們考慮私

人利益和集體利益運作的方式。在某些模式裡，個人和社群的利益被假定為相對的，如此一來，如果其中一個（如個人利益）較為顯著，另外一個（如社群利益）就會被削弱。然而，在其他模式裡，個人利益和社群利益是可以共同運作的。無論是哪一種例子，在談到此主題時都要有個人歷程、人際歷程，和文化—制度歷程的考量。

　　一些最戲劇性的獨立自主和互相依賴的議題與跨世代的社會關係有關，所謂跨世代的社會關係即是指成人和孩子之間的社會關係。透過這些關係的參與，以及在那些同儕關係中的參與，下一個世代學習到「個體和社群如何連結一起」的社群模式。在這過程中，每一世代也許會質疑並修正其祖先前輩的實踐方式，尤其是當不同社群的明顯實踐在其生命中並列時，則更會發生質疑或修正的現象。

　　若沒有其他方式與之並列，那麼文化傳統就仍是內隱的，就像那些在他們自己社群中、從未質疑過所謂「普通常識」（common sense）的人們。即使這些文化傳統是內隱的，或特別當文化傳統是內隱時，文化傳統和價值不但存在於個人和社群的非正式互動之中，也存在於正式的活動中。

　　在檢視相互依賴和獨立自主這議題時，本章首先考慮到「睡覺的安排」的差異——睡覺的安排被假定與獨立自主有關。然後，本章考慮在強調相互依賴的社群中，個體在做決定時，自主也有可能擺在前面。再來，本章檢視成人權威和控制兒童的議題——以取笑和羞辱當成控制兒童的間接手段。除此之外，本章也檢視社群中，與他人的道德關係的文化觀點為何。最後，本章討論「兒童與他人之間的合作取向和競爭取向的文化差異」，以及討論「文化制度，如：學校，在社會關係這方面的引導」作為結論。

「獨自」睡覺

　　美國中產階級的家庭常說：自己單獨睡覺（sleep apart）對於孩子獨立自主的發展是重要的。有些家庭還指出：夜晚的分離使得白天的分離變得更容易，而且可以減少嬰兒對父母的依賴（Morelli et al., 1992）。一位出生在希臘但大半輩子都住在美國的母親則說，她讓嬰兒與她分開睡是因為「要讓他有自己的房間……他自己的範圍。那就是美國人教養孩子的方式（p. 604；見圖 6.1）。

圖 6.1

這個 9 個月大、中產階級的美國嬰兒被放在嬰兒床單獨睡覺。

　　然而，當我們從世界的觀點和歷史的觀點來看，會發現「讓嬰兒與母親分開睡覺」是不尋常的（Super, 1981; Trevathan & McKenna, 1994）。在一個針對 136 個社會的研究中，發現在 2/3 的社群中，嬰兒與他們的母親睡在同一張床上，至於其他社群中的嬰兒通常是與他們的母親睡在同一個房間（Whiting, 1964）。在 100 個社會的調查中發現，美國父母是唯一讓他們的嬰兒有一個獨立空間的父母（Burton & Whiting, 1961）。

　　在訪談中，中產階級的歐裔美籍父母提到他們的嬰兒在幾星期大時就與他們分開睡了，通常是睡在另一個房間（Morelli et al., 1992; Rogoff et al., 1993）。有些偶爾讓嬰兒和他們睡在床上的美國父母解釋：他們知道這樣是反其道而行，他們知道他們違背了文化常規（Hanks & Rebelsky, 1977; Morelli et at., 1992）。

　　在歐裔美籍中產階級社群中，民間智慧描繪著嬰兒與父母的夜晚分離對於健康的心理發展是必要的，如此能發展出獨立自主的精神（Kugelmass, 1959; Trevathan & McKenna, 1994）。這個信念從 1900 年代初期就出現在父母從養育專家那所接受的建議中：「我認為不管什麼理由，不把孩子帶到父母的床上是合情合理的。」（Dr.

Spock, 1945, p. 101）。

中產階級的美國父母很感激在夜晚有機會躲開他們的嬰兒（Morelli et al., 1992）。一位母親提到放一個枕頭在她的頭上以蓋過嬰兒哭泣的聲音，而這是與有些教養專家的建議一致的（e.g., Ferber, 1986）。在這樣的社群中，嬰兒常常與父母在夜晚睡覺時產生衝突。這段時間中，父母和嬰兒常常就像是在意志力的戰爭中彼此較勁的對手。

 ## 就寢時間的例行公式與使用的安撫物品

中產階級的美國嬰兒常被鼓勵若要有舒適和陪伴的感覺，不要依靠人們，而是要依靠物品——奶瓶、奶嘴、小毯子，和其他「喜愛的物品」（lovies）。就寢時有的例行公式包含詳細的照顧和說故事，有時會花上一個小時。然而，一旦躺在床上，孩子們就被期待要能自己入眠，而這常常要藉由喜愛的物品，例如：小毯子的幫助才行（Morelli et al., 1992）。

人們發現，中產階級的美國嬰兒和幼小兒童在就寢時間的活動約花了他們時間的 10%。相對地，Kokwet（東非）同年齡的兒童根本沒有這樣的活動（Harkness & Super, 1992a）。最近從農村生活轉衛到城市中產階級的土耳其家庭的學步兒，常仍然和他們的父母睡同一間房間，而且很少有就寢時間的慣例或依附物品（Göncü, 1993）。

相似地，馬雅父母敘述：就寢時，並沒有例行的儀式慣例（如：睡前故事或催眠曲）來哄騙嬰兒。學步兒與他們的父母睡在同一間房間裡（常常，兄弟姊妹也是與父母睡在同一間房間），通常是睡在他們的母親的床上（Morelli et al., 1992; Rogoff et al., 1993）。藉由安全物品入睡的學步兒是很少的，而且，嬰兒不會依賴吸吮姆指或吸吮奶嘴。無論嬰兒何時入睡，一般來說，都不需要就寢時間的例行儀式來減輕分離焦慮，因為嬰兒是與他們的父母一起睡，睡在同一個地方。

 ## 共眠的社會關係

在許多社群裡，白天時間的社會關係持續到夜晚。當兒童入睡時是與家庭成員睡在一起，而不會設計一個獨立的地方給孩子睡覺。

實行共眠的社群同時包括了高科技社群和傳統的社群。日本的城市兒童在早期通常都睡在他們母親旁邊，之後則會繼續與其他家庭成員睡在一起（Ben-Ari, 1996;

Caudill & Plath, 1966; Takahashi, 1990）。空間似乎只是扮演一個次要的角色。

　　Berry Brazelton 注意到：「日本人認為美國文化在催促小小孩於夜晚時獨立這方面較為殘酷。」（1990, p. 7）的確，日本父母指出：共眠能促使嬰兒從「單獨的個體」往「能參與互相依賴關係」的轉化（Caudill & Weinstein, 1969）。但是，美國父母相信，嬰兒先天是依賴的個體，而且需要透過社會化的歷程以變成獨立的個體。

　　一位馬雅的研究者 Marta Navichoc Cotuc（personal communcation, 1986）推測，身為家庭全體成員之一的嬰兒，也許會比那些被要求單獨度過夜晚的嬰兒，有較從容的時間來認同他們家庭，瞭解其價值觀。馬雅的父母聽到中產階級的美國學步兒被單獨放在一間房間獨自睡覺時，他們的反應是震驚、不贊同，而且覺得可憐。一位母親問道：「但是會有別的人和他們待在那兒吧，不是嗎？」當這位母親得知嬰兒有時獨處於房間內時，她倒抽了一口氣。另一位感到震驚、不相信的母親詢問這些嬰兒是否不介意，並且說：對她來說，必須把孩子放在一個房間內獨處是非常痛苦的。相似地，「在東非的脈絡下，讓嬰兒自己哭著入睡是難以想像的；這個美國的習俗被東非人認為是種虐待」（Harkness & Super, 1992b, p. 453; see also LeVine et al., 1994）。對他人的文化實踐感到震驚，也與歐裔美籍中產階級的成人對於兒童與其父母睡在一起表示不贊同的現象類似。

　　在聖荷西（美國加州）Mercury News 中所報導的例子，則強調在睡覺時的安排涉及文化意義和社會關係。在聖荷西，兒童保護部門介入一個來自東南亞 Iu Mien 族的家庭，因為他們的 7 歲大孩子帶著傷痕去上學，學校裡的成人認為這個孩子有可能被虐待過。兒童保護部門的人員很快將 4 個孩子帶離那個家庭，不但沒有對該父母解釋發生了什麼事，也沒有告訴父母孩子要被帶到哪裡。其中一個被放在寄養家庭的孩子是 5 個禮拜大的嬰兒，這個嬰兒後來死於嬰兒猝死症（see also Fadiman, 1997）。

　　這家庭的社群成員們對於因兩個理由而發生這件事感到憤怒。第一，當家庭有困難時（例如，一個小孩被他的父親揍），鄰居和其他家庭成員應該介入和幫忙。第二，Iu Mein 的嬰兒一直與他們的父母睡在同一張床上（回憶一下某個推測——與他人一起睡也許可以幫助一些嬰兒調整他們的呼吸，與別人分開睡的嬰兒也許會發生嬰兒猝死症）。寮國的 Iu Mien 文化協會的發言人說：

　　　　父母們相信家庭的分離會造成創傷。如果一個家庭有問題時，社群的
　　　　領導者傳統上會與其延伸家庭一起介入。……「不瞭解這個家庭的背景和

歷史就把一個一個月大的孩子帶離父母的身邊，這是錯誤的，道德上的錯。僅僅是那個行動本身就同時傷害了父母和那個小孩。」（1994.02.16, back page）。

在美國境內，一些社群的家庭通常都致力於共眠。在一些非裔美籍和阿帕拉契山的場所中，嬰兒常與父母一起睡或睡在父母附近（Abbott, 1992; Lozoff, Wolf, & Davis, 1984; Ward, 1971）。一位在加州的博士班學生 Rosy Chang，從他們寮國和中國傳統的觀點，來描述她的移民家庭對於美國睡覺的安排的解釋如下：

> 我們的睡覺地方有限，所以，我總是和祖母睡在同一間房間，因為我是最小的……。我童年的大多數時間都和祖母分享一間房間還有一個理由是，這樣我就不會害怕。沒有祖母的夜晚（當她待在別處時），我就會作許多噩夢。當我的朋友到家裡過夜時，我們也是和祖母睡在同一間房間裡。我記得曾想過我的朋友們也許會認為這樣很奇怪，因為當我到朋友家過夜時，我們會睡在其中一間客房。他們事實上有一些空著的房間！我會想，他們如何能住在這樣大、這麼空的房子裡（與住在那裡的人數比起來）？
>
> 而且，我們都喜歡一起住在一個小小的空間。這是我的家庭所習慣的傳統，而且這樣會較為溫暖和吸引人。家人不在的情況非常少見，與一個大家庭住在一起是有趣的。我們全都很親密而且會做一些親近彼此的活動，房間不會空著，也不會令人提心弔膽。
>
> 我不確定是否這些睡覺的安排影響我和我的兄弟姊妹變得較不獨立，但即使如此，那也不會與我們的價值觀有所不一致。在我的文化裡，父母應該要照顧他們的孩子很長一段時間，甚至可能直到 30 歲，直到他們完成學業而且甚至到他們找到穩定的工作為止。在孩子獲得工作、婚姻和房子後能維持完全的獨立，孩子們就會被要求要照顧他們的父母……
>
> 我是個例外，因為我選擇離家受較多的教育，但一般的孩子會待在家裡，直到他們準備好要獨立生活。他們不會一完成大學學業就被趕出家門。當我最好的朋友完成高中學業時就必須開始付房租，我認為這件事是錯的；而唯一的例外是她得進大學，然後大學畢業後再被趕出家門。相反地，我的哥哥已完成大學學業但仍然在家工作並住在家裡，他要存足夠的錢以變得獨立。另一個哥哥仍然在唸書而且住在家裡。我的父母沒有其他的方式。他們要我的哥哥們存到足夠的錢買個房子，或是等到我的哥哥們結婚而有自己的家。像我最好的朋友那樣，當她工作時就離開她父母的家，是沒有

道理的，因為她不可能存到錢，但會把錢浪費在租屋上。我媽媽對於我最
要好的朋友自己住在外面感到可憐，而且認為白人的父母迫使孩子這樣做
是因為他們沒有很愛孩子（personal communication, 1997）。

獨立自主與有自主性的互相依賴

在許多文化團體中的教養實踐，與在歐裔美籍中產階級所強調的獨立個體是成
對比的。在許多社群中，兒童要社會化成為互相依賴的個體，與團體做一協調，而
不是成為獨立的、個人主義的個體。

有些社群中的兒童被鼓勵要多方向地與團體中的其他人互動（見第四章）。在
有他人存在的環境裡，嬰兒很少會單獨坐著，也很少會自己玩東西，或從事於一對
一、面對面的互動。反而，他們會花大部分的時間在團體與進行中的事件互動（Para-
dise, 1994）。如果不是和照顧者面對面，嬰兒也許和照顧者一樣面對同樣方向〔「向
外」（outward）〕，並且，從照顧者的活動中，以及和他人互動的過程中學到東西
（見圖 6.2）。

在某些社群中，嬰兒也許是被抱著，或是依偎在大人手臂中睡覺，或是背在背
上或臀部上，這種社會參與涉及親密的身體接觸。在 Kipsigis（一種肯亞的語言），
「照顧嬰兒」這個語詞的字面意義是「抱著嬰兒」（holding the baby）（Harkness &
Super, 1992b; see also LeVine et al., 1994）。熟練的勞動階級、非裔美籍照顧者知道
如何抱嬰兒，就像「他是你的一部分」（he's a part of you）（Heath, 1983, p. 75）。
相對地，中產階級的美國嬰兒被抱的時間是肯亞 Gusii 嬰兒被抱的時間的一半（Ri-
chman, Miller, & Solomon, 1988）。

然而，在某些強調互相依賴的社群中，親密的身體接觸並不見得是參與團體的
一部分。例如，馬克薩斯（玻里尼西亞人）的成人不是照料嬰兒就是把嬰兒放下來，
而不是以抱著照顧的方式來帶孩子（Martini & Kirkpatrick, 1992）。

是否有親密的身體接觸，是否強調互相依賴都是以團體為導向。然而，與團體
接合同時也可以重視個人的自主。個人的自主是建立在自願、個人選擇之上，就像
在馬克薩斯人中一樣：

　　馬克薩斯人重視團體參與但拒絕個人要服從於權威的觀念。理想的情
　　境是人們有相似或互補的目標，而且願意在相互有益的活動中，沒有任何

圖 6.2

這個來自剛果民主共和國 Ituri Forest 的 1 歲大的嬰兒和她的母親一樣望向同樣的方向,而且,從這優勢的位置可以觀察她的母親在做什麼,並與那些和她母親來往的人互動。

人主導任何人的狀況合作。幼小的兒童學習到自主的重要,然後學習到當自己仍然是團體成員時,何時並如何運用它(Martini & Kirkpatrick, 1992, p. 218)。

 ## 在相互依賴系統下的個人有選擇的自由

人們既可以與他人協調,也可以自主行動。心理學的觀點是把自由選擇與獨立自主連結一起,而且把團體成員之中的協調看成缺乏自主(see Kagitçibasi, 1996)。這二分法存在於某些文化取向中(e.g., Greenfield & Suzuki, 1998; see Strauss, 2000 for a critigue)。一些觀察者提出論據否定了個人選擇和人際協調的二元對立,他們說明在許多社群中互相依賴也包含對於個體自主性的尊重。

要成為一個互相依賴的團體中的一部分,許多社群中的人們有責任與該團體做一協調,但除此之外有其自由去做想做的事。例如,在巴布新幾內亞的 Kaluli 人之

中會尊重個人的決定：「一個人絕不能強迫另一個人行動。一個人可以呼籲並試著使他人行動，或顯示一個人所想要的東西。」（Schieffelin, 1991, p. 245）。

尊重個人自主性的互依文化模式挑戰了美國關於「個體本質和獨立自主」所持的一般假定：

> 西方社會在「自主」和「合作」之間——在「去做合他（或她）心意的個人權利」和「為了公共利益而控制他（或她）的自我需要」之間——似乎存在著一個永恆的、不可避免的緊張關係。但另一方面，對納瓦荷族人來說，自主與合作並不是相互對立，個人的行動自由看來是合作的唯一穩固來源（source）……。納瓦荷族印地安人認為合作有無限大的價值……同時也對個人的自主性有著極大的尊重（Chisholm, 1996, p. 178）。

「個體的神聖」（inviolability of individual）在北美和中美印地安人之中是一個重要且普遍的價值（Ellis & Gauvain, 1992; Lamphere, 1977; Paradise, 1987）。在任何年齡，人們有權利為自己的行動做決定；強迫他人去做違反他們意志的事情是不適當的（Greenfield, 1996，以 Downs 那借來的概念而延伸）。

Lois Paul（personal communication, 1974）提供了一個例子，是關於在一個馬雅社群中尊重他人決定的例子。一位母親的 3、4 歲大孩子被一顆豆子塞住了鼻子，要求 Lois Paul 把那豆子移開。Lois Paul 要求這位母親把孩子抱住不動，而這位母親卻說：「我不能這樣做；她並不想要我這樣做。」抱住孩子使之不動對於孩子的自我決定和意志也許是過多的侵擾。即使是為了另一個人的福利也不能違反對個人自主的尊重。

對本地的北加拿大人和阿拉斯加人來說，尊重他人選擇的自由是互相依賴的基礎：

> 不干涉他人是獨立個體或彼此相互尊重是一個〔社群〕系統穩定的重要元素。如果彼此間沒有不介入，就不會有更大的系統。有著潛在逃離性的個體會被彼此重視的相互尊重所監控。
>
> 我們有著看起來相互矛盾的論點……個人的自主性只有在他人允許的範圍內才能達到。事實上，個人的自主是社會產物。一個人的自主權奠基於另一個人允許的程度上……。情境中的每一個人只有被自己所渴望的自主所限制，即使在這裡個體的自主權已被保護。當一個人的選擇權被想要受到他人尊重的慾望所激發時，個人才會想要尊重別人（Scollon & Scollon,

1981, p. 104）。

 ## 帶著選擇的自由，學習合作

　　某些社群實踐著「不干涉」的信念，即使對非常小的孩子也一樣——人們並不會制止這些小小孩的行動，除了那些會造成嚴重身體傷害的行動以外。至於一些無生命危險的傷害，像是碰觸火爐而燙傷，這種傷害通常被認為比妨害一個孩子的行動來得較不嚴重，所以當地的北加拿大／阿拉斯加的兒童很少被告知不要做什麼（Scollon & Scollon, 1981）。在中非 Aka 的強盜之中，尊重個人的自主性也是一個核心的價值，在 Aka，除非嬰兒開始爬進火堆或是要打另一個孩子，否則嬰兒的行動並不會被干擾（Hewlett, 1991）。

　　個人的自主權也與馬雅的嬰兒有關，因為違反他人的自我決定是不適當的，即使是這些人並不知道如何以負責任的、獨立自主的方式來行動。例如，馬雅的母親比起中產階級的歐裔美籍母親可能較不會堅持否決學步兒的慾望（即使馬雅的學步兒可能在拒絕父母或堅持用他們自己方式行動這方面強勢很多；Rogoff et al., 1993）。中產階級的歐裔美籍母親較常試著去阻斷孩子們的需求，試著迫使孩子們能遵循母親的方式行動。

　　根據馬雅社群的標準，強迫的動作表示缺乏對孩子自主權的尊重。馬雅的父母常試著用其他方式取代孩子們的意圖，但不會強迫孩子順從。就像是 18 個月大的 Roberto 不想要穿尿布和褲子時：

> 　　首先，他的媽媽試著勸服或誘惑孩子，然後用虛假的承諾來賄賂他：「讓我們把你的尿布穿上……然後去祖母家……我們將要進行一個任務。」但這招行不通，然後這位媽媽就吸引 Roberto 來喝奶，同時在爸爸的協助下迅速穿上尿布。爸爸宣布：「好了！」並拿我們買的球來分散 Roberto 的注意力。
>
> 　　Roberto 的媽媽繼續拿著玩具，她的聲音反映出愈來愈多的惱怒，因為孩子扭動不安而且不願妥協。當 Roberto 開始對球感興趣時，媽媽的聲音變柔和了，而且她增加了獎品：「你想要另一個玩具嗎？」然後 Roberto 聽到爸爸媽媽說：「那你要穿上你的褲子。」父母繼續努力勸說 Roberto 與他們合作，而且給他不同的物品，都是 Roberto 所喜歡的東西。但，Roberto 仍然頑固地拒絕合作穿褲子。父母離開他，讓他獨處一會兒。當爸爸詢問

Roberto 是否準備好了，Roberto 噘著嘴說：「不要不要！」

　　一會兒，媽媽告訴 Roberto 說她要出門了，並且揮手說再見。「你要不要跟我去啊？」Roberto 帶著擔心的眼神，安靜地坐著。「那穿上你的褲子，穿上你的褲子去爬小山。」Roberto 凝視著，似乎在考慮替代方案。他的媽媽開始往外走，「好吧，那，我要走了，再見。」Roberto 開始哭了，而他的爸爸試著說服著他說：「那麼，穿上你的褲子。」他的媽媽又問道：「要不要跟我一起去？」

　　Roberto 擔心地往下看，伸出一隻手臂揮舞著不太完全的「帶我去」的手勢。「那，來吧，」他的媽媽拿著褲子，Roberto 讓他爸爸把他扶起來站著，合作地把腳放進褲子裡並站著好讓媽媽把褲子扣緊。他的媽媽並沒有意思要離開；相反地，她提議 Roberto 為觀眾跳個舞。Roberto 真的跳了嬰兒版的傳統舞蹈，微微噘著嘴看著訪談者（Rogoff et al., 1993, pp. 83-84）。

這些馬雅父母的說服策略和分散注意力策略（包含不會實現的承諾和威脅），似乎為「不強迫地干擾兒童的意願」提供了一個範圍。

　　在馬雅的社群中，3～5 歲之間似乎要完成一個任務──帶著個人自我決定，學習與團體合作。在這年齡的兄弟姊妹要自動地（不是被強迫）尊重學步兒的自主性，允許學步兒接近他們自己想要的物品（Mosier & Rogoff, 2002）。通常無須惠，這年齡的兄弟姊妹會給學步兒他們渴望的物品，學步兒的私利被看成是「因為他們太小還不知道如何成為團體中一個合作的成員」。

　　根據馬雅人的觀點，3～5 歲的孩子能合作，是因為到了該年齡，孩子知道如何成為團體中的一個合作分子。而且，孩子們已經習慣在一個始終會尊重個人自主的系統內運作。他們本身並沒有像嬰兒那樣被對待，他們被對待的方式給了他們機會觀察其他人是如何尊重自己與他人。在人類的關係裡，這些孩子不再是空閒的，他們已參與生命系統，他們不但對其他人有責任，而且也要尊重彼此的自我決定權。

　　在 Mazahua（墨西哥的原住民）的家庭裡，對人的敬重（respeto）也是從嬰兒延伸到整個生命。在有著不干涉取向的社會中，成人會尊重兒童，也尊重他人（Paradise, 1987）。由於尊重的連貫，Mazahua 嬰兒的特權地位在幾年後就轉化成一個有責任感的小孩：

　　　　確切地呈現不同的角色，而且在與人互動中實踐那些角色，以致於孩子能學習組織所有他（或她）的態度，這些態度常常是不同且互補的。……

例如，基本的價值指出嬰兒要被賞識及被尊重，溫和地照顧他們，而且這些照顧不能阻撓他們的需求。這些價值是先從嬰兒的觀點來看，然後從另一個不同社會地位的角度來看（pp. 132-133）。

Paradise 把兒童早期對敬重的經驗與傳統的領導關係做一連結。傳統的領導關係是長官要保護並引導下屬，而不是給予命令或主導。團體的整合涉及每一個人在流暢的協調運作中（不是由老闆事先規劃或指揮）遵循他（或她）自己的路，無須被任何人所「安排」（organized）。

這種尊重個體自主的社會特質，與在一些中產階級的歐裔美籍家庭中普遍把學步兒當成一個固執的、獨立的人（甚至是對手），常常在個人意願的戰爭或拉鋸中協商的想法是相互對立的。例如，在父母努力使嬰兒和學步兒獨自入睡時常常會有的戰爭和協調，因為大人會害怕如果他們的嬰兒贏了，他們就會失去家長的權威。

敵對的關係也許是遵循著 1600 年代清教徒教養方式而來。兒童被認為天生邪惡而且需要父母的校正──從嬰兒期開始，堅持培養正直的習慣以拯救兒童（Moran & Vinovskis, 1985; Morgan, 1944）。同樣地，循著基本教義的奠基者 John Wesley，在 1700 年代末期告誡糾正兒童的重要性：「及早斷絕他們的意圖，在他們能自己跑之前、在他們能清楚地說話之前，也許在他們能說話之前就開始這項工作。不管要付出多少代價，都要斷絕他們的慾望，如果你們不想毀掉孩子的話。」（in Cleverley, 1971, p. 15，guoting from Southey, 1925）。

中產階級的歐裔美籍母親在孩子們爭執時，常以裁判員和協商者的角色介入（Mosier & Rogoff, 2002）。這些母親們幫助孩子學習捍衛他們個人的權利，以及學習尊重他人的權利，這些都與他們當地的文化價值相符合。母親們常常建立平等、分開的輪流規則（這在馬雅的家庭中不曾出現）。哥哥姊姊對於敵對角色的協商和發揮，符合他們自己從嬰兒期就已參與的那個系統。他們的角色在與弟弟妹妹一起時，可以協助學步兒學習在一個個人主義的家庭關係模式中如何防衛個人的利益。

「不干涉」的信念有時會被那些不熟悉該文化系統的人們誤會。例如，學校人員常常不瞭解「允許美國印地安兒童以他們自己的意願與他人合作」的意義。在社群裡逐步成為自立更生與對他人負責任的人，兒童就能獨立地做出成熟的決定（Chisholm, 1996; Joesph et al., 1949; Lee, 1976）。然而，在納瓦荷印地安人的保留區中的歐裔美籍老師和學校行政人員常會推論父母「沒有管教」（no control）他們的孩子（Deyhle, 1991）。例如，如果學校的輔導人員詢問一個納瓦荷印地安家庭其 14 歲大（已有一個禮拜沒來學校）孩子的下落時，他的父母也許會說：他可能和他舅舅

待在某個地方，然後學校的輔導人員也許會要求家長保證孩子明天會在學校。對納瓦荷印地安的家庭而言，尤其是對於 14 歲大的孩子，也可能是一個更小的孩子，強迫他們去做什麼將會干擾到他們的自主性的培養。

自主性的互相依賴也出現在日本人的教養方式中，在日本的教養方式中，自主性和合作是可以並立的，而自主性和合作都可以落入一個字詞 sunao，此可翻譯為「善於接納的」（receptive）：

> 善於接納的孩子為了合作還未產生他或她自己的自主性；合作並不是如西方世界可能所指的放棄自己；合作隱含了「與他人合作是表達自己和增強自己的適當方式」……。一個人成為一個善於接納的小孩……似乎不可能不利於這個小孩（White & LeVine, 1986, pp. 58-59）。

在傳統日本人的信念中，小小孩會自動地學習，而且，父母控制行為（如：生氣和不耐煩）會使得孩子在 10 或 11 歲以後對權威感到憤慨，並且違抗權威，而不是學會與他人合作（Kojima, 1986）。接下來即檢視在成人與孩子的關係（adult-child relation）的議題——合作和控制。

 ## 成人—兒童之間的合作和控制

「成人控制和教條」的問題與「互相依賴及獨立自主」的觀念有密切的關聯。許多教條的討論其實根本的問題是「控制」，在敵對的角色中誰對誰有權威。這很清楚地與前一節所描述的那些社群不一致，前一節所描述的社群是把尊重他人的自主性當成是基本的前提。然而，在美國的研究，或是中產階級一般大眾的信念常會假定：如果成人沒有控制孩子，孩子就會控制成人，反過來也是如此。

1825 年以後，在美國，教養孩子的書籍十分普遍，書中的關注點大部分都與權威有關（Demos & Demos, 1969）。大眾所關心的是父母的權威漸漸勢微，而且作者極力主張父母要早早地建立好控制權，以便與孩子的固執和先天而有的自私天性格鬥。Demos 和 Demos 提供一個顯著的引述，該引述是來自於 Burton（1863）《有助於教育》（*Helps to Education*）一書：

> 必須承認的是：在我們土地上的小小孩之中，一個不敬的、任性的靈魂已變成一個優勢的、無法無天的惡魔。……有些好的老人對此有些令人

發笑的抱怨。……他們說：「現在的家庭政府和我們年輕時代一樣多，只是，現在已換手了。」（pp. 38-39）。

　　在 20 世紀期間，教養建議、教育爭論，以及心理學研究都著重在權威的議題上。該爭論經常投射出成人和孩子的權威是非此即彼的，像是只有一「邊」（side）能取得控制權（Eccles et al., 1991; Giaconia & Hedges, 1982; Greene, 1986; Stipek, 1993；見圖 6.3）。

　　一個替代的選擇是由 John Dewey（1938）所提倡的，Dewey 尋求教育的改變以支持在民主的歷程中所有美國人的參與。Dewey 宣稱成人有義務引導兒童，但並不表示成人必須控制兒童。成人和兒童不見得站在不同邊，反而，他們可以合作，在團體中扮演不同的角色並有不同的責任（Engeström, 1993; Kohn, 1993; Rogoff, 1994）。這個觀點反映在合作的教室和家庭關係的討論中。所謂合作的教室和家庭關係都是成人和兒童共同努力的結果，且成人和兒童有著不同的領導關係和責任（Brown & Campione, 1990; Kobayashi, 1994; Newman, Griffin, & Cole, 1989; Rogoff et al., 2001; Tharp & Gallimore, 1988; Wells, Chang, & Maher, 1990）。合作和控制是圍繞在父母教養和教室中的紀律的重要議題。

圖 6.3

一位老師於 1914 年在新墨西哥的 Clayton 市，負責公立學校的一個班級。

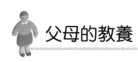 **父母的教養**

在美國，重點是放在父母的教養方面。Diana Baumrind（1971）區分出三種教養風格：獨裁權威型（authoritarian style）的父母控制了孩子；放縱型（permissive style）的父母，其孩子有自由的韁繩，以及威嚴可信型（authoritative style）的父母會引導孩子，也會與孩子商量。當父母鼓勵孩子們獨立自主時會設定清楚的標準，在父母和孩子之間有著口語上的交談。在歐裔美籍中產階級的居民中，威嚴可信型的父母與獨裁權威型或是放縱型相比，已經建立了孩子擁有較好的社交能力和學業能力。

父母對待孩子的獨裁權威、放縱、威嚴可信的風格存在著文化差異。在這些父母的類型中，彼此的關係、家長和孩子生活的其他面向也存在著文化差異（Baumrind, 1972）。例如，在肯亞，受過較多教育的父母可能會與他們的孩子協商衝突，而且允許孩子質疑他們的權威，此種方式則與傳統的親子關係形成對比（Whiting, 1974）。

與美國相比，中國的父母被認為會使用更獨裁權威式的教養風格。然而，數位作者提出，用西方「獨裁」的概念來看待中國父母也許會造成誤解。獨裁的教養方式起源自美國福音傳道的宗教熱情，經歷數個世紀之久，其強調支配及阻斷兒童的慾望（Chao, 1994, p. 1113）。「相對地，在中國的教養中，『管教』（training/guanjiao）是在一支持的、參與的，以及身體上親密的親子關係的脈絡中發生的。管教涉及了關心、奉獻和犧牲，也涉及嚴格的教養和控制。」（Fung, 1995, p. 7; see Stewart, Bond, Zaman, McBride-Chang, Rao, Ho, & Fielding, 1999, for similar findings in Pakistan）雖然在中國所盛行的教養方式不同於歐裔美籍的居民，但在研究中卻發現，其教養方式與孩子的社交、學業能力的關係，與歐裔美籍的情況相似（Chen, Dong, & Zhou, 1997）。

美國人民已注意到父母教養風格和孩子的社交能力與學業能力之間的差異，且引發了廣泛的討論。亞洲人、黑人和來自北加州的西班牙青少年說：他們父母對他們的教養方式（比起白人父母對其青少年的方式）是較多的獨裁權威（authoritarian）及較少的威嚴可信（authoritative）。同樣地，黑人的青少年提到比起白人的青少年來說，他們的父母較少放縱；然而，西班牙和亞洲青少年則提到比起白人的青少年來說，他們的父母較為放縱（Dornbusch, Ritter, Leiderman, Roberts, & Fraleigh, 1987）。在白人團體和黑人團體中，獨裁權威型的父母與放縱型的父母，其子女與

低成績連結一起，而威嚴可信型的父母其子女與較高的成績連結一起──但這種關係在亞洲人的團體和西班牙團體中會有更多的變異。

在不同的社群中，父母控制做決定似乎有著截然不同的意義，而且對於生活調適方面也有不同的意涵。在歐裔美籍青年當中，那些提到他們父母控制他們做決定（宵禁及選擇班級和朋友）的青少年在一年後出現更多的偏差行為，也表現出較差的學業運作和心理運作（Lamborn, Dornbusch, & Steinberg, 1996）。相對地，對於亞裔美籍和西班牙裔美籍的青少年來說，則提到父母控制做決定與日後的生活調適並沒有關聯。非裔美籍的青少年當中，不管他們的社會階級及社區資源如何，那些提到父母控制做決定的青少年則較少（less）出現偏差行為而且有較高的學業表現。（所有的群體中，「提到其父母較少涉入他們決定的青少年」與「那些提到和父母一起參與決定的青少年」相比，在一年後父母較少涉入的青少年調適得較差）。

體罰對於不同社群的孩子似乎也有不同的意義（Hale-Benson, 1986）。歐裔美籍母親對其幼稚園的孩子使用體罰，則其幼兒對同儕有更多攻擊行為，以及與老師有更多的衝突。相對地，對於非裔美籍母親和孩子而言，則沒有這種關係存在（Deater-Deckard, Dodge, Bates, & Pettit, 1996）。也許在歐裔美籍的家庭中（但不是非裔美籍的家庭）使用體罰象徵著父母的失控（從另一方面來看，對兩個種族社群來說，身體上的虐待也與攻擊行為有關）。在非裔美籍社群中，對打屁股有較高的接受度，也許是因為非裔美籍父母關注到鄰近環境可預期到的危險（例如：種族主義的攻擊或警察的暴力行為；Whaley, 2000）。

不同社群的年輕人對於「父母嚴格」（parental strictness）的解釋有所不同。許多北美的青少年將嚴格的父母控制與父母的拒絕和產生的敵意聯想在一起，並且覺得侵犯到他們自主的權利。然而，韓國的青少年則把父母的嚴格視為父母對子女溫暖與否的指標，而且認為父母的嚴格有助於年輕人的成就（Rohner & Pettengill, 1985）。研究者把韓國青少年的觀點歸因於他們的文化。在他們的文化中，認為個體是一個更重要的整體──家庭──的一部分。保護家庭福利的父母，其角色是穩固地引導他們的孩子，且參與任何會影響孩子的決定。研究者提到，孩子的角色（即使是到了成年）是在所有事情上都要聽從父母，他們的父母代表著智慧和權威，這些決定包括職業的選擇和配偶的選擇。

一個後續的研究發現──住在一個新的場所時，會改變對父母的控制判斷（Kim & Choi, 1994）。然而，韓國的青少年將父母的控制與父母對孩子的高溫暖聯想在一起，但韓裔加拿大的青少年和韓裔美籍的青少年卻將父母的嚴格與敵意、忽略和拒絕聯想在一起。而這些韓國移民的年輕人會改變其對父母嚴格的想法是因為他們並

不是處在一個強調共同體中相互有責任的脈絡中,而是處於一個強調獨立自主、個人價值的脈絡裡。所以,在一個新場所中也許會降低實踐傳統的合適性。

移民的年輕人常常和他們的父母會將原有國家的取向和新的國家的取向做一混合並配對,這樣的做法有助於跨世代的變動調適。處於這種改變之中的孩子和父母面對新環境時會協商出解決的方法;有時會有緊張的情勢,有時則是不費力。以下這位亞裔美籍的大學新鮮人對於高中生申請學校的建議可以反映出同時有他的祖傳傳統,也有他當前的環境。Eric Chun 來自聖地牙哥,告訴一位訪談者說:「我只申請了兩間藝術學校,因為我不認為我的父母會讓我唸藝術學校。」訪談者問他要如何說服他的父母讓他去唸他想要的學校。Eric 解釋道:

> 我不會太堅持,但也不會就這樣放棄,這之間還有些模糊地帶。我從不曾說無論怎樣我都要去唸藝術學校。如果不能唸你想要的學校,也不是什麼世界末日。畢竟對父母忠誠是更重要的事("How We Got into College", 1998-99, p. 29)。

教師的規範

在一些族群中,教師會用戒尺敲擊學生的腦袋和手關節,這種生理懲罰的形式可視為一種重要的教學方法(見圖 6.4)。在美國,數十年前,教師就被禁止使用體罰(corporal punishment)(過去當我在小學四年級的時候,所在地的州政府明訂禁止體罰,即使我從來沒有在學校聽到或看到那樣的體罰,但我還是感覺很欣慰)。如何去「掌控」教室的各種問題,持續成為教師訓練和父母教養方式的核心。

各種教育規範都呼籲教師要從他們傳統的權威角色中脫離出來,而投入與學生的對談(Sutter & Grensjo, 1988; Tharp & Gallimore, 1988)。歐洲的研究指出,在教室中,教師透過命令和問題的運用來掌控班級時,兒童只會簡潔地做回應。當教師使用非權威性的說話方式(如讓兒童說出自己的評論和自身不確定想法的展現),和增加大量時間讓兒童做回應時,兒童會更主動且更平等地對待身邊的參與者(Subbotskii, 1987; Wood, 1986)。

有一個取向是經常被用來建議教師的,就是軟化他們自己的指令(directives),或掩飾他們對學生的命令(commands),以創造一個更平等的氛圍。然而,這種指導性語言的轉化過程可能會讓一些學生感到困惑。Lisa Delpit 指出,中產階級人們使用掩飾過的命令句成為一個問句(舉例來說,「這不是你洗澡的時間嗎?」),

圖 6.4

這幅 16 世紀的學校景象是來自於一本波斯人的手稿。「年老的、有落腮鬍的老師，手上拿著一支棍棒，以督促要好好表現，正指導著一名專心傾聽的學生，而其他人似乎專注在自己的手抄本上，不過，教室並沒有非常有秩序。兩個男孩在庭院玩耍的同時，有另一個男孩在拉他朋友的耳朵。四處散落著鉛筆盒和墨水瓶。」（Burn & Grossman, 1984, p. 84）。

反而指令比較容易被理解。相較之下，直接的命令方式卻經常被藍領階級的母親所使用（see also Hale-Benson, 1986; Moreno, 1991）。但是，Delpit 指出，這種掩飾過的指示句可能讓過去都是接受直接命令的學生產生困惑：

> 一位黑人母親（在她的房子裡，我是剛來的訪客）談到她 8 歲大的兒子，說：「孩子，把你身上的鏽丟到浴缸裡（get your rusty behind in that bathtub）。」現在我開始知道，這位婦女就像其他任何一位母親一樣，愛她的兒子，但是她從來不用問句的形式，要她的兒子去洗澡。她不會問：「你現在想要去洗澡嗎？」而是使用另一種替代方法。……一位從這種家庭進入學校的孩子，他可能不會瞭解老師為何不使用直接的命令方式，而使用間接的形式……
>
> 但是此種被掩飾過的命令仍然是一種命令，仍然會顯露出權威，以及違反規定時的後果。如果掩飾過的命令被兒童忽視的話，這些兒童會被認為有行為問題，而且可能會被正式歸類為行為失調。也就是說，這個老師企圖透過間接的詞語減低個人權威，這樣的企圖會使得兒童喪失對新教室文化規則的全盤理解。
>
> 位於阿拉斯加 Fairbanks 地區的一所黑人小學的校長告訴我，她對於被分配到白人導師班級當中的黑人小孩覺得很苦惱。那些小孩常常因違反老師的指示而被請到辦公室，這些小孩的家長也經常在會議上提出這個情形。家長對老師的回答經常是相同的：「他們（指小孩）都會做我說的事情；如果你只是告訴他們要做什麼，他們就會去做。我在家有告訴他們一定要注意聽你說的話。」（1988, p. 289）。

一位北美學前教師的觀察顯示出令人激賞的與有效的權威相關的文化假設。Cindy Ballenger（1992; 1999）很有興趣去瞭解她那些具有海地背景的同事，如何在麻州成功地管控班級內的海地裔學生，而她卻出現困難。在一個充滿友好和鼓勵的氛圍，Ballenger 四歲組的班級一直是依照學生自己的喜好做事，而不是依循她的指令。但在她同事的班級中，兒童都是在一種被鼓勵、關懷的方式之下，順從教師的指示進行活動。

在另一個托育中心與一些海地裔教師談論這個問題時，Ballenger 學習到，教師都非常關注自己班上海地裔學生的行為問題。他們感覺到，教師被教導用來處理學生行為問題的方式其實是造成問題的來源之一。海地裔家長則是覺得學校容忍無禮行為的出現。海地人常常覺得北美兒童是無禮的（being fresh）和不受約束的。相對

地，北美洲的人經常覺得海地人在口語和體罰的使用上都太過嚴厲。

Banllenger 後來從一位海地女性 Clothilde 得到啟發。Clothilde 是一位托兒所的實習教師。在那間托兒所中，Clothilde 覺得北美洲的教師並沒有控制好學生：

> 有一天，當 Clothilde 抵達她的學校，她看著一位老師正告訴一個海地裔的小孩說，「小孩都要進到自己的教室去」、「小孩不可以自己留在走廊上」。這個小孩拒絕這些要求，甚至用腳踢了這位老師。Clothilde 覺得這太過分了。她請求主任一起把這個小孩馬上帶去跟其他小孩在一起。這名主任和Clothilde就一起帶著這名小孩來到大間的休息室（common room）……

> CLOTHILDE：妳媽媽會讓妳亂咬東西嗎？
> 小孩：不會。
> CLOTHILDE：妳爸爸會讓妳打其他小孩嗎？
> 小孩：不會。
> CLOTHILDE：妳在家裡會踢人嗎？
> 小孩：不會。
> CLOTHILDE：妳沒有尊重每個人，不尊重跟妳一起玩的老師或和妳一起上樓梯的大人。妳必須尊重大人——甚至妳在街上看到的每個人。妳雖然在家裡學到的好習慣，但妳沒把它帶來學校。妳在學校學到的壞東西，而且把這些壞東西帶回家。妳不可以繼續這樣做。妳想要讓妳的爸媽感到羞愧嗎？

> 根據 Clothilde 所言，海地裔的兒童自始至終都有著良好的行為規範。其他海地裔的教師……也認同此點，而此點才是兒童需要遵循的（1992, p. 202）。

Clothilde 向 Ballenger 談到，她對學生的說話內容並不會參酌學生的情感，但她注意到北美教師經常考量學生的情緒，以及幫學生解釋這些情緒（如：「你一定很生氣」）。北美教師常常討論錯誤行為的後果（如：「假如你不注意聽我的話，你就不知道怎麼做」）。海地裔教師則很少這樣做，因為他們假定，兒童已經覺知到某種特定的行為是錯誤的。所以海地裔的教師是把焦點放在團體成員的價值和責任感，偶爾才會談論對於學生的關注。

Ballenger 開始吸收一些從海地裔教師和家長學到的方法來做事，發現兒童就能

表現得很專心。有時候，部分學生會感謝她用心地處理學生的問題。在一個情境中，她正在責罵學生，因為他們沒有等待老師就自行穿越停車場：

CINDY（BALLENGER）：我告訴你們可以過去了嗎？

兒童：沒有。

CINDY：你們可以只靠自己穿越停車場嗎？

兒童：不行。

CINDY：很好。這裡有很多車子，它們是很危險的。我不想讓你們自己過
去。為什麼我要你們等我一起過，你們知道嗎？

「知道！」Claudette 說：「因為妳愛我們。」

　　雖然我採用一般海地人的方式行事……但我還是期待最後獲得的回應會符合北美人的因果歸因，就像是：「因為汽車是危險的。」然而，雖然 Claudette 瞭解對幼童而言，車輛本身的危險性，但她不希望利用這種訊息作為互動的形式。那麼，她傳達了什麼給我呢？她談到一件事，從她的觀點來看，親密感存在於這段敘述之中。這也是我從這些經驗中察覺到的感受。我特別在這些例子（我自認是做對的）中感受到與兒童之間的聯繫。

　　……我已經從和我一起工作的海地裔師生身上學到，在某些情境之下，訓斥（reprimands）可以被視為一種再次確認的方式，也可以強化關係的緊密（1992, pp. 205, 206）。

　　在另一個文化系統，成人的間接指導對兒童學習互動的過程顯得特別重要。從北美洲到日本的遊客常常對非常年幼兒童所擁有的自由度感到訝異（有時幾近毫無紀律）。不過，相對於非常年幼的小小孩，就讀一年級的日本兒童，比起美國兒童而言，顯得較有禮貌，也較少出現不合宜的行為（Abe & Izard, 1999; Lewis, 1995; Stevenson et al., 1987）。

　　的確，日本的一年級學生不需要成人的直接指導就能展現責任感，像是：可以安靜地在教室等待上課，組成小團體一起完成科學實驗，以及順暢地進行班會運作。當教師不在教室時，只有其他教師或主任偶爾巡堂的狀況下，班級仍可自行運作。Catherine Lewis（1995）曾談到，日本兒童那令人印象深刻的行為，是源自於生命初期在家庭和學校內所擁有的自由氛圍和相互支持而產生的同理心。培養出的歸屬感能導引出一種對團體福祉的責任感。在成人權威不在的時候，兒童會重視已經立下的規範。老師會鼓勵兒童自己發展的問題解決技巧，以及對問題出現時的反應，因

為這才是學習的契機。

日本學生令人讚嘆的合作能力，也是因為有著外顯化的提示而出現，像是教室內的壁報會以文字寫著如何組織一場討論會。Lewis 提到一個例子，是由兩位 6 歲的班級幹部主持長達 45 分鐘的班會，當時，班上的老師大多數時候都安靜地坐著，偶爾舉手提出自己的想法。這兩個學生參照著壁報上所列主持會議的 6 個步驟，並且一起宣布會議開始的第一個階段：「今天討論的主題是決定班上的特殊活動。」

　　學生的手紛紛舉起，提出相當多的意見：才藝表演會（talent show）、拔河、班級話劇、黏土造型等。起初，班級幹部請同學輪流發言，但是不久之後，所有學生在同一時間大聲喊叫。想表演才藝和拔河的同學叫得尤其大聲。Mori 老師並沒有說話。

　　在大聲喧嘩幾分鐘之後，一個男孩跑到教室前方，大聲說：「讓我們投票表決，看看是要才藝表演會或拔河。」其中一名班級幹部拉著老師的椅子到黑板旁邊，然後站在椅子準備把表決結果寫在黑板上。全班都很安靜地進行表決。一名幹部負責計算票數，另一名幹部把結果寫在計分表裡。幹部們宣布：「選擇才藝表演會的人獲勝。」然後，引導全班決定演出的時間、哪些人負責表演、哪些人當觀眾⋯⋯

　　在想要表演的組別當中，即使兩位男孩出現短暫的爭吵，老師也沒有介入。此時，班級幹部會要求兩位當事人接受「剪刀—石頭—布」的猜拳結果，來平息紛爭。

　　根據黑板上所寫的內容，班級幹部繼續問：「我們還有什麼事情需要表決的嗎？」沒有人有意見，於是班級幹部歸納已經確定的決議內容，另一位幹部把每一項決議寫在黑板上：要舉辦才藝表演會、表演日期、哪些人要表演、哪些人要當觀眾，以及排演的日期等（1995, pp. 111-112）。

在這樣的討論過程，教師常常是挑戰學生思考他們說出的想法，或者是調停學生彼此間想法的差異。在放學之前的反思時間中，教師會請學生自己思考下列的問題：「今天班會的討論過程是全班都有參與，或者只是少數人參與？」和「我今天是否在某個時間提出自己的想法？」伴隨著對於社會和道德發展的重視，日本教師將學生的共同參與和表達個人的意見與否視為教育成功的重要量尺。教師的貢獻是要能從整個班級整體的發展水準（collectively developed standards）當中，引導出學生的能力，而不是強迫他們遵從成人設定的標準。

在這種情境下，就如本節提到的其他實例，在教室裡，兒童參與社群或團體中

自然形成的生活方式是很重要的。在這樣的教室裡，教師會鼓勵兒童把注意力放在教室、學校或社區中已成型的實踐活動，而學生就能因此發展出對群體的責任感。雖然文化型態的獨特性很多，但是這些教室實例都呈現出「在相互依賴的關係之下，仍然保有尊重個人自主性」的共通性。

 ## 取笑他人和羞恥感是社會控制的間接形式

　　在某些社群中，成人或同儕的取笑（teasing）是一種間接提醒他人的方式，特別是當人們的行為逾矩時，或者要暗示人們應表現出的合宜行為（Camara, 1975; Edwards & Whiting, 1992; Schieffelin, 1986），這也是一種社會控制的形式。它不會強迫人們要遵從文化中的適當行為，但它會標示出違反規範的行為，促使人們去學習不會讓自己被他人取笑。

　　特別是在彼此關係密切的小社群裡，人們會避免以強制或仇視的方式來表達在日常生活中的抱怨或批評，以免影響長期的關係（Eisenberg, 1986; Houser, 1996; Schieffelin, 1986）。在這種情況下，取笑他人提供了一種間接的手段。在談話的過程中，以幽默的方式表達，且不會受到激烈的回應：

> 　　Lakota 人（美國印地安人）有效地取笑他人的方式是模糊不清的。當某人因為做了某事而受到另一人訕笑時，除了那是一個公開訊息之外，還蘊含了情緒和幽默感；而取笑他人者——和聽眾——則從中獲得了娛樂（amusement）和指責他人（criticism）的功能。而眾人會期望被取笑的人是欣然接受這樣的動作。這種存在於取笑者（teaser）和被取笑者（teased）之間的關係可能且應該會持續下去，不過，只有取笑者才有機會去批評他人（Houser, 1996, p. 20）。

　　Paul Tiulanga 是 Eskimo 國王島（King Island）居民的領導者。他談到島上居民如何制止某些為他人帶來麻煩的人。社會控制的在地型態是系統性地以表／堂兄弟姊妹間（cross-cousins）的取笑，結合同性別手足孩子間（partner's cousins）的支持來進行的：

> 　　當某人做錯事情時，表／堂兄弟姊妹會取笑、嘲弄。同性別手足孩子間則會一輩子相互扶持。

　　表／堂兄弟姊妹可以開任何玩笑，想要讓彼此都感到不快。如果有人因為某個表／堂兄弟姊妹說的話而發脾氣，他會被認為是害群之馬。無論何時，某人做壞事或做錯事時，他都會告訴他的表／堂兄弟姊妹，雖然會受到他們的取笑、嘲弄，但這會讓他覺得很好玩。這個過程會持續一輩子。

　　同性別手足孩子間則會相處在一起，相互溝通、一同工作。如果一個人有了麻煩，同性別手足孩子間也會感覺很糟糕。如果一個同性別手足孩子間認為另一個手足正在找某人的麻煩，他會立即保持沉默，他不會當面指責著同性別手足孩子間的錯誤。他會把這樣的事告訴他的表／堂兄弟姊妹，讓這些人扮演取笑這個麻煩製造者的角色。

　　人們透過觀察可以瞭解到一個人是好或是壞。他們大多會給一個人第二次機會、第三次機會。他們會試著與問題製造者建立某種關係。他們不會只是忽略這個人的存在，因為他（或她）會製造出更多的問題（Senungetuk & Tiulana, 1987, pp. 30-31）。

　　取笑也很常用來幫助兒童學習合於文化的情緒反應，去面對具有挑戰性的情境。一個「視取笑為正常」的社群之中，像是 Kikuyu 人（在肯亞）或 Kaluli（在新幾內亞），取笑的方式協助兒童脫離學步期，到能夠區辨什麼是真實或正確，什麼是虛假或錯誤，以及能夠掌握符號意義（Edwards & Whiting; 1992; Henze, 1992; Schieffelin, 1986）。

　　Margaret Mead 和 Gregory Bateson 的影片「Sibling Rivalry in Three Cultures」之中，有一段峇里島人的取笑事件，呈現學步兒被鼓勵去應付容易引發情緒的環境和確認何者為真的學習歷程。一個事件中，幾個峇里島母親假裝拒絕自己 1 歲大的孩子，而去親近其他的嬰兒（借用其他母親的孩子）。比起實際上有新生兒的情境，成人認為嬰兒要在這種較安全的情境中，能夠掌控他們氣憤的感受。畢竟，這只是一個遊戲，這名 1 歲大嬰兒的氣憤狀態只是這齣戲的一部分。家長以做出偏心的態度（有其他嬰兒配合）來取笑嬰兒，可以幫助兒童學習「取笑是假裝的，就如未來的生活不會盡如人意」。

　　從相互取笑中習得的這類經驗，很可能會因為社群的不同而有差異。巴爾的摩南部的藍領階級白人家庭之中，他們的取笑似乎用來鼓勵兒童堅持自我、反擊，以及用氣憤的方式公開表達——這是這個社群中具有高度價值的技能（Miller & Hoogstra, 1992）。巴爾的摩南部的照顧者會以開玩笑的方式刺激兒童，讓他們起而保護自己。母親會威脅、挑戰和羞辱自己的女兒，甚至鼓勵以人身攻擊的方式（physical aggression），改變她們與其他女孩之間的關係。她們自身的經驗已經說服自己，她們的女兒需要這些技巧，以便在生活中能保護自己（Gaskins, Miller, & Corsaro, 1992）。約在 2 歲半，兒童就有能力傳遞出氣憤的情緒和攻擊的行為；而且基於另一個人的煽動，兒童能展現這些反應，也將之視為正當的能力。

在美國黑人低收入戶社群裡，「學習如何在被他人取笑的過程中，有技巧的機警應答」被認為是自我保護的先前訓練（Slaughter & Dombrowski, 1989）。這些取笑他人的應答技巧被稱為提供訊息，它是種儀式化的語言遊戲，包含了以巧妙方式羞辱他人的相互對待。這個部分可以從「playing the dozens」[1]（「妳的媽媽是如此愚笨，所以當她聽到 90% 的犯罪都發生在住家四周時，她就會搬家」，之後一連串的回應都要是：「妳的媽媽……」），或「capping」（「我去你家，想要坐下，一隻蟑螂跳起來，說著：『抱歉，這個位子已經有人坐了。』」回應者要說：「我到你家，踩到一根火柴棒，然後你媽媽說：『誰把暖氣給關了？』」〔Lee, 1991, p. 296〕）的遊戲當中看見。

非裔美國青少年在許多社會情境中，一個人如果不能表現得「內行」，就會被認為是無能，沒有地位，也沒有特色的（Lee, 1991）。聽者在相互娛樂對方的當下，會佩服口語流暢和能機智回答的玩家。在我大學班上的非裔美國學生談到，這些在朋友間的取笑（不會發生在陌生人之間）幫助人們面對他們的缺點，以及對這些缺點不會太過敏感。他們提到，這樣的方式協助少數社群的成員較能不理會嚴重的羞辱，因為他們很有可能會在社群之外遭遇到類似的情境（Wales & Mann et al., personal communication, March 1996）。

在其他群體中被取笑，可能當作是修行（stoicism）的訓練項目。舉例來說，在加拿大北部的 Athabasca 人之中，幼兒學習要接受取笑且不發脾氣。他們學習在這種情境下要將他們的情緒排除（Scollon & Scollon, 1981）。同樣地，北極圈地區的其他群體，嘲弄他人可以幫助兒童在面對挑釁的情境時，發展鎮定的態度，如照顧者鼓勵兒童以忽略或嘲諷的方式，回應公開取笑的行為（Briggs, 1970）。此種幼兒取笑他人的方式被認為是一種教導的方式，而不是殘忍或報復的做法。它教導幼兒合宜的行為並且強化他們，使其不會在他人面前丟臉（Crago, 1988）。

同樣地，從學步期開始，玻里尼西亞馬克薩斯的兒童透過被嘲笑的過程，學習控制情緒的表達。透過社會批判和同儕的取笑，兒童學習去反抗社會生活中的挫折

---

1 譯註：美國黑人的遊戲：兩個人互相用某種形式的句子嘲弄對方的媽媽或其他家庭成員，直到其中一人無言以對。

和處理社會的束縛（Martini, 1994b）。他們不是要學習對群體讓步或退出群體，而是要以幽默輕鬆的方式轉移他人的攻擊。在這些學前階段幼兒的身上，取笑他人和社會批評能建立富有彈性的自我概念。當兒童能熟練地回應他人的取笑時，他們就能成為同儕團體中的領導角色。有時候，兒童會羞辱幼兒，直到他們哭為止，然後再展現面對挫折時比較適宜的方式給幼兒看——勇敢地面對團體而且對他人的攻擊毫不在意。

　　每日社會性的受辱（Marquesan 4 歲的幼兒學習運用鎮靜和幽默感的方式）將摧殘大部分的美國幼兒……

　　馬克薩斯兒童不會把這些取笑當作是針對個人的，也不會認為其他人取笑的目的在於反對他們的社群。他們學習界定自我，如什麼特質是比他們在某個時刻（受挫時）更為穩定，什麼內容是比他們述說如何被取笑的過程更具價值的。

　　循著這樣的想法，馬克薩斯兒童廣泛地參與和回應團體中的取笑，也因而似乎很少在生活中不可避免的受挫中受到傷害。對應到相同年齡的美國兒童，他們最後可能較不會感到羞愧，也較不容易受到團體意見的影響（pp. 100-101）。

馬克薩斯父母運用羞恥感來教導子女合宜的行為與注意旁人的觀感。兒童也針對他人不適切的行為予以責備或嫌惡，運用羞恥心來相互影響。他們會因為造成自己或他人的傷害、犯錯、跨越可接受行為的界線，以及行為過於跋扈或自我中心，而對他人感到羞恥（Martini, 1994b）。

　　在一些社群中，羞愧是一種幫助兒童學習道德覺知的方式，和一種需要被發展的美德。在中國，從孔老夫子的時代開始，羞愧就已被視為一種美德（Fung, 1995）。現代的中國，有 2～4 歲子女的父母談到，他們教養子女的方式是在具體經驗發生的當下給予子女教導，而較不會以嘮叨的方式勸說。他們談到，立即性的具體經驗幫助兒童瞭解規範如何運作、記下這些規範、遵守這些規範。在學前階段，如果兒童知道自己讓父母失望，他們已經會感到羞愧。父母認為，當他們的子女違規時，不只是教導他們從錯誤中改正，讓他們的子女感到羞愧也是必要的。但過度的羞愧也許會讓兒童逃避互動，損傷自尊和引導兒童嘗試逃避責任，進而失去改進的動機。所以成人和兒童都被認為要有健全的羞愧之心。

　　通常，羞愧的發生就如家庭生活的一部分，對兩位在家中持續被觀察多年的中國幼兒來說，每小時就有 5 個事件出現（Fung, 1995）。照顧者通常會利用剛發生不

久的經驗，並將之帶回家作為教導子女的素材。雖然羞愧包括放逐和遺棄，但是，所有的受試者能以開玩笑的方式處理大部分關於羞愧的事件。一般來說，羞愧被用來教導兒童如何成為社會的一分子、將他們納入社會，以及保護他們面對來自家庭或社群之外人們的譴責。

取笑他人和羞愧，就如同父母和教師的規範，包含著強迫性、服從性或引導兒童以合宜行為處事等方面的文化多樣性。許多道德議題會在下一段進行檢驗，也會談論自主、對團體負責、獨立和控制等文化概念。

道德關係的概念

公平和道德規範的想法和「個體在社群中如何與他人產生連結」的文化概念是聯繫在一起的。在一些社群中，每個人都用相同對待和資源平均分配的方式進行溝通是重要的，而優先的權利是給那些在團體（相互依賴的自治團體）中能擔當責任的人。

在許多道德議題上，都會論及個人權利和團體意向（group interest）間的關係。舉例來說：如果某人的生存會威脅到團體中許多其他人的存活時，那麼，殺嬰或忽視嬰兒都是不道德的嗎？或者為此，讓一個人死去就是道德的嗎？物質資源的消耗和個人生活的延續之間是怎樣的關係呢（就像是器官移植不一定可以讓人活更久）？

道德推理

跨社群的道德發展研究是經常以道德推理測驗來進行（see Eckenberger & Zimba, 1997）。舉例來說，在 Lawrence Kohlberg 的研究當中，呈現許多道德兩難情境給受試者，像是：如果一個人的妻子因為缺乏一種昂貴的新藥即將死去，這個人應不應該去偷那個新藥？在一系列的這類研究，回應者的觀點判斷是依據 Kohlberg（1976）的 6 個道德推論階段表來分類的：

- Kohlberg 理論的前兩個階段把焦點放在一種道德判斷中關注在自我中心的判斷依據、運用自己的觀點且假設他人都有相同的想法，以及將避免傷害或處罰當作優先考量。
- 在第三階段，人們以團體觀點進行思考，並依據黃金原則（Golden Rule）來

執行（你對待他人的方式，就如同他人對待你的方式）。他們以團體規範和習俗作為道德判斷的引導指南；這個觀點是假設只有一套對的判斷原則。

● 在第四階段，社會被視為是一種意向相互衝突的競爭團體所組成的體系。這個系統會透過一些像是法院之類的組織，修改其道德判斷原則。但是合宜的原則會被保留下來。

● 第五階段和第六階段包含一種哲學取向。是指人們在特殊的狀況下，可能會考慮將「較高順位」（higher-order）的道德義務或正義原則取代社會規範。

在不同社群，對於這些道德兩難情境的回應都會落在這個階段表的某個位置，而且表現的結果都位於這個階段表之中「較低」（lower）的階段。許多社會當中，大部分成人對於這類道德兩難的問題都落在 Kohlberg 理論的第三階段。他們認為社會是建構在相互信任、彼此依賴，以及與其他特殊角色關係（像是父母對子女，或朋友對朋友）建立起來的承諾上（Shweder et al., 1990）。大部分判斷道德的原則如同遵從團體的共識，人們不會將較高順位的道德擺在團體共識之前（如 Kohlberg 理論體系的較高階段所示）。

這個研究常常將人們對判斷的陳述作為他們生活中道德態度的指標。這就很像將人們陳述文法原則的能力，直接等同於他們使用這些文法原則的能力（Shweder et al., 1990），但是人們不是經常能夠輕易地解釋他們行事的理由。在某些社群中的人，特別是那些有學校教育經驗的，比起其他人而言，會以個人判斷或反思的方式清楚表達自己行事的理由（Fiske, 1995; Scribner, 1974）。的確，道德推理「較高」階段的表現與中等或更高級的學校教育成就有關（Edwards, 1981）。

文化研究已經提到，道德推理階段可能也反映出研究者自身的社會價值和政治結構系統。這個階段表也許不能應用在其他政治體系的人身上（Edwards, 1981）。這種官僚體制觀點（第四階段）符合在大型工業化社會中的政治架構，但可能不適合那些小型的傳統部落社會的人們：

> 這兩種形式的社會系統是非常不一樣的（雖然這兩者都是有效的系統運作型態），因此在不同社會系統之下每天的生活都會引發不同型態的道德問題的解決，而這些問題的解決也一定會合於各自獨特的情境脈絡（p. 274）。

道德是個人的權利或是和諧的社會秩序

　　Dora Dien（1982）找到了西方道德系統的根源——強調對個人的獨立自主和為自己的行動負責。這一點是猶太教和基督教都有的共同價值：它們都認為人是透過個人自我決定（self-determination）而被創造出來的；而希臘哲學之中則強調理性是追求道德的關鍵。這個體系被 Dien 所注意，並反映在 Kohlberg 的 6 個道德推理階段。

　　在中國，Dien 認為，儒家文化的學說被當作是一套倫理學系統，人們可以從中獲得正義感和道德行為，但不強調個人的權利……這樣的觀點與西方文化不同。在儒家文化裡，宇宙就是道德，它以一種正義和良善的方式運行。基於宇宙的絕對道德律令，人類有責任要去實踐，並且將自我融入團體，成為關係的一部分，以確保和諧的社會秩序。儒家觀點是睿智的，它成就了對他人深層的同理心和對於宇宙微妙平衡力量的敏感度，這些都足以作為所有獨特情境中人類事物判斷的準則。在中國，道德的完善包含判斷的能力，這個能力需建立在「能洞察文化的互惠基準、交換原則、各種可獲得資源，以及複雜人際關係網絡等錯綜交織的系統」（p. 339）之上。相反地，Kohlberg 理論的最高階段則強調分析思考能力、個人抉擇和責任感。

　　Dien 提及西方世界解決衝突的模式，是藉由一套以個人選擇和責任為前提的精緻法律制度來保障人類。這與中國人透過調和的方式，以保持和諧且相互依賴的社會生活來解決紛爭的偏好恰恰相反。儒家學說反對以刑法進行控制，因為法律是很難包含所有可能的情況的，而且法律的控制是透過對處罰的懼怕，這更會導致人們試圖逃避法律，而不去改變他們思考和行為的方式。

　　類似相對的概念也出現在非裔美國人 Sea Islanders 人（南加州）身上，他們透過調解的方式來處理紛爭（Guthrie, 2001）。農場的工人以維持和睦為目標，在教堂「研討解決」（thrash out）各種抱怨。將抱怨帶到法庭的人們並不是為了要找出一個有建設性的解決方式而去申訴的，他們把麻煩攪得更煩（stirring up trouble）。而把焦點放在界定罪惡和請求賠償的法院，被視為只會讓問題變得更加嚴重。

　　傳統納瓦荷人調解紛爭的解決過程，其目的是透過尋找問題的根源，利用心靈上的資源，以納瓦荷人的方式應用道德原則，以恢復社群和家族的和諧。調停者不像美國法律，他們不會強迫違法者順從某人的意願。相反地，「說話睿智和友善的人」會運用其說服力，把焦點放在關係和責任感上，找出解決的方法以恢復和諧（Witmer, 1996）。1982 年在納瓦荷族，一位長老在法律訴訟過程中提到過去的調解程序後，重新恢復那樣的調解程序，規定要以沒有敵對的方式來解決紛爭[2]。

學習當地的道德秩序

在印度 Bhubaneswar 和芝加哥的一個後續研究提及，兒童在 5 歲的時候對於這個社會的道德認知已相當瞭解（Shweder et al., 1990）。5～7 歲時，兩個社群的兒童在判斷道德情境的內容已有差異，而且與他們所屬社群的成人相當接近。有一些道德認知是兩個社群都接受的，像是信守承諾、尊重物品、公平地分配資源、保護弱者、禁止亂倫、避免恣意地攻擊他人。不過，其他許多行為可能在一個社群中是中立或有道德的，但在另一個社群則被認為是罪惡的。

道德認知的差異似乎就是這兩個社群中不同世界觀的集合體。中產階級美國成人和兒童的基本世界觀似乎圍繞著這個觀點而建立起來的──道德就是獨立個體所同意的事項：契約、承諾、認同感。相反地，Bhubaneswar 成人和兒童的觀點似乎是基於──合乎社會習俗的實踐是道德秩序的一部分，也就是說，人的角色和關係都是獨特的（Shweder et al., 1990）。

兒童對於自身社群道德秩序的快速學習可以從日常事件來說明。兒童會從中獲得道德評論，瞭解什麼是好的、純潔的，什麼是壞的、卑劣的。道德評論會出現在家庭成員對兒童行為的回應，或是出現在彼此間的互動、在兒童的遊戲裡，以及像是下列的日常事件之中：

> 「*Mara heici. Chhu na! Chhu na!*」是一個月經來潮的 Oriya（Bhubaneswar）母親的呼喊，當時她年幼的孩子正接近她的大腿。意思是：「我被弄髒了。不要碰我！不要碰我！」如果孩子繼續接近，這位母親會站起來，離開她的孩子。當然，年幼的 Oriya 兒童沒有月經或經血的相關概念；初經的出現對青少年時期的女孩一定是全然的驚訝。一般來說，母親會透過就像處理小狗糞便或拿取垃圾的感覺，或者選擇迴避話題的方式，「解釋」她們自己每月「被污染」的經驗給孩子聽。不過，Oriya 兒童很快學到有種東西叫作「Mara」……而且當「Mara」出現時，正常的狀況下，她們的母親都會遠離他們，獨自睡在草席或地板上，被禁止進入廚房。……在訪談過程中，大部分 6 歲兒童認為「被污染」（「mara」）的母親去煮飯

2　納瓦荷族最高法院大法官 Robert Yazzie 贊成這個系統，14 個納瓦荷部落的法官依據調停者的做法進行，有時候可與美國法律系統相連結（Witmer, 1996）。這個系統已經喚起加拿大政府和美國法院組織及其他團體的興趣。

或和她們的丈夫睡在同一張床是錯誤的行為；大部分 9 歲的兒童認為
「mara」是一種自然界客觀存在的力量，世界上所有母親有一種道德義務：
當她們「mara」的時候，不可以碰觸任何人或烹煮食物（Shweder et al.,
1990, p. 196）。

隨著年齡的增長，這個研究中的芝加哥參與者更常強調道德判斷的情境依賴性，
以及更加依賴社會認同的觀點來進行道德判斷。相反地，Bhubaneswar 的參與者會
漸漸認為他們的實踐活動是單一且不可改變的，舉例來說，「讓年幼兒童在自己的
房間獨自睡覺是錯的，因為他們半夜醒來的話會害怕，而所有父母都有義務保護他
們的子女遠離恐懼和痛苦。」（Shweder et al., 1990. p. 170）。

然而，一些印地安訊息提供者表現情境依賴（context-dependent）道德思維，就
像來自 Bhubaneswar 的 Brahman 人所爭論的：

> Bhubaneswar 寡婦穿著亮麗顏色的衣服和珠寶是不道德的，因為(a)她
> 會引人注目；(b)如果她引人注目，就會進一步引發性關係；(c)如果她引發
> 性關係，她就不重視對於她逝去丈夫靈魂需要保有的沉默義務（meditative
> obligation），並且做出不忠貞的行為。
>
> 但是美國寡婦穿著亮麗顏色的衣服和珠寶是可被接受的，因為(a)這是
> 美國要成為世界征服者和科技創造者所需承受的命運，它是文明發展過程
> 中的一個階段；(b)以違禁的方式而有的性結合而生下來的孩子，可能更為
> 聰明、占有優勢和熱愛冒險的；(c)寡婦再婚，以及其他美國生活的實際狀
> 況，如青少年的約會和因戀愛而結合的婚姻，都鼓勵違禁的性結合，也因
> 而能製造有這些特質的人格，以符合在美國文明產生過程的這個階段。
>
> 一個更抽象的情境依賴道德爭論如以下所示：美國有一個年輕的文明；
> 印度則有一個歷史悠久的文明。一個文明要出頭和發展出良好的或適當的
> 實踐和制度則需要很長的一段時間，因為這些實踐和制度都代表著對於大
> 自然需求所需的平衡。你不該期望年輕人能掌握年長者的智慧。美國現在
> 所做的，就是在它發展的初期被視為正常的或是符合當前狀況的所需的做
> 法（Shweder, et al., 1990, p. 182）。

道德規範中義務性的概念和無條件的概念

　　一些義務性的道德規範很明顯地會存在於一個社會中。這些強制的規範包括以較高層次的道德義務取代個人的偏好或團體的共識；避免傷害他人的原則，以及正義原則（Shweder et al., 1990）。在此同時，有一些無條件概念的特性在某些社會中會被維護，但在其他社會則不會：

- 有些社會將其較高順位的道德義務立基於個體的天賦權利（例如自由權）。相對地，其他社會則把重心放在個體的責任（像是維護受到規範角色的義務責任）或社會目的（像是保持國家安全的目標）。
- 不同社會所呈現的差異是在相當基礎的部分：扮演不同角色的個體，或是角色和身分地位的不同。Kohlberg 的理論體系中，基本元素是個體。個體被認為是獨立於社會之外，且個體伴隨著一種源於內在且平等的價值觀，這個價值是獨立於與人的關係或是個人特質的。社會則被視為是源自於個體彼此之間的認同。另一個說法是假設社會安排（social arrangement）才是源頭。這個說法將社會角色的考量列為優先，並且接受每個人身分狀態和人格特質的不同。這個觀念將社會安排視為自然，而且比擁有這些社會安排的個體還要重要。
- 去定義誰或什麼東西比較有價值，這個問題的答案就跟人的多樣性一般。非法外籍人士能享有與當地國民相同的權利嗎？法人、胎兒和乳牛都應該被保護，使其遠離傷害嗎？
- 描繪出自我的邊界有很多種方式。那麼，它是保護我們的身體或生理機能的所畫出的範圍嗎？或者，我們的感覺和榮譽感也是應該被保護嗎？
- 不同的社會對於每個人需求的強調是不相同的，也會因為個人被平等對待後產生好或壞的感覺而有不同做法。有一個觀點提到：「不管誰被拯救，年長或年幼、好人或惡人，只要拯救較多的生命，比起拯救較少的生命，都要好得多」（p. 150）。另一個觀點則提到，規則是根據個體或角色而改變的。
- 「不管神權的概念是否被接受，都是道德秩序的特徵之一」，這個說法會因社群的不同而有差異。

　　世界上社群都很煩惱，該如何界定道德行動就是文化實踐，以及不同社群的價值是建立於彼此日益增加的聯繫。在種種已知的道德立場中，瞭解文化制度（例如

宗教和正式學校教育）在人類做道德決定，以及人類解釋他們決定的過程中所扮演的角色是很有幫助的。不同團體間，對於道德的爭辯都圍繞在自主、獨立、相互依賴和社會控制的問題之上。合作和競爭的文化標準為何也有類似的爭論，這點會在下一個部分說明。

合作和競爭

　　許多觀察者已經察覺到文化差異的範圍包含了個體間彼此的合作和競爭。有些社群在團體內將合作放在首要，但對外則是將與其他社群的競爭放在首要考量；而某些社群即使面對個體最親密的團體也是以競爭為主要考量（Harrison et al., 1990; Swisher, 1990）。

　　舉例來說，社會上對於合作角色的不同看法已在美國印地安人和美國政府之間的交流過程裡被記錄下來了。1883 年，麻州參議員 Henry L. Dawes 談到印地安保留區的原住民：「毫無利己主義的思想是文明的基礎」（guoted in Spring, 1996, p. 179）。Dawes 繼續提及，一般來說，在重要地區擁有土地是讓自己家比別人家好的創業動機。當開墾者尋找（和獲得）進入印地安人地區時，財富累積的競爭是殖民者和美國政府試圖灌輸原住民的眾多價值之一。他進一步引自一份 1888 年的國會報告指出：「印地安人事務處的長官 John Oberly 相信，印地安學生應該被教導過『要欣賞美國文化的個人主義，之後他會用「我」代替「我們」，用「這是我的」代替「這是我們的」』。」（Adams, 1996, p. 35）。

　　兒童合作行為的文化差異相當早期就出現了。與中產階級盎格魯美國兒童在盎格魯美國幼兒園的表現相比，中產階級韓裔美籍兒童回應韓裔美國幼兒園同儕的遊戲時，會出現較多的合作行為（Farver, Kim, & Lee, 1995）。韓裔美籍兒童通常以接受一個遊戲設定、接受一個物品，或開始和發起者一起遊玩等方式做回應。但盎格魯美國兒童不到一半可以做出上述的回應，而且更常是以忽略或拒絕邀請、或是不為所動，或是離開作為回應，而且有時候會以攻擊或推擠來回應對方。

　　Mary Martini 建議，因為中產階級歐裔美籍兒童沒有學習合作的技巧，所以他們可能很快會有自己的想法，認為「當一個兒童無法達到他（或她）的目標時，會感到壓力，這種狀況通常出現在複雜的社會情境之下。在這些個案當中，美國兒童可能會小心地退出原本已經溝通好的關係，或轉向獨自遊戲」（1994b, p. 99）。她指出，美國學前教育教師和成人需要負責監控同儕團體，以確保團體能公平地運作，

幫助兒童輪流，以及用各種方式交換個人的興趣，使其不會與他人的興趣衝突。這個說法符合圍繞個人權利出現的道德規範，也能保護與他人合作有困難的兒童。

 ## 遊戲中的合作行為與競爭行為

　　幾個研究都採用遊戲情境，且發現伙伴間的合作對彼此都有好的結果。在以色列合作農場（Israeli kibbutzim）的兒童——社區組織的形成被認為是人群合作的首要條件——是互助合作的。相反地，即使個別可達到的成就比兒童合作下的成就要低，以色列的都市兒童還是比較容易相互競爭（Shapira & Madsen, 1969）。與農村地區的毛利人和庫克島（Cook Island）兒童相比，對紐西蘭的都市兒童（包含歐洲裔或毛利人）來說，即使他們以競爭的方式收穫很少，但他們在互助合作上仍有很多困難（Thomas, 1975）。

　　相同地，比起美國分屬三個不同人種（盎格魯美國人、非裔美國人、墨西哥裔美國人）的都市兒童而言，農村地區的墨西哥兒童可能更重視互助合作。美國都市兒童即使在沒有人會獲勝的情境下，他們仍會很認真地相互競爭（Madsen & Shapira, 1970）。觀察過程中，沒有任何農村地區的墨西哥兒童出現競爭的狀況，在美國三個人種社群當中，也沒有出現任何相互合作的實例。事實上，對盎格魯美國人和非裔美國人社群來說，兒童均投入積極的競爭活動之中，且需要實驗者全力掌控遊戲的進行，以避免失控。競爭的想法可能在這些兒童身上已是根深柢固，即使活動策略上跟他們正在進行的做法上相反，但他們仍會相互競爭。

　　一系列相關的研究是以一枚硬幣的分配遊戲（a coin distribution game）來進行的，遊戲的方式就是拿一些硬幣分給4～5個參與者。參與者可以選擇用慷慨的方式或競爭的方式——即每個人可以嘗試盡可能讓自己多拿一點，而不需要考量他人拿到多少——進行分配（Graves & Graves, 1983）。傳統庫克島的成人（在大洋洲）以慷慨的方式分配貨品；反之，在庫克島上，住在較為現代化地區的成人使用競爭的方式分配。傳統的成人若過去只受過一點學校教育的話，比較可能住在大家庭裡，也會運用較多傳統的生活方式過日子。

　　當庫克島兒童進行硬幣分配遊戲時，5、6歲的兒童會比較大方——在接受學校教育之前。但是4～6年級的兒童，會以較多競爭的方式分配物品，而且每增加一個年級，競爭的行為也會增加，顯示出學校教育可能在某部分造成以競爭方式進行分配（Graves & Graves, 1983）。在這些小學各年級之中，出現較多競爭行為的兒童也就是在學校的成就較高，也對學校抱持較為正向的態度（他們穿著和舉止都像是學

校要求的那樣）。這些發現暗示了學校教育有增加競爭行為的可能性。

 ## 學校教育和競爭

在受教育個體身上出現較多競爭行為可能與學校教育普遍鼓勵個體相互競爭有關。學校教育常常使用分數和比較的方式來比較個體，並以此作為規範的門檻，讓個體擁有不同的機會。那些不同意以分數來相互競爭的大學生提及：以合作的方式更可能從彼此身上學習到東西——將彼此視為資源，而不是阻礙。

以曲線畫出的成績不但標示出某些人在表現上的失敗，也使所有人都處於相互競爭的狀態。在特定的文化背景下被創造出來的此種評量個體的方式，至今仍為世界上許多兒童和青少年造就了一個競爭性的學習環境。將成績以曲線方式展現，是 Max Meyer 於 1908 年首次在著名的 *Science* 期刊上所發表。他認為成績的分配應該會呈現出常態曲線，前 3% 的人會被評定為極佳，接續的 22% 會被評定為較佳，中間的 50% 會被認為是普通，接下來的 22% 是較差的，最低下的 3% 是失敗的。在重視科學效率的年代裡，以曲線的方式呈現成績在往後幾年開始流行，教育專家和管理者將原本用於工廠生產的企業管理模式，應用在學校管理之中（其他評量實踐活動，像是評估每位學生達到所期望的技能或知識水準的程度為何，並不會把某一學生的成功建築在另一位學生的失敗之上，而進行彼此間的相互比較）[3]。

許多美國教室都是充滿競爭的，如：老師會單獨請學生出來回答問題，公開稱讚或糾正個別學生（Lipka, 1998）。然而，教師以個人競爭原則經營班級的方式，可能與一些學生的社群價值不合。舉例來說，美國印地安學生的社群價值中，團體之間可能相互競爭，但是個人的角色會為團體的成功做出奉獻（Swisher, 1990）。如果教師點到一名學生，他可能會縮在位子上，而且盡可能不做出任何回應，以避免自己從團體裡被孤立出來。以下有一個教室實例，是發生在教導 Pueblo 印地安兒童的一位新手教師身上：

> Ed（教師）轉向班上同學，而且要他們向我們（參觀者）介紹他們自己。沒人說話。Ed 點名一位學生，請他開始介紹。這位男孩好像完全沒聽

---

[3] 把焦點放在成績，似乎對學生是有害的（Milton, Pollio, & Eison, 1986）。注重成績的大學生（比起注重學習內容的學生）認為，他們對於超出考試範圍的討論是很不耐煩的，而且，他們更容易在課堂上分心，在考試的成績表現上也比那些重視學習的學生要差。他們並無有效的學習習慣，常有高度的焦慮，以及可能重複出現作弊的行為。

見；我們趨身靠近那位男孩，也沒聽見他的回應。下一位學生也是相同的情形。雖然他們正用眼睛四處張望，卻沒有學生與我們眼神交會（Suina & Smolkin, 1994, p. 125）。

兒童都很害羞，因為自我介紹得從團體中站起來，這對於 Pueblo 社群規範而言，並不是個適合「挺身而出」的情境之一（見圖 6.5）。

與盎格魯學生相較之下，納瓦荷的高中生較不會將考試或成績當作競爭的事件（Deyhle & Margonis, 1995）。一位教導印地安人的教師解釋道：

你把他們放到籃球場去，他們會盡可能地競爭；但是在教室裡，他們不會想相互競爭、對立。我可以問一個問題，當一位學生回答錯誤時，沒人會糾正他。他們不想要相互注視，或者批評他人。盎格魯學生會積極地展現自己知道正確答案，他們想要與眾不同；印地安學生則想要躲在全班後面（guoted in Swisher & Deyhle, 1989, p. 7）。

挑出一個人作為特例，可能危及社會結構或此人和他人之間的人際關係。一所盎格魯人的高中諮商師談到，老師製作一分表現優異者的公布欄，而將得分 B 或更

圖 6.5

1900 年，位於新墨西哥州，Santa Fe 的一所美國印地安人學校教室。

佳的學生照片置於其中時，納瓦荷學生的家長抱怨他們的子女被選上（Deyhle & Margonis, 1995）。這位老師後來「妥協」，把這些學生的姓名旁邊放上一個微笑貼紙作代表。一位納瓦荷學生盯著公布欄看著，說：「這個公布欄把我們這樣突顯出來，讓我們很困窘」（p. 157）。鼓勵個體競爭的校園倫理與奉獻個體一己之力給群體的社群倫理，是不一致的。

　　相對地，以公開的方式評估個體的表現，像是在中產階級美國家長經常採用的大量讚美，使其自我滿足，則對這些兒童的性格養成上相當有意義（LeVine, 1980）。在描繪個體的成就之餘，他人的支持性角色有時是被忽略的。即使是成人做了大部分的工作，中產階級歐裔美國成人仍可能向兒童恭賀：「好女孩，妳靠自己完成這件事情呢！」中產階級美國家長認為，兒童尋求關注與被人注視等都是讓兒童為成功做出努力，所以要用讚美和表揚來回應他們這樣的行為（Whiting & Edwards, 1988）。

　　比起非裔美國兒童總逃避著大人的關注（因為那表示對錯誤行為的不滿），中產階級美國兒童被觀察到更會尋求成人的關注（Whiting & Whiting, 1975）。中產階級美國兒童的此種早期經驗，引導他們把期待受關注當作是本質上的回饋，使他們順從這種特殊的癖好。兒童可能為了吸引他人注意而做出錯誤行為，甚至處於會受到處罰的危機之中（LeVine, 1980）。在 Robert LeVine 的研究中，比起為了獲得讚美，非裔美國兒童把廣泛的技能學習視為理所當然，而非把學習的成果當作是榮耀或競爭後的勳章（badge）。

　　在某些社群中的成人相信，讚美對兒童是不好的，因為讚美讓他們驕傲、不知反省，以及可能違反規定，而因此阻礙他們與團體之間的關係（LeVine, 1980; LeVine et al., Lipka, 1988; Metge, 1984）。因好運或因好的個人特質而受到注意，可能會危及讚美的本意，或喚起他人的嫉妒，引發危險。在日本，稱讚被轉化為展現適當的謙遜（Wierzbicka, 1996）。

　　某些社群中，對兒童可能是間接地表現其讚美，以避免伴隨稱讚而來的危機：

> 當一位孟加拉母親想要稱讚她的孩子時……她可能會給孩子一個已剝皮去籽的橘子。孟加拉兒童完全瞭解他們母親對自己做的特別行為，即使母親可能沒有使用讚美的字眼——稱讚他們的行為可能是不得體的（Rohner, 1994, p. 113）。

　　馬克薩斯和Inuit地區的父母並不會直接傳達讚美的訊息，而是向他人提及子女的能力表現（Briggs, 1970; Martini, 1994b）。紐西蘭毛利（Maori）兒童可以理解以

一個眼神或碰觸，或者給予表現良好的學習者更多任務和責任等方式，間接表現認同的態度。Yup'ik（阿拉斯加原住民）教師很少直接稱讚學生的表現，但是當學生完成一件困難的任務時，他們會給予兒童正向的評語，例如，「他現在已經可以利用這樣的技巧協助家庭」（Lipka, 1998）。

　　除了爭取分數和讚美行為之外，學校教育對於競爭和樂意從群體中挺身而出的成果，也可能來自於將兒童以年齡分組教學。在許多文化社群中的觀察顯示，比起與年長或年幼孩子相處的兒童而言，和同齡孩子相處的兒童更傾向競爭（Whiting & Whiting, 1975; Whiting & Edwards, 1988）。因此，完全以年齡區分年級的方式，可能增加相互競爭的可能性。延續上述的想法，相較於從 2 歲開始進入教育場域，並且花費較多時間與同齡友伴互動的兒童，匈牙利 6～8 歲較晚進入學校，且課後花費較多時間與手足相處的兒童，會出現比較少的競爭態度（Hollos, 1980）。

　　當然，並不是所有的學校制度都是以相互競爭的信念組織起來的。與進入傳統美國公立學校的兒童相比，進入特別以促進兒童間互助合作的美國公立學校的兒童，能更常以合作的方式構築彼此的想法（見圖 6.6；Matusov, Bell, & Rogoff, 2002）。

圖 6.6

這所猶他州的公立學校是透過兒童彼此以及與成人互相合作的方式運作的（Rogoff, Goodman Turkanis, & Bartlett, 2001）。圖片前面的兒童正在一起研究幾何問題；圖片左方的兒童則正計畫寫給美國國會的信件，要求他們支持公共電視；圖片後方的兒童正在書寫和繪製明信片；在櫃子旁的兒童正在選擇她的下一個活動。

　　雖然合作經常與競爭是相反的用詞，但是一個有趣的個案呈現這樣的觀點：某些型態的競爭可能是社會取向（social orientation），而非個人取向。在 Sally Duensing（2000）針對千里達的 Yapollo 科學博物館所做的研究當中，她注意到博物館遊客的相互競爭是一種文化優先式的社會參與，如重複即興歌曲（calypso）的競賽和其他在地性的社會形式。當千里達博物館工作人員鼓勵遊客猜測某物是如何運作，並設計一場與其他遊客或工作人員競賽時，博物館遊客會因為競爭活動而受到激勵。然而，競爭的樂趣是互動，而不是在表現自我：

　　　　在 Yapollo，包括各種不同的流行音樂競賽，科學教育活動中的競爭是互動的常態，也是在千里達每日生活結構的一部分。但那是一種內含社會態度的相互競爭。比起我熟悉的個人主義式的競爭歷程，那是一種排外而非包容的歷程，在 Yapollo 競爭的實踐活動和其他非學校型態的競爭，都有一種高度社會合作的漩渦，這種方式能促進社會互動，沒有勝者和敗者。……

　　　　在加勒比海域，社會競爭是一種普遍性的文化實踐。如 Burton（1997）所說：「儀式化的衝突成為一種結合社區成員的手段。」（pp. 75, 91）[4]

　　在非正式社會情境中，這種包容且給予機會表現的競爭活動是與那些在英國學校系統就讀的千里達學生經驗到的競爭完全相反。博物館工作人員推測，這也許是因為在學校，而不是欣賞「猜測」的教育意義，教師很少大方地從錯誤的答案裡學習。他們關心的不是自己犯了多少錯誤，也不是引導學生的想法，而是（為經常性考試做準備的過程中）教了多少正確的答案。為了讓學生能夠進入名額受限的中學和大學，促進了學校系統的排他性結構。

　　在學校和其他正式和非正式機構，兒童不只學習「課程」，與他人和成人互動

4　在千里達，這種競爭的社會本質和猶太人的論點相同，如 Deborah Schiffrin（1984）主張的，那是一種形式的社交性（sociability），說話者彼此相互不認同和爭論，以促進和保護他們之間的團結和獨立性。在論述中，社交性的重要性完美地由 Deborah Meier 敘說有關他父親的軼事中被看見：「他談到，週五晚上的儀式要他跟父母一起用餐。一個星期五的晚上，希望能早點用餐的渴望，他發現自己被允許在晚餐交談中向父親談到自己的觀點。『是的，爸爸，你是對的』，他不斷重複這句話，直到最後他父親生起氣來。『這種來自我長子的不敬態度，是我永遠不想知道的！』這段爭吵是尊重的最大表現，顯示我在家中已經長大，已經可以接受批評的認同訊號。」（1995, pp. 132-133）。

的方式也透過機構的架構體現出來。透過參與文化機構和習俗的日常活動型態與例行事件，反映出兒童沁入社群中基礎的文化假定。通常，簡單的事件不能反映出這些內涵。然而，個體和整個世代可以質疑和轉變社群的習俗和制度，特別是如果和另一個社群的習俗和制度產生衝突，且個體同時參與兩種情境時。

　關於個體或社群優先，或兩者兼顧的文化假定，是被帶入每日生活裡習以為常的人際關係之中。這些假定可以從文化實踐中被看見，如嬰兒睡眠和幼兒想要改變一個物體時的反應。它會出現在父母的管教態度、教室的型態和結構，以及運用嘲諷產生的社會影響。道德議題將個人權利與社會和諧秩序之間的對抗浮上檯面。個人成就可以透過「把競爭作為優先考量與否」而被發現和被理解，也可以對社群運作做出貢獻。人類社會關係之中，到處都有這些議題。根據文化傳統，自主和相互依賴性是可以交流的；當新的世代有其他替代做法時，也可以重新思考兩者間的關係。

7

與文化工具和文化典章制度一起思考

譯者：李昭明

　　雖然思考常常被認為是私下、獨立的活動，但是文化研究已經指引了許多方向，說明思考不只是隱藏在個體的發展歷程當中，思考同樣包含在人際互動和社群的發展歷程之中。現在的認知發展研究，不僅僅想瞭解兒童期中的兒童理解情形，它還包含對於「當人們投入社會文化活動時，他們如何透過與他人共同的努力，理解他們所處的世界」的關注。

　　這個領域之所以改變對於個體、人際互動和社群等在認知發展的觀點，實立基在文化和認知領域數十年的研究成果之上（Rogoff & Chavajay, 1995）。早期的研究工作關注認知測驗任務（task）結果上的比較，而那些測驗任務普遍是歐美研究學者用來檢驗「普遍性的」（general）認知歷程——Piaget 學派所指的推論、分類、邏輯和記憶的測驗。在 1970 年代（含以前）的跨文化心理學，一般是用來檢驗那些歐美學者發展的認知任務，運用在其他文化情境的情形。

　　其結果顯示，受試者在這些無關情境的測驗任務表現的結果並不是普遍性的。那些當時假設可以概括一切的測驗任務受到質疑，而其結果可以建立普遍性原則的說法也受到了挑戰。因為在這些研究情境下，那些在認知任務表現很差的人，其在日常生活中展現出令人驚訝的思考。這得歸功於一個理論上的轉變（已在第二章討論過），而解決了「在測驗情境似乎不能解決邏輯問題的人們，卻在其他情境裡展現出高層次的邏輯」的困境。

　　除此之外，這些研究逐漸指向人們接受教育後，他們在學校的經驗反映在許多的測驗上。比起測量出與經驗無關的普遍性能力，認知測驗（特別是邏輯、分類和記憶等領域）與這樣文化制度更有相當密切且窄化的關係。直到跨文化研究出現之

前，認知測驗中學校教育所扮演的角色並沒有被彰顯。畢竟，歐美在認知能力測驗的所有研究「樣本」都至少接受了若干年的學校教育，而研究者本身也是花了一輩子的時間在這樣的制度中過活。一切很容易被視為理所當然。

學者尋找著理論上的證據，希望幫助他們瞭解人類的思考如何緊密地與個體的文化經驗相結合，以便把「認知能力是一個普遍的歷程」這樣的觀念，取代為「認知能力會被文化所『影響』」。許多新的觀念都受到 Vygotsky 的文化歷史理論所啟發，這個理論界定個體的認知技巧，是源自於人類在社會文化中的參與。根據這個理論，認知發展的出現，是由於人類為了學習而使用思考性的文化工具（如文學和數學），過程中不但得到已有使用這些工具經驗的他人，也得到其所在的文化制度的協助。

社會文化取向也提供了一個人類發展的整體觀點。認知、社會、感官、動機、生理、情緒和其他能力的發展歷程，都被視為是社會文化活動中的一個層面，而不是傳統心理學所認為的清楚分割、各自獨立的能力或「機能」（faculties）。不以人為的方式切割各個領域的統整觀點，使得理解「思考歷程如何涵蓋社會關係和社會經驗」的問題變得容易許多。

這個觀點已經把我們對於認知能力的理解，從原本只把焦點放在個體個別的思考歷程，轉變成把焦點放在「當個體投入文化社群共同努力的活動時，個體的主動歷程」。以這樣的觀點來看，認知發展並不是知識或技巧上的獲得，而更屬於一種動態的形式。認知發展的組成，是由個體在與其他人所建立的文化實踐和社群習俗思考的共享活動之中，不斷改變他們理解、感受、關注、思考、記憶、分類、反思、問題設計、問題解決、計畫等活動方式的總和。認知發展是人類在社會文化活動中參與的轉換。

本章將從檢驗跨文化認知研究開始，並且，比起將認知能力視為普遍能力，不受情境脈絡影響的觀點，我更要瞭解「根質於」（situated in）獨特情境脈絡下的認知能力表現。我將檢驗我們熟悉的獨特文化制度——西式學校教育——實踐工作的角色，並把焦點放在關於分類和記憶的研究。接著，我會討論相當清楚的文化價值——把社會和智力取向視為聰明與否和成熟與否的問題。我會審視人們如何將來自一個情境的經驗，類化到另一個情境中，以及如何彈性地調整所學到各個情境。然後，我將審視使用思考的文化工具時，特別是文學和數學，個體、人際互動和社群的運作歷程。在本章的結論中，我將討論思考如何展現在文化工具中，也同時展現文化工具如何呈現在思考中。

獨特的情境脈絡而不是普遍的能力：在世界各地的 Piaget

　　Jean Piaget 認為，兒童在各個發展階段中思考的轉變，是他們自己對物理現象和數學想法概念的修正。他的興趣在於兒童智力的發展，因為他認為那是理解科學概念如何隨著時間改變的一種方式。他的研究工作主要在日內瓦、瑞士，和被假設具有相同發展歷程的地區。文化的變異並不是他關注的部分。

　　然而，當學者們開始在其他社群當中檢驗 Piaget 的認知任務時，他們發現來自不同文化背景的人們表現出不同的結果。舉例來說，Piaget 的認知任務是用來代表到達「具體運思期」的一個指標，7 歲左右的歐美兒童表示，他們知道有兩個裝滿水的燒杯，把其中一杯倒到廣口的容器裡，並不會改變水的質量；而年幼的兒童通常回答燒杯（或廣口杯）裡的水比較多。但是全世界對於具體運思期的研究卻出現不同的結果（Dasen, 1997; Rogoff, 1981c）。在某些研究中，不同年齡的受試者並無顯著差異；非歐美社群或接受較少學校教育的人們也會展現認知上的優勢（Goodnow, 1962; Kiminyo, 1977; Nyiti, 1976; Strauss, Ankori, Orpaz, & Stavy, 1977）。然而，比起日內瓦的樣本，人們常常在年齡稍長之後，才出現具體運思期的思考模式（Greenfield, 1966; Kelly, 1977; Laurendeau-Bendavid, 1977; Okonji, 1971; Page, 1973; Philp & Kelly, 1974; Stevenson, Parker, Wilkinson, Bonnevaux, & Gonzalez, 1978）。雖然 Piaget 對哪個年齡會達到哪個發展階段沒有特別的興趣，但是通過這些測驗的年齡而出現的極大變異的情形相當受人矚目（這造成一些研究者推論出發展的「落後」現象。因為他們基於 Piaget 發展階段的連續性，加上歐洲兒童和歐裔美國兒童的發展常模，所以發展出「能力的發展必定是隨著線性的歷程前進」這樣令人質疑的假設）。

　　社群之間和社群當中人們受過較多教育而有的差異，激發了對情境因素的探討。在 Piaget 認知任務中，一個要求是測驗材料的熟悉度（Irwin & McLaughlin, 1970; Irwin, Schafer, & Feiden, 1974; Kelly, 1977; Price-Williams, Gordon, & Ramirez, 1969）。大量的研究使用當地素材（如：稻米、陶土和熟悉的容器）檢驗 Piaget 的概念，以便瞭解這些選擇是否造成了文化差異。

　　學者們也開始檢驗受試者如何使用物品的熟悉度，以及這些概念如何在實驗中被使用（Cole, Sharp, & Lave, 1976; Greenfield, 1974; Lave, 1977）。他們開始研究受試者在他們自己社群中做哪一類活動，以及研究者如何將這些活動和自己要求他們

所做的活動之間產生連結。這個涵蓋了對人們「日常認知」（everyday cognition）（這個詞語由 Rogoff & Lave, 1984 首創）的關注。例如他們能編織出複雜的圖案，在市場裡計算支出或相當有技巧地說服他人等。

　　有一個很具有說服力的研究，是請兒童依據素材的熟悉度進行再製活動，而其結果出現了差異（Serpell, 1979）。當再製的活動是使用熟悉的媒介物時，兒童表現得很好；如果媒介物是不熟悉的物品時，就表現得很差。當是利用金屬絲線來塑造形狀時，尚比亞的兒童可以表現得很好，因為這在他們社群裡是熟悉的活動（見圖7.1），但是當他們使用不熟悉的紙張和鉛筆時，表現得就很差。相反地，英國兒童在有紙張和使用鉛筆的活動表現得很好，因為這些都是熟悉的媒介物；但是他們在使用金屬絲線的活動上表現就不好。當再製活動所使用的材料是黏土時，這兩個團體表現得一樣好，因為黏土對兩個社群來說都是熟悉的。

　　另外一個創新的研究使用當地的概念和兒童熟悉的人際關係系統——他們自己的親屬關係網絡，來檢驗 Piaget 的概念（Greenfield & Childs, 1977）。Zinacanteco（墨西哥裔印地安人）的兒童，不管他們有無接受過學校教育，其在 Piaget 認知任

圖 7.1

由一名尚比亞男孩用金屬絲線做出來的腳踏車。男孩們也會用金屬絲線做出包括方向盤和輪胎的模型車（Serpell, 1993）。

務的表現都沒有差別。在這兩個實驗組中，兒童可以瞭解親屬關係用語使用的邏輯關係，也展現清楚的發展趨勢。年幼的兒童思考他們的親屬關係則來自自我中心的觀點，不會注意到對他們自己的兄弟姊妹而言，必定還有一個手足。當年紀較大之後，他們會瞭解存在於他們的手足當中，親屬關係的用語呈現一種相互的關係，例如：注意到他們的兩個姊姊（或妹妹）彼此是對方的姊姊或妹妹。最後，兒童瞭解親屬關係的用語是具有可逆性的——即使當他們自己處於其中一個角色時，也會有相互的觀點存在——能注意到他們自己就是自己手足的兄弟姊妹。

　　研究者注意到受試者在 Piaget「形式運思期」（formal operational stage）的認知任務當中，表現特別不一致，特別是那些在沒有具體物體操作的情境下，需要進行關於物理和數學特質的系統化推論的任務。事實上，有許多文化社群認為，沒有額外的學校教育是不可能「達到」Piaget 的形式運思期（Ashton, 1975; Goodnow, 1962; Laurendeau-Bendavid, 1977; Super, 1979）。

　　這些觀察結果引導 Piaget 在 1972 年做出一個結論，形式運思期的思考方式與人類在此獨特科學思維階段而有的經驗息息相關，例如：出現在中學科學課程的假設驗證，與形式運思的思考有密切的關係。因此，當文化研究點出「發展階段是普遍性」這個假設有問題時，Piaget 修改了他的世界共通發展階段的論點，而認為發展階段會因為情境而有差異，得視個體在特定領域的經驗多寡而定。

　　「不是每個人都會通過相同的發展階段，個體的表現也會因為對於研究工具、概念和任務的熟悉度而有很大的不同」的想法，漸漸超越過去認知發展領域是普遍性的假設。學者開始轉變他們的想法——從思考是一種處理訊息的歷程，獨立於訊息的類型，也獨立於個體熟悉的活動的想法中逐漸轉變（Laboratory of Comparative Human Cognition, 1983）。

　　對於思考的想法從普遍性轉移到獨特性有以下幾個方向。一個是將領域特殊的概念（domain-specific area）再細分；例如，區分生物和物理的思考方式，或強調不同類型的智能表現。文化研究者更普遍地將思考方式與情境之間做一統整考量（see Laboratory of Comparative Human Cognition, 1983; Rogoff, 1982a）。從檢驗個體普遍的能力，轉變到檢驗獨特文化活動中的人類思考方式，這樣的轉變是社會文化取向的基礎。對文化活動愈來愈重視的原因，有一部分是因為愈來愈多的證據顯示，某一獨特背景經驗——西方學校教育的經驗——與許多測驗的結果息息相關。

在認知測驗中學校教育的實踐：分類和記憶

　　在學校教育並非義務教育的國家中，跨文化的研究一再發現，西方學校教育和過去使用的認知任務[1,2]之間，有其明顯的相關。認知任務和學校教育間的相關性，對於想要瞭解先前文化的研究學者而言是困難的，因為當時的研究大部分都在學校教育成為義務性之後才開始進行。同齡的兒童在學校中幾乎都是同一個（或類似的）年級，所以他們生活經驗跟這個制度相當的密切。事實上，兒童的年齡和其相稱的學校教育學習不可能無關；而研究者通常以成熟來解釋個體在認知任務中所顯示的年齡差異，而忽略了兒童在此文化制度下的經驗與差異間的緊密關係。

　　接受學校教育組和未受學校教育組在認知表現上的差異，似乎大部分是由於西方學校教育讓認知任務中所使用的工具變得熟悉。這樣的解釋，比起學校教育對於思考方式有影響的說法顯得更具說服力。因為研究結果發現，學校教育的實踐工作和某個特別的認知活動間，只有局部的相關（Cole, 1990; Rogoff, 1981c; Wagner & Spratt, 1987）。

　　具有西方學校教育經驗的個體展現出不同的認知技巧，這些技巧本身和學校的教育活動有些類似（Rogoff, 1981c）。

- 學校教育似乎培養了分析兩個向度型態的知覺技巧，以及利用約定成俗的圖形來表徵二度空間。
- 學校教育與規則學習或邏輯思維並沒有相關性，只要個體能以實驗者期望的方式去瞭解問題。然而，未接受學校教育的人似乎偏好以經驗為基礎，而非

1　許多認知領域和發展領域中，其他內容的角色也被廣泛地推廣到不同的領域（如經濟系統、宗教；see Dorsey-Gaines & Garnett, 1966）；然而，學校教育的內容則重複出現與許多學習過的認知測驗表現有明顯的相關性存在。

2　雖然學校不是一個同質性很高的機構，但是檢驗學校教育和認知測驗任務表現兩者相關性的研究結果，卻很少出現學校實踐工作間的差異性。研究發現的一致性可能與「正式教育是一種源自於歐美的實踐工作，並且在不同的時空裡都有一些關鍵的共通性存在」的事實有關。後續的研究已經開始注意到在學校裡（包括原創性的學校教育）實際教學內容的多樣性。我在本書中對於學校教育的參考文獻主要是指西方的（非宗教的）學校教育，佐以其他正式學校教育制度的存在，例如，「bush schools」是在大多數非洲社會和各種宗教性的學校教育傳統之中，教導特別的知識（Akinnaso, 1992; Haight, 2002; Lancy, 1996）。

單獨依據問題本身所呈現的訊息來導出結論（如第二章呈現的故事問題和有關邏輯三段論證的研究）。

- 學校教育可能對解決 Piaget 形式運思式的問題是必要的，其問題內容包括以系統化的方式檢驗假設，例如，在中學的科學課程中所談及的方式。

- 學校教育緊密地與分類和記憶工作上的表現相關，這些將在下一個部分討論。

分類

西方世界的成人傾向將物品以類別的方式區分，例如，把動物都放在一個類別當中，與食物有關的項目放在一個類別，與工具有關的項目放在另外一類。然而，在許多社群中，成人將物品以功能的方式來區分；像是把鋤頭跟馬鈴薯放在一類，因為鋤頭可以拿來挖馬鈴薯。特別地，如果參與研究者沒有受過太多的學校教育，他們會根據物品的功能來分類，而不是根據類別（Cole et al., 1971; Hall, 1972; Luria, 1976; Scribner, 1974; Sharp & Cole, 1972; Sharp et al., 1979）。

沒有受過太多學校教育的人，在被要求解釋他們的分類結果時，也很少能夠提供他們分類的基本原則。受過教育的人對分類向度的轉換和解釋時，都能展現較好的能力（解釋和分析某人的思考或其他事件，過去在某些社群中並不是件有價值的事情，而只被當作是學者的工作；Fiske, 1995）。

當學者仔細檢視學校教育的過去歷史時（see Cole, 1990），他們注意到早期學校教育和讀寫的功能之一，就是以類別分類的方式來區分物品。一個對於文字的歷史發展和運用的紀錄當中，Jack Goody 提到，書寫「是一種工具、一種擴大機、一種輔助方式……鼓勵反思和訊息的組織」（1977, p. 109）。在使用來自早期寫作紀錄的詮釋內容裡，Goody 認為，清單（list）是需要依賴書寫才能完成，而且要將不同物品或項目進行比較、分類；而更高層次的階層區分能力，也是因為能以空間排列方式區隔出清單上的物件。他假設利用類別將訊息分類的技巧，以及利用清單上的物品的記憶技巧，都是由讀寫衍生而來。

記憶

受過學校教育的人，針對無關的訊息和無關的物品的組織和記憶相當熟練。在許多記憶測驗中，受試者要記住一連串無關的訊息，像是一連串各自獨立的文字。

如果知道使用策略將物件串連起來的話，如複誦、分類或精緻化策略等，則受試者可能有比較好的表現。未受過學校教育的人對於這樣的記憶任務大多會有困難，而且常常無法自動使用策略組織出類別清單（Cole et al., 1971; Cole & Scribner, 1977; Scribner, 1974）。

可是針對這樣的結果，得到的第一個結論是有關人類一般記憶能力。但來自日常生活的證據顯示，在回憶測驗表現不佳的人，可能在其他情境（像是要記住不同物品的位置或回憶複雜的對話內容）卻可以記得很多。舉例來說，在非洲未受過學校教育的 griots 人用口述歷史的傳承方式，保存了數百年來人們的活動、婚姻、產物和重要的事件。

令人訝異的記憶力表現實例出現在 Gregory Bateson 對新幾內亞的 Iatmul 族所進行的研究中。他的記述內容同時也提到這個令人訝異的記憶力技巧出現的情境脈絡：

> 大量且仔細的學識是一種 Iatmul 族人欲培養的特質。大部分令人難以置信的成果都出現在有關名字和圖騰的競賽活動中，而且，我已經確定一個有能力的成人可以在頭腦裡裝進一、兩萬個名字……
>
> 進行一個典型的爭搶名稱的活動裡，是要求兩個相互爭奪圖騰所有權的部落來進行。正確的名稱只能在不為人知的神話知識中才能找到。但是，假如這個神話被對方發現，而且眾所皆知的話，那麼它能幫助這個部落猜對正確名稱的可能性就消失了。因此，兩個部落之間必須相互較勁，每一個部落不但要陳述在自己部落所知的神話，同時也要找出對手真正知道的神話是什麼。在這種情境脈絡下，這個神話內容是被說話者所掌控的，以一連串的細節內容呈現，而不是由說故事的人以連續的方式敘說。說話者一次只會暗示一個細節內容——以證明自己對神話的瞭解——或挑戰對手，讓對方產出更多細節內容。
>
> 補充事項：……我不知道是不是這些在部落中正式場所進行的競賽活動的內容都是從年長的人而來。但是，有大量的遊戲活動是兒童相互測驗對方知識的活動，例如，在樹叢中植物的種類等等（1936, pp. 222-227）。

學校教育的活動方式造成受試者在記憶任務上表現的差異成為研究的焦點（Rogoff & Mistry, 1985）。以有意義的基模來記憶一連串毫無組織物件，除了在學校之外，可能並不常發生，因為學生在學校經常必須回憶那些他們還沒理解的教材。缺乏學校經驗的個體可能也鮮少有機會把一些各自獨立的訊息組織起來。

相反地，大部分的人來自有結構性情境，這些人使用情境中的關係來幫助回憶。

舉例來說，在快餐店裡一次需要服務將近十位顧客的女服務生，就會發展出複雜的策略來記錄每位客人所訂購的餐點（Steven, 1990, cited in Cole, 1996）。為了記錄是誰的、坐在哪個位置、何時訂購的餐點內容，她們會使用情境記憶的輔助，像是點餐紙片／收據上記下眼前客人所吃的食物或飲料，以及他們坐的位置。

　　如果利用情境來組織訊息，則其在記憶表現上很少出現文化差異。這樣的結果與以研究者所切割出的一堆物件作為記憶任務相比較，兩者有明顯的差異。

　　事實上一些社群中，沒接受學校教育的人對周遭場景和重要歷史事件的記憶，表現出奇的好。一般而言，對空間安排的記憶和組織過的短文的回憶，有著極端的文化差異。這是因為有些社群根本不重視空間方位的尋找或是沒有口述歷史的傳統，但是有些社群則非常強調（Briggs, 1970; Cole & Scribner, 1977; Dube, 1982; Kearins, 1981; Kleinfeld, 1973; Klich, 1988; Levinson, 1997; Mandler, Scribner, Cole, & DeForest, 1980; Neisser, 1982; Ross & Millsom, 1970）。

　　一個檢驗以空間的方式組織訊息研究發現，瓜地馬拉的 9 歲馬雅兒童表現得至少和鹽湖城的中產階級兒童一樣好（Rogoff & Waddell, 1982）。這樣的結果與馬雅兒童在回憶一連串無關物件所遭遇到的困難相對立，而這些困難其實與那些很少接受學校教育的個體卻經常遭逢的困難相似（Kagan, Klein, Finley, Rogoff, & Nolan, 1979）。

　　在以情境脈絡組織的任務中，每位兒童看著由當地研究者（local researcher）把 20 個熟悉的模型，例如、車子、動物、家具、人們和家庭用品，放到一個城鎮的模型當中，而這個模型同時還有明顯的地標，像是一座山、一條馬路、房子和樹木（見圖 7.2）。等到這 20 個熟悉的物體從模型中被移走之後，再放入 80 個之前兒童畫出的物體，然後由兒童重建剛剛的景象。這樣的研究發現，馬雅兒童表現得比鹽湖城的兒童好一點點，原因或許是因為鹽湖城兒童常常使用學校所學習到的策略——複誦。複誦可能是用來記住學校中各種羅列出來的項目，但當學習的訊息是以情境脈絡組織起來時，可能就沒辦法達到相同的效果。

　　這個研究支持了學校教育提供人們特殊記憶策略，這樣的策略可能有助於記憶某些類型資訊，如未組織過的清單。但是相同的策略可能阻礙了利用現存脈絡作為參照的記憶表現。

　　因此，認知任務中，學校教育的角色明顯地和學校教育特殊的實踐方式緊密相連。特殊的實踐方式所扮演的角色也明顯地出現在 Bateson 對於 Iatmul 族的觀察紀錄之中。這些觀察記錄了技巧性的記憶方式，以及其他有技巧的記憶表現。

圖 7.2

一位馬雅的研究者正在和 9 歲的男孩一起學習建造模型，除了包含他已經認識的物品之外，還包括了房屋、火山、湖泊和其他景象。圖片的下方是接著要混入男孩已經認識物品的一堆物件。

因為學校教育和心智測驗之間在歷史上有其關聯性，所以學校教育和認知技巧之間存在某種程度上的相關也是很正常的。認知任務與學校教育內容有關並不意外。畢竟，心智測驗（包括智力測驗）是由學校教育裡的各種技巧所組成，它的目標是為了預測學校教育的表現（Cole et al., 1976; see also Tulviste, 1991）。

當研究者注意到認知任務和學校教育間的相關時，他們也開始意識到不同的智力定義，以及觀察這些不同智力表現的情境之文化價值。的確，當學者注意到在認知發展「測量」的過程中，出現不常見和文化中特別的形式時，在測量情境中產生的社會關係本身就成了關注的焦點。

智力和成熟度的文化價值

　　多年以來，認知測驗的實施程序被認為是無關情境脈絡的，可藉由一些單調且無關乎他們生活經驗的方式來測量人類的認知技能。之後，由於注意到語言、概念和操作素材的熟悉性對於測驗表現的影響，研究者開始探究上述那些重要項目的熟悉性，以及與測驗型態相關的日常生活經驗。

　　當然，這些普遍被運用在測驗中的重要項目，在某種程度上能夠扮演一種角色：能讓測驗中的兒童獲得解題策略。它們也能夠成為政治的工具，影響公共政策：

> 　　在 1912 年，當美國的種族歧視隨著移民增加日益高漲之際，美國公共健康服務處（U.S. Public Health Service）雇用了心理學家 H. H. Goddard 協助掩蓋其認為來自低等心智人群的威脅：擔心這些移民會污染（一般人的想法）純淨美國人的基因。Goddard 以他自己用來判斷心智能力的測驗，發明了一個新詞「低能」（moron）。Gould 的書 *Mismeasure of Man* 對這樣的研究結果給了一個重要的解釋。他認為 Goddard 用來判斷移民的心智測驗其實是有問題的；這樣的測驗其實是對剛站在 Ellis Island（譯注：美國初期移民皆需至此島辦理檢疫、入境）的那些充滿困惑、精疲力盡移民進行的猛烈攻擊（許多移民到此地之前根本沒拿過筆，也沒有任何參照架構可以協助他們理解移民局官員所詢問的問題）。Goddard 的研究造成了驚人的結果：83%的猶太人、87%的俄國人、80%的匈牙利人和79%的義大利人被判定為低能⋯⋯在這十年中，美國移民其實是依照人種的差異進行配額限制的（Kingsolver, 1995, p. 77）。

　　即使沒有上述的動機，價值系統仍被建立在測驗過程和測驗結果的詮釋上。這一節將檢驗，對於施測者和受試者而言，認知測驗如何成為一種包含學術機構和溝通型態的文化實踐。接著去瞭解不同社群對於智力和成熟度的定義有什麼樣的差異。

瞭解在測驗中對人際關係的熟悉度

　　認知測驗是仰賴獨特的對話形式來進行，而這些對話形式是學校教育的主體。受過教育的人很熟悉訪談或測驗的情境，就是由一個程度較好的成人（已經瞭解問

題答案的人）要求程度較差的人（如兒童）給予答案（Mehan, 1979；見圖 7.3）。

　　在一些以學校教育為重心的社群裡，即使是在接受學校教育之前，兒童也會開始參與家庭裡一些經常發生在測驗過程或學校教育中的對話方式。中產階級歐裔美國父母常常和他們學步兒進行語言遊戲，這些遊戲包含跟測驗相同形式的問題——使用教師和施測者已經知道答案的問題（例如，「你的肚臍在哪裡？」）。熟悉依照指令並以獨特方式回應問題，會造就出一種差異，那就是兒童能否如施測者所期望的方式回答問題，能否以有創造力的方式操作測驗工具，或能否仔細地指出眼前發生了什麼事（Massey, Hilliard, & Carew, 1982; Moreno, 1991）。

　　但是在那些學校教育並非主要實踐工作的文化情境裡，所謂文化的合宜行為可能和研究者的期望相去甚遠。在這樣的文化社群中，受試者可能需要展現對提問者的尊重，或研究者需要避免成為一個愚笨的提問者（要把有明顯答案的問題，轉換為需要技巧才能解答的問題），否則一個有知識的人為什麼要問這樣的問題？

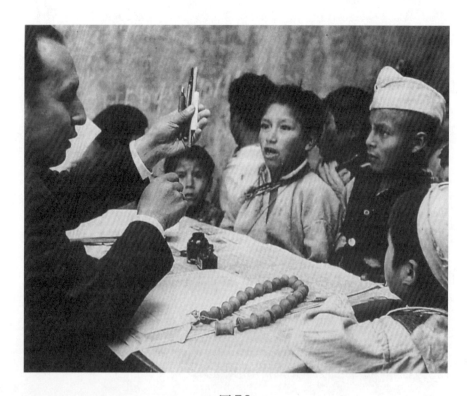

圖 7.3

Vicos 學校的校長測驗那些說蓋楚瓦語（Quechua-speaking）的學生，瞭解他們用西班牙語說出物體名稱的能力（Collier & Collier, 1986）。

Judith Irvine 談到，Wolof 族（北非）研究參與者對實驗目的的詮釋，可能與研究者本來要參與者針對 Piaget 的問題給予直接答案的期待相衝突。在一個早先的質量守恆研究，Wolof 族的青少年會回答，因為研究者的倒水動作讓水的質量被改變了（Greenfield, 1966）。Irvine 的報告談到，除了在學校中的提問之外，Wolof 的人們很少去問那些他們已經知道答案的問題：「這種提問出現在何處，就代表是一個可以引起興趣的挑戰，或是一個要技巧性回答的難題。」（1978, p. 549）。當 Irvine 以水和燒杯進行與數量意義有關的語言學習問題（像是較多和相等）時，她的受試者是理解守恆概念的。

對社會關係的價值影響了人們對於認知測驗問題的回答。舉例來說，比起強調個人表現或競爭，有一些社群中的兒童會避免自願提供答案，避免這種讓自己與團體區隔的行為（見第六章；Philips, 1972; Whiting & Whiting, 1975）。測驗過程中，對許多西方學校而言，接受友伴的幫助可能會被認為在作弊；相反地，在許多文化情境之下，沒有運用友伴的協助則可能被視為愚笨或是自負的表現。

相似的情形，兒童與他人間的關係可能引導兒童將合宜的社會關係放在首位，而非認知測驗所提的問題。舉例來說，在許多社群中，兒童的角色可能是被要求觀察他人和依照指示行事，而不是學習會話或與程度較好的人頂嘴（Blount, 1972; Harkness & Super, 1977; Ward, 1971）。在某些社群裡，在學好一種技巧之前就急於表現（如在一個測驗中）被視為學習歷程的重要步驟。然而，在其他重視謹慎、深思問題的社群裡，這樣的行為會則被認為是不成熟且不合適的（Cazden & John, 1971; S. Ellis, 1997; Swisher & Deyhle, 1989）。

文化中對社會關係的模式（為兒童和成人提供合宜行為和相關的活動方式，提供外在或內在基本道理）並沒有造成認知測驗的停滯。更重要的，這些文化模式則包含了每個社群對於智力和成熟度的定義。

 ## 多種對於智力和成熟度的定義

不同文化社群之間，在認知任務表現上的差異可能是由於「對問題如何解決的詮釋」和「對定義『合適的』問題解決方法的價值」上有不同的想法所導致（Goodnow, 1976）。舉例來說，把一個認知任務視為「自我控制、獨立於社會脈絡的智力問題」是否合宜，就會因不同的社群而有不同的想法。同樣地，問題解決的速度也可能被認為是讓人喜愛的或令人反感的。烏干達的鄉村居民想到與智力有關的形容詞會是慢慢的、小心的、主動的；反之，烏干達的教師和接受西方思想的團體想到

跟智力有關的字是速度（Wober, 1972）。納瓦荷人（北美印地安人）的自我評價方式，可能是看看納瓦荷兒童能否有好的計畫能力和較少的錯誤；不過對於盎格魯兒童而言，則是注重他們能否在迷宮遊戲中找出正確的路（Ellis & Siegler, 1997）。

　　一些團體界定兒童的智力，則是依據在特殊情境下表現出來的能力和社會責任（Serpell, 1977, 1982）。舉例來說，墨西哥裔美國人對智力的想法是反映在educado，這比英文的 educated 意義更廣。它依據人們是否能夠達到家庭成員所訂定的努力方向而定；這是一種道德和個人的責任感，以及重視他人尊嚴的思考方式，而這也是學習其他事物的基礎（Munoz, personal communication, February, 2000）。

　　在評鑑不同於社會和情緒技能的技術性智力（technical intelligence）時，由中產階級歐裔美國社群所提出的智力的普遍性概念，與其他團體提出的智力概念則有很大的不同。西太平洋的 Ifaluk 人認為，智力不只是擁有良好社會行為的知識，還要能夠身體力行（Lutz & LeVine, 1982）。Kipsigis 族（在非洲肯亞）的父母解釋，智力是包括參與家庭和社會生活的責任感及可信賴感（Super & Harkness, 1983; see also Ogunnaike & Houser, 2002）。

　　為了研究智力在尚比亞的農業社會中所代表的意義，Robert Serpell 要求成人依據一系列的假想任務，選出一些在他們村子裡表現特別的兒童，並且說明選擇這些兒童的理由。一些假想任務的內容如下：

1. (a)假如一間房屋著火，只有這些兒童在現場，你會要哪一個兒童去通知別人來幫忙？為什麼你要選擇這個兒童？（每個問題之後都有這些可供判斷的要求）
   (b)你想要哪一個兒童留下來幫你？
2. 如果你早上很早到了一間你不熟悉的房子裡，你發現所有大人都去工作而不在這裡。然後這些兒童來到你面前喊著：「小偷」、「刀子」、「他跑掉了」。這些兒童所說的東西一點也不清楚。你會要求哪一個兒童把發生的事情清楚地解釋給你聽？
3. （女孩）妳正好要找妳的衣服，妳看到妳平常晾衣服的地方很髒；妳會請這些女孩中的哪一個去找另一個乾淨的地方曬妳的衣服？
   （男孩）你正在一間房子裡做一些事情，像是修理損壞的茅草屋頂或換一個老舊的門板。然而，你沒有鐵鎚可用。你會要這些男孩當中的哪一個去做一個替代的工具，讓你能順利且快速地完成這個工作？
4. 假如你們晚上坐在一起，而你在說一個謎語，你期望這些兒童中的哪一個能答出正確的答案？

這些成人常常以 nzelu 的概念——類似英文的 intellgence，判斷要選出哪位兒童。然而，不一樣的是，這個英文名詞有一個主要的認知意義，nzelu 似乎還結合了英文當中智慧（wisdom）、聰明（cleverness）和責任（responsibility）等字的意義。nzelu 的概念不出現在那些為了自身利益而表現出個人智力的人身上（例如，具有愛惡作劇、巧妙設計他人的狡猾性格的 Brer Rabbit），而只運用在那些對社會貢獻的人的身上（Serpell, 1993）。

nzelu 在有關社會責任面向的核心意義是「被他人信任能為他人完成某事」。這種協助他人的工作包括幫助那些自己無法站立而經常要求成人協助的學步兒，到旅途中接受朋友委託購買物品的要求都是。被他人委託這些任務，就等於被認定是一個有責任感的人和夥伴。這也代表對任務需求的理解和合作的態度。

Serpell 總結了在其他非洲社會裡，類似智力的各種概念，也對社會責任感的觀念做出結論。舉例來說，o ti kpa（來自象牙海岸的 Baoulé 族）的概念包含：

> 對家庭幸福有貢獻的表現……伴隨著責任感的涵義和一種有進取心的能力……重要的是，兒童應該要盡力排除困難，完成家事或農事。但它不只是表現這些任務的概念：愈 o ti kpa 的兒童，愈能在這些任務中表現得更好、更自動自發和更有責任感（Dasen, Barthélémy, Kan, Kouamé, Daouda, Adjéi, & Assandé, 1985, pp. 303-304; translated and cited by Serpell, 1993, p. 44）。

在美國，intelligence 這個詞也似乎更廣泛地被一般民眾而非心理學家所使用。來自全美的心理學家，以及美國康乃狄克州 New Haven 地區的一般民眾，對於如何判斷高智力人類的行為是相當不同的（Sternberg, Conway, Ketron, & Bernstein, 1981）。心理學家和民眾都認為問題解決能力和口語能力，包含在他們的智力概念之中；民眾另外還認為社會能力、品格的組成要素，例如：承認錯誤、擁有社會良知、說話和做事之前的深思等，也是智力的內涵。

發展上的成熟、早熟和遲滯都與社群的判斷緊密相關，而所謂的判斷則是指那些被認為對人類智力和行為有價值的各個層面。在 Abaluyia 族（肯亞）中：

> 母親以「兒童是否有能力去給予和接受社會支持和協助他人」作為兒童達到正常發展階段的標記；這種方式更勝於美國父母可能只用讀寫能力，例如：認識字母或口語能力，來顯示他們的子女如何成長或自己的子女的成熟（Weisner, 1989, p. 86）。

　　在 Chamulas 族（墨西哥的馬雅裔印地安人）中，智力和社會敏感度的指標是男孩和年輕男性在高度結構制度下的技能——即興的口語競賽（improvisational verbal dueling）（Gossen,1976）。以兩位年輕人一組的方式進行一連串的相互謾罵：不但要重複對方話語間的些微差異，同時還要在輪到同伴發言時，使用伶俐的言語予以反擊。能夠持續這種遊戲最久（有時會一來一往達數百回合），並以限制最多的原創性雙關語做出回應的人則被認為比較優秀。一般來說，5～6 歲的男孩可以打敗2～3 歲的男孩，但是真正厲害的行家要等到青春期之後才會出現。參與口語競賽時，男孩和年輕男性發展出一種對智力的當地價值形式——雄辯術（eloquence）。在口語競賽情境中，展現出對語言使用上的優雅（grace）和力量，都是作為評定年輕男性成熟歷練的關鍵：

> 技藝精湛的談話技巧可以預言一個男孩未來有良好的政治和社會能力。這種語言表現型態儲存了許多社會規則和完整的語言知識。一個擁有良好語言表達能力的優勝者，也藉此開始進行成人活動中追求地位和聲望的真實競賽（p. 144）。

　　被認為應該教給年幼兒童的價值判斷不只是用來判斷兒童的早熟或技藝精湛與否而已，還包括在社群中對此能力意涵的各種關注。舉例來說，最近中國的許多政策已經造成非常年幼的兒童在適應以下狀況時，可能變得太有技巧了：

> 一胎化政策形成家庭結構……孩子在家常常被視為是「宇宙的中心」，而在托兒所當中，他們只是許多兒童當中的一個。這種思想準則嚴格地在托兒所當中執行，但是在家中卻常常被忽略。這些複雜的訊息創造學步兒……擁有一種高度的意識，讓他們在特殊的情境脈絡中能表現出合適的措辭和行為表現。他們在年幼的時候學習如何以合適的方式處理遭遇到的事件，以及瞭解要在什麼時間，就要表現出什麼樣的「面貌」（face）。對於 2、3 歲學步兒，在西方人面前表現出這種能力時，可能會被當作一個了不起的成就；事實上，這是令人驚訝的成就。不過，這種能力受到許多中國成人的關注，因為這些兒童的行為常常是不誠懇和不誠實的。這些行為常常是為了要投機取巧和用來撫慰成人——特別是老師（Lee, 1992. p. 391）。

　　每個社群的目標或發展的終點，促進發展的方法和導向某一終點發展歷程，都包含了眾多的價值判斷（Goodnow, 1980）。某些目標的確立或問題解決的特定方

法，比起其他本身擁有文化歷程價值的人而言，被認為是更加複雜或重要的（S. Ellis, 1997; Wertsch, 1991）。

　　對文化和認知的研究已經進行到對於不同取向測驗任務中的合宜認知能力的認定，而這些測驗任務是依據在不同社群所認為的成熟和聰明來進行瞭解的。因此，經過幾十年後，認知發展的概念已有了戲劇性的轉變，不再假設思考能力（thinking ability）是一種個體間普遍擁有的特性。文化研究已經呼籲，在文化社群中的實踐工作中，思考的特殊性會因情境而改變。這只是牽動一般人對於會話或他們被要求進行分類或記憶任務的熟悉與否，還包括在社會互動下，智力的文化定義對於思考能力的各種測量所造成的影響。

　　瞭解了認知測驗其實是在檢驗人們常常在學校練習的特殊技能之後，如何運用他們在各個情境下所學習到技能仍然未解。這個問題留待對於「人們如何將他們在某一情境得到的經驗，類化到另外一個情境」再做討論。

從一個情境得到的經驗類化到另外一個情境

　　自從發現不能由跨情境的觀點來討論普遍性後，學者持續努力去瞭解如何掌握思考獨特性的問題。每個情境都是互不相同、各自獨立的嗎？很明顯的不是，否則人類永遠無法處理新的事件、甚至使用語言。一定有些方法可以協助從一個情境中獲得的理解，然後再運用到另一個新的情境。

　　研究者有時候會認為似乎覺得歷程的概括化是學習的目的。然而，概括化不必然是一件好事。在新的情境當中，自動化做著相同的事情，可能適合也可能不適合這個新的情境。舉例來說，被要求想像一個情景來複誦物體名稱的鹽湖城兒童，不能在新的問題上有效地使用慣用的清單策略來記憶（Rogoff & Waddell, 1982）。比起需要廣泛地運用策略，他們更需要瞭解在哪個狀態下，使用哪種策略才是有用的。這最後的目標就是要合適的（appropriate）類化到新的情境。

　　能適當地面對一個新的，但與過去相關聯的情境時，其實部分是基於對過去的理解（Hatano, 1988）。當人們對程序缺少理解時，不能夠適當地類化其程序到相關的情境。舉例來說，人們熟悉來自學校或來自日常生活的數學運算程序，可能無法適當地應用到相關的新情境當中，除非他們瞭解程序中蘊含的原則（Schliemann, Carrater, & Ceci, 1997）。

　　不過，就算理解在某個情境中的原則，也不會引導這些原則自動地運用在另一

個相關的情境中（Nunes, 1995）。這已使那些假設「人類用相同方式面對相同結構的問題，或能自動地運用他們的知識，至相同領域的新問題（例如，生物學、做飯或加法的範圍）」的學者相當困擾。

這些學者有種說法，認為類化的過程存在於問題結構或知識領域之中的。這樣的態度並沒考慮到區辨新情境中是否關聯，這個區辨關聯性強調新情境的目標和之前情境的目標的相關與否，而不只是檢視片段的知識或部分的情境就建立了關聯。一旦我們體認到類化並非自動產生時，類化廣度的問題可能需要進一步檢視，而非假設它是受到「問題」特性就能產生。

一個人要區辨先前的理解和新情境間的關聯性時，需要考量每個情境的目的如何相互關聯。使用社會文化理論的分析單位——整體活動（the whole activity），幫助研究者聚焦在人們所追求的目標上，以及瞭解人們在一個活動的參與如何與在另一個活動的參與產生關聯（Rogoff, 1998）。

這個認知的觀點超越了「發展是由知識和技術的獲得所造成」的想法。進一步來說，一個人透過對活動的參與而發展，他會運用有益於事件進行和協助他面對其他相似事件準備方式，投入即將到來的情境當中，而漸漸改變（changing）。此焦點是集中在人們理解能力的主動轉換，以及在動態活動中的參與（Arievitch & van der Veer, 1995; Cobb & Bowers, 1999; Gibson, 1979; Leont'ev, 1981; Pepper, 1942; Rogoff, 1990; Rogoff, Baker-Sennett, & Matusov, 1994）。

瞭解介於新舊情境間的關聯時，常常會有來自他人或機構協助找出其間的相同點。除非有人提出這些問題的相似性，否則人們自己可能無法瞭解數個問題間潛在的相似點（Gick & Holyoak, 1980）。舉例來說，Carol Lee（1993, 2001）提到，非裔美國人突顯活動（*signifying* 即 teasing repartee，本書 p. 201）的實踐，就包含在教室中，對文學作品詮釋所需的類比推理（analogical reasoning）（突顯活動包含，但不只限於來來回回的相互嘲弄，見第六章）。一般來說，學生不會自動明白這樣的關聯，一位有技巧的教師可以幫助他們，並應用到教室活動中。因此在瞭解自己已學和新情境間關聯的基礎下，學生是可以類化的——但是類化無法自動出現。

個體和群體要適當地類化其經驗的過程中，需要 Giyoo Hatano（1982, 1988）所提到的調適的專業（adaptive expertise）。調適的專業的發展，需視「人們對相關活動的目標和原則的理解，以及獲得多種達到目標的手段經驗」的廣度而定；而文化實踐和社會互動有助於學習「哪些情境彼此相關」和「何種方法適合不同的情境」。

學習靈活地運用適合各種情境的手段

「學習靈活地運用適合各種情境的手段」本身就是認知發展的重要層面。在不同社群強調的不同領域智能表現，不論是技術上或是社交上的智能，都是必要的。社會文化取向對認知發展的想法也是相同的，一些選擇適切手段且最有影響力的研究，很多都來自社會關係的研究，而不是狹隘地只針對認知問題解決情境的研究。

在一些社群中，在兒童發展過程中學習區辨合宜的狀況是一個顯而易見的目標。Takie Lebra（1994）談論到日本兒童教養目標是「極限訓練」（boundary training），代表兒童根據他們自己扮演的不同角色，如：一個學童、一個鄰居、一個醫生的小孩等等，學習表現自我。

日本的教育鼓勵兒童需要學習在不同的狀況下表現出適合該情境的合宜行為（Ben-Ari, 1996）。舉例來說，在學前階段，比起嘗試讓親子關係和師生關係的相處趨於一致，日本兒童反而被父母和老師要求要區隔不同的情境，以及哪種行為比較適合哪種情境。在兒童期中期的小學階段，則伴隨著在少許競爭和表現自我的團體中和睦地學習；到了國中階段，許多兒童還參加私人課後精心設計的juku（補習）課程（White, 1987）。經歷這樣的學習，日本兒童在不同的情境下，同時學習著參與和諧的團體和個人競爭，以及辨別不同行為應該運用到何種情境。

相似地，藍領階級的非裔美國家庭強調，要幫助兒童隨著角色轉換和情境脈絡學習以彈性的方式表現行為和語言。Shirley Brice Heath（1983）記錄了在這個社群當中，成人常常提出問題鼓勵兒童在自己經驗過的情境裡，尋找合適的回應方式。因此，在成人重視彈性的同時，也重視其中隱含的思考方式和言語型態。

來自玻里尼西亞馬克薩斯族的學步兒會學習去觀察情境脈絡中的線索，以確定何時要順從、何時可以要求他人和調皮（Martini & Kirkpatrick, 1992）。照顧者喜歡學步兒的逗弄，像是一位學步兒的母親要求親一下他時，他的反應是：「不要，媽媽。妳臭臭。」父母很自豪地談到孩子勇於挑戰成人權威的時刻。逗弄本身可能教導了學步兒如何掌握行事的不一致——幫助他們學習在何種狀態下，某人會以真實或明確的方式對待他們；以及在何種狀況下，某人會用虛假的方式對待他們，而他們要分辨出那是假的。

相反地，中產階級歐裔美國兒童養育專家對父母的建議常常有「要有一致的對待方式」，不管任何時候都要用同一種方式對待兒童。受過大學教育的歐裔美國母

親被問到她們認為兒童養育當中最重要的部分時，她們會強調一致性的重要（Chao, 1995）。一位美國托育中心的負責人談到：

> 我們感覺，兒童在家裡要接受跟在學校時一樣的訊息是很困難的。如果我們現在教導兒童在學校處理爭端時，要用溝通的方式取代打架（但是父母都會體罰子女），那麼我們所希望的目標是很難達成到的。當類似的情形愈來愈多時，我們會要求父母到校來談談彼此之間對於規範上的不同處理方式。如果我們不能解決彼此之間的差異，我們可能必須建議父母轉校（Tobin et al., 1991, p. 111）。

在家庭裡和學校中，兒童處處都需要面對所謂合宜的行為的差異，但是這樣的差異尤其出現在社群本身的活動形式和西方學校教育方式的差異上。舉例來說，美洲印地安人的兒童在家學習的時候，常常被期望要恭敬且保持安靜；但是他們非印地安人教師可能認為沉默代表沒有興趣或拒絕（Plank, 1994）。同樣地，在家中相互合作的行為則可能與學校中期望學生相互競爭且嘗試表現自我所要求的學習型態並不一致。

在學校中，看著對方的眼睛可能代表對對方的尊敬；但在納瓦荷族，波多黎各人和非裔美國兒童的家庭中，則要求避開對方的目光（Byers & Byers, 1972; Chisholm, 1996; Hale-Benson, 1986）。然而，許多歐裔美國教師期望要有眼神接觸，以便推測學生是不尊敬或缺乏注意力（「如果你沒有看著我的話，我不知道你是否注意到我」）。若這些兒童之前已經被教導：看著成人的眼睛是挑戰成人權威和表現傲慢，這樣的教導將會產生一些問題。一位墨西哥裔美國研究生 Dolores Mena 反映出這樣的衝突：

> 我記得成長的過程和許多感受是相互衝突的，因為我父母要我做的和其他人要我做的並不一致。「我的父母」可能告訴我不要看著年長的人的眼睛，因為這是不尊敬的，但是在學校裡，當我們要說話或回答問話時，老師則要我們看著他們。而且在學校，避開眼神的接觸則會被誤解成不專心。我記得有一次，當我父親正在要求我幫他做某件事，我真的直接盯著我父親的眼睛。但他眼中傳遞出的眼神讓我背脊發涼，我從此再也不敢直視著他（personal communication，1999 年 10 月）。

當家庭和學校實踐有差異時，為了避免溝通的問題，兒童必須學習區辨不同情境之中有不同的行為。在家庭環境中，兒童可能被期待立即回答問題；反之，在學

校環境，他們則被期望要等老師點到名字才可以表達意見。在家庭裡可以預期，幾個人會在同一個時間彼此交談；相反地，在學校裡則可能有「一次一個人說話」的規定。在家庭中，人們可能會在一來一往對話中為尊重對方而停頓，以便讓對方回應；但在學校裡，來自要尊重停頓環境下的兒童可能永遠沒有機會說話。在家庭中，兒童可能被期待不要反駁對方，以展現對他人的尊重；但在學校環境裡，他們可能被期待要對看似矛盾的想法提出質疑。

　　學習在不同的情境中，區辨出適宜的行動方法，在所有的社會當中，不管對兒童或成人，都是一種非常重要的成就。學習在學校或家庭中得運用哪種方法，再加上決定在認知測驗和其他問題解決情境要使用哪種策略，才等於學習到能夠從一個情境適當地運用到另一個情境的類化的歷程。

　　Roseanna Bourke 提供一個有深入見解的隱喻，用來代表思考「能有彈性的適應各種情境的學習方式」的必要性：

> 變色龍使用他們的能力改變身上的顏色，以適應多變的環境和表達自己的狀態，像是生氣、害怕、冷靜和悲傷。綠色的變色龍是代表平靜的、冷靜的和安詳的；相反地，黃色的變色龍是代表屈從。幼小的變色龍要用一年的時間，透過與成年的變色龍之間的互動，學習各種顏色所代表的語言，以及解讀這些顏色的訊息。兒童也是同樣學習他們文化中的語言，然後學習適應多變的環境。如同變色龍，兒童進入一堆不同的學習情境中……每個情境都展現一種連結學生本身學習概念的特殊觀點，創造了學習者的經驗和參與學習活動的多重方式……。就如同變色龍一樣，改變顏色的能力是學習者本身與生俱來的技能；如果學習者將之用來面對環境、情境和社群的多變性，則會逐漸成為多種學習文化和社群中的成員（Bourke & Burns, 1998, p. 2）。

　　社會文化理論已經建立在「所思考內容是與特定情境緊密相連」的理解之上。如這一節所說明的，思考內容和情境的連結並不是以機械的方式連結的，而是個體參考他們之前參與過的文化實踐經驗，才確定在「此一」情境裡要使用「此種」特定的方式行事。當個體從某一情境轉移到另一個情境的創造性角色，通常存在於社會友伴建立的各種連結當中。除此之外，個體和社會團體通常以他們所繼承的文化工具為媒介，建立與前人的各種聯繫。當人們使用諸如用以處理認知問題的讀寫系統和數字系統的文化工具時，人們常常會為自己或後代擴展或修改這些工具。

用來思考的文化工具

　　在早期跨文化的研究中，有許多跡象顯示學校教育和讀寫能力都跟認知測驗的表現有關。這樣的關係清楚地顯示，只與認知測驗中的某些特殊表現有影響，而且必須與特定讀寫能力或特殊的學校教育型態有關。這些發現，受到 Vygotsky 理論所啟發，把認知研究的焦點轉移到「一個人如何學習使用自己文化社群中的認知工具」則有相當的貢獻。在這一節中，我將檢驗幾種為了思考所使用的文化工具，這些文化工具都受到重要的關注，如：讀寫、數學和其他概念系統。

讀寫素養

　　讀寫的發明在歷史上造成重要的影響，它的發明也被認為對社會處理各種認知議題上有著長遠的意義。在有文字紀錄的情況下，以口述形式保存往事的重要性逐漸降低。在此同時，以逐字紀錄而記住訊息的概念（而不是為了主旨）逐步提升，因為這樣，用書面的紀錄來檢查回憶的可能性大增（Cole & Scribner, 1977）。

　　讀寫被認為可以促進檢驗命題的內在邏輯（Goody & Watt, 1968; Olson, 1976）。在解決邏輯的三段論證或文字題時，被寫下的陳述不但容易檢驗其一致性，而且其意義就像是包含在文本中一樣。當然，就像是文化研究所顯示，作者和讀者所在的社會脈絡都是影響文本被看待的一部分，讀者對文體和特定主題的先前知識，在解讀文本中扮演著重要的角色。

　　關於讀寫的重要性，早期的許多說法之一是假設它對於個體的認知能力有顯著且普遍的影響。為了檢驗這樣的說法，Sylvia Scribner 和 Michael Cole（1981）進行了認知技巧和讀寫能力間關係的研究。他們指出，大部分有關讀寫的推論都把焦點放在作家文體（記敘文）的使用上。他們的研究是與來自賴比瑞亞，並能夠使用幾種不同形式讀寫能力的 Vai 族人一起進行：

　　　　在村落中，Vai 字母（Vai script）是大多數個人和公眾需求（例如書信的撰寫）所使用的形式，而且它藉由那些教導朋友和親戚長達兩個月的非專業者寫作，以非正式教育的方式來傳布。Vai 字母是一種獨立發展出來的語音寫作系統（phonetic writing system），總共由 200 個符號的音節（包含

20～40 個普遍使用的符號）所組成。

除此之外，一些 Vai 族的個體能夠讀寫阿拉伯文，是因為他們在傳統的可蘭經學校學習與宗教有關的內容。這些學校只強調記憶或大聲朗讀，通常不包含對語言的理解。

還有一些 Vai 人能精通英文，是因為他們在西方正式的學校當中學習。

Vai 的書寫字母有許多重要的使用方法，但是它不包含用文章的書寫來檢驗想法。因此，Scribner 和 Cole（1981）預測，Vai 族的讀寫將不會產生高層次的心理功能，因為高層次的心智來自於以學校教育為主的高層次讀寫，像是那些之前提過的內容。但可以確定的是，他們發現能夠讀寫和無法讀寫的 Vai 族成員，其在邏輯和分類任務表現上有些微的差異。

然而，獨特的認知技巧與不同讀寫系統的某些特定層面是相關聯的。舉例來說，在沒有提示下要求個體進行描述的溝通任務裡，與無讀寫能力和精通阿拉伯文的人相較之下，能讀寫 Vai 語的人表現突出。Scribner 和 Cole 也期望這樣的關係存在，因為能讀寫 Vai 語的人能流暢地撰寫書信——這是一種使用大量文字進行溝通的生活實踐；相較之下，來自情境脈絡的其他層面訊息就少了許多。能讀寫 Vai 語的人對於理解一個音節一個音節慢慢呈現出來的語句，也表現得較為熟練。這種能力是與「將每個音節與每個文字對應起來」的 Vai 一樣重要，因為他們需要面對沒有字間切割（word division）的 Vai 字母。能讀寫阿拉伯文的人可熟練地依序將一連串的文字記憶下來，而且在每次任意插入一個文字的測驗中也同樣能做到。這樣的測驗方式與那些精通阿拉伯文的人學習可蘭經的方法是類似的。

Scribner 和 Cole（1981）的結論表示，讀寫與認知技能之間的關聯透過需要運用讀寫的特殊生活實踐而產生。不同形式的書寫字母（written script，例如：不管有沒有進行字間切割的字母表或語音表）和不同讀寫所需的文體（例如：作家的散文、書信體、應用問題、目錄、詩歌），促成了不同的認知技巧。讀寫的目的和實踐工作的多樣性緊密地與「個體能在技術實際運用過程中習得該技術」有關。這樣的多樣性被深植於許多社會文化制度當中，而這些制度本身就是發展和實踐各種技術的場所。

讀寫在社會運用上的多變性，在近代功能性讀寫定義不斷轉變的美國歷史當中可清楚地顯現出來（Myers, 1984, 1996; Resnick & Resnick, 1977; Wolf, 1988）：18 世紀的美國，讀寫素養被定義是有能力在法律文件上簽上自己的姓名或一個 X。到了 19 世紀後期，讀寫能力成為一種能夠閱讀和複誦記住的段落，並不一定要理解那些

內容，以作為美國當時從內戰、移民者的湧入和企業化初期重新恢復秩序的方式。到了 20 世紀初期，能夠閱讀，表示開始能從不熟悉的段落中獲得字面上的意義理解。在當時，軍隊長官尋找參與第一次世界大戰的新兵時，是要求他們要能夠閱讀如何操作裝備 [3] 的說明書；而提升工業化的重要目標是要求工人能夠從文件當中獲得完整的訊息。20 世紀晚期，「較高」層次的讀寫能力（透過被記錄下來的材料，進行推論和發展概念）首度被期待要當作基礎能力來看待。這最新的讀寫定義，有部分是受到工作場域中需要對資訊技巧廣泛地使用所造成。

　　在文化技術運用過程中歷史的轉變，特別強調個體認知實踐與機構、技術和社會目標之間的關係。在「獨特讀寫能力形式會在不同社群的文化實踐中被使用」這樣的思考脈絡下，如果將讀寫作為一種文化工具，能促進特殊思考形式的出現（see Dorsey- Gaines & Garnett, 1996; Serpell, 1993; Serpell & Hatano, 1997）。

 數學

　　類似於在讀寫上的研究發現，個體在數學測驗上的表現很自然地與數字實踐工作有關。舉例來說，學校教育的型態與賴比瑞亞裁縫師處理算數問題相關；反之，裁縫的經驗是裁製衣服的過程中解決算數問題的技巧有關（Lave, 1977）。不管是學校教育或裁製衣服，都無法提供「一般」的數字運算。而一般人運用在商業活動和學校教育中熟悉的算數策略，通常則與被測驗的技巧間只有一丁點的關係（Carraher, Carraher, & Schliemann, 1985; Ginsburg, Posner, & Russell, 1981; Lancy, 1978; Lave, 1988a; Nunes, 1999; Nunes, Schliemann, & Carraher, 1993; Posner, 1982; Saxe, 1988b；見圖 7.4 和 7.5）。

---

[3] 在美國（1916 年），第一次出現大量讀寫測驗的新兵測驗是由美國心理協會的一個計畫所設計出來的（Myers, 1996）。進行了兩年，發展出選擇題的題型之後，包含這種「客觀」技巧的新兵測驗可以用來檢驗「從文本中獲得必要訊息」的各種技巧，所使用的題目像是以下這些：「Cribbage（一種紙牌遊戲）是用球拍、鎚子、骰子或紙牌來玩；Holstein（一乳牛品種）是一種乳牛、馬、綿羊或山羊。芝加哥最著名的工業是罐頭、釀酒、汽車或麵粉工業。」（p. 86）在十年內，大學入學考試也轉而使用選擇題來考。

幾十年之後，許多學校仍然努力想要掙脫受到這種測驗方式的限制，設計其他用來測驗讀寫能力的方式。這些測驗的使用是用來協助教師的工作，而且引導學生跟著指示，從文本中一點一滴的學習，以及要求學生利用讀寫能力進行推論和發展自己的想法。

圖 7.4

在一所鄉村學校裡的一堂數學課。教導的對象是厄瓜多爾安地斯山高地的 Otavalo 印地安人（Collier & Buitrón, 1949）。

同樣地，日本的算盤（abacus）專家能展現使用算盤計算的特殊技巧。在算盤上有許多針對位數的想像，他們不用算盤進行心算和有用算盤時相較，其準確性一樣，甚至更快（Hatano, 1982; Stigler, Barclay, & Aiello, 1982）。在算盤上的視覺化現象明顯地能促進記憶：算盤專家能以順序或倒序的方式回憶出一連串的 15 個數字。然而，他們對於羅馬字母和水果名稱的記憶空間（memory span），則跟大多數成人的記憶空間所展現出來的「7±2」沒有什麼不同。這些包含他們令人訝異心理算盤運作歷程，被生活中實際運作的活動所塑造，也因而應用到與其相關的活動中。

　　與讀寫的研究類似，數學的研究已經指出人的思想在文化工具中扮演的核心角色。這些文化工具包括算盤的使用、學校教導的計算形式、要到街上販賣的糖果的標價結構、十進位制，和利用身體部位或代幣來代表數字（S. Ellis, 1997; Nicolopoulou, 1997; Saxe, 1981, 1991; Ueno & Saito, 1995）。人們用來處理數學問題的策略與計算的目的，和可獲得且熟悉的工具密切相關。

圖 7.5

巴西兒童正在幫要在街頭零售的糖果標價（Saxe, 1988a）。

　　數學工具和技巧不是萬能的。進一步來說，它們是因應各種不同狀況的。這樣的因應情形是由個體所造成的；這樣的狀況和機構組織一樣，通常需要利用獨特的策略處理日常例行的工作，優先將工作簡化，減少心理運作（Cole, 1996; Lave, 1988; Scribner, 1984）。

　　當數學為了實際工作的各種目的而被使用時，例如小販、木匠、農夫和節食者，人們很少會在他們的計算過程中增加無謂的負擔。然而，在學校教育的情境脈絡所使用的計算方式，一般來說都會製造一些不合理的錯誤；同時，如果仔細考慮問題解決之後的意義，通常會發現這些答案都是不可能發生的：

　　　　傳統上，在學校裡學習到根據規則所產生的解答，似乎提供「人們」做「自己不一定完全瞭解，以及無法針對學校之外情境產生合宜的解決方式」的歷程。相反地，個體自己發展出來的策略常常作為解決在學校之外問題的工具。這些策略的特質是具有彈性，這些策略會因應情境的意義、問題的性質和問題的數量而有所修正。

如 Nunes（1993）所整理的，這兩種類型的數學之間，有兩個最重要的差異在於：(1)在學校之外的數學被當作一種工具，用來達到一些其他的目標，而學校當中的數學，數學本身就是目的。(2)數學被用在學校之外的情境時，計算的結果是有其意義的；而傳統在學校學習的數學，主要只是操弄數字的過程（Schliemann et al., 1997, pp. 197-198）。

在國際化數學測驗中，國家彼此間技能上的差異喚起大量的討論——學校和文化實踐的角色是否能促進數學的理解。這些差異是很明顯的：在美國，五年級當中表現最佳的班級（在明尼蘇達州），在數學測驗的得分比起日本最差表現的班級還要低，而只贏過一個中國班級（Stevenson, Lee, & Stigler, 1986; see also Mathematics Achievement, 1996）。只有一個美國五年級學生的得分進入前一百名（總數為 720 個兒童），但有 67 個美國學生在倒數 100 名之中。

造成這些差異的原因，有一部分可能與不同語言中數字表現方式有關，因為不同的語言製造了不同思考的認知工具。有些語言是以十進位的方式呈現 12 這個數字（如：「10 和 2」），相反地，其他語言則有非十進位的符號可以呈現（如：「twelve」）。使用十進位系統的語言可能有助於學習數字在不同位值（如：個位、十位）時的意義。

這樣的想法已從一個讓兒童使用以十為單位或以一為單位的積木表現數字的研究裡得到驗證。中等社經地位的一年級兒童（其語言是以十進位系統來表達數字）表現出對位值的意義相當熟悉。相較之下，來自法國、瑞典和美國這些語言上不是以十進位方式表現數字的國家，其中產階級一年級的學生對不同位值的理解上比較困難（Miura et al., 1994）。同樣地，中國 4、5 歲的兒童在朗誦數字和計算大於 10 的物件時，與同齡的美國學前兒童相比，比較不會遇到困難。不過，兩者在 10 以下的計算表現上是沒有差異的（Miller, Smith, Zhu, & Zhang, 1995）。

想要瞭解五年級兒童數學表現上差異的研究，也曾將焦點放在學校教育的結構上（Stevenson et al., 1986）。如同日本和中國的兒童一樣，美國兒童也投入了一半的上課時間參與學術活動。美國教師比起日本和中國教師而言，投入了很少時間傳授新知；但比起傳授新知，美國教師投入較多的時間在指導上。這樣的差異使得原本美國兒童的學年天數（178 天）比起日本和中國兒童（240 天）較短的情形更加嚴重。美國的學校上課時數和花在寫作業的時間也比日本或中國兒童要少。

日本兒童在數學上的驚人成就，還伴隨著其他與學業成就和團體關係相關的價值與社群組織上的差異（Lewis, 1995; Stevenson et al., 1986; White, 1987）。日本兒童

對於成就表現的態度是強調「成功來自於努力」（而非來自於天生的能力）。在平均 42 個學生的班級中，日本教師更把焦點放在兒童對自身學習的投入，而非規範的訓練；教室雖然吵雜，但兒童花費許多時間在學習上。日本教師也指派更多的責任給學生，也鼓勵同儕團體結構的發展（因為同儕團體亦是學習環境中的一部分）。同學彼此互相作為檢驗自身數學概念的資源，而不是為了引起教師關注而單打獨鬥的競爭者。教師們只需檢視某些深入的問題，不需要探究問題的表面意義；而兒童在過程中所犯的錯誤會被用來當作學習的素材。Catherine Lewis 提供一個一年級數學課的實例：

> 小川（Ogawa）老師讀了一個文字問題給全班聽：「有 7 個兒童登上一列火車，有 2 個兒童下車，然後又有 3 個兒童上車。請問最後總共有多少兒童在火車上？」
>
> 她要求兒童用等式來表現這個問題，而且要求 7 個呈現不同計算等式的兒童，把自己的等式寫在黑板上。Hiro 的等式讓全班都很困惑：3 － 2 ＝ 1 和 7 ＋ 1 ＝ 8。雖然 Hiro 嘗試了好幾分鐘，但他沒辦法解釋自己的推論過程。小川老師詢問班級裡有沒有人可以解釋他的推論過程，但是並沒有志願者出現。
>
> 當她問到：「Hiro 的等式是否正確地表示了這個問題？」大部分的學生都回答：「不正確。」小川老師再度鼓勵 Hiro 解釋自己的等式：「告訴我們，當你在寫這些等式的時候，你在想什麼？」當他再次重新建構自己想法卻仍然失敗之後，Hiro 看起來很沮喪；然後小川老師說：「點一下我的手，就能給我力量幫助你。我會試著說出你的想法。」Hiro 伸出他的手指碰一下小川老師之後，小川老師接著解釋第一個等式可能代表的是上車和下車人數之間的差異。她繼續透過 Hiro 的等式是如何正確地呈現問題，幫忙班上的學生進行推理。在這堂課的最後，小川老師要 Hiro 告訴班上同學：「當班上每個人都說你的解答是錯的，你感覺如何？」Hiro 說：「我感覺很不好。」小川老師說：「我想，當每個人都認為他錯的時候，他卻很勇敢地嘗試給出一個解釋。」然後，全班都看著 Hiro，突然為他鼓掌（1995, pp. 169-170）。

或許在訝異於日本兒童測驗分數的同時，幼兒時期的重心應該放在社會發展的層面，而非學科的指導（Abe & Izard, 1999; Lewis, 1995; Tobin, Wu, & Davidson, 1989）。非常少數的日本父母在子女上幼兒園時，強調學業目標的達成；他們會強

調社會目標，例如：發展對他人的同理心。另一方面，美國父母通常在幼稚園就開始強調學業目標。日本的幼兒園學生比起美國的學生，在自由遊戲的時間上，多了4倍，而且日本小學強調兒童要一起學習、相互幫忙，不是著眼測驗得分。Lewis認為，日本兒童驚人的測驗表現是經由關注學前階段和剛進小學的兒童，和教室中發展出來的社群感逐漸生成的。所以兒童感受到自己是團體中的一部分，要為團體負責，使得他們面對各個學科的學習時有更深入和更集中的專注力。

美國在數學表現上的國際差異，點燃了對日本小學教育的強烈興趣（特別是在日本經濟繁榮時期）。然而，吸引美國人注意的，常常是有一、兩種特殊的技術，而不是這整個系統（整合性的數學學習過程、學校結構和實踐，以及家庭和社群實踐與價值）順暢的運作方式。就如 Giyoo Hatano 和 Kayoko Inagaki（1996）所指出的，雖然採用某種特殊的方法（如讓整個班級的注意力放在個人所犯的錯誤上），但是若沒有檢驗這獨特的運作歷程的價值和實踐並與文化系統相互配合的話，則可能無法對兒童提供幫助，反而造成不良影響。

有趣的是，日本小學的教育本身就是結合了歐美百年來的各種概念而形成的。19 世紀末期，日本政府邀請一位瞭解 Herbart 教育運動的德國學者在東京大學進行教學，日本採用了 Herbart 學派的許多理念（特別是使用標準化的教學方法，以便集中教育控制權的想法；Serpell & Hatano, 1997）。在 19 世紀末期，日本初期的幼兒園都受到歐洲學前教育理論〔如福祿貝爾（Froebel）〕的啟發，它們成為日本政府介紹西方觀念的一種手段（Shwalb et al., 1992）。到了 20 世紀初期，以孩子為中心「自由教育」（free education）的西方思想受到學前教育所重視（Shwalb et al., 1992）。此外，著名的美國教育學家 John Dewey 見教於日本，他對於日本小學教育的影響更是深遠（Kobayashi, 1964）。

將文化工具（如數學）有技巧地運用在社群中，和運用這些技巧的社群實踐與社群價值的多個層面密切相關。這些關係包括：文化工具（如數學系統）的使用與文化工具本身的內涵（例如，數字系統是否以十進位的方式系統化的呈現）；社群中運用這些工具的價值；工具如何被習得的社群意義；人際之間和社群之間在運用這些工具的關係等等。

 ## 其他概念系統

除了讀寫能力和數字系統之外，其他概念工具亦提供了作為支持和限制思考的文化技術。後續提及的複雜文化知識系統能幫助他們的使用者組織訊息，並能促進

其做出合宜的決策：

- 科學系統，如一般俗民對不同文化社群動植物的分類，提供了地區性的知識（Berlin, 1992）。
- 隨手可得的星座盤和對宇宙的假想等知識工具，提供了海上航行的系統，引導著玻里尼西亞人令人讚嘆的航海技術的發明（Gladwin, 1971）。
- 流傳在澳洲原住民社群中的敘說和概念圖，伴隨著持續不斷校正方位的策略，提供了非常準確的方位辨認方式（Chatwin, 1987; Levinson, 1997）。
- 有關位置和形狀等地理描述的語言差異，可能提供 Inuit 人在極地的空間認知和方位辨認（Kleinfeld, 1973）。
- 民俗心理學提供一連串的假設，組織有關他人理解、慾望和意圖等信念（Lillard, 1997）。

　　針對高技巧的邏輯系統的觀察，已將焦點放在當地本土性遊戲的專門知識上，這樣的做法超越了利用讀寫的文化工具來進行邏輯三段論證的探究（例如，第二章談到的白熊例子）。舉例來說，非洲各地，男孩子在進入青春期時，開始玩一種叫做「nsolo」的遊戲（Serpell, 1993; see also Lancy, 1996）。這個遊戲利用在原木或地面上 2 或 4 列平行排列的小洞，並依據複雜規則系統移動著石頭，還需要利用策略性的規劃和計算（見圖 7.6）。

　　有關概念的語言標籤也提供了與用來思考的文化工具同樣的功能。思考和語言之間的關係已有許多來自不同角度的長久爭論。早期的假設是源自於 Benjamin Whorf，他認為語言系統決定思考內容，這樣的說法過於武斷。同一時期，認為「語言系統單純是由思考而來，而且這樣的思考無關於語言」的想法也過分簡化兩者的關係。近期的研究提出，兒童比較容易習得以他們社群語言標籤界定概念的分類系統（Lucy & Gaskins, 1994）。

　　語言是思考的工具，而這個思考工具包含了來自整個社群思考與行動方式的管道和產物。一個社群語言的系統中，能輕易表達的概念提供了一種思考的工具。同時，重要的社群實踐和習俗通常能以文字表達出來，以促進人際之間的溝通。也就是說，透過社群實踐的參與和對社群實踐的彼此交流，思考和語言會以相互依賴的方式不斷發展（就如同盎格魯地區語言隨著歷史變遷的情形，見第三章）。

圖 7.6

（上圖）在尚比亞，一種移動石頭的益智遊戲 nsolo 的遊戲板。（下圖）正在進行 nsolo 遊戲的情形（Serpell, 1993）。

　　在語言使用上的文化偏好，不只影響用來表達概念的文字本身而已。在每個社群中珍貴的敘說結構，給予人們運用對話和寫作表達想法時所使用的形式規範（Gee, 1989; Michaels & Cazden, 1986; Minami & McCabe, 1996; Mistry, 1993a; Scollon & Scollon, 1981; Wolf & Heath, 1992）。

　　舉例來說，日本人的敘說結構通常跟隨著一個簡潔的三段架構，就像是日本詩詞——俳句（haiku）的形式。這種敘說形式省略了閱聽者能輕易推論判斷的訊息，而要考驗閱聽者是否能抓住敘說者想要表達的觀點。此點與日本人要求同理心和合作的價值觀一致（Minami & McCabe, 1995, 1996）。對於歐裔美國教師而言，日本兒童的敘說內容沒有什麼想像力，內容也不多。然而，日本兒童被鼓勵以這樣的文化形式表達，因為那被視為是語言精緻的濃縮。兒童非常熟悉地聽著類似俳句、簡潔的故事，而他們的母親也鼓勵他們要以這種母親提供的對話形式，述說每天發生的事件。

　　相反地，歐裔美國人的敘說型態較為偏向情境和情感的描述，集中對單一經驗的表達，通常包括解決一個問題的高潮（Minami & McCabe, 1995）。歐裔美籍兒童的敘說內容比起日本兒童的敘說要長。母親會鼓勵子女表現出自己偏好的敘說結構。她們常常會問子女很多問題，而這些問題就會鼓勵子女將事件的細節精細地說出來，即便某些細節對閱聽者而言是容易推敲的也一樣。

　　不同的敘說結構可能有助於思考習慣的形成。所謂的思考習慣是與「個人如何檢驗證據來支持一個論點」、「個人如何對自己或他人仔細說明一個想法」這類認知領域有關的內容。舉例來說，書寫科學性文章的形式有一種敘說性的結構，需包含對一位科學家思想的引導和限制，並具體呈現作者思想和溝通內容的結構——即稱為「科學方法」（the scientific method）。如眾所皆知的，研究過程（research process）可能不會遵循科學方法來進行，但實際上，科學家重新排定研究過程時，為了讓其他人瞭解這個研究工作，他們會以符合當地文化價值的形式做修改。

　　個人和整個世代在認知工具的使用，像是敘說結構、文字，以及數字和書寫系統等認知工具，除了把焦點放在思考是個人運作歷程之外，同時也將焦點放在思考是包含在人際互動和社群運作的歷程。這樣的想法也因研究的發現而變得更為清晰。下一節的重點則是思考是散布在人們和文化工具中，就是當人們運用文化工具一起思考的時候產生。

 ## 在使用文化工具思考時分布的認知

　　個體的認知發展在有許多思考者的社群中產生，在這些社群裡，任何一個特殊的議題，都有一個以上的學者努力研究著。以下提供的對話談到，其他人類成就的

歷史和物質層面都可被之後的每位思想家所用（Bruffee, 1993; Cole, 1996; John-Steiner, 1985, 1992; Nicolopoulou, 1997; Schrage, 1990）：

> 身為文明的人類，我們每個人都是一個「繼承者」（inheritors）。我們不是繼承想要瞭解自身和這個世界的探究精神，也不是繼承不斷堆積資訊的軀體；我們繼承的是一個對話歷程——它始於遠古時代，隨著時間流逝，到現在這個使我們更有能力表達思想的時代。它是一個對大眾與對自身持續進行的一種對談……〔每一個新的世代都要接受〕這個對談中的成員和對談技巧的洗禮。而且到最後，經由對談，人類的每一活動和話語都有其位置和特色（Oakeshott, 1962, p. 199）。

如 Ed Hutchins（1991）對於「水手行駛需要詳細計算與規劃的大型船隻時如何相互合作」的研究當中所指出的，當船員相互合作，並運用那些有助於認知工作的器具時，認知能力本身是分布（distributed）在每個人身上的。想想如何操縱一艘以特定速度的巨大船艦回到一個小港口的船塢停泊，就知道一定是透過許多人的協力合作才能完成。他們利用祖先發展的認知工具或策略進行作業，處理資料蒐集、推估計算和人際問題解決的一些必要觀點。同樣地：

> 一位針對一群機械技師的人種誌學者進行研究，在其中這些專業技師直言不諱地再次思考這個工作場域中的專業是什麼。他的分析中談到，在技師群當中的專業知識不是每一個體知曉的內容，而是當需要時他們運用共通的能力能很快產出正確的訊息……換句話說，專業知識就是一種社會事務（social affair）（Schrage, 1990, p. 49）。

另一個思考歷程如何包含人際互動與文化工具的例子，是舉行女童軍餅乾特賣會（Girl Scout cookie sales）的規劃過程（Rogoff, Baker-Sennett, Lacasa, & Goldsmith, 1995; Rogoff, Topping, Baker-Sennett, & Lacasa, 2002）。這個童子軍計畫和記錄訂購數量和銷售路線的產生，是由其他童子軍、親戚、顧客和隊長，以及由這個團體所提供的認知工具（像是在訂購單上幫助記憶和計算的輔助工具）等要素共同合作之下而形成的。這些女童軍也受惠於用來處理認知問題的新工具（例如，考慮使用便利貼，便於整理訂單）。

在 19 世紀初期，Sequoyah 為 Cherokee 族（北美印地安人）留下了一套令人佩服的書寫系統，也融入每個人和每種工具之中。紀錄中談到，Sequoyah 發明了發送訊息的工具，提供給使用「談話葉」（talking leaf）的白人，以及為他的族人發明了

一套字母系統。他的字母系統由 85 個字母構成，用於新聞和信件的書寫許多年。Sequoyah 重要的功績包括他個人的天分、受他靈感啟發的人際溝通基礎（指「談話葉」的使用），和以他的成就為基礎的許多文化技術（Carpenter, 1976）。這個個體的發明不但對其他人的人際溝通，也對後代可獲得的文化工具有所貢獻。

 ## 超出頭蓋骨之外的認知能力

　　認知能力分布在個體、他人和文化工具和制度當中的想法，可能對於那些假設「認知能力是完全住在個人腦袋當中」的人是很難理解的。以「人類發展是對社會文化活動中的參與度轉變的歷程」的觀點來看，「思考只在頭蓋骨之中才會產生」是不被接受的。

　　「有一條任意假想的界線介於個體和非個體的世界之間」的假設，對於理解發展和思考的內涵上，製造了沒必要的複雜性。因為發展和思考的內涵已經可以透過對於個體、人際關係和社群歷程三者之間關係的理解獲得（已於第二章討論）。Gregory Bateson 強烈地討論界線的問題：

　　　　假如我是一個眼盲之人，而且拿了一根木杖。我邊走邊敲著木杖，那麼，從哪裡開始才算是我？

　　　　我的心理組織的界線是在於手上的木杖嗎？是我的皮膚嗎？是木杖的中間點嗎？是在木杖的尖端嗎？

　　　　但這些都是沒意義的問題。這根木杖是傳送出不斷轉變差異的一條路徑。描述心理組織的這條路徑就是用來繪出這條「你不能切斷任何一條會讓事情難以理解的路徑」的界線（1972, p. 459）。

　　對幼小的嬰兒而言，使用的樹枝需要有學習的功能，就像是 Bateson 指的木杖；他們學習的過程中，使用著屬於他們自己的樹枝，將其作為碰觸物體和移動的工具。在使用語言和讀寫能力進行學習時，兒童也學習著身體動作的運用和物體的使用。隨心所欲發出的聲音，以及他們與他人之間的關係地位，都代表著這種意義——對有已經有技巧的說話者而言，學習的工具和歷程幾乎是難以察覺的。同樣地，對於已經有技巧的閱讀者，從書頁上的墨印轉換成有意義概念的過程是自動化的；讀寫能力所扮演的工具角色、作者和其他人等對閱讀過程的貢獻，可能很容易被忽略。然而對新手而言，當他們學習使用一個認知工具，如使用語言或讀寫時，這個分配性的角色是比使用物質工具時更顯而易見。特別是使用心理工具時，認知能力的分

布，不但會在個體和物體當中，還會存在於各種想法和與他人溝通中（見圖 7.7）。

跨越時空的思想合作

　　思想上的合作可能伴隨著前幾個世代出現的人、事、物而產生，就如 Michelang-elo 研究前人的雕刻、Pablo Casals 每天演奏 Bach 的音樂。極有創造力的作家、畫家和物理學家發現自己的老師都是來自於過去，擁有「強烈和私人的關係。當他人的工作對自己喚起一種特別的共鳴……在這樣的方式下，他們得以延續、加深和恢復他們的手藝，以及提升他們的才智」（John-Steiner, 1985, p. 54）。

　　共享的努力也包含與後代子孫生命的互動，即使他們仍不為人知或尚未出生。舉例來說，一個作家必定認為表現的方式要使後代都能夠瞭解（Rogoff, 1998）。考量我此時的努力和你互相溝通。認知挑戰中的一部分是，企圖遇見你可能需要解釋哪些事物，因為你不太可能與我共享我所有的經驗。你大概有一個跟我不同的條件，

圖 7.7

Smith 奶奶讀書給 Spencer 家的小女兒聽，1923 年。

而且可能是不同世代的背景。你可能有一個不同的教育傳統、母語和關於文化和認知觀點的目的。溝通的所有面向對我此時在寫作上的認知努力都是重要的。因此，我需要包含與久遠之前逝去人們（如 Vygotsky 和 Dewey）和尚未出生人們共享的認知努力，就如我們繼承且參與轉變的技術和實踐工作（如讀寫能力和電腦）一樣。

在解決認知問題當中，對他人歷史和未來的考量，出現在作家 Patricia MacLachlan 描述她如何回應有所期待的讀者和欠缺編輯解決寫作方面問題的過程之中：

> 我試著預測讀者的經驗。當然，我自己本身是第一個讀者，而且我會試著想像在覺得自己笨拙或任性的時候，有一個長得不高、客觀、冷酷的 Patty MacLachlan 看著我的肩膀說：「唔，別這樣！」但是這位小 Patty MacLachlan 不知用了什麼方式會變成 Charlotte Zolotow（MacLachlan 的編輯）。她的聲音會深深刻印在我的意識當中，我能聽見她的話語。
>
> 我已經把這個想法傳遞下去。我的女兒 Emily 逐漸變成一位了不起的、有想像力的作家，而我們也利用了很多時間討論著她工作的內容。她在某天告訴我：「當我在班級裡寫著一個主題時，我聽見你的聲音在我的耳朵裡出現。」（1989, pp. 740-741）。

同樣的情形，研究者發現，「在空氣中的概念」（ideas in the air）（UC Berkeley's School of Education）引領他們指向協同作用的概念（synergistic ideas），而這個概念是無法只源自任何一個個人的研究或另一個當地研究社群所能發展出來的（Schoenfeld, 1989）。研究社群內成員的討論，與研究其他主題的學者所進行的無關會談，對一個研究計畫概念的發展都是重要的。那時的會談似乎與研究問題並沒有出現明顯的關係，但在回溯分析的結果（analysis in retrospect）會顯示出它們都圍繞著同一的中心點在論述，這點是不受時間和情境限制的。

 ## 隱藏在認知工具和認知歷程的設計之中的分工合作

某些文化工具，例如：電腦、讀寫能力、業務手冊和圖表，特別是為了相隔遙遠但參與共享活動的人設計，來促進思考的合作和互動的（Bruffee, 1993; Crook, 1994; Ochs, Jacoby, & Gonzales, 1994; Pea & Gomez, 1992; Schrage, 1990）。此類思考工具的角色可能很容易被忽略。

舉例來說，「問題」在日本科學教育（像是：學生會看到一個題目，且伴隨著 3、4 個可能的解答，再進行討論）所扮演的角色，就是為了學習而安排的工具，但

這樣的過程是很容易被忽略的。問題的題目和每個答案選項都引導著孩子改變他們的想法，因為問題呈現的方式和選項的措辭都可能蘊藏一連串常見的錯誤概念（Kobayashi, 1994）。這樣的思考過程幫助學生分辨「哪些選項是可能的答案」和「哪些猜測是驗證過的」，提供學生一些線索，重新建構他們原本對科學概念的理解。若沒有仔細探究「設計這種認知工具的人」和「這些工具本身的結構原理」之間相互配合的狀態，對於學生學習歷程的瞭解是不完整的。

　　電腦扮演著一個重要的文化角色，有時也會被認為是如同與自身互動的友伴的認知工具（Hawkins, 1987; Schrage, 1990；見圖 7.8）。當然，伴隨著電腦協助的思考，也包含與設計電腦軟、硬體的設計者和使用電腦平台的個人之間的遠距合作。舉例來說，在學校的教室裡，一些指導的形式可能由一台電腦或一個人類友伴所提供。而這兩種形式其實都需要間接透過一種設備，或直接面對面與人類友伴相互合作才能進行（Zellermayer, Salomon, Globerson, & Givon, 1991）。

圖 7.8

20 個月大時，David-Charles 正在玩一個叫作「Jardin d'Èveil」程式，這個程式是為 1～2 歲的幼兒所設計的。進行的方式，幼兒只要按一按電腦滑鼠或鍵盤上的任一按鍵。其中一個遊戲是在農場動物出現時，就在動物上面按下滑鼠或鍵盤的按鍵，然後那隻農場動物就會發出聲音，讓幼兒可以複誦（例如，beeee、ouaf ouaf、cocorico 的聲音；Gagny，法國）。

同樣地，研究者在兒童的測驗中扮演共同合作者的角色（Newman et al., 1984; Scribner, 1976）。幼兒企圖利用研究者非口語的暗示，像是目光的方向和遲疑，來回答標準化的問題（Mehan, 1976）。Jonathan Tudge 認為，甚至對兒童平衡天平問題的解決方法不提供任何回饋的情境當中，實驗者的沉默都代表著一種社會訊息：「沉默行為一般對成人世界中隱含著認同的意思——或是對明顯錯誤答案的挑戰。」（1992, p. 1377）。

即使當實驗者和研究參與者沒有直接互動，他們仍會間接進行接觸。舉例來說，研究者在研究中會企圖修正許多問題：兒童要依據年齡或能力（Tudge & Winterhoff, 1993）做區分？以哪些素材、指導方式和實驗程序和兒童互動，才能讓兒童表現出和支持他們原本所扮演的角色？學前兒童對於聽從實驗者的計畫或只把焦點放在實驗目標上都是相當困難的，除非研究者或研究程序能仔細考量到他們的能力和角色。

Roy Pea 提供一個貼切的實例，結合了智力的各種概念及其發展過程當中牽涉到的其他人類與認知工具。他再次談到 Seymour Papert 在全國科學基金會的會議當中，對於建造玩具機器的電腦程式的一場演說：

> Papert 談到，學生製造出了令人讚嘆的機器，並且只受到教師很少的干擾……但再次思考後，我覺得這個說法在這個例子中沒掌握「隱形人」的重點——那就是，Lego 和 Logo 的設計者，只在創造 Lego 機器當中相互串連的部分扮演角色，或是只在創造控制機器的 Logo 原始指令的過程中扮演角色。然而，這些機器和指令可以用非常多的方式組織起來。而大量的智慧就建構在這零件當中，零件建構的關係會限制或提供 Logo 組合後而產生的動作。我理解的是，雖然 Papert 能夠「看到」教師的介入（一種智慧的社會分配協助了兒童表現的成果），卻看不見設計者的介入（一種人工智慧協助了兒童表現的成果）……「兒童」能倚靠外顯的教師智慧，或內隱的設計者智慧，搭起提升活動成就的鷹架。同時，他也被嵌入屬於他目前所屬角色的人工製品（artifacts）中（1993, pp. 64-65）。

人工製品就像是書籍、拼字方法、電腦、語言和榔頭等，一定要是社會性的、歷史性的物件，且會因它們的設計者和使用者雙方的想法而有所改良。它們在使用的實踐中形成，也在其他相關的實踐方式中形成；它們在逐步形成，也逐步被形成；它們在歷史中形成，也在被期待的社群中形成（Brown & Duguid, 1994; Gauvain, 1993; Nicolopoulou, 1997; Rogoff et al., 1994）。當人工製品被運用到實踐的工作時，它們雖然加強了人類的活動，但也限制了人類的活動（Cole & Griffin, 1980; Wertsch,

1991）。它們是其他人類早期解決類似問題所使用的典型方式，但會被之後世代修改和應用到新的問題上，也因而擴展和改變了它們的使用方式。

 一個實例：書寫工藝和技巧的社會文化發展

　　對於現在認為理所當然的讀寫認知工具而言，讀寫的社會文化發展是出現在書寫工藝（technology）和技巧（technique）的歷史當中的一個實例。藉由電子排版和編輯這種改良後的書寫溝通方式，可能很容易損及我們原本使用的讀寫作為認知工具的重要性。年長的讀者可能會注意到，若想將寫下的想法進行排版時，現在與過去所能獲得的拼字工具（紙筆或打字機）之間的差異點。年輕的讀者可能會理所當然地認為，修改的過程可以利用電子的方式製作和記錄時，編輯是很簡單的。

　　我們這一代當中的一些人已經停止認為紙張是一種寫作工藝了。然而，可書寫表面（writing surface）是否可輕易地獲得，卻是發展文字作品的必要因素。紙張的發明為書寫和文學作品普及的發展扮演關鍵性的角色，做出長遠的貢獻。

　　如 Jolie Velazquez（1999）所記載的，為了尋找一個優良的書寫表面，花了各國發明家好幾個世紀的時間。就像本書的假設一樣，這個工藝的發展是一個投入個人創造力和原創性、社會政策和社會關係，以及歷史演化的過程。

　　在西元前 3 世紀的埃及，原本都是在牆壁和黏土板上進行書寫，其造紙的方式是利用沿著尼羅河畔生長的紙莎草（papyrus），將其切片、搗碎、壓合之後，製成薄薄的書寫板。法老王的子民是禁止外銷紙莎草的，而在不到 100 年的時間當中，埃及的鄰近國家發明了使用羊皮製造出羊皮紙（parchment），作為書寫媒介的技術。西元 105 年，真正用紙漿（pulp）製造的紙張是名叫蔡倫的中國朝廷官員所發明的。他發明了製造紙漿（利用樹皮、無用的麻類植物、碎布和漁網），和把紙漿鋪在一個紗網晾乾成為紙張的方法。

　　這個發明受到中國皇族的讚揚，也對中國的發展相當重要。中國保留了這個工藝秘方達 500 年之久，之後才將造紙術傳到韓國和日本這兩個中國的貿易伙伴。到了西元 8 世紀中期，因為戰爭的勝利，阿拉伯人強迫中國俘虜洩露這個秘密，而到了 10 世紀，遍布在伊斯蘭世界的貿易中心因造紙術而更為繁榮。

　　歐洲到了 11 世紀初期，才開始輸入紙張，而到了 12 世紀中期，歐洲才有能力自行造紙。一些人相信法國的十字軍戰士 Jean Montgolfier，在大馬士革強迫曾在造紙工廠工作數年的俘虜將造紙術的秘密說出，之後再將其帶回法國。直到 15 世紀中期印刷術發明之前，紙張在歐洲是最為人接受的書寫媒介；而此時，因為紙張的易

碎性和「異教徒」（heathen）的源頭（以基督教統治歐洲時的觀點來看），教會和政府拒絕把正式的文件寫在紙張上。

　　實際上，製造紙張的原料——亞麻布來自於阿拉伯人種植的亞麻植物，而棉花則來自於印度和美洲——無法趕上人們對紙張的需求。在缺乏原料的狀況下，碎布和舊布的回收相當普遍，甚至英國法律還規定只有羊毛製品才可以直接銷毀（無須回收）。

　　科學社會提供獎章和獎金給發現新型造紙纖維原料的發明家。事實上，在 1719 年，就有一位法國的自然觀察者，受到自己觀察黃蜂以消化過的木頭和某種樹漿用來築巢的現象而受到啟發。一名英國人在 1787 年，首次成功創造出木製紙張（wood paper）。19 世紀中葉，德國人做了改良，能防止木製紙張快速被破壞。接著，結合了工業製造的方法，便宜和強韌的紙張變得普遍，讓閒暇時間閱讀的小說（如低俗的書籍雜誌傳奇！）蓬勃發展。

　　那些我們現在視為理所當然的文學實踐工作，不但包括對紙張和獨特文學型態（如小說）的使用，還包括著手創作一篇文學作品的過程。近年來，我們已經能夠見證文稿修訂的方式，透過電腦排版過程的出現，使許多作家能直接替換原來寫在紙板上的草稿。

　　然而，中世紀以前的歐洲，在書寫工具出現之前，文本表現方式和想法的所有內容就已經呈現在書寫形式之中了（Alcorta, 1994）。當時，構思文本的人不是書寫文本的人，文本的作者只是口述內容給抄寫員，由抄寫員把聽到的內容精確地寫在羊皮紙上。到了中世紀，隨著使用蠟板（wax tablet）的新方法出現，使得利用中介草稿（intermediate draft）編輯文本的方式成為可能。然後作者開始擔任三種角色：文本的作家、蠟板的書寫者，和將內容完全、工整地轉謄到羊皮紙上的抄寫者。法國一直要到 1880 年代左右，便宜的紙張普及之後，大眾才開始期待學童能用書寫的方式表達自我，而不只是簡單地在紙上寫上幾個朋友的姓名罷了。

　　有讀寫能力的人們現在可能把用來思考的工具（書寫作品的提供）視為理所當然，但是這個認知實踐卻是透過數百年來自口語習慣的基礎、透過工具發明和文化時間的發展，以及來自各個社群和不同時期的許多個體協力合作之下逐漸形成的。

 ## 讓我們思考的文化工具和實踐工作具有價值

　　雖然認知的工具和這些工具在歷史上的社會角色都很容易被忽視，但是它們對於思考的貢獻都是重要的。James Wertsch 提供了一個令人信服的例子：

思考下面所列的乘法問題：

343

×822

如果被要求解答這個問題，你可以得到答案是 281,946。如果被問到，你如何達到這樣的解答，你可能會說：「我就是拿 343 乘以 822！」，而且你可能會給我看你的計算過程，它看起來可能像是這樣：

343

822

686

686

2744

281946

……真的是你（即個人的能力）解出這個題目的嗎？（畢竟，你會說「我用乘法……」）檢視一下這個問題的說服力……想想你在回應這個要求「拿 343 乘以 822」，但不准把數字垂直排列成像上面呈現的樣子時，你會怎麼做。我們大多數人可能會被這個要求難倒……對問題呈現的樣態做了一個表面上輕微的改變，似乎就讓我們的乘法能力消失……

在這個例子中，數字的空間組織或語法都是文化工具中的一個重要部分，缺少其一，我們就無法解答這個題目了。然而，一個重要的觀念是，這個語法呈現的狀態牽涉了某些思考的方式。我們可能沒有意識到這個語法應該如何或為何運作，我們也可能不知道它如何從數學思維的歷史中出現。以這個觀點來看，我們如果不是無知，就是粗心的文化工具消費者。不過，當語法沒有出現時，我們能做出反應的界線會很快速且清楚地浮現。這個想法使我覺得，當有人問到是誰解答這樣的（數學）問題時，比較合適的答案可能是：「我和我使用的文化工具。」（1998, pp. 24-25）。

用於數學問題思考的文化工具的重要性，在過去幾百年來就已經被注意到了。舉例來說，Shakespeare 經常提到計算器（counters）（Swetz, 1987）。在 *The Winter's Tale* 中的小丑對於計算金錢的數量很苦惱——如果 11 隻綿羊可以提供 1 托德（28磅）的羊毛，那麼 1500 隻綿羊的羊毛價值多少錢：

讓我想想。每 11 隻閹羊換一托德的羊毛；每一托德的羊毛可換一鎊一

先令；1500 隻綿羊，那會有多少羊毛呢？……

我真不能沒有計算器（guoted in Swetz, 1987, p. 181）。

「計算器」的角色跨越了個人、世代和大陸，開啟一個迷人的數學理解能力發展的故事（Swetz, 1987）。在文藝復興時期，威尼斯的商人形成第一個歐洲的資本主義中心，他們串連了許多包括亞洲、非洲和歐洲的貿易路線。來自北歐商人的後代都聚集到威尼斯，學習做貿易的藝術，特別是經商的算數。早期，威尼斯人體會到商場上算術的重要性，而且從他們遠到地中海和北非 Barbary 海岸的貿易遠征過程中，習得印度—阿拉伯的數字系統和計算方式。

在一段歷史當中，有位對他人極具影響力的商賈相當引人注目。義大利的 Leonardo of Pisa，因發現 Fibonacci 數列聞名於世（生於 1180 年）。他從現今阿爾及利亞當地的一個貿易商團崛起，與一位阿拉伯老師學習印度—阿拉伯的算術。他確信這些算術方法比羅馬的數學（歐洲所使用的方式）更有效率，而且在 1202 年，他出版了一本介紹如何使用數學和演算規則的通論，並包括如何應用到商業運算的方式（Swetz, 1987）。義大利商人開始在他們的會計系統之中，使用印度—阿拉伯的數學符號，而不再是羅馬字母，都是受到 Finonacci 專論和翻譯自阿拉伯的西班牙翻譯作品的影響。

以代數（algorithm）這個標籤作為計算基模的由來，提供了一個適切的表達方式，一併含括了思考歷程當中的個體、世代和社群。這個標籤是源自於翻譯一名回教的作家 Abu Jafar Muhammed ibn Musa al-Khwarizmi 的姓名而來。他大約是在西元 825 年寫下一段使用數字符號，以及利用它們進行運算的計算文件。al-Khwarizmi 的成果在 12 世紀時，被一位英國人 Robert of Chester 在西班牙被翻譯成拉丁文，總稱為「Algoritmi」。當數字符號和計算方式的新形式，從阿拉伯世界透過西班牙傳達到德國和法國時，其實這個新系統全是來自於幾個世紀之前，一位阿拉伯學者姓名的拉丁化而出現的[4]。

當印度—阿拉伯系統更簡便和更有效率的紙筆方法受到歐洲人的注意時，開始使用新方法的人和為傳統算盤和計算方式請命的人之間的衝突就逐漸升高（Swetz, 1987）。算盤法是要在桌面上操作計算工具的方式，而這個計算工具，不管橫排或縱列的各個位置，都有其代表的數值（這個方式是源自前人的一種計算系統：使用一塊木板和細粉進行和修改計算過程）。在歐洲，阿拉伯數字系統學者和算盤系統學者之間的爭論持續了好幾個世紀。

---

[4] 此時也是造紙術從阿拉伯世界來到歐洲的時候。

　　對於改變的最大爭議點是使用新的數字符號和計算方式後，大量的計算過程會變得容易處理（同時，新的印刷技術也被用來印製計算文件，像是 1478 年的 *Treviso Arithmetic* near Venice）。只有少數特別熟悉使用羅馬數字符號計算和記錄結果的人拒絕採用新的符號系統，雖然這些符號系統很容易學會，也不需要太多的工具。的確，在某些時代中，法律試圖禁止印度—阿拉伯的數學符號被使用在會記書籍中（例如，1299 年的佛羅倫斯和 1494 年的法蘭克福；Swetz, 1987）。義大利商人在 15 世紀早期改變了這個現象，但在北歐，算盤計算法一直流行到 1592 年為止。

　　實際上，Sharkspeare 筆下小丑的後繼者能夠使用紙筆等 Wertsch 所稱的認知工具；他們已經完全不需思考數字符號過去是一個受人爭議的方法，或者思考數字符號是否是他們計算過程中的一部分了。不過，不管是小丑或現代 Wertsch 乘法問題的解題者，都無法不依賴他們得自過去世代或遙遠地區的文化工具（不管是概念上或實質上）進行任何計算。在此同時，現在這一代的人們會持續改良這些工具的使用方式。

　　這些簡短的解釋使得認知歷程如何跨越時空的限制，與文化歷程一同發展的現象變得較為清晰。這些發展的過程包含了那些聞名於世和沒沒無名的個人，在發明、引借、修改思考的文化工具之上，彼此之間的合作和付出。文化歷史的研究已經呈現在認知歷程的分析上，需要考量文化工具的重要性，以及引導一條理解「思考是相互合作和分布在共享努力成果的人群之中」的道路。

　　這條研究的道路也描繪出對於瞭解「思考是作為有目的和他人共同完成某件事情的努力成果」的關注。思想的文化工具普遍是為某些目的所用，而這些目的都是有關其他人類參與的共享成果——不管是否為個人或跨越其他時空。許多文化機構，像是學校與工廠、家庭和教會、商業行會與貿易路線，以及政治系統等，都緊密地與各種用來思考的文化工具使用的習俗有關。

　　在思考上，這個研究領域對於重視相互合作的觀念漸漸覺醒。這樣的覺醒已被置放在溝通的過程和學習的方法，當作想要瞭解人類發展的重要階段時，所使用的文化工具。賴比瑞亞的裁縫師學習到數學可以運用在剪裁布料的過程、德國商賈之子在威尼斯的「算盤學校」中學會使用算盤的方法、馬雅女孩學習如何計畫複雜編織設計的格式等，其學習的過程是如何進行的呢？「在不同的文化環境和組織之中，人們如何透過與他人的共同參與進行學習」，是下章的重點。

8

在文化投注中透過
引導式參與來學習

譯者：李昭明

當我 7 歲的時候，我告訴我的母親，我要學習如何烤麵包。她告訴我那不會很難。當她還是小女孩，在一間麵包店裡工作的時候就會烤麵包了。所以我的第一次就是在她的協助下做出麵包。但是我們沒有烤爐。首先，我要為烤爐找一個合適的地方。我學習有關天氣和物品鏽蝕的相關知識，以及如何找一個最好的地方來建造烤爐。當我母親在家中工作時，我會進到房子裡請求她的協助，或請她給我下一個指示。我蒐集磚塊、石頭、泥土（好的土壤）和乾草，開始這個建造烤爐。

脫離這個經驗之後，讓我印象最深刻的是透過造爐的過程，我瞭解到我媽媽是個什麼樣的人，以及她小時候的生活是如何度過的。在製造烤爐過程的每個步驟，都有一段敘述。語言是我母親使用的工具，用來協助我進行這個任務；它也是一個教導我的工具，讓我瞭解我們一起工作的重要性和意義。她敘述步驟的內容都能反映我們對社會現實的價值、信念和意義。但最重要的是，她敘述的內容向我展現出「人們能與想像力和創造性的活動一起存活下來」。

——*Hector Rivera*（目前是一名研究生）在 *El Salvador* 的童年回憶錄。

（*personal communication, October 1995*）

　　當文化和認知領域的學者首次開始接觸認知發展領域中協同合作的本質時，他們藉由 Vygotsky 近側發展區（zone of proximal development）的互動概念而獲得啟發。這個互動指的是，兒童透過與更有經驗的成人和同儕的互動而學習，這些人能超越「區間」（zone）協助兒童進行思考，讓兒童能超越自己。在近側發展區的互動行為中，兒童學習使用社群內需要用到智力的工具（intellectual tools），包括讀寫、數字系統、語言，以及記憶或做計畫時會運用到的工具。

　　雖然 Vygotsky 的想法是很重要的，但是它似乎特別把焦點放在學校內的互動，以及在學校的對話和學校工具的使用上（這其實不令人意外，因為 Vygotsky 在他的國家之中，就對學校技能的推動特別感興趣）。把焦點放在教學互動上，則會有忽略互動的其他形式的傾向，而其他的互動形式對於兒童的學習來說也是重要的。

在每日的互動活動中，父母常常不把焦點放在教導兒童，甚至強調學校教育的社群也是如此。日常對話不被刻意用來作為教導之用，日常對話也不被用來當作提供兒童經驗的重要入口，使他們能獲得社群內生活技能的相關訊息和參與機會。舉例來說，一個 4 歲大的英國小女孩正在協助她的母親準備購物清單。這件事給她機會學習把清單當作做計畫的工具，或是學習計算和推估以確認她們要買的東西不會超出預算，或是學習閱讀清單上的物品名稱（Tizard & Hughes, 1984）。

除了在這種情境裡，父母不但不會刻意對子女進行教學，父母有時候可能會試著避免和子女互動。例如，他們在趕時間或不想被打擾時，可能會單獨做自己的工作，避免跟子女分享工作的內容（Rheingold, 1982）。假如他們不認為兒童以後需要瞭解如何完成這個工作的話，他們也比較不要子女投入這個工作。舉例來說，如果母親已經跟自己 4 歲大的子女談過，之後要讓他們自己去完成某項任務時，美國母親和子女在計畫逛一間模型雜貨店的路線時，她們會讓子女分擔比較多的責任（Gauvain, 1995）。

無論父母是否把焦點放在幫助子女的學習上，兒童都可能會主動觀察和參與身邊持續進行的活動（Rogoff, 1990; Rogoff et al., 2003）。兒童也常常主動和成人或其他兒童交談，幫助他們學習。在一個針對英國藍領階級和中產階級 4 歲女孩的對話研究中，兒童主動的提問是他們在家庭和學校兩地所有對話的一半以上。在這個例子中，一位女孩對於電視上的布偶感到好奇：

女孩：他們（指電視）怎麼讓它（指布偶）講話？
母親：他們就是講話而已⋯⋯是一個男生用好玩的聲音講話。
女孩：他在它裡面嗎？
母親：不是，他把他的手放在布偶裡面。然後讓布偶做動作，然後他再說
　　　話。
女孩：什麼？
母親：男生在說話，而聽起來就想像布偶在講話。
　　　（Tizard & Hughes, 1998, p. 87）

為了擴展我們對這類學習過程當中合作本質（collaborative nature）的觀點，我提出在文化活動當中，有引導式參與（guided participation）這個概念（Rogoff, 1990）。引導式參與提供一種觀點，能幫助我們聚焦在多樣化活動方式（varied ways）上。多樣化活動方式指的是「當兒童參與活動時，他們當下學到的活動方式」，而多樣化活動方式會受到兒童自身文化社群的價值和實踐方式影響。引導式

參與並不是一種幫助學習的特殊手段。舉例來說，引導式參與的一種形式是解釋（explanation），另一種則是訕笑和羞愧。這種訕笑和羞愧是當成人和同儕團體以有時是基於好意或幽默，有時則不是，而以社會評價的方式來判斷某些兒童的行為，並點出這些兒童性格上的小缺點和過失時而產生的。

引導式參與並不僅限於社會期待獲得的技能和實踐活動的學習。當兒童進入互動情境時，也會協助兒童習得許多不被社會接受的技能和實踐活動的歷程，例如：以暴力處理人際關係的問題。這類互動過程就像其他互動過程一樣，會將兒童導向特殊價值和實踐活動的學習。

此外，引導式參與包含社會友伴——和兒童自己——的努力（efforts），因而避免掉某些類別的學習。有很多類別是成人刻意保護或轉移兒童學習的事物（例如在中產階級美國家庭中，性行為和家庭收入間的關係；Goodnow, 1990; Litowitz, 1993）。成人常限制兒童探索的機會，像是：拒絕 1 歲左右的嬰幼兒靠近火源，或檢查兒童可接觸的書籍文件（Serpell, 1993; Valsiner, 1984, 1987; Valsiner & Lawrence, 1997）。針對美國學步兒每天家庭活動的觀察，這些家庭活動當中有 8%是受到限制的（相較於受到鼓勵的活動有12%，與他人合作進行的活動有21%；Carew, 1980）。這樣的限制都是發展過程中，參與活動和引導活動本質的一部分。

在引導式參與中，「引導」（guided）這個詞的意義很廣，但總括來說都不會超出「意圖給予教導的互動」的範圍。除了教導的互動外，引導式參與的焦點還會放在同時並進或是遠遠的安排（side-by-side or distal arrangements）上。這些遠遠的安排可能是兒童參與他們社群中的價值觀、技能和實踐活動，但無刻意的教導；或者是把這些觀念和活動全部結合起來，同時呈現給兒童。因此，引導式參與透過運用特殊的文化工具和投身文化制度的過程中，將多種形式的參與融入文化性的引導式活動（culturally guided activities）中。

引導式參與的概念是我的假說（學習是不斷改變參與社群活動狀態的歷程）的重心，它是不斷呈現新的角色和責任的歷程。有個類似引導式參與概念的想法被Jean Lave 和 Etienne Wenger（1991）提出過。他們談到，學習是人類不斷改變參與的狀態（matter），就如同社群實踐活動中「合法的外圍參與者」（legitimate peripheral participants）一樣。

無論學到的東西為何，學習的手段是否為人所接受，我認為這樣的學習和互動，以及世界上各種獨特的引導式參與型態（distinct forms of guided participation），都含有相似的基本運作歷程。在本章剩下的部分，我將討論在不同文化社群中，他們普遍使用的獨特引導式參與型態。

引導式參與的基本運作歷程

　　存在於共享式努力的溝通和合作行為都是瞭解人類如何開展的重要面向。參與者（以多樣化、互補式或衝突性的角色）調整他們自身，延展自己平常理解事情的方式以迎合新的觀點。

　　強調共同參與（mutual involvement）的觀念，與社會影響（social influence）觀點恰恰相反。社會影響的觀點認為，組織兒童學習方式的成人造成了兒童社會化的現象。但是，如果從「發展出現於共享式社會文化活動中的參與情形」的觀點來看，兒童在學習和延展自身社群生活方式的情境裡，與年長者和其他友伴相處的過程中，兒童本身其實扮演著積極和重要的角色。

　　在本節中，我會討論普遍出現在世界上的兩種基本的引導式參與過程。第一種過程是，兒童和他們的友伴藉由可運用的文化工具（如語言和手勢），和參考彼此的動作和反應，試圖連接彼此不同的觀點，以維持他們共享式努力的成果。第二種過程則是，共同參與的結構化歷程能促進共享式努力當中的交流（engagement）。在共享式努力的過程中，共同組織化（mutual structuring）發生在兒童進入活動的選擇過程中，發生兒童與其友伴之間的互動過程裡。最後，我對於本節的結論會討論關於：「引導式參與的基本過程」和「幾個普遍的文化實踐（如敘說方式、日常作息和遊戲等對學習來說，非常重要的實踐活動）當中共同參與狀態」。

 意義橋樑的共同搭建

　　在聯繫不同的觀點時，伙伴們會找尋一個共同的觀點或語言，透過這個觀點或語言去溝通彼此的想法，以便協調各自努力的成果。共同的理解（mutual understanding）出現在互動中的人們之間，不能只歸因於其中一方的付出而已。每位參與者觀點上的改變對共同完成一件事情來說都是必要的，這些改變都是發展的一個過程；當參與者調整自己，進行溝通和合作時，他們後來產生的新興觀點就會融入更多的相互理解（Wertsch, 1984）。

　　Rogoff 等人（1993）的研究顯示，搭建在學步兒和其父母之間理解的橋樑，都出現在世界上不同的社群中。學步兒幾乎總是和他們的母親一同參與同樣的日常工作。舉例來說，母親和兒童能一起操作一個物體，或者母親可能會企圖協助兒童嘗

試去操作一個物體。學步兒會和他們的母親一起參與情境的定義，也一起參與活動的方向。

　　搭建在不同意義之間的橋樑，其範圍也包含非口語的溝通方式。舉例來說，以社會參照（social referencing）的角度來看，人們從其他人的表情中，尋找一些可以詮釋模糊晦暗情境的訊息（Feinman, 1982; Sorce, Emde, Campos, & Klinnert, 1985）。在一個模糊不明的環境中，透過社會參照搭建意義橋樑的實例，是由一位 20 個月大的馬雅男孩與其母親所提供。這個學步兒找尋著「他拿外來研究者帶到他家的彩色黏土（Play-Doh）所做成的墨西哥玉米餅，是不是可以吃」的相關訊息：

> 　　這個幼兒剝下他做好的小玉米餅的一角，並且把它舉起來期待他的母親會看到。她並沒有對幼兒點頭表示認同，因為她正跟現場的其他人交談。
>
> 　　這個幼兒把這小塊的假玉米餅拿到他的嘴邊，而且又看著他的母親。他伸出自己的舌頭，把手上的小片玉米餅往嘴裡送，並且帶著懷疑的表情。他的母親突然伸出手，從他的手上把在他嘴邊的玉米餅搶走，並脫口而出說：「不可以！不可以這樣！」幼兒帶著一點驚訝的表情看著她，但是，「這個像麵團的東西不可以吃」的訊息清楚地讓他感受到了；母親把那小塊的東西放回原來那片假玉米餅之中，又把整片假玉米餅放在幼兒手上，並且告訴他「這不可以吃」。這整個過程，幼兒都安靜地看著，然後他滿足地繼續拍打著這片假玉米餅（Rogoff et al., 1993, pp. 235-236）。

　　社會參照是可以得到或給出訊息的一個非常有效的方式。從人類的第一年開始，嬰兒在社會互動過程中尋找訊息，企圖從照顧者指示和眼神的方向獲得訊息。他們似乎也會使用語調結構、語言出現的時機和帶有感情的音調，瞭解照顧者訊息中的重點（Butterworth, 1987; Fernald, 1988; Papousek, Papousek, & Bornstein, 1985; Scaife & Bruner, 1975; Trevarthen & Hubley, 1978）。引導兒童習得常規的父母，透過自己的表情和緊張的神情，能很容易地向子女傳達自己的擔憂；幼兒不需要瞭解接下來會發生什麼事，也能感受到那是個會令人害怕的情境。父母與嬰幼兒之間的情感溝通是一種普遍用來調節嬰幼兒情緒的方法；希臘、德國、Trobriand 群島（位於巴布亞新幾內亞境內）、Yanomamo（巴西的印地安人）、日本和美國等地的母親都會展現快樂的表情，讓嬰兒「感染」（infect）到快樂的心情（Keating, 1994）。

　　文字提供兒童許多意義和不同的特性，而這些在他們的社群中都很重要。Roger Brown 對於「創字遊戲」（Original Word Game；兒童和父母將物體命名的遊戲）的看法裡，也提及在語言學習的過程中，文字具有這樣的意義。兒童透過一個名稱所

代表的意義將物體進行分類，進而形成自己的假設（如這類物品可以叫作這個名字）；然後，一個友伴會幫忙這個兒童改善「兒童的假設」和「作為分類名稱的文化意涵」（cultural designation）之間契合的程度。「在學習被命名的物體和各種名稱的過程中，創字遊戲的遊戲者在為自己接受他社群裡的科學知識、經驗法則、預設立場和所有人的期望，做好準備。」（1958, p. 228; see also Adams & Bullock, 1986; Bruner, 1983; John-Steiner & Tatter, 1983）。

　　年幼的兒童對自己社會化的歷程有很大的貢獻，也從他人幫助自己提升對事物理解所做的各種努力當中，獲得助力（Rogoff, 1990; Shatz, 1987; Tomasello, 1992, in press; Waxman & Gelman, 1986）。在早期語言使用上的互動是特別明顯的，例如：一些嬰幼兒透過對話連續的往返（也包括嬰兒一個字的回應），與他人建立對話時。舉例來說，嬰兒可能會說「鞋子」，而照顧者會說：「那是你的鞋子嗎？」當這個嬰兒又說：「穿上」時，照顧者會補充成：「喔，我要幫你穿上鞋子嗎？」（Greenfield & Smith, 1976; Ochs, Schieffelin, & Platt, 1979; Scollon, 1976; Zukow, Reilly, & Greenfield, 1982）。

　　搭建意義橋樑過程中的共同參與現象在世界各地都會出現──雖然共同參與在不同的社群裡，會有不同的型態（這點之後會在本章進行討論）。引導式參與的另一個基本歷程是：在共享式努力中，友伴參與的共同建構情形。

 ## 參與過程中的共同建構

　　兒童和照顧者和世界上其他的伙伴一同組成兒童參與的情境（Rogoff, 1990; Rogoff et al., 1993）。結構的過程不但透過兒童對於進入觀察和參與活動的選擇，同時也透過兒童親自參與的共享式努力。這些共享式的努力包括對話、故事內容的描述和日常生活的參與和遊戲等等。

建構兒童去觀察和參與的各種機會

　　照顧者、社群的實踐活動和制度，以及兒童自己的抉擇，共同決定了兒童存在的情境和有機會去學習的情境。舉例來說，如第四章所談到的，有很多明顯的歷史和文化差異可以將兒童從他們社群裡的成人活動中區隔出來。兒童生活的結構型態，對他們去觀察和參與其他活動的機會而言是很重要的。

　　兒童的參與結構會出現在當他們選擇（或選擇不）看電視、做家事或偷聽父母的對話，也會出現在當學步兒想睡覺時，父母會留下來照顧他們，還是會去做家事

Learning through Guided Participation in Cultural Endeavors

時。這樣的決定會影響父母擴展或限制兒童參與的機會，以及社群成員所建構的接納或排除兒童的制度中（Laboratory of Comparative Human Cognition, 1983; Valsiner, 1984; Whiting, 1980）。這些情境的抉擇可能在沒有考慮提供學習經驗的意念下，就做了決定。但有時候，這些抉擇可能是為了兒童學習設計出來的，例如，特殊機構是設計來學習的；或是能獲得特殊技能的訓練器材，如嬰兒學步器、嬰兒讀本和玩具用品等（見圖 8.1 和圖 8.2）。

　　兒童對周遭事件的主動監控，使那些他們被允許去做和被要求參與的重要事件展現出來。即使這些事件並不是為了兒童的利益所設計，或者沒有符合兒童的需求，兒童仍然能夠透過觀察得到重要的資訊（Bandura, 1986; Lewis & Feiring, 1981; Verba, 1994）。

　　幼兒喜歡接近年紀較長的人或是參與年紀較長的人的活動，使得世界各地的幼兒有機會學習自己跟隨的人（Hay, 1980）。成人會拿著一個東西，引起歐裔美國學

圖 8.1

由雙親以木條製成的扶手，是用來協助瓜地馬拉馬雅嬰兒學習走路的工具。

圖 8.2

以實物原比例縮小的工具，是父母和社群
成員組織兒童學習的一種方式。這位來自
新幾內亞山區的 Dani 父親，向他的兒子
展示玩具弓箭的使用方式。

步兒的興趣，然後這個幼兒拿這個物體，很明顯地做著相似的動作（Eckerman, What-
ley, & McGhee, 1979; Hay, Murray, Cecire, & Nash, 1985）。不管是在家庭情境或實驗
情境下，歐裔美國學步兒都會自發地幫忙他們的父母或陌生人做家事（Rheingold,
1982）。一位美國母親為了自己的研究，花了幾個小時轉錄親子互動的錄音帶，她
注意到 3 歲的小孩在遊戲中模仿她的工作：

　　　　每天，我坐在電腦前，不斷暫停、播放錄音機，打著裡面的對話內容
　　並檢查打好的文本。而現在，Lindsey 已經把我的行為融入她的遊戲之中
　　了。今天早上，我發現她在布置她的辦公室。
　　　　她已經把小辦公椅拉到她的床前（床被當作是書桌）。桌上放著她的
　　「電腦」（其實是玩具打字機）和小的塑膠錄音機。她會播放一段《星際
　　大戰》（Star Wars）的音樂，然後停止，在她打字機上的塑膠按鍵大聲地
　　敲打出一段文字訊息。她在錄音機和「電腦」之間來來回回，先放一下音
　　樂，打一下字，然後放一段新的音樂，又打一下字。這樣的動作甚至比起

當初我回憶自己在轉錄時的片段記憶還要完整（Wolf & Heath, 1992, pp. 11-12）。

面對「兒童會從所處的環境和面對的題材學到暴力行為」這樣的報導並不會令人高興。與成為受害者相比，如果兒童成為施暴者的話，暴力行為的狀態可能更會不斷地出現。在美國，曾遭受身體傷害的人所犯的罪行，很可能也會傷害他人的身體；同樣地，曾受到性侵害的人所犯的罪行，很可能也會性侵害他人（Haney, 1995; Schwartz, Dodge, Pettit, & Bates, 1997）。請思考以下的實例，這裡呈現出幼兒會依照他們的情境建構其學習。

> Tracey（一位經濟不利的美國母親）持續重複地告訴我，她很喜愛她的 5 位子女（全都不到 6 歲）。但是每次其中一個孩子來找她，她就會很快地以反手的動作，舉起她的手，就好像表示：「我要打你耳光」……在家裡，每次她的 2 個學前孩子中的一個走近她時，她都會自動地舉起她的手。而她的 4 歲大兒子有一條皮帶，皮帶頭有一個卡通圖案。雖然皮帶不是他的，但是他把這條皮帶很熟練地捲在自己的手上，開始打他的妹妹……在我看來，這個妹妹才 2 歲左右。這件畫面衝擊了我，在他們家中，過去應該有用皮帶打人的情形出現，因為這個小男孩很清楚地知道這個施暴的過程（Musick, 1994, p. 6）。

在直接互動過程中建構

除了那些能讓兒童進行觀察和練習的活動安排之外，兒童和他們的友伴在親自互動的過程中，以合作的方式建構活動的方式。在一個針對英國家庭的研究，Rudolph Schaffer 敘述了英國母親與其嬰孩相處時細微的建構過程：

> 看著一個母親把她 1 歲大的嬰兒放在自己的膝蓋上，坐在一堆玩具前面：她大部分的時間都在安靜地進行輔助性和充滿情境的活動。像是拿著一個似乎需要 3 隻手才能操作的玩具、將丟到旁邊的東西再撿回來、清除那些不是現在用得到的東西，以便小孩能集中注意力，將焦點放在主要活動上。她把小孩會喜歡組合的東西（如能依大小相合的杯子）一個個接連排在一起；或是變換玩具放置的角度，讓小孩能更容易抓取；讓小孩注意到沒注意的東西，以及她會調整身體的部位，提供小孩最大的協助和容易靠近的東西（1977, p. 73）。

中產階級父母常常在圖畫書閱讀的過程裡，建構他們子女在會話上的表現。他們會根據兒童的發展，調整他們的提示和協助。舉例來說，中產階級的美國母親談到，她們會有意識地調整她們的要求和訊息的提供（DeLoache, 1984）。面對 15 個月大的子女，母親會問他們問題（「這是什麼？」），但不期望有答案出現；她們會自問自答，或簡單地要幼兒確定那個物體名稱（「那是一隻大象嗎？」）而已。在兒童開始學會簡單物體的命名之後，母親會開始要求幼兒說明在圖片上看不見的訊息（「蜜蜂會做什麼？」）。如果兒童沒法回應，一些母親會給予暗示，讓他們獲得正確的答案；並且會調整自己組織任務的方式，以符合兒童的程度。

在同樣的閱讀情境下，不知道如何閱讀的非裔美國老年人透過口述聖經內容和運用自己對聖經的廣博知識，協助自己的孫子或孫女學習閱讀（Dorsey-Gaines & Garnett, 1996）。假如一名兒童忘了一個字或聖經的一句話，老人們會幫這些新進的讀者補上遺漏的字句。利用這樣的方式，老年人教導兒童對這社群而言重要的讀寫素養及心靈上的理解。

相同地，委內瑞拉的 Guareño 兒童藉由成人協助組織他們參與活動的方式，學習著農耕、動物飼養、狩獵和捕魚的技術。在兒童和成人共享式努力的過程中，當成人向兒童展示複雜的活動全貌和提供合宜的活動目標時，兒童就依據這樣的步驟，一步步提升他們的技能（Ruddle & Chesterfield, 1978）。

對於 Vai 族（位於賴比瑞亞）的裁縫師，學徒時期的「課程」也同樣是將所有裁縫的技巧和知識分為好幾個步驟。裁縫學徒最初要學習如何縫補，如何裁剪每一件衣服需要的布料。學習步驟的順序是先讓學徒注意到一般衣服的結構，然後再集中焦點在獨特的裁縫邏輯（哪些衣料可以做搭配）上，幫助他們瞭解剪裁布料的規則。「每個步驟都提供了沒有事先特別說明的學習機會，讓人們能瞭解之前的步驟如何影響到現在的步驟。」（Lave, 1988b, p. 4）。

馬雅人的女孩學習如何做墨西哥玉米餅的過程也分為很多階段，這些階段是在母親共同參與的情境下提供的（Rogoff, 1990）。學步兒會觀察他們母親做墨西哥玉米餅，並且會試圖模仿；他們的母親會給他們一小塊麵團，並幫忙他們把麵團揉成一個球型後拍扁。當兒童變得更熟練時，她的母親會提供工作目標，及告訴幼兒把麵團順利拍平應該掌握的位置。

Rogoff 等人（1993）所研究的 4 個社群，母親和其學步兒在大部分互動的過程中共構出彼此的參與狀態。也就是說，他們在操作新事物的過程中相互分享。幾乎所有的母親都會調整物件或它的狀態、會切割或簡化任務的要求、由自己處理困難的部分，以利學步兒的操作。在這 4 個社群中，幾乎所有學步兒也都會以這樣的方

式或其他方式參與建構活動的過程。兒童參與活動的建構方式的運作過程，常常伴隨著由前人努力所建構而成的文化實踐活動。舉例來說，在講述、精緻化和聽故事時，兒童和他們的友伴都參與了由祖先提供架構的文化實踐。同理，兒童對每日例行公事和遊戲的參與，都是與其友伴共同進入早已成形的文化習俗中；但是當他們進入這些例行公事和遊戲時，也有助於這些文化習俗的再修正。

講述、精緻化和聽故事

在許多社群裡，科學、宗教、合宜行為和社群傳統和歷史等，都是透過故事敘說的方式來教導和學習的。舉例來說，在西非，許多含有道德主題和善良行為的諺語和民俗內容，都是透過故事教導給兒童，希望他們能仿效；或者透過詭異和令人害怕的神話威嚇兒童，讓他們不敢做壞事（Nsamenang, 1992）。歐裔美國家庭的晚餐談話（dinnertime conversations）提供大量的機會，建立和測試用來解釋日常生活事件的想法，因為家庭成員會談論和爭論那些事件的意涵（Ochs, Taylor, Rudolph, & Smith, 1992）。

在家庭歷史的敘述過程，或者在做禮拜時所講述的宗教故事中，只有一部分敘說把教導兒童當作附帶功能。其他的敘說都是為了教導兒童之用，就像是以下來自 Manitoulin Island（一個加拿大的印地安人社群）的例子所描述的：

〔我們的父母〕讓他們的子女自己做決定。他們接受過最近似正式教育的內容就是跟我們講故事。讓我舉個例子。

有一次，我們曾經外出撿藍莓，這個正坐在旁邊的男人跟我們講了這個故事。主旨是他要我們把自己洗乾淨——因為我們整天來來回回踩著這個刷子，所以要把我們的腳洗乾淨。他說有一個戰士，他有很健美的身體。他的身材很好，而且他會把油塗在身上，保護他的身體。有一天，這個戰士出門，他跑到另一個自己從未去過的聚落。那聚落的人們開始追逐他。因為他有如此健美的身形，所以他根本不以為意。因為他是跑步健將，所以他在那裡遊蕩，跟他們開玩笑。他越過很多高山和巨石，並且嘲笑他們。然後他跑到另一個聚落。第一個聚落放棄追逐了。但是現在他必須逃離第二個聚落，而且他對第二聚落的人們做了跟之前一樣的玩笑事情。最後，他跑到第三個聚落。他真的跑得很累，突然間，他倒下了。他試著站起來，但是沒有辦法。他對自己的雙腳說：「你們怎麼了？如果你們不起來繼續走的話，我會被殺掉的。」它們說：「那也好。你會梳你的頭髮、會在身上塗油、照顧你的手臂和大腿，但是你不曾為我們做任何事。你不曾清洗

我們、把我們弄乾淨或在我們上面塗油。」他答應，如果雙腳能爬起來繼續跑的話，他會好好照顧它們的。所以雙腳就爬起來了。

這是我們聽過的故事之一，而聽完之後，我們馬上跑去洗腳（Pelletier, 1970, pp. 25-26）。

在傳統美國印地安人和阿拉斯加原住民的教育中，故事是教學和學習的重心。對於自然世界、道德世界，以及生命意義的理解過程中，故事被用來提高注意力、想像力、象徵式思考和思考的流暢性和彈性（Basso, 1984; Cajete, 1994; Kawagley, 1990; Tafoya, 1989）。一位 Pueblo 人（美洲印地安人）教授 Joseph Suina，提到一段他受過國小三年教育的父親所敘說的故事。這個故事協助他瞭解自己在許多事物中的位置，也讓他瞭解到融入情境中合於體統的知識：

在我們的村莊裡即將出現一個 40 年來都未曾舉行過的典禮，因此我很想參加。當我詢問村裡的長者，是否可以因為我的教學工作而讓我晚點到場時，他說沒問題，但是我應該和關心這個典禮的父親說一聲，所以我準備將這件事再次告知父親。

我隔天很早就起床去拜訪父親，想知道在典禮中需要我做的事，但是也要讓他們知道我其實必須先到別的地方。我的父親跟我打過招呼，但是他感覺到我的急躁、分神，他要我坐下來，放輕鬆。我認為，他想要把我從分工精密的現代社會的專業中拉回來，讓我恢復統合整體事件的感覺。

我的父親開始說話，但是並沒有提到那個典禮。而他卻談到這個典禮最後一次舉辦時的狀況——他談到的村落成員，有的人參與當時的典禮，有的人現在很活躍，有的人現在在辦公室裡工作；談到那一天的狩獵成果有多好、那時候的農作收成有多好等等，以及最後一次典禮舉辦時世界上發生的事情⋯⋯這個典禮最後一次舉辦的時候，正巧是第二次世界大戰開始時，所以許多人正要離開村落。而這樣的狀況也許就是當時我最需要去做的事情。

我父親講述故事後在我身上顯出效果。那種好像是一種遠眺群山和巨石的心情、一種永恆的感受，和一種將不同世代和事件連結起來的感覺。我覺得自己以一連串的事件與人群有了聯繫，而且強烈地感覺到自己只是眼前景象中的一小塊而已。不過我知道，這一小塊並不是多重要的部分，但是，這一塊絕對是整體景象中不可或缺的。

在回憶過去的事情將近兩小時之後，最後，我父親離開去準備舞曲，

這象徵某些意義。過了一陣子之後，他說我應該為當晚的典禮準備服裝和其他東西。最後，我的父親告訴我，我應該扮演的角色和我應該說的話語。

　　從典禮開始到結束，我不再覺得焦慮；對我來說，煩惱今天的教學細節似乎不再那麼重要了。我再次瞭解我自己只是廣大圖像裡的其中一小片而已（Suina & Smolkin, 1994, pp. 118-119）。

在非裔美國人的教堂中，敘說在社會化的過程扮演著重要的角色，如主日學校的老師幫助兒童瞭解聖經的意義，讓他們將聖經深層的意義和日常生活相連結。為了鼓勵兒童，老師會把聖經故事裡的角色更換成當代黑人的英文名字。舉例來說，在約翰福音 21：3-17 的故事中，一名主日學校的老師引用耶穌的使徒：「Peter 他產生此種信仰。就像，『看啊！耶穌並沒有回來。他不會出現的，你們知道嗎？』」（Haight, 1998, p. 217; see also Haight, 2002）。這位老師也使用敘說和角色扮演，將日常生活和聖經故事結合的方法來教導學生，鼓勵學生將這些聖經的原則應用到生活上。

　　兒童之間會以一種對話的形式——呼喊和應答（call & response），幫忙相互建構故事敘說的內容或角色扮演，而這種方式與傳統學校是截然不同的。這名牧師評論道，「呼喊和應答」是一個重要的教育工具，它幫助學生能在老師問一個問題或要求一些評論時能很快地把話說出來（他認為這種方式比起公立學校的實踐方式——先要求學生舉手，點到名後再個別回答——更有競爭性）。

　　在南非的 Xhosa 族中，年長者（通常是祖母）在夜晚都以戲劇化的方式和不斷變換的方式說著幾個世紀以前的故事，同時讓兒童一同參與改編故事（vander Riet, 1998）。雖然重要的故事圖像歷經時間的變遷可能仍維持不變，但是敘事者會以當時的情境和聽眾的參與狀況而發展故事。重點是，如果個體的行事方式違反社會常規的話，這種改變和混亂的力量會擴大 Xhosa 社會的分裂狀態。但是，故事描繪了 Xhosa 族的世界觀，以及家庭希望傳授給孩子的合宜的社會關係，這些都是作為維持社群道德和秩序，幫助孩子社會化的方法。而此種互動式的、建構性的和戲劇化的說故事的本質，增強了其影響力。

　　同樣的情形，加拿大北方的 Athabascan 兒童透過解謎語的方式，學習如何使用故事敘說中高級語言（high language）的組織方式。他們學著去猜測意義、閱讀字裡行間、預測答案和使用非直接的方式相互溝通（Scollon & Scollon, 1981）。

　　兒童學習使用他們文化社群偏好的敘說形式去重述事件。照顧者和子女一起說故事時，會引導兒童使用當地的規則（這是會因社群的差異而有不同的）（Bruner,

1990; Mistry, 1993a; Scollon & Scollon, 1981; Wolf & Heath, 1992）。舉例來說，中產階級歐裔美國母親引導她們的子女創造較長的戲劇事件時，會幫忙潤飾細節或其他分支事件；反之，日本母親引導子女創作類似俳句時，則傾向相信聽眾能夠推論事件的其他層面（Minami & McCabe, 1995, 1996）。

　　兒童對故事敘說、戲劇式的描寫和謎語的參與（見圖 8.3），都與其日常生活和在社群的角色相結合，因而他們做事時能訂定並拓展具有文化價值的方法。

實踐生活慣例與角色的同時，也能樂在其中

　　兒童參與日常生活和遊戲，使得他們對於當地的傳統習俗和實踐活動更為熟悉。透過他們在日常生活與不同遊戲型態的參與，以及與其他世代兒童的連結，兒童逐漸延伸和修改習俗的內容（Goodwin, 1990）。

　　一個在社會日常生活中參與的例子，是台灣中產階級家庭中 2 歲半的 Angu 和她的主要照顧者，利用她們家的客廳扮演學校情境：

照顧者：（微笑）起立、鞠躬、坐下。老師要來上課了（Angu，微笑著，
　　　　往照顧者的方向移動）。

圖 8.3

在智利外海的一座小島上，一位 Rapa Nui 族的曾祖母對她的曾孫女說著祖先的故事。這種活動稱為 kai kai，在說故事的同時，邊編花繩和唱著歌曲。前方有一位小孩觀察著她們。

　　照顧者：老師要進來教室囉。班長應該說什麼？

　　ANGU：起立！

　　照顧者：很好。起立。（Angu 站起來且鞠躬）。

　　照顧者：坐下。……（她們閱讀一個故事）。

　　照顧者：我們已經讀完這個故事了。（她拍手）。……在我們下課之

前，班長應該說：「起立！鞠躬！坐下！」起立！（Angu 站了起來）。

　　照顧者：鞠躬！（Angu 鞠躬）……。

　　照顧者：下課了。去玩溜滑梯吧（指向客廳裡想像出來的溜滑梯）。

……下課了，開心地玩吧（translated from Mandarin; Haight, 1999, p. 128）。

　　幼兒在長輩掌控下的生活慣例中，會填補上自己的位置，例如，打招呼或稱呼家庭成員；也會在社會遊戲裡參上一腳，例如：躲貓貓和捉迷藏（Peekaboo and All Gone）。在參與的過程中，兒童不但可以學到這類事件的結構，也能應用到會話情境中的處事方式或問候用語（Snow, 1984）。舉例來說，年幼的 Inuit（極圈內的魁北克地區）兒童在問候時，習慣以他們年長的兄姊為榜樣，因為這樣可以幫助兒童學習使用親屬稱謂的用語、參考他人意見、輪流，以及瞭解感謝的重要（Crago & Eriks-Brophy, 1994）。以下摘錄的內容是一長串的問候慣例的重複過程。這是 1 歲大的 Suusi 和她的母親跟一些親戚（包括 4 歲的 Natali）圍坐在一張桌子邊：

　　母親：說：「表姊，妳好。」

　　SUUSI：啊？

　　母親：說：「表姊，妳好。」

　　　　哪一個。

　　　　對她說：「表姊，妳好。」

　　　　對她說：「表姊，妳好。」

　　SUUSI：「表姊，妳好。」

　　母親對 NATALI 說：回應她。

　　　　對她說：「aah」〔一種對問候的感謝〕。

　　SUUSI：Aah。

　　母親：對她說：「漂亮的表姊，妳好。」

　　　　接著說！

　　SUUSI：「表姊，妳好。」

母親：Natali 回應她。

　　Natali，要說：「漂亮的表妹，妳好。」（slightly adapted from p. 47）

在某些社群中，學習背誦重要的口說語言模組是特別有價值的。舉例來說，毛利人（紐西蘭）兒童很強調背誦歌曲和祖譜，因為這些內容都是家庭和社群生活的重心（McNaughton, 1995; Metge, 1984）。在日常慣例中呈現這些重要的內容，年長者能也可以穿插意義的討論。在接連不斷的事件中，兒童有很多機會去使用這些他們已習得的文化素材，以及修改、創新和保存有價值的口述文本。

其他在社會文化慣例中兒童參與的實例，如義大利藍領階級的幼兒和成人與其他幼兒一同參與辯論的習慣（discussione; New, 1994）、美國黑人兒童彼此之間的爭論和閒話家常的慣例（Goodwin, 1990）、Chamula 馬雅男孩和男人的即興口語辯論實踐活動（Gossen, 1976）等，都沒有被認真看待。西非的照顧者要嬰兒進行贈與（gifting）、分享和慷慨（generosity）的早期階段，他們會先提供物品給嬰兒，然後誘使嬰兒把「禮物」歸還，引導兒童學習分享和交換的基本原則（因為這些原則與他們社會運作的整個系統是緊密相連的）（Nsamenang, 1992）。

在許多社群中，童年遊戲和生活慣例的文化會由這個世代傳遞到下個世代（見圖 8.4）。舉例來說，Robert Serpell（1993; see also Lancy, 1996）描寫道，在 Chewa 族（尚比亞）的兒童之間，流傳著含有豐富遊戲、謎語和歌曲的兒童故事。當地的兒童玩著許多團體遊戲，如捉迷藏、推理遊戲（guessing games）、複雜的沙畫遊戲、表現當地工作和家庭例行事務的想像遊戲、要求一定程度策略性計畫和數字計算能力的撲克牌和規則遊戲（nsolo），以及利用鐵絲或黏土建構模型等。

Vygotsky 強調進行具有規則和角色扮演遊戲的重要性，他認為遊戲「創造兒童自己的近側發展區。一個兒童在遊戲中總是表現得在他能力的平均年齡之上，比他日常行為之上；遊戲中的他好像比原本的他高出一個頭」（1967, p. 552; see also Nicolopoulou, 1993）。Vygotsky 談到，在遊戲中，兒童喜歡把物體和行為的固定用法統統忽略，因為他們想把這些物體和行為運用在想像出來的意義和情境。兒童拿嚴肅生活中的意義和規範做實驗，但仍把這些意義和規範當作關注的重心。舉例來說，有兩個姊妹「扮演姊妹」時，都將焦點放在姊妹情誼（sisterhood）的規範上。

在角色扮演和戲劇扮演中，兒童會將自己從「每日生活的時間和空間，以及物體或行動的固定意義」中釋放出來，以對行動和規則發展出較高的掌控性和理解程度。他們會產生屬於自己扮演的日常生活「腳本」。腳本通常指的是成人的技能和角色、價值和信念（Göncü, 1987; Hartup, 1977; Hollos, 1980; Lancy, 1980, 1996; Piaget,

圖 8.4

一群非洲裔美國兒童請一位學步兒參與遊戲。他們彼此坐在一起，一邊照顧幼童，一邊做功課。

1926; Sylva, Bruner, & Genova, 1976; Vygotsky, 1967；見圖 8.5 和 8.6）。

　　當兒童遊戲時，他們常常模仿成人和他們在社群裡觀察到的其他角色。他們嘗試去實踐那些他們之後可能運用到的社會角色，或與他們目前社會角色互補的對象（如扮演爸媽或老師）。在許多兒童能夠參與成人生活的社群中，兒童經常在成人工作和社會角色之間遊玩（Haight et al., 1999; Morelli et al., 2002）。在兒童生活與成人社會有所區隔的社群中，他們的遊戲普遍較少反映出成人的活動內容；進一步來說，他們模仿有機會去觀察的事物，像是電視上的超級英雄或成人的電視連續劇。

　　到目前為止，我把焦點放在遍布世界各地的引導式參與的基本歷程。這兩種歷程——共同搭建意義的橋樑和共同建構兒童的學習機會——為了保持社群各自的中心價值，不同的社群會展現出獨特的型態。舉例來說，兒童遊戲立基於他們觀察到的事物，但他們是否有機會去觀察到的事物則會因為兒童是否能夠參與所有社群活動，或是因為被成人限制不能參與許多情境，而有大大的不同。

The Cultural Nature of Human Development

圖 8.5 A

新幾內亞山區 Dani 族人之間的鬥爭是很普遍的。在戰爭遊戲中，「男孩團體模仿社群中的長者，或前或後地向對方陣營進攻，還會互相丟擲由植物枝幹製成的沉重長矛。這個遊戲教導他們投擲和閃避的技巧，以及戰術運用。」

圖 8.5 B

滅種（kill-the-seed）是一種假裝的戰爭遊戲，太小的男孩是不可以玩的。野莓果的正面或反面，代表軍隊向前進攻或向後撤退。

圖 8.5 C、D

「對於成人生活的細微模仿活動，是把一個種子戰士（seed warrior）放在由細小樹枝象徵的瞭望台上面，然後輪到它的種子軍隊撤退的時候，再行移動」，這就像成人在真正的瞭望台上所做的事情（如右邊的照片所示）（Gardner & Heider, 1968, pp. 80, 75）。

圖 8.6

馬雅人城鎮裡的兩個小男孩，在鎮裡的節慶日之後，假裝自己在一間小酒吧裡面。左邊的小男孩是酒保，右邊的是顧客。Copyright 1975 by Barbara Rogoff。

此種因為兒童參與社群活動機會的不同而影響到兒童引導式參與的其他層面。我認為，照顧者組織專門以兒童為主的活動和照顧者期望兒童積極參與正在進行的共享式努力的差別，會造成兒童參與社群機會的差異。接下來將檢驗這些型態，這些型態會顯示出在不同文化社群下會展現出令人訝異的引導式參與，而這些差異也會因文化社群型態的不同而顯現出規律性。

引導式參與的獨特型態

學者常假設，兒童學習的發生是因為他們是完善教學（由成人設計和教導）的接受者。在中產階級的家庭，成人常透過組織兒童注意力、動機和參與的方式，建構幼兒的學習內容。他們經常在以兒童為主的活動裡，設計成人—兒童的共同參與，例如，兒童取向的對話和遊戲，而且嘗試提升兒童參與課程（由成人所提供且排除成人活動的情境脈絡）的學習動機（Rogoff et al., 1993）。此種互動方式與「兒童要做好學校教育的準備」的互動型態類似。在學校，中產階級的兒童耗費很多年經歷那些與他們社群中成人的文化無關的各項活動，目的就是為進入成人的經濟和社會的生活做準備。

相反地，在兒童能進入成人多層面生活的社群裡，兒童從觀察中學習，而且成人也期待他們透過仔細察看學習（Rogoff, 1981a）。在這樣的社群中，兒童透過觀察和參與成人的活動，取得主導的角色，他們能掌控自己的注意力、動機和學習的投入。不過，兒童也可以得到成人的支持，成人會提供建議和回應式——而不是指導——的協助（Rogoff et al., 1993; Rogoff et al., 2003）。

針對兩個美國中產階級社群的觀察支持了這樣的觀點——年幼的中產階級兒童常常被區隔在成人的生活之外，取而代之的是接受學校課程和參與以兒童為主的活動。中產階級的3歲幼兒很少有機會觀察成人的工作，而是常常需要接受教育課程，參與和父母一起的遊戲，或是學習以兒童的興趣和活動為焦點的對話（Morelli et al., 2002）。在一個瓜地馬拉馬雅人的城鎮和一個剛果共和國的採集糧食的團體中，3歲的兒童經常有機會觀察成人的工作情況。他們很少接受教育課程，也很少與成人一起遊戲或參與以兒童為中心的對話。

這些獨特的引導式參與型態，在不同的社群中對建構兒童的學習非常重要。然而，這些型態的差異很少是完全不同或完全相同的。通常，型態的差異出現在引導式參與的普遍與否，或者是那些將引導式參與視為促進發展的適宜情境中。進一步

來說，我確信，比起我的兩種相對型態之外，一定還有更多引導式參與的型態。

　　接下來，我會提出造成這些獨特型態的差異點，首先會把焦點集中在家庭生活裡的學校課程，然後從觀察中學習，以及參與社群內成熟的活動。在檢驗這些相對的模式時，我也思考著不同文化中，使用語言或保持沉默、手勢和表情的不同偏好；這些特性有時候會和「學校課程的運用或參與正在進行中活動」等引導式參與形式的差異點之間有部分重疊。

 ## 家庭中的學校課程

　　中產階級歐裔美國父母常常以類似學校互動的方式整合溝通、娛樂和其他生活層面，並以此種方式與子女進行「有文化素養」（literate）的對談（Cazden, 1979; Gundlach, McLane, Stott, & McNamee, 1985; McNaughton, 1995; Michaels & Cazden, 1986; Scollon & Scollon, 1981; Taylor, 1983）。在檢驗受過教育的雙親如何與子女進行有文化素養的對談和學校課程之後，我會探討父母親為了引導子女參與這種課程所做的努力，以及父母親與子女投入遊戲的狀況，和父母和子女在以兒童為主的話題中的投入情形。

開始上學之前，學習做功課

　　中產階級歐裔美國家庭當中，在兒童進入學校之前，他們要學習參與類似學校環境所用的對話方式。在他們學習閱讀之前，他們就要學習「說話要像書本所寫的字句那樣」（talk like a book）。

　　在一個針對用餐時間對話的研究中，在夏威夷的美國白人家庭成員明確地使用學校的方式說話。與其他社群所使用的方式相比，這樣的方式並不會提高或減低溝通或組織思想的效率，但是卻會幫助他們在使用相同說話結構的學校環境裡成功（Martini, 1995, 1996）。白人家庭晚餐的對話常常圍繞著報告學校事情的敘述結構打轉。父母會要求子女談談他們這天如何度過，並引導他們討論一些新議題，將他們從熟悉的事件（例如：「然後我們就吃午餐」），轉換到不熟悉的議題（「嗯，但是，你在校外教學的時候有看到什麼東西嗎？」）。父母親暗示兒童，使他們能填上背景訊息，並且重新置換兒童在對話形式裡的內容，幫助他們組織他的「報告」（report）。父母會提供語詞來切割報告內容（「然後……」、「在那件事之後……」），以及要求兒童統整和討論他們述說內容的「重點」（point）。父母們監控著子女的轉折階段，而且請別人耐心等待直到兒童說完。當輪到成人時，他們示

範長的且符合傳統的結構化報告，並請兒童不要打斷。兒童有時候會使用學校裡的方法切入，就像是當他的父母呈現許多線索表示快說完時，他會趕快以舉手的方式切入。

在有部分夏威夷人血源的家庭中的兒童，他們有較多的中產階級家庭說話方式，也有較多的書本經驗，這些兒童在學齡前的測驗上能有較好的結果（Martini & Mistry, 1993）。有練習解釋 5 個 W（when, where, how, why, who），以及練習使用中產階級習慣的形式來建構故事和連結不同事件的兒童，能在標準化語言測驗上表現得較好，因為這些測驗原本就是用來檢驗這種層面的技能。

那些在測驗上表現較好的兒童更常在家進行與學校相關的活動，就像是玩著上課的遊戲及假裝在閱讀。有接觸書本和讀文字故事書經驗的兒童能發展出一種文本應該聽起來像是某種樣子的敏感度，例如，長、短的句子應該如何交替出現，有從屬子句的語句應該聽起來要像某個樣態。他們模仿敘事的結構，雖然一開始並沒有連貫的內容。舉例來說，有個小女孩會模仿成人的語調和表達方式，假裝自己在讀一本書。她的句子聽起來像是一個故事，但是卻沒什麼意義。當她翻書頁時，她會運用重複、對比、強調重點和誇張等方式，抑揚頓挫地唸著兒童圖畫書——平順但沒有連貫性。

另一個模仿文化素養形式的例子是，出現在一個男孩正跟另外兩個更年幼的兒童玩卡片遊戲時。他們在玩的過程中提供了仿效（mock）的定義。他模仿著成人的句子結構，把出現在腦中的任何字眼都嵌入那段聽起來很像是在定義某物的語句中。他舉起一張卡片，假裝唸著：「一個機器人。」他展示這張卡片給他的伙伴並解釋：「一個機器人是一個隊長，這個隊長會把兩個壞國王的嘴巴黏起來。」（Martini & Mistry, 1993, p. 180）。

另一些社群的兒童為了解析文字的音節，會透過手指謠和強調節奏的遊戲，以及音節的重複練習來做準備（Serpell & Hatano, 1997）。電視會播放為了幫助兒童區分聲音，和學習其對應字母所設計的節目，像是《芝麻街》（Sesame Street）。近十年來，這些節目已經成為許多國家的兒童日常生活的慣例了。

投入閱讀圖畫書的程度會因為兒童身處中產階級或身處低收入的美國家庭而有差異。中產階級的嬰幼兒大多使用耐久素材製成的圖畫書，而睡前的床邊故事也是他們日常活動的一部分。社經地位中等以上的加拿大父母談到，子女約 9 個月大的時候，他們就開始念故事書給子女聽；在家中，他們年幼的子女則會有 61 到 80 本童書（Sénéchal & LeFevre, 2002）。早期書本的閱讀經驗與往後學校語言和閱讀表現都有相關（Sénéchal & LeFevre, 2002; Whitehurst et al., 1994；見圖 8.7）。

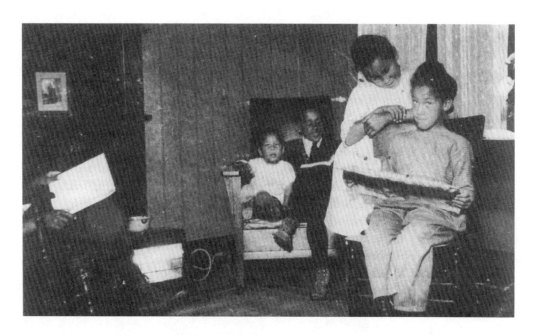

圖 8.7

在中產階級的家庭中，年幼的兒童在家裡學習運用學校的讀寫方式，如由年長的家庭成員為他們閱讀、強調閱讀的閱讀素材和生活慣例的展現、要求兒童表現出成人的閱讀方式。這張照片出現在 Spencer 一家的「兒童閱讀時間」。1921 年，加州，好萊塢。

　　中產階級非裔美國人和歐裔美國人的家庭中都可以發現學校取向的實踐活動，這些活動是為他們學前子女的讀寫能力做準備（Heath, 1982, 1983）。相反地，另外兩個社群的兒童在每日生活作息則沒有閱讀和寫作的工作，他們在學校中讀寫方面就會遇到困難。住在阿帕拉契山區小鎮裡的白人夫妻會教導子女要尊重寫下來的文字，但不會教兒童認識書本文體或是熟知書本的內容。他們的子女在剛開始學習閱讀的前幾年都表現得不錯，但是當兒童被要求使用文字來表現自己或解釋文本時，就會出現困難。住在小鎮裡的藍領非裔美國兒童學習會注重有技巧和有創造力的語言使用方式，但是並不重視學校中所使用的分析對話型態。這些兒童對於學習閱讀產生困難，也因為如此，在學校中他們也無法在語言方面利用其創造技巧。

　　許多中產階級的家庭中，當兒童會說話時，也同時開始投入類似學校的課程。中產階級家庭裡，1 到 2 歲大的幼兒和他們的母親交談，這就成為語言使用課程的開端，在這個過程所使用的語言對正在進行的活動並不會有任何實際的功能或作用（Rogoff et al., 1993）。來自美國和土耳其的中產階級母親透過為事物命名（labeling objects）、要求命名（requesting labels）、對事件（例如，說：「喔，這個娃娃好辛

苦」）給予連續性的評論（running commentary）等方式，進行語言課程；玩語言遊戲時常常會加入一些測驗問題，問一些母親已經知道的資訊（像是，「這個嬰兒的眼睛在哪裡？」）。舉例來說，一些語言課程出現在 21 個月大的男孩與其母親之間的互動，當時他們是在探索裝在小罐子裡面極小的「微型」（peewee）娃娃。

　　Sandy 的母親把罐子舉起來，興奮地嘰嘰喳喳說著：「它是什麼？什麼東西在裡面？」然後指著罐子裡的微型娃娃說：「那是一個小人嗎？」當 Sandy 把罐子放下來，她提議說：「可以把蓋子拿掉嗎？」

　　Sandy 察覺到在頂端的圓形旋鈕，說：「是球（Da ball）。」

　　「是啊，那是球（Da ball）。」他的母親確認說。「把蓋子拉起來。」她鼓勵著，而且展示把旋鈕拉起來的動作，「你可以拉起來嗎？」Sandy 把他的手放在媽媽的手上面，然後他們很得意地一起把蓋子拉起來。「什麼東西在裡面？」他母親問，接著又把那個小東西拿出來，說：「那是誰啊？」

　　Sandy 拿到那個蓋子，他的母親提出連續性的評論，「很好，你把那個蓋子放回去蓋好。」當 Sandy 大聲說：「喔！」他的母親隨後也重複大叫說：「喔！」當 Sandy 沒興趣之後，他的母親假裝很沮喪地問他：「喔，你不想再玩了嗎？」並且提議說：「我們可以讓它玩躲貓貓。」

　　當 Sandy 把那個小東西拿出來時，母親說：「她要去哪裡？」而且唱著：「在這裡，她就不見了。」此時，她用她的雙手把那個小玩偶遮蓋起來，說：「啊哈，不見了。」（p. 81）。

　　另一個有關語言課程的實例是，一個中產階級的土耳其母親拿了個鉛筆盒，在她快 2 歲大的兒子面前興奮地問道：「啊～Iskender，這是什麼？」那個男孩回答說：「是玩具。」（Göncü, 1993, p. 138）。這個活動與學校課程型態間的相似點是很清楚的。這當中有已知答案的測驗問題是學生經常從老師那邊接收到的，問此類問題的目的是為了瞭解兒童的知識，而不是要獲得資訊。這種獨特會話的形式，在馬雅人和東部印地安人母親與其學步兒的身上則不常見到（Rogoff et al., 1993）。

　　相同的情形，在 Inuit 家庭中，老一輩的母親很少去問子女那些自己已經知道答案的問題（Crago, Annahatak, & Ningiuruvik, 1993）。一位非 Inuit 人的聽力學家（audiologist）想要尋求一位來自 Inuit 社群的伙伴，幫忙去問兒童一些像是「你的鼻子在哪裡？」的問題，來測量兒童的語言理解能力。這位聽力學家第一次在魁北克北方的研究旅途中，兒童常常只是望著她而沒有回答。而她來自 Inuit 社群伙伴

說，那是因為她自己察覺到這些問題都是兒童在學校才必須回答的問題，因此她只好開始教她的孩子要回答這些測驗題目。這位聽力學家的結論提到，相較於老一輩的母親，年輕的母親比較會用引導子女學習課程的形式說話。

引導幼兒參與課程

在學校裡，提供誘因給兒童，促進他們對課程的參與是很常見的。這些誘因包括讚美、星星、好的分數、不需處罰或得到壞成績，以及特別設計引起兒童興趣的素材（書本中的螢光色或電腦程式中的鈴聲和哨音）。

中產階級學步兒也常常在家接收到誘因，讓他們能參與成人設計的課程，這些誘因就像是父親或母親的興奮表情。不像是馬雅人和部落裡的印地安人母親，美國和土耳其的中產階級母親經常假裝很興奮，企圖提升兒童投入新事物操作上的動機。她們會假裝對那些新事物很有興趣，且伴隨著已準備好的分段式喘氣聲（staged gasps of anticipation），以及興奮的音調和面部表情（Rogoff et al., 1993）。此種用來誘使兒童參與語言課程的虛假興奮，能夠在前述美國和土耳其的中產階級家庭互動中看到。

在一些社群裡提供的另一種誘因型態是當兒童出現期待的行為時稱讚兒童，而在其他社群中稱讚則很少出現（Metge, 1984; Whiting, 1996）。在美國和土耳其的中產階級社群裡，母親經常稱讚他們學步兒的成就或表現。這樣的稱讚方式在瓜地馬拉的馬雅社群和印度的部落社群中則不普遍，即使那裡的兒童也會取悅他們的母親（Rogoff et al.,1993）。

稱讚可以用在那些兒童不願意參與的活動，或是努力的價值和成功很難看到的活動中，提高兒童的參與動機。Meyer Fortes 在對迦納 Tallensi 人學習型態的經典論述中，談到出現在學校的教學型態和出現在「真實情境」（real situations）的教學型態間的對比。在學校裡，知識通常有著未知的效用，但是在「真實情境」裡，活動的目的是固定的，動機是來自於成就的達成：

> 一位在背誦九九乘法表的兒童正在參與由學校界定且適合學校需求的實踐活動；但是，對於整體社會真實世界的測量卻是一種人工的活動，是為了特定目的建構而成的訓練情境。Tallensi 人不會以系統化的方式運用訓練情境，他們會透過真實情境來教導兒童，這些真實情境能夠吸引兒童主動參與，因為它們讓兒童獲得自己想要和能夠掌握的重要技能。……學習變成是有目的的（1938, pp. 37-38）。

從早期就進入社群活動的兒童能夠瞭解，他們的努力對家庭的生計是有貢獻的。在進行中的工作環境裡，任務的成功或失敗是很明顯的，不需要任何評論就可以瞭解（Jordan, 1989; Whiting & Edwards, 1988）。任務的回饋不需來自父母或老師，而是來自學習者自身對工作完成度的感知。成人可能會以指派更困難的任務且不另行指導，就展現對兒童負責任態度的讚許（Whiting & Edwards, 1988）。

在「母親為了幫助嬰兒學習而進行一項任務」的一個研究中，美國母親企圖提高嬰兒對任務的興趣，一步一步地規劃嬰兒的行為，並提供持續的鼓勵和重新聚焦（refocusing）（Dixon, LeVine, Richman, & Brazelton, 1984）。相對地，Gusii（肯亞）社群的母親為子女的學習負起責任。她們提供進行任務的方向，而且常常對任務示範自己所期望的表現方式。她們顯然期望的是，兒童如果能集中注意，他們都能夠完成任務。

除了透過提供虛假的興奮表情和稱讚，組織課程和引導兒童的參與之外，中產階級的父母可能會直接介入兒童個人的興趣和活動，如遊戲和以兒童為主的談話過程。

成人是以兒童為主的談話者和遊戲中的友伴

在中產階級社群中的成人常常像是同儕一樣，跟兒童互動，成為兒童的玩伴。許多中產階級的美國父母認為，他們在扮演遊戲中的參與，對學前兒童的認知和語言發展都很重要；更有些父母把他們的參與視為協助自己的學步兒，為學校教育做準備（Farran, 1982; Farver, 1999; Haight et al., 1997; Harkness & Super, 1992a）。同樣地，土耳其的中產階級母親（廣泛地介入學校教育，跟中產階級的美國母親一樣）談到，她們認為遊戲是協助子女發展的一種手段。如一位母親所說的：「在學校裡，我們學到關於兒童發展和兒童語言的知識；我們學到和子女一起遊戲，對他們是有益的。」（Göncü, 1993, p. 129）。

相反地，在許多社群之中，兒童的遊戲不被認為是一種父母應該鼓勵或參與的活動。取而代之的是，和兒童一起遊戲是其他兒童或其他家庭成員的責任（Gaskins et al., 1992;, Mistry, 1993b; Rogoff & Moiser, 1993; Serpell, 1993; Tizard & Hughes, 1984; Watson-Gegeo & Gegeo, 1986b；亦見第四章）。

除了和兒童一同遊戲之外，中產階級的成人也常常和幼兒一起，把自己當作是幼兒談話的對象，假裝地位是平等的。中產階級的美國成人常常和兒童溝通事物、一同組織構想，以及回應兒童不成熟的口語或非口語表現，而與Kaluli（新幾內亞）和薩摩亞人家庭期望兒童能適應成人環境的想法完全不同（Ochs & Schieffelin,

1984）。在 12 個文化社群中，美國中產階級的母親是最可能以一種友善、嬉鬧或平等對話方式與子女互動的。在其他社群中，母親會保持一種權威角色、強調訓練或教養的投入（Whiting & Edwards, 1988）。兒童對話的角色可能是在被要求說話的時候，也可能在被要求回答訊息性的問題時，或僅僅是兒童需完成指令時（Blount, 1972; Harkness & Super, 1977; Heath, 1983; Schieffelin & Eisenberg, 1984）。

美國和土耳其的中產階級母親常常會把自己置於跟學步兒一樣的程度，詢問兒童的想法、回應她們對話的聲音，以及開放心胸平等對話，交換訊息。而學步期兒也常常會給予一些評論，在初期也會與之隨意地對話。相反地，雖然部落中印地安人和馬雅人與父母會以共同行動和利用溝通情境探索事物，但學步兒仍然很少被其父母當成對話的伙伴（Rogoff et al., 1993）。

如果兒童在以兒童取向的話題當中，他們不被期待是能與父母展開對話的伙伴，那麼他們初期的對話伙伴可能就是其他兒童（Ward, 1971）。在魁北克北方 Inuit 人的廣大家庭網絡中，兒童在家裡就擁有一張豐富人際關係和社會互動的蛛網（tapestry），可以去傾聽、參與和學習：

> 一位母親描述著：「如果這個孩子有兄弟姊妹，她會被教導要多跟她的手足說話；然後所有的手足在照顧弟妹時，他們要跟弟妹交談。母親跟嬰兒說話的時間少於照顧這個嬰兒的兄姊。母親教導孩子說話的時間也比那個照顧嬰兒的兄姊要少。」

訪談者：那位年長的兄姊教導嬰兒說話的方式，跟母親用的方式一樣嗎？
母　　親：年長的兄姊用不同的方法教導年幼的弟妹。母親會對嬰兒說比較重要的事情。
訪談者：什麼叫作比較重要的事情？
母　　親：就是我們一定要做的事情，像是服從、幫助他人等。當你的母親告訴你要乖乖去做的事情，就是比較重要的事（Crago & Eriks-Brophy, 1994, pp. 48-49）。

在沒有兄弟姊妹或祖父母的 Inuit 家庭中，一位「母親必須把所有事情都攬在一個人身上。她必須成為這個孩子的朋友、姊姊和母親」（Crago, 1988, p. 230）。在一個核心家庭結構的 Inuit 家庭，父母會以其他家庭的父母不會使用的方式，和子女一起遊玩。母親會以手足互動的特徵，參與兒童的例行事務，而兒童則是父母對談的伙伴。

各地的兒童和照顧者以對話的形式相互交談。然而，來自中產階級社群的家庭似乎以兒童進入學校教育的獨特對話形式進行交談。他們經常以學業的互動方式，像是課程和文學作品的說話方式跟兒童相處。這些父母以虛假的興奮表情和讚美，為這樣的互動過程提供誘因，並且作為兒童的同儕，參與兒童的遊戲和對話。

這些以兒童為主的學校教育準備工作的型態形成了一種模式，這個模式與成人透過敏銳觀察和參與進入更成熟的活動以協助兒童學習的模式恰恰相反。然而，在我開始討論透過「積極參與進行中的社群活動的學習方式」之前，我需要先談談另一個相關的主題：為了談話過程的廣泛使用，或為了強調眼神、手勢和其他溝通形式的無聲互動行為而出現的文化偏好。

 ## 話語、靜默、手勢和眼神

在世界各地，人們很熟練地使用話語、靜默、手勢和眼神進行溝通。人們的口語溝通和非口語溝通的精準度之間有哪些重要差異，並沒有人談論。或許更重要的是，許多社群會因為所處的情境和使用的口語與非口語溝通的方式，而產生各自偏好的型態（Cajete, 1999; Deyhle & Swisher, 1997; Field, Sostek, Vietze, & Leiderman, 1981; Jordan, 1977; Leiderman, Tulkin, & Rosenfeld, 1977; Richman, LeVine et al., 1988; Rogoff et al., 1982b; Scribner & Cole, 1973）。

對多說話（talkativeness）的偏愛可能是符合引導式參與的學業學習的需求（我之前已經談過的）——課程的規劃、參與兒童遊戲和對話主題的成人，以及透過虛假的興奮和稱讚，來提高兒童學習動機所做的各種努力。但偏好上的差異不只是如此單純。舉例來說，在學校教育的悠久歷史中，保持沉默和專注的非口語溝通方式在一些社群環境（如日本），則有著相當的價值。當然，日本正式的學校教育也因而顯示出跟「西方」學校教育間的一些重要差異。

我開啟這些可能性，但無法從目前可獲得的研究來解釋這些差異，這個部分是後續研究上特別重要的領域。很明顯地，「學校教育是口語化的，而透過觀察的學習是非口語化的」，這種普遍性的假設是一種過度簡化的說法。通常，對比被視為全有或全無的狀態，就好像一些人們說話時不做手勢，而另一群人是只有手勢，但不開口。這種二分法明顯是錯的。各地的人們都在說話，重視沉默的那些人通常也重視口才。舉例來說，許多認為保持沉默有極高價值的社群裡，故事敘說方式有效地被運用在道德和自然世界的教學過程之中。更進一步來說，各地人們運用非口語溝通極為廣泛。此外，個體會同時處於幾種相對的型態中：在某些情境下，他們可

能投入類似學校提問的方式，或是和課程型態的談話方式；在其他情境下，他們也可能運用沉默和敏銳的專注力，取得非口語的訊息。

在一些情境之下，多使用口語的學業學習方式和以沉默、手勢和眼神的積極參與型態（我以下會談到）之間，似乎確實存在著一些不同的關係。其他的一些文化實踐活動似乎也與這樣不同的學習型態有關。舉例來說，一些社群當中，保持沉默和尊重他人自主的文化觀之間有某種關聯。在這一節，我主要會討論沉默和壓抑、在故事中傳達間接訊息，和清晰地使用非口語溝通的幾種文化偏好。

對沉默和限制的尊重

重視沉默的社會化過程已在極圈魁北克地區的 Inuit 人身上觀察到，在那裡，兒童被期望透過觀察和傾聽的方式進行學習。來自 Inuit 社群的 7 歲女孩看著一名中產階級的 3 歲加拿大白種男孩，在某天的早餐時間重述著一段很長的夢境內容，而對著她的母親發表意見：「他的年紀不是還沒有大到可以學會控制說話能力嗎？」（Crago, 1988, p. 215）。

當一名非 Inuit 人的研究者觀察到一名年幼的 Inuit 男孩，他似乎非常聰明，因為他的語言能力似乎超齡許多而且說話流利，所以研究者去問一名 Inuit 的教師，想瞭解他為何如此會說話。那位 Inuit 老師回答說：「妳認為他有學習上的問題嗎？沒有高智能的這些兒童當中，有一些會無法控制自己愛說話的行為。他們不知道何時應該要閉嘴。」（p. 219）。

非 Inuit 的教師要求 Inuit 兒童要在課堂上公開發表意見，但是這通常與兒童父母的期待正好相反，如同以下來自一名家長在成績報告座談會上，對他五年級兒子所顯示出來的關心：

非 Inuit 的教師：你的兒子現在在班上表達能力很好。他能夠公開發表很多
　　意見。
家長：我很遺憾（Crago, 1992, p. 496）。

一位 Inuit 作家解釋說：「當〔兒童〕長大後，發問變成是一種枯燥的習慣；他們已經獲得智識，實際上也變得更聰明了。當他們變得愈有智慧，他們就會愈安靜。」（Freeman, 1978, p. 21）。

Esther Goody（1978）推論，美國中產階級的兒童從嬰兒時期開始，他們的照顧者就透過問問題，用「訓練問題」（training questions）來教導兒童提問。相反地，在一些社群中，兒童向成人提問的情形是很少的（Briggs, 1991; Goody, 1978; Heath,

1983）。舉例來說，Pueblo 世界（美國印地安人）的知識沒有辦法透過問問題的方式獲得：它是重要場合中的重要時刻所得到的禮物，而不是能夠求得的東西（Suina & Smolkin, 1994）。

在許多北美的原住民社群之中，沉默是特別有價值的，而發問是被避免或被視作有目的混淆他人的行為（Basso, 1979; Black, 1973; Plank, 1994）。提問可能被視為一種強迫對方回應，進而限制他人自由的行為；當一個人沒有想法或不希望給予訊息的時候，沉默就是一種合宜的回應方式。而在其他方面，保持沉默的取向也表示尊重和不介入他人行為的適當做法。這種取向已經特別被提及，會出現在美國印地安兒童的教室裡。在教室中使用沉默的行為是因為他們企圖以傾聽、觀察和避免問問題的方式，投入一種受人尊敬的學習型態。

同上述的理由，謹慎小心（circumspection）也是這些社群在進行教學時的特徵。舉例來說，加拿大北方的 Athabascan 人展現出一種偏好，是在情境中限制說話的行為，因為像是一位成人在跟一位兒童互動時，兒童若說話就會打斷別人（Scollon & Scollon, 1981）。同樣地，在西非法語系的 Malinke 部落裡，公開演說也要很小心：

> 我注意在每件事情上都有某種尊嚴存在，這種尊嚴常常是在城市生活中缺少的；任何事情都先邀請其他人來做，甚至當他個人本來就有權力做這件事的，也以如此儀式化的方式進行。事實上，其他人的個人自由總是被極度尊重的。而在部落裡，如果其他人的思考較慢時，那是因為他們總是在可以給回應的時候才說話，以及因為說話本身就是一件非常嚴肅的事情（Laye, 1959, p. 53）。

在日本社群之中，簡單明瞭（succinctness）是很重要的，而贅言（verbosity）是令人不悅的（Minami & McCabe, 1995, 1996）。「日本人埋怨的美國人習慣」其觀察結果顯示：美國人對靜默似乎會感到不自在，因此會喋喋不休地說著無關緊要的事情（Condon, 1984）。另一方面的埋怨是由於美國人並不仔細聆聽，而只會極度熱切地談著自己個人的想法，或者在傾聽其他人要說的話之前，就提出問題：

> 在日本，「話說得太多」是等同於「不成熟」或「愚笨」的。……沉默不只是簡單的聲音或言語的缺乏，或者一段需要被填滿的空白而已（但美國人傾向這麼認為）。不說話有時候可以傳達對於剛說完話或表達意見的個人的一種尊重。相對於彼此獨立的言語，沉默可以是群體分享、統一思想方式的一種中庸之道。在會話中的沉默常常被拿來跟「在山水畫（brush

paintings）或書法卷軸（calligraphy scrolls）中的空白處」做比較。如果這些空白處被填滿，畫面並不會變得更豐富、更精準或更完整。那樣做會讓原本要呈現的內容產生混淆和大打折扣。

日本人和美國人常常對彼此在說話和面對沉默的態度感到困惑。一位美國人問一位日本人一個問題，在那個日本人回答前，會有一段停頓的時間。如果問題是很相當直截了當的，那個停頓可能會因為那個日本人思考要如何避免給出一個直接的答案，而變得更久。然而，美國人可能會假設，那個停頓的出現是因為問題沒有被清楚地理解，同時，他可能會重述那個問題。在「美國人只是自己對靜默感到不自在，就會試著填滿話語，以減緩自己不舒服情緒」的狀況之下，上述情形經常發生。無論如何，對日本人來說，過多的言語表達可能使情境變得更複雜難懂。那個美國人所做的，不只是在適合一個問題的狀態下提出兩個以上的問題，他也因為沒有分享一種體諒他人的靜默，而將自己孤立起來了（pp. 40-41）。

在故事中傳達間接的訊息

在某些社群中，保守（reserve）在文化中是被強調的。相關的訊息和教誨都是透過諺語和故事間接傳達給人們。舉例來說，亞利桑納西部的Apache人覺得那種行為很奇怪──盎格魯美國人「論述事情的最後，都講得清楚明白」（Basso, 1979, p. 87）。雖然口語遊戲和雄辯術對西部Apache人都很重要，但有一種故事文體是特別用於間接的教導方式。歷史故事「偷偷跟隨著」（stalk）人們，暗示一名聽眾已經做了不適當的行為，而且可能已經受到像故事裡角色一樣的後果（Basso, 1984）。故事談到的要旨會不斷提醒被道德意涵指涉的那個人，長達好幾年。

Keith Basso（1984）給了一個範例故事，在家族面前，打擊了一名17歲的Apache 女性。這位女性已參加過一個嚴肅的儀式──參加那個儀式時，女性要把頭髮放下來，以表示對儀式效力的崇敬。然而那時，她在頭髮上戴著外地寄宿學校同學間流行的紫色髮夾。幾個星期後的一個大型生日派對上，她的祖母對著大眾說了一個歷史故事，是有關一個 Apache 警察的行為太像白人，結果讓他表現得像是個笨蛋。在這個故事說完不久，那位年輕女性很快地回家，不發一語。Basso 詢問這位祖母，為什麼那位女性離開了──是她突然生病了嗎？而祖母回答說：「不是的。我對她射了一隻箭（故事內容）。」

兩年後，Basso 跑到那位女性面前，問她是否還記得那件事。她說她還記得，而且認為她的祖母是在教訓她。她說，她不喜歡被「行為像白人」這種說法所批評，

所以她停止繼續做那樣的行為。當他們經過那個有關「Apache警察的故事」的地標時，Basso 特別將它指出來，而那位年輕女性笑著說：「我知道那個痛處。它每天都偷偷跟著我。」

一位 Apache 長者Nick Thompson 談到，Apache 故事會讓你仔細思考你的生活。如果你已經做錯事的話，某個人就會「找上你」：

> 某人會偷偷跟著你，告訴你一個很久之前發生過的故事。不管你身邊是否有其他人──你還是會知道，其實他是特別說那個故事給你聽的。大家說，那就像是一支箭，會突然射中你！有時候，它只是一種道德問題的小測驗──它的力道很柔和，使你沒有任何感覺。但是當它的力量強大時，它會很快地深入內心，在你的腦袋開始產生作用。沒有人對你說任何事情，全都是故事的內容，但是在當下，你知道人們都在看著你，談論著你。他們不喜歡你表現的行為，以致於你必須深思你自己的生活狀況。
>
> 然後你會感到虛弱，真的很虛弱，就像是生病一樣。你不想吃任何東西，跟任何人說話。這表示那個故事正對你產生作用，而你持續想著它。……過了一陣子之後，你會不喜歡去想那些你過去做錯的事情。所以你會試著忘記那個故事，你會試著把那支箭拔出來。你會認為它不再能夠傷害你，因為你現在只想正正當當地活著。
>
> 保持活得正當是困難的。很多事情會突然出現在你面前，擋住你的去路，但是你不會忘記那個故事。或許，每天你都能預先看到它會在哪裡出現（Basso, 1984, p. 42）。

如本章先前所提過的，故事敘說在世界各地似乎都已被當作一種教學工具來運用了。美國西部 Apache 人把故事當作是一種間接個人紀錄的做法，可能在許多給予演說技巧高度評價的社群中是一種獨特的用法。在小禮拜堂（oratory）滔滔不絕的演說（eloquence）與在辯論競賽上的精湛技藝，也可能出現在很重視在某些互動情境下保持沉默的社群裡（e.g., Gossen, 1976）。不管在何種社群中，除了強調說話技巧之外，也可能強調其他溝通的方式。

意義清晰的非口語溝通

除了說話之外的其他溝通形式，在許多社群裡有特殊的重要性，因為那些社群很善於運用眼神、手勢、姿勢和表現的時機。在這類社群中的人們，比起那些較少運用這些溝通形式的個體來說，更能成為這些溝通形式的敏銳觀察者。舉例來說，

日本人最為人所知的是，比起大多數美國人而言，他們能夠大量且準確地「閱讀」表情和姿勢，喜歡非口語訊息勝過口語訊息（Condon, 1984）。

　　來自一個瓜地馬拉馬雅社群和一個印度部落社群的母親，都經常使用用以溝通的眼神、觸碰、姿勢和選擇時機的暗示。相反地，來自（美國和土耳其）兩個中產階級社群的母親不常運用這些溝通的形式，而多用說話的方式和子女溝通。馬雅社群和印度部落社群的母親比起兩個中產階級的母親來說，會出現更多精準的非口語溝通系統，以非口語的方式表達更複雜的想法（Rogoff et al., 1993）。

　　舉例來說，一位來自印度社群的父親用一個罐子吸引他1歲半大兒子的注意力，然後引導他使用許多精細的方式來打開罐子，但過程之中，不管父親或兒子都沒有向對方說任何一個字。同時，這位父親和研究者的助理持續進行對話：

　　　　當這位父親拿起這個有鈴鐺在裡面的罐子並且搖動它（使得鈴鐺發出聲音）來吸引Ramu的注意時，Ramu靠過來看著它。

　　　　在父親回答研究助理的問題時，他用罐子裡的鈴鐺吸引Ramu的注意，而且展示一連串跟這個罐子有關係的動作，像是打開蓋子、單單讓裡面的鈴鐺發出聲音、然後再次關上蓋子。他做著這些動作是在他把罐子對著Ramu的時候，以確定這些動作都在Ramu的視線之下進行。

　　　　當Ramu碰到這個罐子時，他的父親把罐子拿給他，而且注視著Ramu開始檢查這個罐子的動作，在此同時，他繼續回應著助理的問題。

　　　　Ramu把罐子的蓋子打開，將鈴鐺拿出來，高興地向父親展示。他把鈴鐺保持在他自己的視線之內，而且笑得很開心。

　　　　父親點點頭，表示看到Ramu完成的動作。然後以一個向旁邊點頭的動作和眼神，他提示Ramu再把鈴鐺放回罐子裡（Mistry, 1993b, pp. 111-112）。

　　敏銳的非口語溝通行為可以解釋「目前在美國，認為要在2、3歲開始要求早期如廁訓練」的一些觀察結果。在東非的Digo族之中，照顧者和嬰兒利用姿勢和其他線索，來協助兒童瞭解何時和何地進行排便和排尿，使嬰兒在4～6個月時，就能整天保持乾爽。嬰兒會由自己熟悉的照顧者陪伴，爬到排泄的地方後，照顧者會透過察覺嬰兒發出準備好了的暗示，就以「噓～」的聲音鼓勵排便，並且在嬰兒完成排便後愉悅地與其互動（deVries & deVries, 1977）。

　　中產階級歐裔美籍嬰兒與其他成人隔離獨處的情形可能使得人們必定得廣泛地使用「有語音的溝通型態」。歐裔美籍嬰兒已具有「包裹」嬰兒的特徵——嬰兒與

他們的照顧者沒有肌膚上的直接接觸，而是有大部分時間被包裹著衣服，放在嬰兒柵欄、搖籃或嬰兒車裡（Whiting, 1981）。

相反地，與照顧者持續在一起的嬰孩可能更容易掌握非口語的暗示，如眼神、手勢、臉部表情和姿勢的改變。比起那些較常和嬰孩說話的美國母親來說，日本母親比較常摟抱她們的子女或對子女有其他身體的接觸；Takie Lebra（1994）認為這兩種不同型態，若其中一種特徵占有較大的比例，就會讓另一種占的比例較小（見圖 8.8）。

在那些嬰兒能和照顧者持續互動的社群裡，觸覺和手勢的溝通形式是很容易獲得的。許多人類學家已經認為在某些情境下，如母親能在嬰兒實際哭出聲來之前，即時回應嬰兒的需求，那麼，嬰兒出現較少的哭泣行為（Harkness & Super, 1992b; Whiting & Edwards, 1988）。舉例來說，在極圈魁北克地區的 Inuit 族，嬰兒幾乎都持續在母親毛皮大衣（parka）的育兒袋（pouch）當中。

> 嬰兒的扭動讓他們的母親知道他們已經醒過來了。他們的不安能讓他們的母親感受到他們的飢餓或不適。我發現一些家庭中，嬰兒很少需要用哭泣來表現他們的需求和回應。我記得和一個家庭相處的時候，發現一整天過去了，我都沒有聽到一個月大的嬰兒發出不舒服的聲音。她的母親正把她放在「育兒袋」裡，而且在我沒有察覺到的情境下，嬰兒會被抱出來餵奶。……一位老師（非 Inuit 人）在魁北克北方工作了很多年，曾告訴我：

> 我在想一件事。我記得最清楚的是：我實在很少聽到嬰兒哭。……這種早期生理上接觸（使嬰兒的身體日夜和照顧者的身體接觸好幾個小時）的好處，建立了一種溝通互動的早期型態，而這種型態不是立基於兒童的口語能力之上（Crago, 1988, pp. 204-205）。

中產階級歐裔美國人使用許多口語的理由中，Mary Martini（1995）推測，那是因為他們的文化實踐方式強調個體的分離性，以及各個分離的自我和其心理世界間彼此相互的建構與解釋。Martini 指出，這些兒童被迫一天需離家很長的時間，以致家庭成員之間有許多尚未共享的經驗可以彼此解釋和說明，而那樣詳盡的談話內容和方式則是他們進行這種活動的手段。在內在與現實分離，且認為有另一心靈世界的個體身上，社會性的人際往來都是基於一種對話之上，此種對話的目的僅是為了讓個體彼此的內在理解能相互交流，以及使個體間各自獨立的行動能有所整合。

圖 8.8

親密接觸的可獲得性，對照顧者提供了嬰兒所需的許多線索，像是嬰兒小便的需求可能會透過姿勢或其他非口語暗示傳達給照顧者。在此，一位日本婦女倚靠在蚊帳上，幫助她想睡的嬰孩放鬆心情。Woodblock 印自 Kitagawa Utamaro （1753-1806）一系列描繪女性日常生活的畫作。

　　兒童投入家庭和社群生活時所受到的各種差異對待，能從兒童完整的活動歷程當中被觀察到，兒童也會在較成熟時開始參與這些不同情境。透過參與成人社群活動進行學習的過程中，交談這件事常常是與眼前正在進行的活動緊密相連。以這種方式學習某種活動時，比起運用學校型態的學習，會出現更緊密的合作行為。因為學校型態的學習方式是將交談作為訊息傳遞的主要媒介，也常把交談的內容取代某項特定活動的參與。

 ## 熱切地參與社群活動

　　在一些社群裡，兒童的學習都得「熱切地參與」（intent participation）幾近所有的社群活動，並且要有敏銳的觀察力、進取心和得到回應式的協助（Rogoff et al., 2003）。兒童會持續觀察和傾聽生與死、工作與遊戲等等，在他們社群中重要的生命歷程。他們經常會參與並不是為他們特別設計的學習事件，也不會在那些事件中獲得直接的指導。取而代之的是，他們被期望要能靈巧地去感受那些事件的進行，

且在他們逐漸成熟時，能主動參與這些事件。兒童是自然而然地成為這些社群內成人活動的圍觀者（peripheral participants）（Lave & Wenger, 1991），看著這些事件如何發展，漸漸參與這些事件的運作。

例如，嬰幼兒常常被他們的母親或年長的手足帶著走。舉例來說：

> 在非洲撒哈拉沙漠地區、Taira（日本）和 Juxtlahuaca（墨西哥），學步兒（嬰兒）大部分都會被照顧者背在背上。這些社會裡沒有所謂的嬰兒床、嬰兒車、嬰兒的遊戲柵欄，或其他限制學步兒活動範圍的工具……在他們母親或手足的背上，他們也類似直接參與著照顧者的日常活動……
>
> 相反地，像是北方印地安人和北美人的社群中，學步兒大部分的時間都在嬰兒車、嬰兒遊戲柵欄、兒童搖床或嬰兒床之中，和其他人進行互動（成人或年長的兒童會彎下腰和嬰幼兒進行眼神的交會）。最後，這些學步兒只看到這個充滿大腿的世界，他們難以眼見照顧者或聽見照顧者與其他成人間的對話互動，因此，他們無法感受參與社會互動的感覺（Whiting & Edwards, 1988, p. 168）。

年幼的兒童可以在社群裡遊走，自由地去看看某處發生了什麼事情。舉例來說，在巴西雨林區的 Xavante 部落之中，只要嬰幼兒有足夠的自信在家門外爬行，他們就可以參與村落中來來去去的兒童團體，觀察著發生的事件：

> Xavante 兒童如同世界各地的部落兒童一般，是社群之中的眼睛和耳朵。很少數的人能夠逃離他們的關注，而他們的好奇心也是永無止境的。只要他們看到某人走到任何地方，他們會大叫：「去哪裡？」然後我們會很快地學到要給他們精確的回應，或者，他們會跟著我們去看看我們都在做些什麼。如果我們是要去森林裡找樂子，這時是很令人難為情的（Maybury-Lewis, 1992, pp. 122-123）。

鼓勵敏銳的觀察能力

在許多案例之中，敏銳的觀察力是被鼓勵的，而且是由父母和其他指導者教導給兒童的，舉例來說，在日本的學校教育和 Suzuki 的觀察學習過程（Peak, 1986）就是如此。同樣地，Jomo Kenyatta（1953）談到，比起學習歐洲人普遍的教育內容來說，在Gikuyu社群中，學習的重點是要作為一名敏銳的觀察者。他注意到，Gikuyu父母會負責教導子女成為一名好的觀察者。在墨西哥的馬雅社群中，兒童被家中母

親視為自己的第三隻眼和耳朵，同時也能從兒童身上獲取關於部落事件的訊息。母親針對部落事件所提出的問題會引導兒童注意這些事件中重要的內容（Gaskins & Lucy, 1987）。

　　Rotuman（波里尼西亞）地區的兒童被巧妙地鼓勵去觀察。如果一名兒童感到困難時，一位成人可能會調整兒童的想法，改正他的錯誤或精緻化一些活動，而很少直接提供口語指導。如果兒童要求多一點解釋，「他們很可能會要兒童去看一名技巧純熟成人的行動」（Howard, 1970, p. 116）。

　　因此，在一些社群中，兒童的觀察和初期的參與都接受了來自家庭和社群實踐活動的大量協助。最重要的可能是那些允許兒童能在某處觀察和主動協助的特殊安排。而家庭和社群對於「兒童能夠在進行的活動中展現敏銳的觀察力和實際參與」的期望，則是支持這種學習方式的另一個重要條件。除此之外，照顧者和兒童的友伴可能提供了回應式的協助、促進兒童本身的觀察能力，或者在持續進行的活動中幫助他們。

回應式的協助

　　照顧者對於提供兒童協助的種種準備，在不同社群之間有著顯著的差異。在馬雅城鎮和印度的部落社會當中，學步兒操作新物體的表現會得到母親的強烈回應，她們通常會擺出一副準備好要幫助學步兒的樣子。但這樣的情形在美國和土耳其的中產階級家庭裡則很少發生（Rogoff et al., 1993）。對於遺忘活動步驟和活動目的的兒童來說，「做出提供協助的準備」是幫助這類兒童的回應方式。它意味著需依據個別兒童的需求給予協助，而非根據成人的規劃來組織教學。回應式的關注和準備提供協助的實例，出現在 1 歲 8 個月的馬雅小男孩和他的父母身上。他的父母協助他探索一個裡面放了微型玩偶（peewee doll）的透明罐子：

　　　　Juan 轉向他的母親，而且搖晃著罐子──〔對微型玩偶喊叫著〕「寶寶」──把罐子放到母親的手上。雖然她正在進行一段成人之間的對話，但她仍接過罐子，對著 Juan 搖晃幾下。

　　　　不過，他的母親搖晃罐子的時候，Juan 指著蓋子，用食指敲著它，要求著母親把蓋子打開。當母親注意到 Juan 的行為時（她仍持續著對話），她把蓋子打開，拿著罐子，讓他有足夠的時間把微型玩偶拿出來，然後再把罐子蓋起來，放在 Juan 面前。這樣的互動過程持續著，Juan 玩著罐子而他母親隨時準備提供協助，同時，他母親也關注著正在進行的成人對話。

　　　　〔後來〕Juan 帶著微笑翻弄著微型玩偶，然後拿這個玩偶去碰母親拿

著的罐子，且輕聲地發出要求的聲音。她往下看，瞭解了 Juan 的需求。他母親協助著 Juan，讓他很自然地玩著罐子、蓋子和玩偶，也很自然地同時參與著成人之間的對話（p. 82）。

觀察的開端和實際觀察

在可以觀察社群事件過程和鼓勵兒童成為敏銳觀察者的社群之中，人們可能在觀察上顯得特別積極和有技巧。有技巧的觀察需要注意力的積極管理，就如同反映在魁北克北部 Inuit 社群中，對中產階級加拿大白種兒童的一段經驗敘述所呈現的：

有一天，我 8 歲的女兒正看著一些同齡的女孩在我們的房子裡玩遊戲，而她轉向那位會說英語的母親，問道：

ANNA：我要怎麼玩這個遊戲？

INUK 母親：（溫柔地說）看著她們玩，然後妳就會瞭解怎麼玩了。

ANNA：我不知道如何用看的來學習這個遊戲，妳不能告訴我嗎？

INUK 母親：妳用觀察的就可以明白了（Crago, 1988, p. 211）。

Inuit 兒童被期望透過仔細地觀察、推理和獨立找尋解答的方式，並以自我動機（self-motivation）作為驅力，進行初期的學習（Briggs, 1991）。2～6 歲塞內加爾的農村兒童被發現會去觀察他人，而其比例通常是中產階級歐洲兒童的兩倍之多（Bloch, 1989）。Tallensi 族人（迦納）談到，能夠依據觀察快速的學習是表示：「他有特別厲害的雙眼」（Fortes, 1938）。

敏銳的觀察力可以促進幼兒熟練地參與成人活動。幼兒的技巧可能對於中產階級的觀察者而言，是相當意外的。舉例來說，Fore 族（新幾內亞）的嬰兒有各種管道可以觀察和參與周遭環境，並且發展出一種實際可行的自我信賴，使得他們能站立行走時，就可以安全地使用刀具和面對用火（Sorenson, 1979）。

來自許多社群的兒童，當他們 3、4 歲開始觀察家務的進行過程時，也開始動手做家務。舉例來說，Kaluli 族（新幾內亞）的母親鼓勵學步期的子女參與正在進行中的事件，提供如何完成任務的範例，並且告訴子女：「照著這樣做」，感覺好像是母親已經把任務的步驟都區分得很清楚了，而不需要再提供任何解釋（Schieffelin, 1991）。年幼的女孩花費大量的時間觀察她的母親，以及被要求做一些特別的工作來協助任務的完成，像是拿著火鉗或幫火堆上面的香蕉翻面。母親鼓勵這樣的協助，並且在子女漸漸長大時，漸漸增加新的工作給他們；女孩們在很早期（通常在 3 歲

左右）就可以負擔全責。Kaluli 族 3～5 歲的女童會一起去蒐集柴火、生出可以用來煮東西的火苗、利用這個火苗來煮一些食物，而 Kaluli 族的男孩在這個年紀也有個人專屬的小刀可供使用。

　　5～7 歲的兒童通常要承擔對其他兒童、動物和家務的責任，而 8～10 歲時，就可以確實掌控這些活動（見第五章；Rogoff, 1981b; Rogoff et al., 1975; Ward, 1971; Whiting & Edwards, 1988）。舉例來說，Black Elk 描述他自己的學習過程就像是 Sioux 族人（北美印地安人）一般：「我的族人當中的男孩，在很小的時候就開始學習成年男子的活動方式，而且沒有人特別教導；我們只是學習做著我們所看到的。在當今男孩跟女孩的表現相同時，我 9 歲的那個夏天，我們早就是名戰士了。」（Niehardt, 1932, p. 17）。

觀察並伴隨注意力的分配

　　從持續進行的事件之中進行學習可能需要在一個時間裡，以一種注意力分配（time-sharing of attention）的形式，同時監控好幾個事件。注意力狹隘的聚焦可能會造成很難關注到周遭其他有趣的事件。如果兒童要從觀察的方式進行學習，而父母或老師都不告訴他們該注意的事物，那麼，要他們熟悉這些正在進行的事件是很困難的。

　　與注意力分配的實例，可以在一個 1 歲大且能夠同時很熟練地關注 3 件事情的馬雅兒童身上看到：他和他的姊姊一起把東西鎖在罐子裡；他吹著媽媽故意塞入他嘴巴裡的哨子；同時，他很專心地看著街上通過的卡車（Rogoff et al., 1993）！在此種情境當中，能有意識地面對數種訊息來源的技巧正流暢地進行著。

　　馬雅學步兒常常會同時接觸幾個不同的事件，兒童對於每一個事件的注意力曲線會很穩定地持續著，彷彿沒有受到其他事件干擾一般（Rogoff et al., 1993）。相對地，一般來說，美國中產階級學步兒會把注意力輪流放在兩個事件之上，或者僅關注其中一個事件而已。另外，比起馬雅學步兒來說，他們也比較可能不會覺知到正在進行的有趣事件。而母親們注意力的型態（attentional patterns）也與其學步兒相似。比起那些通常把注意力輪流放在進行中事件的美國中產階級的母親，年齡介於 1～2 歲之間的馬雅學步兒，更時常熟練地把注意力同時放在不同的事件之上，而這種現象是很明顯的。

　　1 歲 9 個月大的 Sandy，在他母親繼續與其他成人進行對話之後，試著再要求母親協助拿取罐子和小玩偶的過程，展現出一對美國中產階級母子在注意力交替轉換的實例：

　　當他的母親和訪談者進行對話的時候，Sandy 試著去拿罐子（蓋子上有一圓形旋鈕）。他邊指邊說：「想要球」，拿到罐子之後又說：「球」，接著咕噥著說：「球，球」，最後伸伸懶腰，不再碰罐子了。最後他的母親看到他所做的事情，且停止與訪談者的對話。

　　她完全只跟 Sandy 進行互動，把罐子撿起來，說：「那是什麼？你想要拿回去嗎？」……以跟同儕互動的對話形式、字彙課程和她所有的注意力說：「什麼東西在裡面？……是小嬰兒嗎？」當 Sandy 把罐子裡的微型玩偶放進罐子，並且將蓋子關上之後，她提醒道：「說再見。」

　　當 Sandy 轉過身來，看著攝影者時，他變得有些分心。他一個時間好像只能專注在一個事件。

　　此時，成人的對話持續著……Sandy 則把他的注意力輪流放在攝影者和他的遊戲上（Rogoff et al., 1993, p. 98）。

　　在某些社群中，兒童能參與複雜社會事件，同時覺察多種訊息的來源敏感度是可以被加強的，而這個能力可以促進為團體做計畫和思索團體方向的學習（Briggs, 1991; Henry, 1955）。與此種概念相同的情形是，在薩摩亞，錄音帶謄寫者能夠同時跟上同一個場域內 3、4 個身處不同位置人們的談話。Elinor Ochs（1988）把他們這種令人讚嘆的注意力技巧歸因於他們的社會化歷程，因為從小他們就被期望能夠觀察和傾聽發生在周遭的事情。薩摩亞的兒童在生命初期就監看著身邊發生的他人對話內容。

　　同步注意（simultaneous attention）的社群差異可能反映出對注意力運用的文化偏好。美國中產階級父母通常強烈要求他們的子女，在一個時間裡，只要專注在一件事情上；他們可能會以注意力發散的理由，責罵他們的孩子：「把注意力放在你正在做的事情上！」同樣地，對於土耳其中產階級的母親和兒童來說，當母親正在跟其他成人交談，同時又跟他人互動的行為，是不適當的做法（Göncü, 1993）。相反地，Pablo Chavajay 指出，馬雅母親期望子女能有寬廣的注意力，如果子女無法觀察到周遭事件時，則會受到母親的責罵：

　　在馬雅原住民的文化之中，照顧者期望兒童從出生開始，就能夠透過觀察來進行學習。的確，他們總是在展示任何活動的時候，告訴兒童要好好觀察。當父母正在工作時，他們也關注自己的孩子，而且強烈要求子女要集中注意力。兒童的觀察力逐漸地被增強，因為成人不一定會解釋；即

便成人給予理由，也會要求兒童先透過觀察力的運用來提升專注力……

　　（馬雅社群）照顧者總是強調兒童要在日常活動中運用敏銳的觀察力。
舉例來說，如果一位兒童沒有把農事做好，他的父親通常會責罵他：「我
做給你看的時候，你都沒有在看嗎？」（1993, pp. 163-165）。

在學徒階段熱切地參與

　　在日常生活中，兒童透過觀察進行中的活動進行學習，就好似學徒階段的學習
和專業提升的架構。以「同化」（osmosis）的方式，攫取價值觀、技術和特殊的習
性；在偶發的事件中，透過社會代理人的方式，以近距離的參與學習。這是日本母
子互動過程中普遍被提及的內容，而這種母子互動是建立於一種學習的文化模式上：

　　　　此種同化模式也盛行於日本傳統藝術和手工藝的訓練過程之中。師傅
　　並不進行教導。取而代之的是共同生活的門徒，稱為uchideshis（譯注：徒
　　弟），協助師傅的工作和家務的打雜時，會「偷取」師傅的技藝，同時學
　　習專家的生活型態和職業倫理（Azuma, 1994, p. 280）。

　　這種 uchideshis 系統也普遍出現在日本的大學教育之中，一直持續到 19 世紀
末，當教學方式愈來愈接近後來的歐美學校教育型態為止。

　　在許多社群中，人們都是透過學徒階段來學習他們的專業。新手大部分都是透
過實際操作時，與其他學徒和師傅的共同合作，以及透過自身參與工作時，觀察同
儕和師傅而進行學習的（Coy, 1989a; Lave & Wenger, 1991）。通常，協助師傅賺錢
的工作是首要的，而只有一點時間和注意力能用在技巧的學習。學徒對產品的付出
方式是外圍（peripheral）但卻是長期的貢獻者：「一位學徒會在一旁觀察著師傅和
資深的學徒，直到他認為他瞭解如何縫製（或裁剪）一套服裝為止，（等待）直到
店門關上，師傅已經回家之後，才敢試著製作衣服。」（Lave, 1988b, p. 4）。

　　類似的過程可能出現在較不正式的學徒制度當中，例如，當一名女孩簡單地透
過觀察和從旁協助，就能從一名專業的助產士身上進行學習（Jordan, 1989），或者
女兒透過每日參與母親的編織工作，學習到如何編織。「納瓦荷族人不教導他們的
兒童，但是他們在日常的任務中將兒童納入，使兒童能靠著敏銳的觀察力向他們學
習。母親們不會教導女兒編織，但是某天女兒會對她們說：『我準備好了。讓我織
布吧！』」（Collier, 1988, p. 262）。

　　在一些學徒制裡，師傅會提供指引（像是 Kaluli 族的母親會在工作前的時段先
行說明，告訴她們的子女：「照著那樣做」，以區分一項任務的步驟）：

　　偶爾，Magalgal（肯亞的鐵匠師傅）會叫我注意觀察他正在做的事情，以確定我注意到他認為重要的事情。他可能會說：「現在，這是最困難的部分」，而這就是暗示我得去參與他現在正在做的事情（Coy, 1989b, p. 120）。

　　比起依靠說明的方式來組織他們的學習，學徒制也許更能以透過觀察的方式，甚至有時候不需要實際地操作任務的核心部分，有技巧地獲得訊息。Manning Nash（1967）談到，在瓜地馬拉的一間編織工廠裡，學習使用織布機的方法是讓一名新手（成人）坐在一位熟練的編織者身邊幾個星期，進行完全的觀察，不問任何問題，也不接收任何說明。這位新手可以不時從編織者那邊取得絲線，但是並不直接開始織布，而是等到幾個星期的從旁觀察之後，這位新手感覺準備充分時才開始。到那個時候，這位學徒依靠觀察就已成為一位有技術的編織者了，他能夠出席任何專業編織者所提供的編織示範任務，以及參與這個任務的外圍工作。

　　在熱切的參與過程中，學徒們和其他學習者參加持續進行著且資訊豐富的事件，那些事件不一定是針對他們的學習所設計的。這些事件的目的常常是要完成這個社群和家庭生活的重要經濟活動——不過，學習者的出席和敏銳的觀察力可能也是被期待和被鼓勵的。

透過傾聽來學習

　　在那些兒童有機會參與他人對話的社群中，傾聽（listening in），就像觀察，是學習的一種重要形式。舉例來說，它對於 Kaluli 語的學習是重要的：

　　　　雖然語言前期的兒童只有少許的語言展現，但是這些兒童的口語環境是豐富和多樣化的，而且從一出生，嬰兒即被成人和花費大量時間與他人交談的年長兒童所圍繞。……（學步兒）各種動作是被家庭內成員所談論、描述和評判的，特別是年長的兒童，會相互交談。……談論有關學步兒活動和興趣的內容是那些學步兒可聽取到的，雖然那不是針對他們所說的，也不是適合他們的內容（Schieffelin, 1991. p. 73）。

　　透過「偷聽」進行學習的方式，是 Martha Ward 對路易斯安那州一個非裔美籍社群的描述中所強調的：「在社群生活中顯著的吸收，參與日常交易儀式，以及表面上花費在偷聽成人交談的時間等等，對兒童語言成長的衝擊效應都不應該被低估。」（1971, p. 37）在這個社群裡的幼兒都不是與成人交談的對象，成人才是參與

對話（engage in dialogue）的人。兒童和成人之間的問答都是對於訊息的直接需求，疑問的出現並不是為了交談，或教導兒童那些父母已經知道答案的議題。如果兒童有重要的事情要說，母親們會傾聽，同樣地，如果母親跟他們說話時，他們大多也是傾聽。但是在相互交談方面，母親們會跟其他成人或超過 8 歲的兒童進行交談。在這裡，不鼓勵兒童以「自發性和主導的會話方式與成人談著兒童決定的話題」來習得技能；如果他們不發言，才能使父母延續對他們的注意力。學步兒能學習非常安靜地坐著，聽著成人們的交談——長達 3 小時。

Shirley Heath 在類似的報導談到，藍領階級的非裔美國成人並不將幼兒視為交談的對象。進一步來說，總是有他人陪伴的學步兒，會想要重複說出和感受身邊多種話語裡的字詞。他們在 1 歲時雖是被忽視的，但是他們會逐漸開始參與進行中的交談過程。兒童不被當作訊息提供者，而且，在成人尚未有答案之前，兒童也不會被詢問任何問題。一位女性談論著對自己處於學步期的孫子 Teegie，在學習方面的期待：

> 白人父母會聽到他們的子女說「買東西」，而他們也會對子女說相同的話，他們會問子女自己已經知道答案的事情，就像是他們打從一出生就知道一樣。你認為我可以告訴 Teegie 他想要知道如何生活的所有事情嗎？他只要仔細觀察、擦亮他的眼睛，就不會感到難過。要用其他親友看待自己的角度，看待自己。沒必要聽我告訴他：「學學這個、學學那個。這是什麼？那是什麼？」他只要去學習，就會瞭解；他在一個時間、一個地點只要觀察一件事情，他就瞭解那件事情的經過，再度瞭解「買東西」的意義，也許它是相同的，也許它是不同的。他必須去嘗試。如果他沒辦法做到的話，他會感到困擾；他就會離開。要不斷擦亮你的眼睛（1983, p. 84）。

極圈的 Inuit 男人談到，他們還是小男孩的時候，就已經透過觀察大人學會打獵了，而且他們透過傾聽也學習到許多事情。透過偷聽，兒童能提升學習的機會，而關鍵在於他們是否有保持低調（unobtrusive）：「當他們彼此交談時，我們不應該去聽。我們都在帳棚裡，你沒有辦法避免。他們會在帳棚裡說很多故事，你可以在那個時候學到很多困難的語詞。那是我一直學習新字的方法。」（Crago, 1992, p. 498）。

學習關於成人的活動，就要當作旁觀者或只用傾聽的方式，而不是當一名互動的伙伴。這是在一些社群當中進行學習的較佳方式。在一個 Athabascan（加拿大北

方的原住民）社群裡：

> 對一位兒童或年輕人的理想學習情境是能夠去傾聽大人的故事。這個理想情境形容起來是，年長者對談著，把彼此當作敘說者和聽眾，兒童則是第三人、在旁觀察的角色。……因為兒童不會直接被要求針對敘說者做出回應，所以兒童本身的自主性此時會被受到尊重，而這些都是在生活中應該被重視的。由於這種三方敘說的情境（three-party narrative situation）不一定會發生，因此，能以這種形式進行學習的人被認為非常幸運（Scollon & Scollon, 1981, pp. 120-121）。

這種被用來為學校教育做準備的獨特對話形式（例如，已知答案的問題、作為參與課程的誘因，以及在遊戲和對話中表現地像是成人的同伴），可能很少被運用在那些鼓勵兒童透過積極參與成人活動來進行學習的社群裡。反倒是，在參與情境的學習過程當中會給予口語說明（Cazden & John, 1971; John-Steiner, 1984; Kojima, 1986），而且，兒童會透過他們傾聽和觀察他們社群中重要活動的機會進行學習。

當然，因為全世界的互動逐漸增加，兒童進行觀察的機會和它們接受西方學校教育的可能性一樣，都不斷在改變。普遍存在他們社群裡的引導式參與形式可能也同樣在改變。兒童生活的日常工作正逐漸地與超過一個以上的社群實踐有所聯繫。這個議題會是下一章，也就是最後一章的重點。

社群中的文化變遷及其相互關係

譯者：李昭明

　　為了理解人類的發展，探究人們參與的文化制度和實踐是相當必要的。這樣的工作，比起大多數人們透過個人經驗的探究方式，更需要有一段對於文化變遷的長遠觀點；因為我們全都會受限在有限的生命當中，只去觀察眼前的文化實踐狀態而已。想像一下我們祖父母當時的生活和文化社群樣態已經很困難了，更別說要瞭解他們過去歷經過的各個世代和世界上發生的各種變化情形。

　　此類的歷史文化變遷與當時不同世代人們生活和思考的方式都有關係。文化變遷這個議題在今日的世界受到相當的矚目，或許它早就受到重視了（Weisner, Bradley, & Kilbride, 1997; Wolf, 1997）。以下的評論說明了這樣的觀點：

　　　　這個世界對我們而言相當的廣大；太多事情正在進行著、太多的罪惡、太多狂熱的和令人興奮的事情。不管你做了什麼樣的嘗試，它都會讓你在整個世界的競賽中落後他人愈來愈多。這是一種持續的壓力，讓你在這個跑道上前進……但漸漸地退卻下來。你很快地將各種科學發明消耗殆盡，使你雖然在擁有這些新發明的情境中，卻帶著無助的慌亂心情搖搖晃晃地前進。政治世界被視為快速變化的新聞事件一樣，讓你處於不斷有人加入或退出的競賽裡；為了保持自己前進的節奏，卻因而喘不過氣，每一件事都呈現高度的緊張壓力。人類的天性是無法忍受這樣多的壓力的（guoted in Disney, 1998, p. 5）。

上述的評論出自於 1833 年的《亞特蘭大雜誌》（*The Atlantic Journal*）。變遷的步伐是否較過去更快呢？世界上的許多不同狀態，在近期，變遷速度確

實有某種程度的提升，而這些變遷彼此都是相互關聯。電話、電視、電子郵件、傳真和網際網路的出現，都對世界各地小村落和大城市之間的快速溝通和聯絡有所助益。

電視的普及是特別快速的。從 1950 年，只有 9%的美國家庭有電視；5 年後，增加到 65%；而到 1965 年，又增加到 93%（Bushman & Anderson, 2001, citing figures from Nielsen Media Research；見圖 9.1）。

電視普及到世界其他地區，代表著世界各地發生的事件可以在世界各地看到，在紐約或好萊塢製作的節目也可以在各地觀賞得到。在 1974 年，我第一次到達 San Pedro 的馬雅人城鎮，電力系統被構築起來了，而且出現了第一台電視機。我很訝異能在電視上看到環球小姐的選舉，而這個科技帶來的所有優點也傳播到各個馬雅家庭——原本這些家庭包含許多不同標準。25 年之後，大部分 San Pedro 的家庭都有電視，而且通常還能收看到邁阿密的有線電視。

「電視為觀眾提供了模特兒間彼此競爭的世界」，這個概念很清楚地被建立起來。舉例來說，在美國的研究中，「媒體暴力造成閱聽人的暴力行為」是相當明

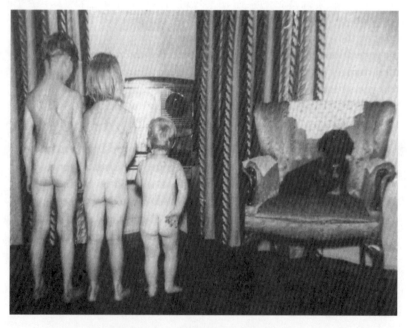

圖 9.1

在 1950 年，Creason 家的小孩跑出澡盆，急著去看愛爾蘭裔美國家庭剛剛得到的新發明：電視。家中養的小狗 Pretzel 坐在椅子上，對電視完全不感興趣。

顯的（Bushman & Anderson, 2001; Huston & Wright, 1998）。不管是寫實或科幻的節目，從一個國家往其他地區的節目播送，所造成世界各地文化和發展的影響一定是相當巨大的。

　　除了這些源自於電子溝通型態所產生的變遷之外，現在居住在許多國家的人群總數，比起這些人們自己或其父母出生時，其數量是前所未見的。全球移居他處的數量正以一種驚人的比例進行著，甚至已經持續了好多年。舉例來說，美國的人口總數主要就是由移民者所組成的。在 20 世紀的前 10 年，超過 600 萬的移民抵達美國，他們大多來自於南歐、中歐和東歐（Hall, 1990）。近年來（1991 到 1998 年），超過 700 萬的移民加入了這個國家，最大的移民來源是來自過去的蘇聯、中國、印度、菲律賓、墨西哥、加勒比海和中美洲（U.S. Census Bureau, 2000）。

　　當代的各種變化造成快速的文化變遷歷程出現在研究者面前。這些變化也使得許多社群中文化變遷和互動狀態，成為影響大多數兒童發展的重要因素。

　　在這個總結的章節裡，我把焦點放在個體間和不同文化系統社群間的文化變遷和互動歷程。首先，我簡要地審視普遍在個體和群體中受到關注的議題，而在這些議題中會談及如何處理跨文化系統的關係。然後我會回到文化變遷的概念，將這個概念視為人類存在世界千百年來的現狀。我下個焦點是西方的學校教育，因為這個制度是近期文化變遷被運用得最普遍的方式之一，而且它帶來的經驗是人類發展議題中最核心的內容。隨後，我會提出在改變中的文化社群中還堅持的一些傳統活動方式。我認為，與其試著以一種文化取向取代另一種取向，不如說，社群本身能透過不同的文化取向建構出一些概念，以支持人類能在一種以上的生活方式裡順利地適應。在結論部分，我會回頭說明我在本書開頭談到的定位概念，以及一些有助於我們理解社群間相異處和相同處的重要架構。

 # 生活在多元社群中的傳統習俗

　　因為移民、異族通婚和其他人口統計學上的變化，今日的人類生活常常伴隨著一種以上的文化取向。個體經常在幾個社群之中長大，並扮演著不同的角色。許多人有著不同背景的父母，所以，他們自己的家庭和生活運作方式都包含多種文化傳統（Phinney & Alipuria, 1996）。許多人生活的方式，就像是難民或移民或「少數民族」的團體成員一樣，混雜著很多種不同的文化習俗（Azmitia, Cooper, Garcia, & Dunbar, 1996; Fisher, Jackson, & Villarruel, 1998; Miller, 1995; Mindel, Habenstein, &

Wright, 1988; Orellana, 2001）。甚至這些人所繼承的文化習慣，正巧與他們當地國家的主流文化契合，而使他們的生活方式能漸漸融入同樣由各種文化社群組成的鄰近地區、學校和工作場域之中。

移民家庭的成員常常依賴著年幼的兒童充當語言與文化的翻譯者，幫忙處理他們在新國家行政手續。這樣的工作對於這些兒童的發展、他們家人和社群的運作，都是非常重要的（Valdés, 2002）。的確，擔當此重任的兒童，在他們社群當中，是最受到重視且絕不會受到忽視的參與者（Orellana, 2001）。

然而，專業知識的變換也可能破壞原有的家庭角色地位。回溯當時英國人剛抵達殖民美洲的年代，年輕人比他們的父母更容易適應陌生的環境和荒野的困苦生活，他們比較不會受到英國的舊生活方式所束縛，同時更容易適應眼前新生活的需求和運作結構。在逐漸成為新世界的領導者的過程中，年輕人破壞了來自舊地區家庭生活的傳統型態，在家庭中取得主導的角色（Bailyn, 1960）。同樣地，在 20 世紀初期，勞工階級移民家庭中的兒童進入美國的學校，學習英文和瞭解美國人生活方式，他們的雙親也正持續消除過去中歐和南歐農人所具有的語言和生活態度（Ehrenreich, & English, 1978）。

文化系統之間的差異經常成為嚴峻的挑戰，特別是當一個社群的生活方式與另一個社群產生衝突時更是如此；而且其間的差異也常被視為造成動亂的對立與分裂。當一個嚴重的對立把人們從他們的家庭、語言和他們熟悉的文化生活方式之中分離出來時，新文化系統的獨特性則很容易顯現出來。另外在某些狀態下，文化系統間的差異則會被視為創造性組合（creative combination）時的來源之一（Apfelbaum, 2000; Boykin, 1994; Camara, 1975; Camilleri & Malewska-Peyre, 1997; Fisher et al., 1998; Harrison et al., 1990; McBride, 1996; Mindel et al., 1988; Reed, 1997; Suina & Smolkin, 1994; Vivero & Jenkins, 1999）。此類的創意結合和在許多社群之間生活方式的不確定性一樣，就如一位博士班研究生兼新手媽媽 Dolores Mena 所說的：

> 即使是今日，我必須決定是否要以「墨西哥式」（Mexican way）（受我的家人所影響的生活方式）來進行某件事情，或者，我是否應該以「美國式」（American way）（受我「美國」朋友和美國正式教育訓練的方式所影響的生活方式）來做那件事。處理兒童養育議題的一個實例就是：我們的孩子是否應該和我們睡在同一張床舖上，或是睡在自己的房間。我以「在小孩出生到 5 個月之間，讓他跟我們睡在同一個房間，但讓他睡在自己的搖籃裡；現在讓他在自己的房間裡睡嬰兒床」的方式，作為折衷的方

案⋯⋯我的母親完全反對「讓嬰兒跟我們分開睡」，就像是馬雅人的父母一樣，她會覺得這樣的方式很不恰當，而且是有負面影響的。她告訴我，嬰兒需要來自雙親身體的溫暖，才能「正常」的發展；她還說，她所生的10 個小孩在 2、3 歲之前，都和她及我的爸爸在一起睡覺⋯⋯我告訴我的母親，我正在以「墨西哥—美式風格」（Mexican American way）做這些事情。我其實不是很確定什麼是「墨西哥—美式風格」，我只是以我覺得有用的方法做事（personal communication, October 1999）。

理解一個人所參與的各種不同文化傳統是有許多益處的。被鼓勵去瞭解不同社群中動態變化的兒童，在評斷他們所處的文化背景和瞭解兩個或兩個以上文化系統中如何行事的過程比較容易成功、比較有自信（Carcía Coll et al., 1996; Phinney & Rotheram, 1987）。舉例來說，成功的非裔美國兒童的父母，以一種對倫理榮譽、自我發展、種族界線覺知和平等主義的觀點來教養他們的子女（Bowman & Howard, 1985）。

包含數個文化社群所組成的經驗也可能提供認知能力和社會能力上的彈性，以及產生新型態文化生活方式綜合體的潛在可能性（Harrison et al., 1990）。舉例來說，與只能說一種語言的兒童相比，能流暢地使用一種以上語言的兒童，對於語言的使用和語言本身（文字使用慣例的理解和分析語言特性的能力）的覺知上有較大的彈性（Diaz, 1983）。同樣地，對非裔美國兒童來說，家庭、居家四周、學校之間的環境斷裂狀態能促進情境問題解決技巧的發展，這些技巧的發展能認知、適應、避免，或改變一個令人困窘的情境（Holliday, 1985）。

文化團體中的衝突

雖然許多文化社群之中的連結可以是創造力的來源，但它也可能是衝突的來源。的確，不同團體之間常常存在跨世代的仇視和敵意。大量的文學作品記載著兒童生活裡的人際間和制度的偏見所扮演的角色，而此偏見即是兒童的文化傳統與其所處主流社群的不同文化傳統所造成的（如 García Coll et al., 1996; Timm & Borman, 1997; Valentine, 1971）。

不同社群的兒童將學校和其他情境區分開來的現象是很普遍的——就算是他們的父母或家庭社群中其他成員也會這樣認為（R. Ellis, 1997）。舉例來說，一個英國

的研究發現，雙親從印度的次殖民地移民到英格蘭地區的兒童和英國本地的中學生，剛開始的時候都只會跟自己社群的同學一起玩（Boulton, 1995）。通常，兒童會被拒絕參與另一個社群兒童的遊戲，然而，橫行霸道者卻經常在與自己相同的社群之中。因此，大部分正面或負面的互動行為都發生在這些具有共同特質的團體裡。不過研究報告顯示，亞洲兒童比起白種人兒童更會嘲弄那些膚色或種族與自己不同的學童。

對待局外人的方式常常與對待自己社群裡的人的方式不同，就如以下一位受人尊重的肯亞長者身處 Kipsigis 族當中的情形：

> 過去，〔Kipsigis〕族的人經常掠取 Kisii 族、Luo 族或 Masai 族人的牲畜……這種行為被視為是正常的，而且牛隻數目也理所當然地成倍數成長……但是如果你從跟你一起用餐的人，或你曾經與其分享食物的人那邊偷東西的話，會被視為不道德的。即使他是你的敵人，如果他在你的部落中，從他那邊偷東西也不應該，因為你曾經和他一起用過餐（Harkness, Edwards, & Super, 1977, p. 18）。

Kipsigis 族的長者提到，一個陌生人變得熟稔或「親密」時，成為這個團體成員可以付出關心的對象。

從 11～12 歲歐裔美國新教徒男孩參與夏令營的一系列自然觀察，能夠瞭解青少年組成團體、發展競爭關係和減少敵意的整個歷程（Sherif & Sherif, 1969; Sherif, Harvey, White, Hood, & Sherif, 1961; see also Pettigrew, 1998）。這些研究者檢視了「帶領這些男孩（均為陌生人）進入團體」、「與其他團體發展出競爭關係（就如同社會上不同社會團體之間的衝突一般）」，以及「減低彼此的敵意，使團體成員能夠相互合作、彼此尊重」的各種要素。

他們發現，意外被聚在一起的男孩快速發展出符合團體成員喜愛的特性，而且當被要求進行一連串相互依賴的活動，像是準備野餐和體育活動時，他們會發展出一些共同的規範。當這些團體後來進行重複性的競賽時，強烈的敵意和攻擊行為會在團體間發展，並伴隨著對其他團體成員的負面刻板印象。這些競賽活動雖然以運動家精神為出發點，但是團體之間漸漸會開始辱罵對方、偷藏資源、打架、攻擊或破壞彼此的物品（見圖 9.2）。敵意的強度和它發展的速度，讓夏令營行政人員都相當驚訝。

圖 9.2

一個夏令營裡，某一個隊伍被另一競爭隊伍擊敗之後（研究者的設計），出現了破壞每位競爭隊伍成員住處的暴力行為（非研究者設計；Sherif & Sherif, 1969）。

　　對於行政人員來說，想讓這樣的敵意降溫是很困難的，許多普遍用來降低文化團體間衝突的方法都沒有效果。行政人員嘗試喚起他們的道德價值，但是，雖然男孩們對於行政人員的演說充滿熱情，可是他們隨即又開始計畫如何打敗敵對團體或防止敵對團體的攻擊。行政人員另外提供機會，讓兩方團體在愉悅的活動中有較多的接觸，像是一起看電影、在同一個飯廳用餐、一起放煙火；然而，這些情境仍無法減少敵意，反而提供了許多場合讓團體相互攻擊和叫罵。

　　解決敵意的有效方法是提出一種要求——讓兩個團體一起工作，必須擁有來自對方的協助才能達成上級交付的目標，如，修理損壞的夏令營供水系統，和幫忙讓一輛拋錨的食物補給車能再度發動。漸漸地，這樣共同的努力開始減低彼此的敵意。友情在團體間發展出來，言語的辱罵少了，到最後，兩個團體都在尋找機會相互交流，甚至相互分享資源。舉例來說，從夏令營到各自家庭的路上，兩個團體決定共乘一輛接駁車回去；他們並沒有以不同的團體區分不同的接駁車，而且其中一個團體在車上還準備了兩個團體的餐點。

　　這些男孩都來自於同種和非常自由的家庭。團體間誤解和敵意漸漸加深可能是因為長期彼此在資源上的競爭或是彼此相互粗暴對待累積的結果。

　　然而，透過合作，安排達到一個共同目標（如夏令營實驗中所呈現的）的社會

條件似乎還需要再加把勁。許多國家的學校當中，針對經常發生爭執的兒童，已經藉由合作學習（所有的學生都有某些東西可以提供給他人）的安排，協助他們彼此尊重和關心（Aronson, Blaney, Stephan, Sikes, & Snapp, 1978; Shachar & Sharan, 1994）。這樣的方法可以幫忙解決愈來愈多的需求——尊重那些來自不同文化背景的他人。

 # 透過文化聯繫的轉換歷程，橫跨人類的歷史

　　雖然近期人口統計上變化的快速似乎是以往從未出現過的，但是從歷史的開端，社群間文化的變遷和聯繫到現在一直都還在持續進行著。連續不斷的變化就像是生命系統（包括社群）的一部分，這些變化受到下列因素的影響：其他社群的出現（無論是主動邀請或被迫接受）、無法預期的事件（人們渴望的或不願接受的），以及社群內想要維持傳統，或想要朝著所欲方向改變時所做的各種努力。

　　最近幾十年來的變化，被其他橫跨整個人類歷史和史前時代的文化實踐之轉變所超越。一個共通的經濟革命就是農業和畜牧業的發展。這個文化實踐的創新出現在 10,000 年前的東方，在 8,500 年前擴及到土耳其和希臘地區，然後傳遍整個歐洲。這個創新使得人口總數比起過去漁獵和採集生活所能供給的人口數目，有了大幅的提升（Diamond, 1992）。

　　另一個令人訝異的變化是，距今 5,000 年前，游牧民族從橫跨黑海周圍數千哩的範圍，一直擴展到幾乎涵蓋歐洲和亞洲的整個陸地。馬匹的馴養似乎已經給了逐水草而居的游牧民族在戰爭和旅遊用途上具有優勢，使得他們的語言和習慣掌控了每個大陸（Diamond, 1992）：

　　　在「馬匹」的馴化行為出現後不久，牠們讓說著印歐語系的游牧民族，開始向外進行文化的散布，最後讓他們的語言幾近傳遍整個世界。幾千年後，出現掛上馬匹的戰車，使得馬匹變成古代戰爭裡無法抵擋的 Sherman 坦克。在馬鞍和馬蹬發明之後，牠們讓匈奴人（Attila the Hun）摧毀了羅馬帝國，使成吉思汗建立了從俄國到中國的大帝國，其軍力部署更達到西非。另外，只利用數十匹馬，就協助 Cortés 和 Pizarro 領導幾百位西班牙人，攻陷當時兩個最先進和人口稠密的新世界（New World）——阿茲提克和印加帝國（p. 240）。

根據 Diamond 所說，這些全面性的轉變（游牧民族的興起）導致許多游牧民族

使用的地區性方言傳遍了整個歐洲和亞洲。這些游牧民族使用的語言是當前接近全球一半人口當地語言的祖先（姑且不論現今世界 5,000 種語言當中，只有 140 種才屬於印歐語系）。

　　1,000 年之後，馴化的馬匹和牠們飼主的語言幾乎掌控了整個世界，同時，被這些游牧民族所統治社會的各種發明（像是冶金術和牛犁）也傳播至各地。這種轉變的風潮在往後 500 年，藉由歐洲人的移民開始吹入南北美洲地區。

 ## 一個斷絕文化聯繫的個人經驗

　　歐洲人在北美洲擴張和它對於個體生活上角色的轉變歷程，都清楚地呈現在 Ignatia Broker，一位 Ojibway 族的長者和說書人，對她曾曾祖母當時生活所記述的內容上。它顯示出印地安人和其他原住民在過去幾百年來所經驗到無數變化中的一部分，以及這些變化對一名幼兒的影響：

> 　　這對於 Ojibway 村民和感受到「它」的許多兒童來說，是令人相當興奮的。一名來自東方的 do-daim 或宗族成員正好來訪，而且人們為了歡迎他而舉辦宴會。在宴會後的那晚，人們在會議上傾聽 do-daim 帶來的新消息。他談到有一個奇怪的種族，他們的皮膚就像是冬天的雪地一般白晰，他們的眼睛是藍色或綠色或灰色的……這樣的消息使得村民都感到害怕。
>
> 　　「這些陌生人，」這位 do-daim 說著。「一再地問著 Ojibway 族人的標示方式（make a mark）……來自東方的 Ojibway 族人已經在紙上做了註記，而他們現在都待在水面上（on the big water），那是他們永遠的棲地。這些陌生人答應他們絕不會進入 Ojibway 族人的森林裡，但是他們卻又到那裡去賣 Animal Brothers 的外套。我現在有一個他們送給我的 muk-kuk，我之後會把它留給你們。它可以完好地放在火堆旁邊，而且不會破裂。這個東西叫作鐵水壺（iron kettle），只要這些紙上都簽上名字之後，那些陌生人答應會給我們很多那個鐵水壺。」
>
> 　　「你有好好的研究這些陌生人嗎？他們是好人，或者他們之後會變成敵人？」A-bo-wi-ghi-shi-g 問。
>
> 　　「他們當中有一些是友善的。一些人都會說好話。還有一些人會在騙人的時候，面帶微笑。」那位 do-daim 回答。「許多 Ojibway 族人已經和這些陌生人住在一起，但是過沒多久，我們的族人會得到很嚴重的咳嗽，

會起很多疹子在他們的皮膚上,而且他們會被要求喝一種水,這種水喝了之後,會讓他們恢復正常」……

「現在!」這位 do-daim 說,「這些陌生人很多,他們想要留下來,因為他們正在建造房舍和種植食物。」〔他接著談到這些陌生人之前是怎麼爭奪 Mohegan 族和 Cherokee 的領土,以及這些種族的親戚是如何被影響,以致於他們現在的人數變得很少。〕

「從 Chi-si-bi〔密西西比〕往下游走,那些小海鷗飛來飛去的地方,森林已經變得愈來愈小了。但是那邊住著相當多陌生人。他們整天都把樹木砍掉,然後讓它們順流而下。雖然這些陌生人已經說過他們留到日出時分就會離去,但是他們卻做著這樣的事情,沒花多少時間就把他們周遭的森林全部破壞掉了。」〔一些家族決定躲到森林的更深處,而其他家族則是去請求那些陌生人搬到 Nettles 湖去。〕族人到村落外的山丘上會面,討論了整整 3 天。他們談到了許多過去相當美好的事物。這些在祖父母那一代的美好事物現在都已經變成森林的塵埃。那些事物在整個時光流逝的過程裡都被遺留在過去。許多婦女聽到這裡,在她們私下交談的言語中,都帶著一點哀泣的聲音……

〔幾天之後,小 Oona 認識了村落裡的繁忙,聽著如何辨別某物的差異,也看著她的祖父母把食物和衣服打包起來。〕Oona 雖然只有 5 歲,但她已經被訓練如何成為一個好 Ojibway 族人的生活方式。她大致知道哪些事情是她不可以做的,以及她一定要學會的。她去找她的祖父母,然後站在他們面前,把眼睛垂下來,她知道她不能問太多她很想問的問題,因為有學識的祖父母一定要先開口……

「Oona,我的孩子。」祖父說,「我希望妳昨天睡得很好。我知道妳圓滾滾的眼睛在說,妳正在想今天要做些什麼。」祖父停頓了一下,坐了下來,對著 Oona 伸出他的手。「握著我的手,我會告訴妳,妳的眼睛想問些什麼。」

「記住今天,我的孩子。」祖父繼續說著。「對妳的小小生命來說,這個村落、這個地方都曾經是妳的家,但是現在,我們必須搬到日落的那一邊。我們在這裡是幸福快樂的,我們已經住在這裡很久很久,甚至在妳出生以前還要早很多。會議決定我們應該找尋一塊新的地方居住。因為有另外一群人很快會來到這座森林,所以我們得搬走。那群人的生活方式很奇怪,所以我們要盡可能地遠離他們。

「把妳想要帶走的東西拿著——像是妳的稻草娃娃和亮晶晶的石頭玩具，把它們放到布包裡。這裡還有空間可以放。」祖父微笑著看著她，Oona 感覺到比較安心了。（她跑去找她的母親，然後母親對她說）「妳一定要記住這裡有多漂亮。走吧，我的女兒，順便去跟妳的玩伴說些話。」

Oona 整理好她的小布包，然後她去找她的表姊 E-quay（一位少女）。她們手牽手繞著整個營地，帶著友誼的微笑去找那些她們可能再也不會再見面的朋友。接著，她們走向河邊，等其他人和獨木舟來到（Broker, 1983, pp. 18-24）。

 ## 透過近代文化聯繫後所產生的社群轉變

在一段西非地區文化變遷的論述當中，Bame Nsamenang（1992）指出，文化變遷受到「外在世界」的激發而產生，但是它也深深受到社群早已存在的文化實踐方式所引導和形塑。他談到，重大的變遷被認為是在幾百年前，透過橫越不同大陸的貿易交流就已經開始了。當一神論的宗教被建立起來的同時，這些變遷也更加激烈，舉凡奴隸制度、歐洲錢幣的流通、賦稅制度、正式教育、殖民主義、公共行政和福利服務等文化實踐都在這個時候出現。

在大多數激烈的變遷之中，有些特別與女性的工作內容有關。傳統上，西非習俗要求女性結婚、成為全職的農人、家庭主婦和母親。然而，當稅賦、學費和經濟作物出現時，家人間的關係就改變了。特別是對每個人來說，勞動的總數增加了。舉例來說，在前殖民時期，喀麥隆的 Beti 族婦女一個星期必須工作 46 小時；到了1934 年，她們一個星期必須工作超過 70 個小時。男人的工時（雖然他們的平均值仍然比女性而言要少很多），對戶長來說，則是一倍之多達到 25 小時，而受撫養的男性則是 55 個小時。有關輸出所種植的經濟作物而有的改變都落在男性的職責範圍之內。當男性離開祖先農地的機會增加之後，女性就必須增加她們農事的時間，以平衡男性勞動力的損失。學校、大農場和工廠的建立導致男性的遷徙，連帶留下沉重的負擔給其他的家庭成員，讓他們負責生產食物和種植男性無法照顧的經濟作物。在此同時，在傳統政治生活中，女性的影響力逐漸下降，這樣的情形在前殖民時期是可以理解的。

出現在家庭和社群結構的變化，使得親子關係也隨之產生變化（Nsamenang, 1992）。工作和正式教育所造成的困境，有時使得夫妻、子女和親戚間長時間的分

離。這個情形必定會造成社群和親友為主的保姆照顧安置習慣產生轉變。對兒童來說，接受正式教育後就限制了他們在家擔當照顧者，與為家人付出的機會。忙碌的父母有時候會鼓勵學步兒「偷偷」（sneak）到學校去，接受同儕團體和老師的關注。

當傳統的法令需要改變，將原本屬於血親的權利和義務轉移到其他人身上時，父母的挫折感和無力感就漸漸浮現出來：

> 父母似乎感到痛苦，因為他們的角色正在改變──從過去無可懷疑的良師變成跟「其他」家庭成員一樣的角色。因為這樣的事實，父母的權威被侵蝕──現在的兒童比起他們的父母瞭解更多此時的知識──且加速進行著。最後，大多數的父母都會發現，想要引導子女在一個與他們全然脫節的世界學習如何去生活是相當困難的。這種現象近似一種角色反轉：不是父母，而是子女才是能夠詮釋這個世界如何運作的人（Nsamenang, 1992, p. 137）。

Nsamenang 談到，這種介於傳統主義和現在化之間的快速變化和衝突，製造了不一致的角色期待和兩難情境，導致父母的困惑和提高兒童在心理邏輯方面的煩惱。

西方學校教育也在這個過程中扮演關鍵性的角色。雖然許多國家的人民看待學校教育是一種改善他們處境的方式，但是學校教育冀望學生將來能有好工作卻可不是隨手可得的。在非洲，學校教育有時候可以帶來成功，但也可能帶來損失（Clark, 1988; Serpell, 1993）。年幼的學童通常不只是失去了他們的母語和原有的生活方式，而且最後常常沒有工作。當愈來愈多的人們追求學校教育，同時競爭相同工作的人也隨之增加，因而造成非洲的主要城市有一大群孤獨的、無業的、卻受過學校教育的年輕人。有些人想追求較高學歷，滿懷希望認為那樣會得到一個工作，許多人在想達到學校教育中所描繪的美好過程中感到羞愧和罪惡，因而逃避他的家鄉。

美國許多社群中的兒童和那些看到自身社群內成人缺乏成功機會的兒童，也開始懷疑「學校教育導向一個美好生活」的觀念（Clark, 1988）。John Ogbu（1990）將各類社群成為美國社會一分子的過程中，將他們在學校的態度和表現的差異連結起來，以及接下來白種美國人對他們的反應。

根據 Ogbu 的研究，自願來到美國的移民，他們在理念上都想得到經濟福利、政治或宗教自由，而他們覺得這些大多可以在學校裡完成。他們對照過去和現在的狀況，雖然辛苦，但是比起他們繼續留在「舊國家」或那些仍在舊國家生活的人來說，還是好過得多。他們傾向察覺兩個文化之間的差異點、語言上的不同和其他的難題，但這些都是暫時性的障礙，透過需要學校的協助，他們可以學習新地區的語

言和文化；可是在此同時，他們正在放棄自身文化的生活方式（see Gibson, 1988）。

Ogbu 另外將「非自願性少數民族」（involuntary minorities）與少數移民（immigrant minorities）做對照，這些非自願的少數民族最初是透過奴隸、征服或殖民方式被納入美國社會（在這個類別當中，他指的是美國印地安人、非裔美國人、西南地區的墨西哥裔美國人和夏威夷原住民，而且他認為類似的方式也在一些社群身上出現，如紐西蘭的毛利人和日裔韓國人）。非自願性的少數移民沒有機會跟過去故鄉生活情境做比較，而且通常認為自己的困境是永久性、已被法律規範的。Ogbu 提到，非自願性少數移民在各種機構（如學校）中，個人堅毅的潛能都已經消失，取而代之的是以集體努力作為成就的動力。他們不信任白種美國人，也不信任那些以大量差異經驗為基礎的相關機構。

在非自願少數移民發展競爭機制來處理主從關係時，許多介於非自願少數移民和中產階級之間的文化差異已經浮上檯面。這些機制運作的方式不只被當作與主流文化不同而已，還是一種反抗的表現──這些維持底線（boundary-maintaining）的機制象徵著文化認同和自我價值的保存，接受主流文化的生活方式就是挑戰著文化認同，但對移民社群就不會有這樣的現象。Ogbu 談到，這個情形讓非自願少數民族學習中產階級的生活方式，或是在學校的學習都變得複雜；但對少數移民則不會有影響。雖然如此，對兩個群體來說，西方的學校教育都提供了最有影響力的文化變遷來源。

西方學校教育被視為文化變遷的證據

不管是漸漸摸索出來或是被強制執行的，過去 150 年的兒童和家庭，對文化變遷最有影響力的運作方式就是遍布全球的「西方」學校教育。許多社群已經都有其長期正式教育的本土形式，像是宗教學校、學徒制和啟蒙課程（Akinnaso, 1992）。西方的正式學校教育的施行，透過歐洲人和美國人的發起，再加上殖民制度，已經廣泛地散布到全世界了。

然而，即使是在歐洲國家和北美洲，一個世紀以前學校教育的角色和現在相比，是相當低落的。多年來，要求所有兒童都要上學的文化實踐方式只是近期的一個現象而已。舉例來說，美國的義務教育到 19 世紀末期才開始進行。

第一代美洲的英國墾荒者使用他們從舊國家帶來的方式進行教育，那時大多數兒童學習的地點不是一個專門教育的機構，而是一種融入社群和宗教生活的家庭附

屬機構。不過：

> 因為家庭的形式漸漸往核心家庭轉變，透過移居或再移居的過程，不
> 但破壞了穩定的社群關係，而且經常的流動性和不穩定使得新的聯繫不容
> 易強化，家庭和社群間的相互滲透聯繫也遭瓦解。介於彼此之間的界線變
> 得愈來愈明顯，兒童從家庭進入社會的過程失掉了自在性和自然性，而且
> 變得斷裂、刻意和有決定性。而這些都需要受到質疑、關心和重做決定的
> （Bailyn, 1960, p. 25）。

伴隨著家庭和社群角色漸漸的減弱，美洲的英國殖民地更在 17 世紀通過許多法
律，企圖取代舊的社會規範，以便控制和教育年輕人。在 1642 年麻州通過的法令，
父母和學徒的師傅被警告不應維持原有的制度，譴責「許多父母和師傅嚴重的忽視
訓練兒童學習和勞動的方式」（according to Bailyn, 1960, p. 26）。這些新方法使得
舊的規範無法恢復，到了 17 世紀末期，存活下來的第一代移民長者嘲諷著未來，期
待混亂的來臨。

然而，取而代之的是，新的制度規範發展出來了。麻州和康乃迪克州的法律要
求所有的鄉鎮都維持教學制度，並且在人們擔心失去自身文化規準和文明的恐懼中
執行（Bailyn, 1960）。清教徒努力把漸漸消失的教育功能從家庭和社群轉移到學校
裡。在維吉尼亞州，父母為了子女教育所盡的努力，「被認為是一種父母關心子女
的狂熱，以避免他們和他們的子女屈身在未開化的環境下」（p. 28）。

到了殖民時代的末期，教育已經從它原本存在於家庭和社群的整體生活中完全
退出，家庭和社區生活出現裂痕。教育成為受到積極關注的一個項目，教育也轉換
到正式的專責機構——小學，它的目的是把「文化」帶給年輕一代。

一所創新教育的領導者 Caroline Pratt，生於 19 世紀中期，在 80 歲時，回想著
過去到 20 世紀以來，學校教育角色的變遷：

> 如果不是我親身體驗這個國家一個兒童的生活是如何全然地轉變，我
> 大概永遠不會相信眼前的一切。在 75 年當中，有了這樣的轉變：我的父親
> 是一個美國內戰的退伍軍人；我記得那天，我們全部到商店裡，去看我媽
> 媽用電話打出第一通電話；我記得那個驚人的時代進步——我看到第一輛
> 汽車出現在我們村裡的街道。
>
> 這個現象出現後，當時的統計結果顯示：在 1867 年以前（我出生的那
> 年），每 6 個人只有 1 個人曾經住過超過 8,000 人的城市，而當時只有 141

個達此規模的城市；到了 1900 年，超過 1/3 的曾經住過這樣的城市，而且達此規模的城市有 547 個⋯⋯這樣的過程只用了半個世紀。接著，田園和農村生活轉變成大都市工業文明的歷程同樣也只花了 50 年的時間。

　　我已經看到這個環境下的兒童，他們的生活圈愈來愈小。我童年時期那樣寬廣美好的世界，因為複雜機構運作的方式，和有汽車行駛的危險都市環境，現在已經因築起的高牆而成為狹隘的牢籠。

　　我當時在紐約的 Fayetteville 長大，學校對兒童而言並不重要，因為他們的學習可以在透過真實世界裡的遊走而得。我們不是只依賴完成當時單純世界的簡單工作就能成長，我會在需要儲存曬乾牧草的時候，駕著運貨馬車經過崎嶇不平的道路，往穀倉的方向前去。我的姑婆曾經說過，我 10 歲的時候就能夠在很小的空間裡，將一輛運貨馬車掉頭，這個技術比很多成年人都還要好。

　　不需有人告訴我們牛奶從哪裡來或奶油怎麼做，我們會幫忙收割小麥，然後建立一條我們自己的生產線，把小麥磨成麵粉；我在 13 歲的時候就會烤麵包給家人吃。我們也有造紙的工廠；我們能夠只要走到附近地區的商店，就能學習到其他許多大工廠運作的秘密。

　　也難怪當時的學校是個不重要的場所——那是一個我們只學得到機械工具、三 R（讀、寫、背），和那些離我們很遙遠且一知半解的事物。我們真正重要的學習，是學習如何在這個我們生長的世界上存活，以及如何參與這個世界的工作，而這些都是我們手邊的知識，都是在學校高牆以外的知識（pp. xi-xii）。

Pratt 在 16 歲的時候，在家鄉附近一所僅有一間教室的學校裡當老師（就像是我母親和其他許多年輕美國婦女，幾十年來所從事的工作一樣）。對她而言，學校教育也許不是最重要的學習經驗，但它至少不是來自其他國家的制度。對其他許多世界上的地區來說，學校教育是一種外來的制度，通常伴隨著要「教化」其他人的功能。

學校教育被當作一種海外傳教機構

　　學校教育的型態現在已經廣布到許多歐洲國家過去的殖民地區，而這個現象都是殖民主義遺留下來的產物。Minnie Aodla Freeman 是來自加拿大北部的 Inuit 族人，

他寫下 1940 年代（他 7 歲左右）關於一所教會學校進駐的情形：

　　傳教士已經來過我們帳棚附近了，那是在我聽到祖父母討論學校和我之間的事情之後發生的。祖母非常反對學校這個地方，但是祖父卻說，我必須去上學。這種說法其實就像是祖父會說出來的話。他總認為，拒絕有權力的人們會被視為拒絕信教的人，也會被標記成負面的印象。我可以聽到祖父不斷解釋，說我可以在每個星期天下午和每年暑假回到家裡探望他們。此時祖母就會質疑他：「讓她去學 qallunaat 語〔即英語〕的理由是什麼？」我從沒發現他們如何形成共識的，但他們倆跨過大河，從 Moosonee 到 Moose Factory，送我到 St. Thomas Anglican 學校就讀。

　　我們 3 人都上了樓梯，到了一個小房間，坐在那邊的人是一位讓我祖父在紙上簽字的偉大人物。我到今天仍然很想要知道那些簽字的文件內容是什麼。祖母正在哭，那是從我受她照顧以來，第一次看到她流眼淚。我並沒有哭泣，我忙著四處觀望。在沒有跟任何人道別的情形下，我被一個陌生女子帶到另一個房間去，她讓我很著迷。她帶著美麗的頭髮和紅色的嘴唇，眼光並沒有注視著每個人。

　　她帶我進去一個房間，裡面擺著一大桶水。她讓我進到桶子裡，把我全身都洗乾淨；比起我咖啡色的體色來說，她的雙手是如此的白皙。我全身上下的衣服都被換過，然後我被帶到一個很大的房間……我不懂任何的 qallunaat 語，幾乎不會閱讀、算術或寫作。我喜歡的是藝術工作。我很快地適應了這陌生學校的日常作息。

　　就如同之前學校所承諾的，我可以在星期天回家。然而，我只看到我的家人一次而已。隔週的星期天，當校長和他的幕僚帶著我從 Moose 工廠到 Moosonee，我可以看見之前存在的帳篷都不見了。我想要告訴那些幕僚，我的親戚都已經離開了，但是我沒說。因為他們看起來是如此巨大，以致於我根本不敢跟他們說任何話。我們抵達了碼頭區，也靠了岸。最後，這些成人之一注意到帳篷都不見了。結果我們並沒有多費力氣上岸。我們馬上掉頭，回到空無一人的學校……我小小的心靈告訴自己，我的祖父母沒有來跟我說再見，是為了讓我好過點。他們過去已經警告過我，他們的帳篷有時候會很快消失〔搬到冬天的紮營地〕，但是當時他們所說的，我並沒有放在心上，一直到現在，這件事情真的發生之後……

　　〔在春季〕所有的兒童開始談到暑假要回家的事情，而且大家都相互

交換姓名和地址。兒童照既定的行程一個個離開了，我卻沒有。但這種狀況並沒有讓我煩惱，因為我並非真的瞭解發生了什麼事，也沒有人試著要告訴我任何事。我甚至也記不得我家的樣子了……我想我已經被綁架了，但他們是相當友善的綁匪。

　　〔在下一個學年期間〕冬天依照它固定的時間和景致漸漸來臨。我開始多懂了一些關於數學、閱讀和 qallunaat 語教育的意義……〔有一天〕我看到兩個大人到了學校。他們愈走愈近，而當他們進到大門，我小小的心臟澎湃著，幾乎跳出我的喉嚨。是他們，是我的祖父母。他們一路從 Cape Hope Island 來看我了。他們帶著所有我 Inuit 的旅行服裝時，我很確定他們是要把我從學校帶走，帶我回家。我們 3 人被帶到一個小小的房間，那是祖父母當初留下我獨自一人至今將近 1 年半的地方。然後我被送回到女生宿舍去，一直到當天晚上才又看到祖父母。我不知道他們在那個小房間裡說什麼，但是他們隔天再也沒有回來，過了一天還是沒有，一直到最後，我在我的腦中放棄了對他們的記憶。我很確定他們是來帶我回家的，但我猜想他們沒有贖金（1978, pp. 103-107）。

西方國家將這個機構散布到其他人群當中，是企圖要讓這個機構跟許多地區學習的型態做出區隔。在其他許多的學習型態中，學習者常常必須說服老師來幫忙他們學習，而不是老師嘗試把自己的知識傳達給學生。如 Margaret Mead（1942）指出，傳統上，知識的給予代表一種善意，或是從鄰近團體「偷過來」。但是，在學校和在向其他地區輸出這個機構的同時，知識的性質已經被改變了。

的確，在許多殖民地的第一間學校都被作為傳教的一部分（Spring, 1966）。進一步來說，像是讀寫能力都被要求與傳教士的文化實踐和價值意義結合。在一場講道之中，一位衛理公會的神職人員批評：

　　我們早期傳教士的失敗，就是把基督教從美國人的生活中分裂出來。傳教士時常被認為帶著外來的政治權力。我們常常覺得這種想法造成基督徒遠離了人群，其實，人們衣著的樣式、建造他們的房子和他們的餐桌禮儀等都需要教義的引導（Magarian, recorded in 1963）。

學校教育被當作一種殖民工具

改變宗教信仰所做的努力，在教導殖民者或改革者生活方式的同時，有時候會很積極地產生想幫助他人的企圖。然而，他們也經常投入獲取經濟和軍事上的利益，便於支持國家內的傳教士和教師。殖民地教育是以建立帝國為重心的，這種情形可以在 1847 年英國議會的訊息當中得知，當時有一位著名的教育學者認為，殖民地教育的目標在於持續灌輸基督教精神、自我控制的習性和道德規範，「為了各個殖民地不同膚色的人們，這是最重要的文明機制」（J.P.K. Shuttleworth, guoted in Willinsky, 1988, p. 100）。另一個舉出學校教育是如何被作為殖民工具的實例，是以下 20 世紀初期一所學校的紀錄：

美國國旗在一棟校舍上升起，鬆垮垮地掛在這陰沉的空氣之中。校舍內，牆壁用著 *Harper's Weekly* 的社會版當作壁紙貼於其上，第一年上 Alice Magoon's Girls Industrial Work 班級的學生，都為了這一天在準備。這天的課程包括家庭清潔和管理，以及洗衣工作；而這些課程是接續在討論好公民應該注重清潔耳朵、牙齒和指甲等內容後進行的。在一碼之外，還沒到另一棟校舍，三年級的男孩自治團體已經開完會了。這天的閱讀課包括一篇 *Habeas Corpus* 的論說文，和選自 Benjamin Franklin 所著 *Poor Richard's Almanac* 的文集。這天課程在背誦一首叫作「Luck and Laziness」的詩之後結束。

這樣平凡美國學校的一天已經散布至辛辛那提、聖路易或西雅圖。但是這樣的上課方式傳入菲律賓，是在美國占領菲律賓群島之後的短短 4 年之內。Magoon 和接近 1,000 名的美國男人與女人一樣，在 1901 年初，被當作「第二波軍隊」（a second wave of troops），派遣到菲律賓。當時的戰爭狀況，在美國海外政策的歷史當中是空前激烈的。但是，Magoon 就像她身邊一起搭著美軍運輸船的乘客一樣，並不是軍事人員，他們都是學校老師。可是，他們瞭解到，在這裡他們的平民身分是無用的，他們還是被當作軍人一樣看待。一位美國學校老師 Mary Fee，在軍隊登陸之後，她被帶到馬尼拉，這趟旅程就開始了。她描述自己就只是「志願入伍去教導我們棕色小弟弟的軍人之一，把西方知識的火炬傳遞到國際換日線另一側的遙遠東方。」（Cleaves, 1994. p. 1）。

殖民地施行的策略是要‧透過當地的兒童，改變菲律賓成人的文化實踐方式。另外，有一種策略由西班牙的神職人員所使用，在 16 世紀末期到 17 世紀間，他們以軍隊為後盾，進而造成新墨西哥州 Pueblo 印地安人世代之間的分裂（Gutierrez, 1991; see also Spring, 1996）。

菲律賓人口為了自行統治而轉型，他們透過文明的方式訓練男學生，慢慢灌輸他們要賺取財富和工作的新態度，而且以家務的訓練課程來教育女學生，期望使菲律賓人的家庭能像「使人們提升其道德和社會層次的主要場所」（Cleaves, 1994 p. 2）。一位美國老師談到：「〔在校舍之中〕菲律賓的青少年，相較於他們在家中的懶散和不重清潔的情形，〔會發現〕有秩序、整潔的顯著特徵。」（p. 5）。每天來回家庭和學校的過程中，兒童將會經驗到那樣的對比，而這會鼓勵他們反對家庭的文化實踐，也會成為他們想要改變的催化劑。

學生被告知他們的責任是要改變周遭的環境，而不是為了理想而活，或幫助沒有機會上學的那些「缺乏運氣」的人們。等到他們這一代接受學校教育之後，他們的父母會以「學習在美國家庭找到的初級讀本中的圖片為樂，而那些讀本就是現在菲律賓男孩和女孩每天帶回家的課本」（Cleaves, 1994, p. 5）。對於新事物的渴望可能驅使菲律賓人產生新的行事準則。一位家政老師認為：「我們正教導他們去探索那些他們過去從來沒有或不關心的事物，這是事實；但是這種擁有更多慾望的動機將會促進他們擁有去工作的野心。」（p. 7）。很清楚地，學校教育被視為一個工具，它是為了讓被殖民國家的結構和價值有深層的改變。

 ## 學校教育被視為一種美國西部開拓的工具

學校教育已被視為政府向外擴張到印地安人領地的過程中，用來改變美國印地安人社群文化實踐的工具。19 世紀末到 20 世紀初期，政治家和決策者視學校教育為印地安人「文明化」（civilizing）的主要工具。這個制度導致寄宿學校的出現，使得兒童必須脫離家庭和原來的社群長達數年之久（Spring, 1996; Yamauchi & Tharp, 1994）。

美國政府建立起來的印地安人學校，以製造出服從、守時、努力工作的基督教學生為目標，而這樣的學生才能成為適應主流白人社會的公民（Lomawaima, 1994; Spring, 1996）。學校教育的主要目的是創造對定居農業和私有財產制的興趣。這個做法將「解放」印地安人用來狩獵的森林，以致於森林能轉而被歐裔美國人所使用

（Adams, 1996）[1]。安置印地安兒童在寄宿學校的現象，伴隨著政府想要促使印地安人統治區朝向西方文化轉變的考量。1887 年，「印地安人解放運動」的目標是強迫印地安人接受土地私有制度，這個做法被視為是「文明化」他們的關鍵力量（這個運動也造成印地安人占有的土地大量喪失，從 1887 到 1934 年間，土地面積從 1.38 億英畝減少到 5,200 萬英畝；Lomawaima, 1994）。

寄宿學校有目的地建立在遠離學生家庭的地方，把學生從可能受到他們家庭和社群影響的地區中抽離。在 1881 年，一位在非印地安保留區（off-reservation）內寄宿學校的領導者 General Pratt，主張要將印地安兒童從他們的家庭抽離出來：

> 我認為可以從這樣的結果中獲得益處，然而目前的狀況跟它應該呈現的情形相差太遠，也就是讓這個印地安人完全文明化，而讓他能融入我們國家的生活方式，使得所有權利和特殊需求都能保證施予到每一個體身上。使得去掉本性的印地安人，就像是放棄他與部落間的關係，感覺自己是一位美國公民。如果我這樣的見解正確的話，很快地，所有部落的關係網絡都會被瓦解；很快地，這個印地安人會失去他們所有印地安人的生活方式，甚至是他的語言。這樣的結果對他、對政府都會比較好，也會對經濟有更巨大的進展。
>
> 現在，我不相信這個印地安人的其他族人可以感受到文明生活的所有好處，也不會感受到支持他自身、能獨當一面、為生活奮鬥的男子氣概就是一名美國公民所具備的能力。為了完成這樣的目標，他的搬遷和孤立是必要的（Pratt's letter to Senator Dawes; in Utley, 1964, p. 266）。

1900 年左右，近 85% 的印地安人學童在寄宿學校就讀（Adams, 1996）。兒童的生活都被嚴格的軍事紀律所約束，他們不能說他們的母語或實踐他們原有的宗教（見圖 9.3）。除了夏天可以返家之外，學生都被安置在白人的農村家庭之中。一名印地安女性回憶著她 1924 年剛到達一所非印地安保留區學校的情形：

---

[1] Thomas Jefferson 寫到：「當時〔印地安人〕可以耕作地面的一小部分，然後看著他們廣闊的森林是那樣的沒有用處，他們就漸漸把森林賣掉，使他們能從農地裡不斷勞動的狀態解脫出來，透過我們交易來的房子，使他們獲得溫飽和舒適的生活。」在另一個地方，他評論著：「當他們正學習著在較小的土地上獲得更高的產量時，我們逐漸增加的人數將需要更多的空間居住，因此，正好出現供需上的巧合。」（guoted in Adams, 1996, p. 49）。

圖 9.3 A

Chiricahua Apaches 族到達賓州的 Carlisle Indian School，由 Fort Marion 攝於 1886 年 11 月 4 日。後排：Hugh Chee、Bishop Eatennah、Ernest Hogee。中間：Humphrey Escharzy、Samson Noran、Basil Ekarden。前排：Clement Seanilzay、Beatrice Kiahtel、Janette Pahgostatun、Margaret Y. Nadasthilah、Fred'k Eskelsejah。

　　你只是被帶進來，然後被丟在那裡，他們不允許你和父母在一起，也不允許你做任何事。你就是在學校當中，僅此而已……我最大的困擾是睡覺……那是我最孤獨的時候，你們應該可以瞭解。燈光都會被關掉，很寧靜，你也要很安靜。然後你可能會想很多事，到後來只會感到很想家，天啊！思鄉病真的是一種病。你會因為思鄉病而得到真正的病（Lomawaima, 1994, pp. 42-43）。

圖 9.3 B

Chiricahua Apaches 族抵達 Carlisle Indian School 4 個月後。後排：Samson Noran、Fred'k Eskelsejah、Clement Seanilzay、Hugh Chee。前排：Ernest Hogee、Humphrey Escharzy、Margaret Y. Nadasthilah（站立者）、Beatrice Kiahtel、Janette Pahgostatun、Bishop Eatennah、Basil Ekarden。

 ## 在變遷中的文化系統裡，對傳統生活方式的堅持

　　殖民地和政府對原住民「文明化」的努力，抱持著只有一種最好的方法（One Best Way）的態度——當然，這個最好的方法就是統治團體的生活方式。在許多學術的辯論和介入計畫，就是假設生活中存在著一種最好的方法來改善其他人生活的不斷延續。

　　對於最好方法的信念基礎，常常只是存在在團體內成員中自身假定和價值（占領土地和支配他人的自私想法）所形成的共識。不同社群需常常提供機會展現不同

的文化系統，否則人們總會理所當然地嘗試以自己的文化系統改變他人。

　　Jamake Highwater 注意到好心的人想要忽視自己的偏見，但有時候卻會堅持「全體人類在基礎上都是相同的，因為所有人都需要和想要同樣的事物」。然而，這樣缺乏差異的堅持代表著忽視其他社群的真實存在，這種想法也將使得旁人很難瞭解納瓦荷家庭為何要把馬桶從他們剛蓋好的國民住宅中拆掉。傳統的納瓦荷人相信，在居住場所中如果有馬桶存在的話，是令人很不舒服的，他們寧願把馬桶與住處相隔一段距離。在不瞭解不同價值和實踐方面等文化差異的情形之下，觀察者會因為傳統方式下所顯露的骯髒感到困惑，會因為室內沒有抽水馬桶而為他們感到可憐──那是觀察者自身居住環境所有的特徵，但卻不是傳統納瓦荷家庭的需求：

　　　　無疑地，所有人們都會感到傷心和快樂，但是能夠喚起這些反應和習慣的事物，可能會因不同場合而有不同表達方式，這種現象會依據文化的不同而有相當大的差異。墨西哥詩人和學者 Octavio Paz（1967）已指出：「以單一文明化的理念對待每一個人，包含在追求進步和技術的狂熱當中，卻讓我們更為貧瘠和殘缺。」……

　　　　在試著齊一化這個世界的過程中，我們一定要格外小心，不要摧毀許多人類文化的多樣性，因為那是帶給我們生活的意義、關注的焦點、視野和生命力的來源（Highwater, 1995, pp. 209, 210）。

 ## 對美好生活的相對觀點

　　美國政府、決策者和學者持續努力地改變美國原住民的生活方式。但是，文化實踐和價值的差異，也仍然持續區分著不同的參與者所抱持的觀點。舉例來說，學校成就的「主流」想法，對納瓦荷人美好生活的價值來說是陌生的。在學校，個體常被期望要在競爭中脫穎而出勝過他人。相對地，在納瓦荷社群，個體可以在教育上獲得很高的成就，但那並不是對於他們自身，而是對整個社群的福祉有所貢獻：

　　　　作為許多中產階級第二天性的個人主義思想，以納瓦荷人的觀點來看是不道德的。有鑑於中產階級期望個體透過努力工作來獲得報酬，而且常認為對那些未擁有個人財物的人，自己不需負擔任何責任；納瓦荷人會認為某些只把焦點放在自身經濟能力上的人是很貧乏的，而且他們也不會關心旁人（Deyhle & Margonis, 1995, p. 152）。

對納瓦荷人而言，一般來說，最優先的都是家庭和社群關係，而非「提升」物質生活（Deyhle & Margonis, 1995）。比起犧牲社群去追求物質生活，他們更喜歡和社群住在一起、保持聯繫。一位住在城市裡的納瓦荷婦女，回到保留區內，比較納瓦荷社群的家庭網絡和稱為「城市生活」的小家庭和對個人經濟能力追求的情境，說道：「白人的生活方式似乎是孤獨的。孤獨的生活就是一種貧窮。」（p. 152）。另一個婦女談到：「傳統的生活方式和現在的方式中，家庭是你所能掌控的事物裡最重要的。生命太短，短到你沒時間去擔心工作的事情。」（p. 156）。一位父親解釋：

> 「我們沒有電，所以我們沒有電費帳單。我們自己運水，所以我們沒有水費帳單。出了這裡，我們不需要擔心〔拖車（trailer）的〕空間。」晚間的電視觀賞，照明和吸塵器都只需要一個變壓器和汽車電池即可。他的妹妹補充：
> 　　一個醫生警告我們，當你離開的時候，有事情會發生。他說：「他們教育我們成為人質。我們被教育去做一件事，然後我們就變成人質了。一定要工作賺錢來支付水電費帳單。我們都變成人質了。」所以你看到了，我們有自己的水，即便我們要從 16 英哩之外運水，我們仍有我們溫暖的家，而且我們的肉類和食物都來自於這片大地。在鎮上，我們必須支付這些東西的錢，然後我們就會受到控制（p. 151）。

從國家決策者的觀點來看，納瓦荷的年輕女性是處於危險當中的，因為她們常常沒有完成高中學業，而且許多人都在青少年時期懷孕。然而，在納瓦荷社群中，完成高中學業常常不能夠改善不被雇用的可能性；因為受雇用的限制是由歧視所造成的，而且在完成學業之前有小孩，並不會產生失去家庭支持的負面後果（Deyhle & Margonis, 1995）。

再從另一個角度來看，主張男女平等的研究者可能會認為納瓦荷的年輕女性是在限制自己的生命發展。但這種想法是脫離情境脈絡所下的判斷。Donna Deyhle 和 Frank Margonis（1995）指出：

> 　　主張男女平等的研究者通常在他們對女性狀態和觀點變遷的分析中，隱含地表達往上流動的中產階級個體的價值觀。這種內隱的個人主義在納瓦荷的女性狀態和態度裡找到一些佐證。卻不是去尋找個體展現出的變動性——她們努力提升經濟的流動率，以及在保留區內母系的網絡聯繫（p.

158）。

　　優先考量經濟利益和個體認知以進行生涯的發展，並不符合納瓦荷人所要求的以家庭和社群相互合作為優先的考量。談情說愛的道德準則也是從外界引進的，例如，女性在家中的重要地位是源自他們的母系社會組織，並不是與性關係或找到一位浪漫的伴侶有關（Deyhle & Margonis, 1995）。

　　根據 Deyhle 和 Margonis 所說的，年輕的納瓦荷女性一般來說都會接受學校教育，但不會允許這個組織改變她們對社群的義務。對一些人而言，能夠完成高等教育或許可以與持續投入社群的行動一起進行，但對很多人來說，孤獨的分離和失去被人尊重的結果，往往使得大家對於變為盎格魯人的世界觀（Anglo worldview）感到興趣缺缺（盎格魯世界裡，針對納瓦荷人和女人，在職業上的限制和歧視是相當普遍的）。因此，大部分年輕女性會接受學校教育，但是那必須排在納瓦荷社群生活和女性角色，以及早期兒童養育之後。

　　由此可見，在納瓦荷女性生活當中，衡量變遷是否必要會因為不同人的觀點而有極大的差異。政策制定者會優先考量中產階級成功的指標，像是學業完成度和延後生小孩之類的現象。女性主義者迫切地在大眾中獲得地位勝於家庭中的角色。納瓦荷婦女會優先考量自己受到尊重（例如，在相互依賴的社群當中，她們是家庭的主體），而非離群索居的個人成就。

　　這些相互差異的觀點會貼近每個團體參與者的不同文化傳統，就如同持續的文化變遷一樣，也貼近參與者的文化傳統。它們對美好生活的立場是基於許多差異甚遠的價值觀，例如競爭心態、經濟獨立、物質取得、家庭和社群關係的優先性，以及對工作需求和可獲得性的判斷等議題上。因此，對於美好的生活，其定義上的差別是很明顯的。想當然爾，面對介入所出現的抗拒反應就很容易理解了。

 ## 對社群生活中文化組織的介入

　　介入，如同先前對西方學校教育和其他為改變而有的努力，實際上都不可能取代一個社群的許多傳統生活方式。除了那些以政治和組織圖表就做出決定的介入之外，當個體（直接或間接）與另一個文化背景的人接觸時，人們日常的決定常常會對他人的文化生活方式造成另一種形式的干預。舉例來說，研究者、教師、社會工作者和神職人員每天都做著許多很小的決定，而這些決定都會影響其他人和自身的文化背景。他們常常需要判斷「什麼對他人是好的」或「什麼是鼓勵他人發展的方

向」。

做出影響他人的決定時，一定要考量在改變之後對其他社群實踐活動的潛在影響（Seagrim, 1977）。文化實踐是以一種有組織的方式運作，它與生活各種現象都相互關聯，但不像是機械零件，可以一個一個區分開來。

在其他社群中，改善人類生活所做的努力常常產生無法預期結果，特別是當政策制訂者（和研究者）忽略了特殊實踐活動的文化組織時。Gavin Seagrim 點出，在澳洲的原住民身上，一個與西方學校教育相關的道德兩難情境，以及它所牽扯的價值觀：

> 對於原住民的領導者而言，有一個毋須懷疑、完美的地理性和客觀的理解是：白人的文化要在這裡定居下來，而原住民的領導者如果要維持自己的完整，必須學習如何去控制它——因為他們本身就是一個獨立存在的文化主體。為了達到這個目標，他們必須精熟我們的技能。但問題是，要學什麼樣的技能，和如何去精熟這些技能呢？另外，精熟之後能怎麼影響白人文化，而不要被白人文化所利用？……
>
> 在 Northern Territory，一名原住民對一個學校老師說：「我們想要我們的子女學英語，但不是那種你在學校所教的英語，而是你私底下用的英語。我們不懂那是什麼東西，但我們想要我們的孩子也能說那種英語。」……
>
> 他正在做有洞察力和敏銳的觀察：我們確實有一種私底下用的英語，所謂「私底下」，就是得瞭解躲在簡單口語表達背後的想法。當然，你思考的方式必須像是一位以英語為母語的人那樣，才能通曉。不僅如此，你還要學習去說，在你母親的膝蓋上說，在家裡面去說，讓你能學習去詮釋和吸收這個價值系統，並從口語表達的過程中展現。
>
> 他可能沒有察覺——我並不明白，如果他根本不瞭解私底下用的英語，那他如何能說這種話——他正讓某種東西竄入自己的腦中。其原因是，因為你不能「有」這種英語能力，卻沒有這種使用這種語言的態度：西方的唯物主義、「私有財產制」的心態、限制擴張的領土、相對於精神財富而有的金錢估算，這些態度都可能與他喜歡保留和維持原住民傳統的精神相互矛盾（1977, p. 373）。

介入所努力的，常常把焦點放在一個或幾個社群的特徵上，卻忽略了這些特徵與其他社群運作之間的關係。特別可能被遺漏的介入就是，社群自身下決定，和所做的決定與其文化活動間的聯繫。這些介入所組織好的假設，可能對某社群自己進

行活動前所有的組織方式產生衝突。

　　舉例來說，許多社群運用一種階層關係（或縱向）的結構，並且都有某人「負責」。這種組織的形式普遍存在於官僚制度當中（也包括存在於常被介入的機構裡）。這種組織的類型也常符合家庭中的文化實踐活動，而家庭中的常規訓練實踐活動很強調大人對兒童的控制。

　　在其他社群裡，比起使用階層關係的組織之外，「社群意識」（community consciousness）也是很流行的組織形式（這點與之前討論「團體內的合作比起二人或單獨行動更為重要」的想法相契合）。一個社群可以順利地運作和解決問題，就像是對待「一群魚，你會看到牠們游著游著，突然地，牠們一起轉向。這確實是大多數印地安人社群運作的方式」（Pelletier, 1970, p. 28）。

　　　我們的社群（在加拿大的 Manitoulin Island）並不是一種縱向結構，卻是非常具有組織性的。所以，沒有特殊結構形成的高度組織化狀態會在某人無法立即以某種方式解決問題時開始運作。……如果某人在社群中死去，沒有人會說：我們應該來挖一個墓穴給他。自然地，墓穴會被挖好、棺木會被釘好、所有器具都會被準備好……會烤派餅的人會去烤派。每個人都會在社群裡做著某些事情。假如你想試著去找：是誰組織這些人和該做的事情？你是找不到的。

　　　……在 1964 年，首相 Pearson 到達印地安人保留區。他在大廳舉辦一場雞尾酒派對，同時，也有準備一個盛大的自助餐吧供他享用。這個自助餐吧今年是由一名來自多倫多的女性所設計的。她在會場準備，並且把所有的事情都處理好。首相每年這個時候都會來到這裡……而主辦單位每年都會準備為他豐盛的餐點，而他從來不知道要跟誰道謝，因為美味的餐點突然就準備好在那裡了，人們也是自然地聚集在會場。那裡沒有工頭或老闆指揮。那裡沒有縱向的組織結構，但一切工作就完成了。

　　　你應該已在 1964 年去過那裡。那裡其實是一團混亂，沒有餐具、沒有甜點，沒有人把滿地的蔬菜拿來切、煮，因為這個女性來到這裡之後，會提供工作流程，大家在她告訴他們要做什麼之前，全都無所事事。她會變得很忙碌，因為她沒辦法告訴每個人該做什麼，而且她有 4、5 隻火雞正分散在城鎮中不同家庭的爐子裡烘烤，可是在此同時，那些工作人員就待在這些爐子旁邊。他們必須去問那名女性，火雞是否可以出爐之類的問題，因為他們都沒有親自動手做這些餐點。現在是有某人負責掌控一切的，但

過去沒有人掌控的時候，一切都會完成，且做得很好。現在的情形真是一團混亂。

……我們沒有印地安人事務處出現，傳達訊息給我們的時候，我們是沒有任何組織的。……每次某人來到這個社群裡，都會把固定的處事模式打亂。每次你從社群裡把一個顧問（resource person）請走之後，你也打亂了當時的處事模式。你破壞了固定的處事模式，社群中的人們就得重新組織一次。但是在很多社群裡，這種狀態是很難進行的，甚至這些社群當中的一部分更會因為破壞後的傷害太大而無法重新組織起來。顧問開始失去原有的期望，而白人組織者就接手管理當地，對印地安人社群的運作而言，一切就得更加艱苦了（pp. 26-27, 28-29）。

不同社群裡的文化實踐不一定彼此互斥，在思考變遷的過程中，我們不必限制自己從一個文化系統轉變到另一個系統時，就一定得「二選一」或「選比較流行的」。比起簡單地假定其他社群的活動方式是較為時尚或比較落後，不如從彼此的活動方式中學習，對每個人會更有幫助。我們會思考「文化實踐方式是如何有組織地結合起來，和這些實踐方式彼此如何進行調整」的問題，其實就像在一套生活系統裡納入新的情境和觀念一般。

動態的文化歷程：以一種以上的方式來建構

文化的歷程包含連續不斷的變遷，這樣的變遷是來自於個人和社群的抉擇，也來自外在環境和其他人們的影響。要理解變遷的連續歷程，可以從理想上血統純正和成熟的 Inuit 個體，對傳統 Inuit 人的形象（他們終其一生，身處社群和環境之中的成長歷程）著手：「非 Inuit 的人通常不瞭解這個價值，卻仍會保持對 Inuit 和其他傳統人們的文化形象（cultural models）。……舉例來說，共享的家族網絡必須改變處理金錢的方式，要與過去處理狩獵得來的食物一樣。」（Stairs, 1996, pp. 224-225）。

重新認識「不只一種方式（事實上，會超過兩種）可以為人類組織他們的習慣和生活」的觀念，需要伴隨著對文化實踐的理解——雖然他們堅持，但也會隨著時間而改變。當與另一種文化活動方式接觸時，社群本身可能會發展出新的活動方式，而這新的活動方式會建基於先前幾個世代以來文化發展歷程的種種抉擇之上（see

Clifford, 1997; Lipka, 1998; Serpell, 1993; Walker, 2001）。

Jamake Highwater 在說印地安人語言的蒙大拿州成長，嘗試思考西方文化工具對印地安人的助益。他的論述強調我們不但要避免缺陷模式（deficit model），同時在論及文化變遷時也要避免浪漫化：

> 像是許多年輕人一樣，被同化的原始人們遍及世界各地，我開始……在我的文化中進行著「智能」（intelligence）的工作。我停止對這個工作感到羞愧，我停止去評論它。我變得有意識地發揚我潛在的文化遺產，而不是犧牲它。

> 當然，在過去有很多孤獨的和勇敢的印地安發言人，但我是把西方所稱的智能作為普遍工具的第一個世代，而不是把這種西方的智能觀點當作同化和種族自殺的手段。本世紀的前幾十年，私人和地區性的組織與聯邦政府，對印地安人的教育投入了大規模的努力，而常常都是針對寄宿學校。就如 Oglala Sioux 的作者 Michael Taylor 曾經指出的：「原本部落生活的干擾和時常對人類需求的嚴格限制，使得學校這個機構很容易達到它們消滅原住民語言、宗教和習俗的最初目標。意外地，學校真正成就的是，提供來自不同背景（和不同語言）的印地安人擁有一種互相溝通的工具——英語。」（1995, p. 211）。

不同社群的參與者可以藉由觀念上的橫向交流（cross-fertilization），藉由習得和掌控學習和溝通的形式，來延展他們成長的可能性，發展出在原生社群中所沒有的能力。這樣成長的過程也可能透過一些社群學習別人進行學校教育的方式，而相互提升。例如，像是一些人學習如何在持續進行的活動中，進行純熟的觀察和合作參與的技巧。摒除找尋一個最好的方法和認為文化運作模式彼此互斥的觀點，每個文化（個人）都能提供豐富的經驗給其他文化（個人）。舉例來說，Pablo Chavajay，一位在瓜地馬拉一個馬雅社群裡長大的學者，指出使用多種教學方式進行學習的益處：

> 在不同文化（馬雅人和中產階級歐裔美國人）中，不同的教學方法都是有效的，都是源自一種長遠社會和歷史變遷。在一個文化中被強調的，可能在另一個文化中是不尋常的。這表示兩個文化在特定教學方法上並沒有優劣之別，如果不同的教學方法透過合宜和平衡的方式被運用的話，可能會更勝其他所有的教學方法（1993, p. 165）。

　　許多社群之中，背景的多樣性提供了兒童有機會發展出具有彈性的能力，來面對──或至少會欣賞──不同型態的溝通方式；使他們能相互溝通，為他們的社群培養出領導者。舉例來說，當我們思考到同時要注重社會和諧和面對大眾侃侃而談之間可能會產生的困難時，演講技巧的價值取捨便會從各式各樣的活動裡浮現出來，就跟在團體中習得純熟的觀察和合作參與的技巧一樣，這點是毋須懷疑的。

 ## 在學校教育尚未普遍的社群裡，學習新的活動方式和維持文化傳統

　　「所有社群能透過彼此相互學習，而不需要放棄他們珍視的文化實踐」的想法，隱含著在學校教育尚未普遍的社群中，面對學校教育機構出現時的態度。作為西方國家中的傳統社群和少數民族社群，為了尋找進入西方經濟組織的入口，讓他們子女實際投身學校教育的情形是很難避免的。

　　在學校內或外，瞭解溝通技巧在地方上的運作模式，可以促進社群裡過去從未出現學校機構的人提高對學校的參與度。許多觀察者已經提及面對西方學校中非中產階級兒童的困難，此點更被認為是家庭和學校溝通型態間分裂的問題（Barnhardt, 1982; Cazden & John, 1971; Dumont & Wax, 1969; Duranti & Ochs, 1986; Erickson & Mohatt, 1982; Foster, 1995; García, 1987; Gay, 2000; Levin, 1990; Lipka, 1998; Tharp, 1989; Valentine, 1971; Vogt, Jordan, & Tharp, 1987）。

　　除了背景是中產階級歐洲人或歐裔美國人之外，人們在學校學習演說的實踐活動時，有時候也會透過交談的方式進行教學。舉例來說，一個訓練經濟貧困的母親與她們年幼的子女共同閱讀的成功方案，有賴於學校演說課程型態的直接教學才能成功。這個方案包括看待兒童是可相互交談的同儕團體、詢問已學過（測驗）問題、稱許兒童的回應、將學生區分程度、提供連續的表現評量，以及擴展兒童的口語表達（Edwards, 1989）。

　　另外，「延續熟悉的對談方式到學校所要求的型態」這樣的方式可以幫助學校課程的實踐活動（Gay, 2000）。市區的非裔美國高中學生藉由在班級中表達對文本上的分析，延伸非裔美國人演說實踐活動的知識，用以學習對文學作品的批判分析（Lee, 1991, 1995）。學生在語言表達上，對隱喻和諷刺語言的使用與學校培養的批判思考能力是很重要的對照〔隱喻的推理能力要求在主旨和實際使用文字間的不明確關係下，建立等同關係的連結；而諷刺性的推理能力則要求對文字表面意義的拒絕，和對（反向或矛盾的）字面意義不同層次的建構〕。

伴隨著學校教育普及性和重要性的變化，在一些社群裡的家庭實踐活動也隨之改變（如 Reese, 2002; Seymour, 1999）。舉例來說，近 50 年來，在 San Pedro 的瓜地馬拉馬雅社群中，學校教育幾年間的變化，從只有少數兒童有就學，到幾乎所有兒童都去上學，甚至有些人更讀到碩士、博士和律師的學位。比起沒有或很少學校經驗的馬雅人母親，有學校教育美好經驗的馬雅母親，更有可能會運用與中產階級歐裔美國母親相仿的方式跟自己的子女交談。受過高等教育的母親會給自己的學步兒上語言課程，自己會扮演跟子女對話的同儕角色，也會在日常生活當中，使用比較刻意的興奮表情和稱讚，來激發子女的參與動機；對年紀較大的兒童，受過高等教育的母親會以管理者的角色，比較不會把工作任務視為一個整體，而是將工作任務做細部的切割，再讓兒童去做（Chavajay & Rogoff, 2002; Rogoff et al., 1993）。然而，一些馬雅人的實踐活動，例如，對持續進行的許多事件投以相同的注意力，並不會因為母親接受學校教育的程度而有不同。

圍繞著「如何協助來自過去沒有參與學校實踐活動社群的學童」議題的爭論，許多學者認為家庭和學校實踐活動之間的協調是理想化的想法。Stuart McNaughton（1995）談到這個過程是發展靈敏度（dexterity）的一種方式，但它要在可有效利用社群和學校實踐的合作模式當中進行才行。後續我會再補充這點：發展中的靈敏度應該包括對數種模式的彈性運用──或者能組合不同模式，進而產生新的模式；如此一來，新的實踐方式就不需要完全取代先前的實踐方式，而是根據情境的變化補充過去的不足。

 ## 引借新的實踐活動，建立文化傳統的移民家庭

當人們在自身文化系統當中，要建立「什麼是重要的？」的內涵時，會借用別人的文化實踐方式做參考，就如 Concha Delgado-Gaitan 談到移民家庭如何更改他們的兒童養育實踐方式的研究中所顯示的。在美國的墨西哥移民家庭通常遭遇到一種衝突存在學校裡的兩種思想價值判斷，一方面是兒童被鼓勵要提問和辯論，一方面是他們對尊敬的傳統習慣。在表現尊敬時，兒童被期望要仔細聆聽，只有被徵求意見時，才能參與大人們的對話，主動提出問題會被視為「造反」的行為。這裡有一個例子，是一位母親向她學齡前的女兒 Rosa 要求尊重的內容：

　　Rosa 吃著她的點心，在餐桌上一點一點地吃著她的墨西哥玉米餅消磨時間，然後對她母親和祖母談論著她哥哥的事情感到興趣。Baca 太太開始

述說她兒子的叛逆個性在這個星期真的是一大問題，而且有一天還錯過了校車。Rosa決定參與這個討論，「所以他要留在家裡讀書」。Baca太太嚴厲地看著Rosa，說：「妳吃完就去外面玩。這是大人的談話場合，不是小孩的。妳這樣插話很不尊重我們」（1994, p. 65）。

參與家長會組織（引導父母能和自己的子女一同完成學校的活動，像是閱讀故事和書寫數字）之後的幾年，新的移民會鼓勵他們的子女在與學校相關的活動時，要主動提問。在此同時，父母也會鼓勵子女在家庭日常活動裡，要做出尊重他人的行為，不可以主動提問。

已在美國居住一個世代，且接受更多學校教育的家庭之中，尊重仍是養育兒童的首要重點（比起繼續說西班牙語還要重要）。然而，親子間的溝通也已經成為家庭的課題之一，顯示「尊重」這個價值應用的範圍愈來愈狹窄了，就如以下的例子所示：

> 晚餐之後，大部分的家庭成員都在看電視。4歲大的 Paul 從他臥房裡喊著：「我還不想要穿我的睡衣，但媽媽和 Steve〔哥哥〕說我一定要穿。」「好吧，你可以先不要穿，親愛的，但是我要你開始準備睡覺。也許我會講個故事給你聽。」他的母親回答道。Mendez先生之後也對他說：「mi hijo〔我的兒子啊〕，照你媽媽的話去做，快點做個好小孩。」「但是為什麼 Steve 現在不用穿他的睡衣呢？你只會說我，因為我只是個小孩。」「Paul，去把你的睡衣穿起來，不要在那邊發牢騷。」「我做的事情不是在發牢騷或是你想的那樣。這很不公平耶。好，如果我現在把睡衣穿起來，我可以去那邊看電視嗎？」「可以，mi hijo，但只可以看幾分鐘。」他母親表示同意（Delgado-Gaitan, 1994, p. 68）。

已經在美國住過一個世代的家庭的另一種轉變是，現在的家庭活動有一種「對話」的特性，比起那些新的移民家庭來說，會徵求更多子女的意見和想法。的確，那些當老師的父母常常會以一種師生上課的講述型態跟自己的子女說話。在Alva一家，父母都在美國出生，而且都上過大學，小 Philip 和他父母的對話就表現出像是父母經驗過的學校教育講述型態，而且父母想把這樣的型態在他身上實行：

> 放學之後，Philip——他是一個3歲的小孩，他最喜歡的動物園動物書正夾在他的手臂下——坐在地上「讀書」。「看一下，媽媽，看這個玩偶。」Alva太太正在廚房洗碗，停下手邊的工作，看著書上那張玩偶的圖

片說：「喔，那是一隻土狼，看看牠的尾巴。它是長的，還是短的尾巴？」

「對啊，一根尾巴；媽媽看這邊；看一下這隻短吻鱷。喔，看到了，那是什麼顏色的？綠色的。」他自問自答。

「看一下，Lipe〔Philip 的小名〕，短吻鱷住在哪裡？」他母親問。

Philip 說：「水裡；妳看，妳看，妳看這裡有水。那是什麼顏色的？藍色的。」他回答之後又接上自己的問題。Philip 待在廚房的地板上繼續翻著這本書，在他母親走出房間的時候，他正在對自己說話：「一隻熊，喔，是一隻熊。看一下，這有一個圖案，還有很多圖案。有多少呢？1，2，3，4，5，11。」……

〔在另外一個時間裡，正在進行一項工作：〕Alva 先生指著一架飛機說，「看那邊，Lipe，有一架飛機耶。」

「看飛機。看那架飛機，爸爸。」

「是吧，它就在那兒」，他父親回答。「喔，看那輛很長的卡車，Lipe」

Philip 叫出來，「爸爸，爸爸，卡車，喔，看一下那輛卡車。它是什麼顏色的？白色的。」Philip 說（Delgado-Gaitan, 1994, p. 78）。

透過這些移民家庭對家長會組織的參與，使得他們考慮後決定改變他們的日常生活型態，這些家庭清楚地反映出他們的文化價值。他們想要他們的子女成為受人尊敬和相互合作的人，就像是他們學習去擴展（extend）自己的語言型態，而納入（include）那些在學校學習到的語言型態。父母會選擇去幫助他們的子女熟練兩種不同的對話型態，而不會排斥他們自己的語言和文化，而去學習新環境的語言型態。「父母在這方面的潛在期待是『能夠且應該同時保存的，不一定要減少任何一方』。」（Delgado-Gaitan, 1994, p. 82; see also Reese, 2002）。

在以學校教育為重心的社群裡，學習新的生活方式和維持文化的傳統

橫向交流（cross-fertilization）的概念對學校和中產階級家庭之中可能發生的轉變都有其重要性。舉例來說，對進行中活動的敏銳觀察、對掌管某人自己學習的責任感，和在團體中順利的參與，都可能被這些尚未具有重要實踐活動的中產階級家庭所強調：

美國黑人小孩（或其他非主流團體）的潛在性正向互動和合宜的口語
與詮釋習慣……展現許多可能有益於兒童的技巧：如，敏銳的傾聽和觀察
技巧、快速地再認和辨別有細微差異的角色、一連串的對話、生硬的辯論
過程、對一個事件簡潔且概括的重述、令人激賞的隱喻，和各種比較分析
等，這些都建基於不被期待的類比上（Heath, 1989b, p. 370）。

結合改變學校教學和學習觀念的各種努力的同時，也建立出社群裡非正式學習、
學徒制和其他流行的教育形式。學校之所以重組，其實是受到工廠組織的改變所引
發，因為這些工廠要求成員能夠在團體中工作（Cascio, 1995; Heath, 1989a）。那些
改變不是簡單地個別引進非正式或學徒制的方式放到教室中，當作課程的一部分而
已，而是努力將其他文化組織的相關概念結合起來，創造出一個新型態的教學取向。

稱為「學習者社群」（communities of learners）的新教室組織型態中，教師們與
學生一起埋頭致力於班級成員有著內在興趣的統整性方案，通常會協同合作（Kasten,
1992; Lipka, 1998; Moll & Greenberg, 1990; Newman, Griffin, & Cole, 1989; Paradise,
1991; Pewewardy & Bushey, 1992; Rogoff et al., 2001; Tharp & Gallimore, 1988; Wells et
al., 1990）。這些學習者社群把焦點集中在仔細思考的教學中，它們不同於非正式學
習情境或學徒制的情境。在非正式學習或學徒制中，某些其他功能（像是強調要把
工作完成）會放在對學生的指導之前。

學習者社群的取向在幾個層面都與非正式學習和學徒制的運作歷程相似。比起
教導那些不能實際用來解決問題的技巧，這些新的取向把焦點放在與問題情境的溝
通和能夠達到目標的學習。有著這樣的改變，教室本身脫離了「老師對填滿學生知
識的責任」和「學生期望成為有意識的容器」（接收一些偽裝出來的興奮感、稱讚
和其他驅力）這樣的互動關係（dyadic relationship）。取而代之的是，新的取向包含
了學生彼此之間複雜的團體關係——他們有責任要去學習為自己的學習和團體共同
的計畫有所貢獻（Rogoff, 1994; Rogoff & Toma, 1997）。

對個體和社群而言，文化多樣性是學習的契機

社群的變遷有時候被視為不同做事方式的加總，這是超越「社群必須在傳統和
外來活動方式之間，選擇其一」觀念的一大步。但是，在跨社群之間實踐活動的借
用和激發，可能還包括新觀念的萌發，並非簡單地只把某種替代方式加上另外一種
而已（see Gutiérrez, Baquedano-López, & Tejeda, 1999; Walker, 2001）。

　　Hopi 族的工程師和藝術家 Al Qöyawayma，他的話語清楚地表達這樣的想法——而且這些話也可以用在中產階級和其他社群改變中的實踐活動，和印地安人的文化變遷歷程：

　　　　今天的印地安人有一隻腳同時踏在兩個世界，但是我們只過著一種生活。我們的立足之地通常是不穩定的，因為每一個世界都處在持續改變的狀態。印地安人需要評斷出何者對我們自己的文化是最好的，而且要努力地保護它，就是要把「保護它」當作我們生活中最重要的事。但是，我們也需要從其他文化之中攫取最佳的部分，並把這些內容跟我們已擁有的加以融合（1991; guoted in Deyhle & Swisher, 1997, p. 166）。

　　社群的開展，就好比「世世代代的個體為了變化中的各種情境，做出決定和創造新的解決方法」的過程。引借和建立幾個社群的實踐活動能夠導出許多文化實踐活動，這些文化實踐活動能夠創新地解決當前兒童養育和社群適應上的種種問題。這種新的適應作用足以超越過去已經適應先前情境的祖先們所創造出來的解決方法（如同在第三章針對跨世代的歷史變遷所描述的內容）。

　　對各種取向的覺知，給予我們機會去反思自己思考和做事方式的習慣，也讓我們有機會在其他活動方式提供新鮮、有趣的看法時，並有深思及修改自身方式的可能性（see also Camara, 1975）。而這些修改的過程成為許多社群能持續發展的普遍性歷程。人們不需要對另一社群的實踐方式全盤接受或拒絕，因為一套文化實踐活動可能只會被當作是面對生活的一種靜止和不變的運作方式，根本不需要改變。

　　不同社群掌控生活方式上的歧異性，提供一種人類能量的儲存器和面對未來不確定性的資料庫。如 Piaget 和其他人類發展領域學者已觀察到的，對同一問題採取不同觀點的質疑通常是迫使思考上的進步。這種思考進步的目標是為了人們彼此都能創造性地學習，是為了能夠因應人們已經困擾好幾個世代的議題和新興的問題。

 ## 學習的創造性歷程來自於文化的多樣性

　　橫跨不同社群實踐活動的學習，其開創性和開放的過程被 Don Miguel Angel Bixcul García 表達得很清楚。他是 San Pedro 的退休小學校長，是血統純正的瓜地馬拉馬雅人。Don Miguel 對我早期（超過 25 年前）在 San Pedro 的研究非常有幫助，他幫助我獲得自己對兒童工作的研究方向和發展。

　　在 1999 年到 San Pedro 參訪期間，我和 Don Miguel 一起坐在他女兒的現代化客

廳裡，回憶著在 San Pedro 的重要變遷。這個小鎮保持著濃濃馬雅文化的特性，它吸收許多外來技術和實踐（包括種植經濟作物、說西班牙語的能力、學習認字和學校教育、電視、傳真和電子郵件）的同時，仍維持著馬雅人的語言和生活方式。這種種改變都是許多其他馬雅社群很久之後才願意接受的。

　　我問 Don Miguel，他認為是什麼造就了 San Pedro 獨一無二的特性。他告訴我，即使我是第一次到 San Pedro，這裡的家庭一般來說都會歡迎我到他們家中作客。他們對於交談都很有興趣，而且很自在地回答我的問題。他另外從他訪談鄰近馬雅市鎮人們的經驗當作對比，那裡的人對待「圈外人」（像是他）的態度都很冷漠。

　　Don Miguel 詮釋著他的論點，他認為 San Pedro 對新生活方式的開放——但不放棄舊有，是一種存在已久的特性，幾世紀以來，旁人都這樣認為。他解釋，San Pedro 是一個總是混雜各種文化取向的城鎮，普遍都是 Tz'utujil 馬雅人。這個族群是來自數個其他馬雅社群（說著類似馬雅語的語言，屬於馬雅人的遠親）的個體，和有西班牙血統的個體共同組成的。Don Miguel 指出，在 San Pedro 地區，會用 Tz'utujil 族、其他馬雅族群和西班牙人的姓氏混合起來作為人們的姓名，他自己名字就混合 Tz'utujil 族和西班牙人的姓氏（Bixcul 這個姓是來自父親，而 García 是來自母親）。

　　Don Miguel 表示，San Pedro 的人對於新的觀念都很有興趣，而且歡迎來自其他地方的人加入他們的社群之中。在他的經驗裡，這些做法並不影響 Tz'utujil 族的特色和傳統，反而更豐富了它。Don Miguel 的想法提供一種對於社群（能夠同時尊重他們自己傳統的活動方式和採用來自他人的觀念）創造性潛能的有力論述。

　　另一個來自 San Pedro 的工作伙伴 Don Agapito Cortez Peneleu（在 1998-1999 年）述說著，當出現可供選擇的外來實踐活動時，他如何進行處理，進而維持馬雅文化實踐活動和特性。Don Agapito 是這個城鎮裡第一批具有馬雅血統的教師之一。數十年來，他教導最年幼的學生學習西班牙文，作為他們的第二語言，使其做好進入小學的準備。因為小學是用西班牙文（官方語言）進行教學，並非使用當地的馬雅語（見圖 9.4）。從過去到現在，許多 Don Agapito 的學生都已經進入各個學科的專業領域當中了，例如教育、醫學、會計和心理學。Don Agapito 自己當年其實只上過幾年小學而已。數年前，當他準備開始教書的時候，鄉村地區正好有很大的教師需求，他在沒受過任何教師訓練的情形下，就得到了教書的工作，而他只是那個地區裡受過最多學校教育的人罷了。

　　Don Agapito 在工作的過程中，靠自己發展出教學的各種方法。這些方法都很受人注目，因為這些方法搭建出一座橋，將兒童的馬雅背景和他們正在學習的新語言和學校技巧聯繫起來。Don Agapito 的班級包含 40 名以上的學生，年齡層介於 6～11

圖 9.4

1975 年，Don Agapito 正在教導他的馬雅學生將西班牙文作為（他們的）第二語言，讓他們做好進入小學一年級的準備。

歲之間。協助兒童學習西班牙文，他以 10 人為單位，將學生分組，要求學生到鎮上進行觀察，並回到班級裡報告他們所看到的。他告訴學生要在 20 分鐘之內回來，是在他們學習數字和時間的必要性。當他們回來之後，每一組以西班牙語將他們所看到的，向同學報告。當他們不知道如何用新的語言解釋某事物時，Don Agapito 會協助他們用西班牙單字或詞句來表達，也會使用馬雅語，確定學生是否理解。學生想大聲地告訴其他人他們看到的東西，並且熱切地學習新的單字，使得他們能夠做到自己想要完成的事情。Don Agapito 統整這門課的其他要點，以提出問題的方式，使其進入學生的敘述過程之中，例如，問到「你看到的馬匹是什麼顏色的？」可以把顏色的詞語帶入討論過程之中，問到「那匹馬有多少隻腳？」則能開啟一段數學方面的討論。

　　在這個時候，其他許多老師會使用很多死記硬背的方法，但 Don Agapito 則發展出一種統整和激發學習動機的課程。這種課程運用了類似馬雅人學習的方式，像是在團體裡的觀察和協同合作。他的教學方法有許多特點。一些美國學校正開始優先使用他的方法，像是利用學生的興趣和表現，來延伸他們對新概念的理解，以及

透過向同學報告的方式，激發他們學習的動機。

　　Don Agapito 完美地進行許多年的教學之後，在 1970 年，瓜地馬拉的教育部頒布一紙命令，要求所有教師必須打領帶和穿著擦亮的皮鞋上課。Don Agapito 不會願意考慮去做這件事，因為那是在要求他放棄自己最重視的代表馬雅人身分的標記。他身上鮮豔的傳統馬雅服飾，是以當地世世代代流傳下來的樣式透過手工縫製的方式所製成，能讓大家辨認出他就是來自 San Pedro 鎮的馬雅人。而要求打領帶的命令其實是在強迫他放棄這樣的傳統服飾。他告訴校長，沒辦法遵從這樣的要求——他不想「喪失他的身分」，如果穿著馬雅服飾會有害於他教導學生的能力，他請求校長解聘他。

　　當然，包括校長、其他教師和當地的許多家庭都不希望 Don Agapito 停止教學工作。他的同事大部分都不是馬雅人，他們試著說服他，都說換個穿衣的方式沒什麼大不了。他們告訴他，其他城鎮的少數馬雅教師正在放棄他們的傳統服飾，遵從政府的命令。Don Agapito 說：「那是他們的損失。我想要保有我的身分，我準備好要放棄教學工作了。」

　　當同事持續嘗試說服他改穿西方人在職場所穿的服裝時，他最後說：「好吧，我會照你們說的去做。但有一個條件——我會換穿你們那種衣服，但你們要穿我這種衣服。」他的同事驚訝地回答說：「喔，不。我們不會那樣做！」隨後，Don Ag-apito 說：「看吧？你們不能換穿我的衣著，那我也不能換穿你們的。我跟你們不一樣。」

　　到最後，在州立教育局局長提出一分含有 Don Agapito 照片的請願書之後，瓜地馬拉教育部在這項命令當中，多加註了一項排外條款。當 Don Agapito 退休時，他被授予國家級的教學卓越獎，領獎時，他很自豪地穿著馬雅服飾面對一大群向他喝采的觀眾（這些觀眾大多數都身穿西方人的正式服裝）。

　　現在，大多數在 San Pedro 的教師都是馬雅人——他們之中，有極大部分都在 Don Agapito 的班級裡展開他們的學校教育。雖然有些人穿著馬雅傳統服飾，其他人則身穿西方人的職場打扮，但是他們共享著馬雅傳統的榮耀，繼續使用馬雅語，也很自然地幫助其他人學習西班牙文，現在更加入了英文。

　　我有幸融入 San Pedro 人們的生活，那裡的人們教導我從學校內和學校外去學習，這讓我受益良多。從和他們相處的過程裡，我對於「社群活動中參與者的角色是人類發展的基礎」這個想法，變得有所體悟。我很感激他們給我跨出我先前假設的機會，進而意識到不同社群之中，人類發展的社會文化運作歷程是有其規律性的。

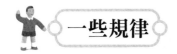

一些規律

　　在本書的頭幾頁，我談到人類發展的研究已經專注於試著確定「一個人應該期待子女何時能具有某種特定的能力或技巧」。在針對「哪個年齡的兒童會發展出對他人的責任、足夠的技巧，和面對危險方式的判斷」的討論，我給了一些不同社群當中多種明顯的實例。如我後來指出的，回答有關人類發展的問題，能夠超越「看情況」這種答案才是最重要的。而很清楚地，是文化造成的。現在的問題是，文化又如何影響人類發展呢？

　　我已經厭倦在本書中，再提出一些文化影響人類發展的方式。在結語的部分，我想要談論一些規律性。它們很明顯地讓我感受到全世界不同文化社群之間的差異性和相似性，它們這些規律性（regularities）在本書中都已經談論過了。

　　我提及的規律性有著具有文化歷程——是指人們能夠組織他們生活方式的文化運作方式——型態的特徵。我並沒有假定這些規律性具有「對全部的社群完全有影響或完全沒影響」的特性。社群通常會因為它們運用的文化型態而產生差異，且這些差異會表現在不同情境下的不同偏好和習慣，並非只是在文化型態中簡單的出現或缺席而已。

　　文化歷程中最重要的規律之一，包含了「被組織好的兒童學習機會」的運作方式。在一些文化系統當中，兒童有機會以觀察和實際動手的方式，去學習社群裡的成人活動。兒童敏銳地觀察持續進行的事件和仔細地傾聽故事和旁人的對話，等到他們準備好的時候，就能貢獻一己之力。兒童的照顧者和友伴在共享的社群活動情境裡，提供了參與活動的入口，和兒童需要的支持與暗示。

　　這種文化模式（cultural pattern）正與另一種模式相反——兒童跟他們社群裡的成人活動有所區隔，取而代之的是，要求兒童在家庭或學校之中進行一些活動，為之後進入成人世界做準備。所以，成人利用了與教導兒童技巧和知識的情境無關的課程，組成兒童的學習內容。為了鼓勵兒童的參與，大人試著以像是稱讚的方式，激發兒童的學習動機。他們常常對兒童問那些已經有標準答案的問題，並且測驗他們對課程內容的理解狀況。他們不讓兒童參與成人的活動，取而代之的是，由成人參與一些以兒童觀點的活動之中，例如：遊戲和兒童感興趣的主題的對話。

　　這種模式的對照似乎與包羅萬象的歷史運作型態有關，包括了工業化和官僚體系中人類的組織編制。舉例來說，學校系統依據年齡將兒童組織成不同團體，以達

到重要發展里程碑的年齡和速率，去評估兒童的成長（在此同時，也限制了兒童取得資源的機會）。這種做法是把個體置於與他人的競爭活動之中，以便快速地通過重要的發展里程碑。而文化模式也可能與其他歷史變遷有關，例如，家庭的規模和結構，以及是單薪或雙薪的家庭等。

除了我在這裡談論過的兩種模式之外，似乎也有其他組織兒童學習方式的運作模式可供比較。有一部分規律性的焦點圍繞在「人類之間的關係是否是以一個人企圖控制其他人所做的」縱向結構組織起來的，或者是「為了尊重個體在下決定的自主權而注重彼此的責任感」的橫向結構？這樣的對比與家庭和組織（如學校）當中對於規範的實踐方式，及社群的領導風格和組織方式都有關係。縱向或橫向的結構關係似乎與兩個或多個團體之間的典型互動關係也有其關聯性。不僅如此，對於「學步兒的慾望和決定給予特權，直到他們能主動與團體內的其他人合作為止」，或相對的「以對待兒童同樣的方式來要求嬰幼兒」，和期望人們「要相互合作」或「要相互對抗、競爭」等心態，都有影響。

另外，可能還有一部分的規律是有關兒童存活和照顧的策略。這與家庭的規模、嬰兒死亡率、依附角色的特化作用（specialization）、照顧的給予，以及在親屬和手足團體當中的玩樂情形等項目都有相關。對於說話或沉默的參與（主要以不說話、加上手勢和眼神注視的方式）等必定與偏好有關的文化模式，可能和我之前提及的其他模式都有相關聯，只不過，其他模式大概也有屬於它們的獨特之處，尚未為人所知。

在本書之中，當我討論到發展研究中一些經典研究主題（例如，生命成長階段的轉換、性別角色、人際關係、認知發展和社會化）的文化層面時，很多地方都提到這些類型和其他可能的文化模式。這些規律似乎彼此相關，不能以人種的差異做絕對性的區分，因為複雜的文化歷程似乎與許許多多的人類社群都有關係，而這些人類社群當中還包含了某些無法確定自身文化型態的社群。很明顯地，這些議題還需要更多的研究，以便協助我們確認在各種文化實踐中相異和相似的文化模式。在這裡，我的意見只是一個開端而已。

 ## 回顧最初定位概念的結語

我以重述最初開啟這一連串探究過程的定位概念，做出以下結論：

人類的發展，是透過在自身社群內社會文化活動之中不斷改變其參與狀態而出現的，在此同時，社群本身也隨之改變。

　　這無所不包的（overarching）定位概念，對於瞭解人類發展中文化歷程所扮演的角色，提供其他定位概念一個基礎。現在，我希望這些定位概念會因為前面幾個章節的說明之後，能夠較為清楚和深入。以下是對這些定位概念的結語：

　　文化不只是其他人所做的事情。廣泛的文化經驗給予我們機會，去瞭解在我們日常活動和發展中有哪些文化歷程的面向，看看文化歷程與我們使用的科技、我們的制度、社群價值和傳統之間的關係。

　　想理解一個人自己和其他文化社群的文化遺產（cultural heritage），需要擁有與自己相反文化背景人們的觀點。最難檢驗的文化歷程，是針對那些過於自信和毫不懷疑自己假定（只來自於自身的社群實踐）的人們。文化歷程圍繞在我們四周，常常存在於難以捉摸、沉默和被視為理所當然的事件，以及需要打開雙眼、雙耳和心胸去關注和理解的做事方式之中。兒童有很高的靈敏度可以從這些被視為理所當然的做事方式當中去學習。

　　文化實踐是相互配合和相互連結的。它們在許多社群運作層面裡，有著各式各樣的關係存在。文化歷程是一種「元素」（如經濟資源、家庭規模、現在化和都市化）的整合。對於同一件事，一個社群完成這件事的方式，可能在另一個社群會用另一種方式去做，會達成相同的效果；兩個社群以相同的方式去做同一個實踐活動，可能會有不同的結果。對於理解「文化實踐如何相互搭配並產生相同或相異的文化模式」是必要的。

　　文化社群會持續改變，個體也是一樣。一個社群的歷史和與其他社群的關係都是文化歷程的一部分，不僅如此，個體的歷史和與他人的關係也是文化歷程之一。不同社群間的差異和社群內人們的多樣性都是人類的資源，能讓我們為變化多端和未知的世界做好準備。

　　可能沒有一種最好的方法。瞭解不同文化實踐的過程，不會去要求界定一種方式是「對的」（也就表示：不一定所有方式都是好的）。我們要開放所有的可能性，不必相互排斥。從其他社群去學習不需要放棄一個人自身擁有的活動方式，但是也不需要停止一個人的假設——短暫思考他人和小心區辨彼此文化成就的動作，因為這種做法能夠瞭解影響彼此文化成就的文化條件，以便判斷不同活動方式的價值。對於「文化模式是什麼」做一些猜

測是必要的，但同時，也要持續地驗證和心胸開放地對自己的猜測進行修正。

總有很多事情需要再去學習……

參考文獻

Abbott, S. (1992). Holding on and pushing away: Comparative perspectives on an Eastern Kentucky child-rearing practice. *Ethos, 20,* 33–65.

Abe, J. A., & Izard, C. E. (1999). Compliance, noncompliance strategies, and the correlates of compliance in 5-year-old Japanese and American children. *Social Development, 8,* 1–20.

Adams, A. K., & Bullock, D. (1986). Apprenticeship in word use: Social convergence processes in learning categorically related nouns. In S. A. Kuczaj & M. D. Barrett (Eds.), *The development of word meaning: Progress in cognitive development research* (pp. 155–197). New York: Springer-Verlag.

Adams, D., & Carwardine, M. (1990). *Last chance to see.* New York: Harmony Books.

Adams, D. A. (1996). Fundamental considerations: The deep meaning of Native American schooling, 1880–1900. In E. R. Hollins (Ed.), *Transforming curriculum for a culturally diverse society.* (pp. 27–57). Hillsdale, NJ: Erlbaum.

Ainsworth, M. D. S. (1977). Infant development and mother-infant interaction among Ganda and American families. In P. H. Leiderman, S. R. Tulkin, & A. Rosenfeld (Eds.), *Culture and infancy.* New York: Academic Press.

Akinnaso, F. N. (1992). Schooling, language, and knowledge in literate and nonliterate societies. *Comparative Studies in Society and History, 34,* 68–109.

Alcorta, M. (1994). Text writing from a Vygotskyan perspective: A sign-mediated operation. *European Journal of Psychology of Education, 9,* 331–341.

Althen, G. (1988). *American ways — A guide for foreigners in the United States.* Yarmouth, ME: Intercultural Press.

Anderson-Levitt, K. M. (1996). Behind schedule: Batch-produced children in French and U.S. classrooms. In B. A. Levinson, D. E. Foley, & D. C. Holland (Eds.), *The cultural production of the educated person: Critical ethnographies of schooling and local practice* (pp. 57–78). Albany: State University of New York Press.

Angelillo, C., Rogoff, B., & Morelli, G. (2002). *Age and kinship of young children's child partners in four communities.* Unpublished manuscript.

Apfelbaum, E. R. (2000). And now what, after such tribulations? *American Psychologist, 55,* 1008–1013.

Ariès, P. (1962). *Centuries of childhood.* New York: Knopf.

Arievitch, I., & van der Veer, R. (1995). Furthering the internalization debate: Gal'perin's contribution. *Human Development, 38,* 113–126.

Arnett, J. J. (2000). Emerging adulthood: A theory of development from the late teens though the twenties. *American Psychologist, 55,* 469–480.

Aronson, E., Blaney, N., Stephan, C., Sikes, J., & Snapp, M. (1978). *The jigsaw classroom.* Beverly Hills: Sage.

Ashton, P.T. (1975). Cross-cultural Piagetian research: An experimental perspective. *Harvard Educational Review, 45,* 475–506.

Azmitia, M., Cooper, C. R., Garcia, E. E., & Dunbar, N. (1996). The ecology of family guidance in low income Mexican-American and European-American families. *Social Development, 5,* 1–23.

Azuma, H. (1994). Two modes of cognitive socialization in Japan and the United States. In P. M. Greenfield & R. R. Cocking (Eds.), *Cross-cultural roots of minority child development* (pp. 275–284). Hillsdale, NJ: Erlbaum.

Bailyn, B. (1960). *Education in the forming of American society.* Chapel Hill: University of North Carolina Press.

Bakhurst, D. (1995). On the social constitution of mind: Bruner, Ilyenkov, and the defence of cultural psychology. *Mind, Culture, and Activity, 2,* 158–171.

Ballenger, C. (1992). Because you like us: The language of control. *Harvard Educational Review, 62,* 199–208.

Ballenger, C. (1999). *Teaching other people's children: Literacy and learning in a bilingual classroom.* New York: Teachers College Press.

Bandura, A. (1986). *Social foundations of thought and action: A social cognitive theory.* Englewood Cliffs, NJ: Prentice-Hall.

Barnhardt, C. (1982, December). *Tuning-in: Athabascan teachers and Athabascan students.* Paper presented at the meeting of the American Anthropological Association, Washington, DC.

Barth, F. (1994). Enduring and emerging issues in the analysis of ethnicity. In H. Vermeulen & C. Govers (Eds.), *The anthropology of ethnicity: Beyond "Ethnic groups and boundaries"* (pp. 11–32). Amsterdam: Het Spinhuis.

Basso, K. H. (1979). *Portraits of "The Whiteman": Linguistic play and cultural symbols among the Western Apache.* Cambridge, MA: Cambridge University Press.

Basso, K. H. (1984). Stalking with stories: Names, places, and moral narratives among the Western Apache. In E. M. Bruner & S. Plattner (Eds.), *Text, play and story: The construction of self and society* (pp. 19–55). Washington, DC: American Ethnological Society.

Bateson, G. (1936). *Naven.* Stanford, CA: Stanford University Press.

Bateson, G. (1972). *Steps to an ecology of mind.* New York: Ballantine Books.

Baugh, A. C., & Cable, T. (1978). *A history of the English language.* Englewood Cliffs, NJ: Prentice-Hall.

Baumrind, D. (1971). Current patterns of parental authority. *Developmental Psychology Monograph, 4,* 1–103.

Baumrind, D. (1972). An exploratory study of socialization effects on Black children: Some Black-White comparisons. *Child Development, 43,* 261–267.

Beach, B.A. (1988). Children at work: The home workplace. *Early Childhood Research Quarterly, 3,* 209–221.

Ben-Ari, E. (1996). From mothering to othering: Organization, culture, and nap time in a Japanese day-care center. *Ethos, 24,* 136–164.

Benedict, R. (1955). Continuities and discontinuities in cultural conditioning. In M. Mead & M. Wolfenstein (Eds.), *Childhood in contemporary cultures.* Chicago: University of Chicago Press.

Berger, P. L., & Luckmann, T. (1966). *The social construction of reality.* New York: Doubleday.

Berlin, B. (1992). *Ethnobiological classification: Principles of categorization of plants and animals in traditional societies.* Princeton: Princeton University Press.

Berry, J. W. (1969). On cross-cultural comparability. *International Journal of Psychology, 4,* 119–128.

Berry, J. W. (1999). Emics and etics: A symbiotic conception. *Culture & Psychology, 5,* 165–171.

Best, D. L., & Williams, J. E. (1997). Sex, gender, and culture. In J. W. Berry, M. H. Segall, & Ç. Kagitçibasi (Eds.), *Handbook of cross-cultural psychology: Vol. 3. Social behavior and applications.* (2nd ed., pp. 163–212). Needham Heights, MA: Allyn & Bacon.

Black, M. B. (1973). Ojibwa questioning etiquette and use of ambiguity. *Studies in Linguistics, 23,* 13–29.

Bloch, M.N. (1989). Young boys' and girls' play at home and in the community: A cultural-ecological framework. In M.N. Bloch & A.D. Pellegrini (Eds.), *The ecological context of children's play.* Norwood, NJ: Ablex.

Blount, B. G. (1972). Parental speech and language acquisition: Some Luo and Samoan examples. *Anthropological Linguistics, 14,* 119–130.

Bolin, A., & Whelehan, P. (1999). *Perspectives on human sexuality.* Albany: State University of New York Press.

Boorstin, D. J., et al. (1975). *We Americans.* Washington, DC: National Geographic Society.

Bornstein, M.H., Azuma, H., Tamis-LeMonda, C., & Ogino, M. (1990). Mother and infant activity and interaction in Japan and in the United States: I. A comparative macroanalysis of naturalistic exchanges. *International Journal of Behavioral Development, 13,* 267–287.

Boulton, M. J. (1995). Patterns of bully/victim problems in mixed race groups of children. *Social Development, 5,* 277–293.

Bourke, R., & Burns, J. (1998, June). *The chameleonic learner: The effect of multiple contexts on students' conceptions and experiences of learning.* Paper presented at the meetings of the International Society for Cultural Research and Activity Theory, Aarhus, Denmark.

Bowerman, M. (1981). Language development. In H. C. Triandis & A. Heron (Eds.), *Handbook of cross-cultural psychology* (Vol. 4). Boston: Allyn & Bacon.

Bowman, P. J., & Howard, C. (1985). Race-related socialization, motivation, and academic achievement: A study of Black youths in three-generation families. *Journal of the American Academy of Child Psychiatry, 24,* 134–141.

Boykin, A. W. (1994). Harvesting talent and culture: African-American children and educational reform. In R. J. Rossi (Ed.), *Schools and students at risk: Context and framework for positive change* (pp. 116–138). New York: Teachers College Press.

Brazelton, T. B. (1977). Implications of infant development among the Mayan Indians

of Mexico. In P. H. Leiderman, S. R. Tulkin, & A. Rosenfeld (Eds.), *Culture and infancy*. New York: Academic Press.
Brazelton, T. B. (1990). Parent-infant cosleeping revisited. *Ab Initio, 2*, 1, 7.
Bremner, R. H. (Ed.). (1970). *Children and youth in America. A documentary history: Vols. I–II. 1600–1932*. Cambridge, MA: Harvard University Press.
Briggs, J. L. (1970). *Never in anger: Portrait of an Eskimo family*. Cambridge, MA: Harvard University Press.
Briggs, J. L. (1991). Expecting the unexpected: Canadian Inuit training for an experimental lifestyle. *Ethos, 19*, 259–287.
Bril, B., & Sabatier, C. (1986). The cultural context of motor development: Postural manipulations in the daily life of Bambara babies (Mali). *International Journal of Behavioral Development, 9*, 439–453.
Broker, I. (1983). *Night flying woman: An Ojibway Narrative.* (pp 18–24). St. Paul: Minnesota Historical Society Press.
Bronfenbrenner, U. (1979). *The ecology of human development*. Cambridge, MA: Harvard University Press.
Bronfenbrenner, U. (1992). Child care in the Anglo-Saxon mode. In M. E. Lamb, K. J. Sternberg, C.-P. Hwang, & A. G. Broberg (Eds.), *Child care in context* (pp. 281–291). Hillsdale, NJ: Erlbaum.
Brown, A. L., & Campione, J. C. (1990). Communities of learning and thinking, or a context by any other name. In D. Kuhn (Ed.), *Developmental perspectives on teaching and learning thinking skills: Vol. 21. Contributions in Human Development* (pp. 108–126). Basel: Karger.
Brown, J. S., & Duguid, P. (1994). Borderline issues: Social and material aspects of design. *Human-Computer Interaction, 9*, 3–36.
Brown, R. (1958). *Words and things*. New York: Free Press.
Bruffee, K. A. (1993). *Collaborative learning. Higher education, interdependence, and the authority of knowledge*. Baltimore: Johns Hopkins University Press.
Bruner, J. S. (1983). *Child's talk: Learning to use language*. New York: Norton.
Bruner, J. (1990). *Acts of meaning*. Cambridge, MA: Harvard University Press.
Burn, B., & Grossman, A. (1984). *Metropolitan children*. New York: Metropolitan Museum of Art.
Burton, L.M., Obeidallah, D.A., & Allison, K. (1996). Ethnographic insights on social context and adolescent development among inner-city African-American teens. In R. Jessor, A. Colby, & R. A. Shweder (Eds.), *Ethnography and human development* (pp. 395–418). Chicago: University of Chicago Press.
Burton, R., & Whiting, J. (1961). The absent father and cross-sex identity. *Merrill-Palmer Quarterly, 7*, 85–95.
Bushman, B. J., & Anderson, C. A. (2001). Media violence and the American public. *American Psychologist, 56*, 477–489.
Butterworth, G. (1987). Some benefits of egocentrism. In J. Bruner & H. Haste (Eds.), *Making sense: The child's construction of the world* (pp. 62–80). London: Methuen.
Byers, P., & Byers, H. (1972). Nonverbal communication and the education of children. In C. B. Cazden, V. P. John, & D. Hymes (Eds.), *Functions of language in the classroom*. New York: Academic.
Cajete, G. (1994). *Look to the mountain: An ecology of indigenous education*. Durango, CO: Kivaki Press.
Cajete, G. A. (1999). The Native American learner and bicultural science education. In K. G. Swisher & J. W. Tippeconnic III (Eds.), *Next steps: Research and practice to advance Indian education* (pp. 135–160). Charleston, WV: ERIC Clearinghouse on Rural Education and Small Schools.
Camara, S. (1975). The concept of heterogeneity and change among the Mandenka. *Technological Forecasting and Social Change, 7*, 273–284.
Camilleri, C., & Malewska-Peyre, H. (1997). Socialization and identity strategies. In J. W. Berry, P. R. Dasen, & T. S. Saraswathi (Eds.), *Handbook of cross-cultural psychology: Vol. 2. Basic processes and human development* (2nd ed., pp. 41–67). Needham Heights, NJ: Allyn and Bacon.
Campbell, D. T., & LeVine, R. A. (1961). A proposal for cooperative cross-cultural research on ethnocentrism. *Journal of Conflict Resolution, 5*, 82–108.
Carew, J. V. (1980). Experience and the development of intelligence in young children at home and in day care. *Monographs of the Society for Research in Child Development, 45* (6–7, Serial No. 187).
Carpenter, I. (1976). The tallest Indian. *American Education, 12*, 23–25.
Carraher, T. N., Carraher, D. W., & Schliemann, A. D. (1985). Mathematics in the streets and in schools. *British Journal of Developmental Psychology, 3*, 21–29.
Cascio, W. F. (1995). Whither industrial and organizational psychology in a changing world of work? *American Psychologist, 50*, 928–939.
Cauce, A. M., & Gonzales, N. (1993). Slouching towards culturally competent research: Adolescents and families of color in context. *Focus* (Publication of Division 45 of the American Psychological Association), *7*, 8–9.
Caudill, W., & Plath, D. W. (1966). Who sleeps by whom? Parent-child involvement in urban Japanese families. *Psychiatry, 29*, 344–366.
Caudill, W., & Weinstein, H. (1969). Maternal care and infant behavior in Japan and America. *Psychiatry, 32*, 12–43.
Cazden, C. B. (1979). *Classroom discourse*. Portsmouth, NH: Heinemann Educational.
Cazden, C. B., & John, V. P. (1971). Learning in American Indian children. In M. L. Wax, S. Diamond, & F. O. Gearing (Eds.), *Anthropological perspectives on education* (pp. 252–272). New York: Basic Books.
Chao, R. K. (1994). Beyond parental control and authoritarian parenting style: Understanding Chinese parenting through the cultural notion of training. *Child Development, 65*, 1111–1119.
Chao, R. K. (1995). Chinese and European American cultural models of the self reflected in mothers' childrearing beliefs. *Ethos, 23*, 328–354.
Chatwin, B. (1987). *The songlines*. New York: Penguin Books.
Chavajay, P. (1993). Independent analyses of cultural variations and similarities in San Pedro and Salt Lake. *Monographs of the Society for Research in Child Development, 58* (7, Serial No. 236).
Chavajay, P., & Rogoff, B. (2002). Schooling and traditional collaborative social organization of problem solving by Mayan mothers and children. *Developmental Psychology, 38*, 55–66.
Chen, X., Dong, Q., & Zhou, H. (1997). Authoritative and authoritarian parenting practices and social and school adjustment in Chinese children. *International Journal of Behavioural Development, 20*, 855–873.
Chisholm, J. S. (1996). Learning "respect for everything": Navajo images of development. In C. P. Hwang, M. E. Lamb, & I. E. Sigel (Eds.), *Images of childhood* (pp. 167–183). Mahwah, NJ: Erlbaum.
Chudacoff, H. P. (1989). *How old are you? Age consciousness in American culture*. Princeton: Princeton University Press.
Chude-Sokei, L. (1999). "Dr. Satan's Echo Chamber": Reggae, technology, and the diaspora process. *Emergences, 9*, 47–59.
Clark, C. M. (1988). Mothering in Sub-Saharan Africa and Black America. *Das Argument, 30*, 839–846.
Cleaves, C. (1994, November). *Domesticated Democrats: Domestic science training in American colonial education in the Philippines, 1900–1910*. Paper presented at the meetings of the American Anthropological Association, Atlanta, GA.
Cleverley, J. F. (1971). *The first generation: School and society in early Australia*. Sydney: Sydney University Press.
Clifford, J. (1988). *The predicament of culture*. Cambridge, MA: Harvard University Press.
Clifford, J. (1997). *Routes: Travel and translation in the late twentieth century*. Cambridge, MA: Harvard University Press.
Cobb, P., & Bowers, J. (1999). Cognitive and situated learning perspectives in theory and practice. *Educational Researcher, 28*, 4–15.
Cole, M. (1990). Cognitive development and formal schooling: The evidence from cross-cultural research. In L.C. Moll (Ed.), *Vygotsky and education*. Cambridge, England: Cambridge University Press.
Cole, M. (1995). The supra-individual envelope of development: Activity and practice, situation and context. In J. J. Goodnow, P. J. Miller, & F. Kessel (Eds.), *Cultural practices as contexts for development* (pp. 105–118). San Francisco: Jossey-Bass.
Cole, M. (1996). *Cultural psychology: A once and future discipline*. Cambridge, MA: Harvard University Press.
Cole, M., & Bruner, J. S. (1971). Cultural differences and inferences about psychological processes. *American Psychologist, 26*, 867–876.
Cole, M., & Cole, S. R. (1996). *The development of children* (3rd ed.). New York: W. H. Freeman.
Cole, M., Gay, J., Glick, J. A., & Sharp, D. W. (1971). *The cultural context of learning and thinking*. New York: Basic Books.
Cole, M., & Griffin, P. (1980). Cultural amplifiers reconsidered. In D. R. Olson (Ed.), *The social foundations of language and thought* (pp. 343–364). New York: Norton.
Cole, M., & Means, B. (1981). *Comparative studies of how people think*. Cambridge, MA: Harvard University Press.
Cole, M., & Scribner, S. (1977). Cross-cultural studies of memory and cognition. In R. V. Kail Jr., & J. W. Hagen (Eds.), *Perspectives on the development of memory and cognition*. Hillsdale, NJ: Erlbaum.
Cole, M., Sharp, D. W., & Lave, C. (1976). The cognitive consequences of education. *Urban Review, 9*, 218–233.
Collier, J., Jr. (1988). Survival at Rough Rock: A historical overview of Rough Rock Demonstration School. *Anthropology and Education Quarterly, 19*, 253–269.
Collier, J., Jr., & Buitrón, A. (1949). *The awakening valley*. Chicago: University of Chicago Press.
Collier, J., Jr., & Collier, M. (1986). *Visual anthropology: Photography as a research method* (rev. ed.) Albuquerque: University of New Mexico Press.
Comer, J. P. (1988). *Maggie's American dream: The life and times of a Black family*. New York: Plume/Penguin.
Condon, J. (1984). *With respect to the Japanese: A guide for Americans*. Yarmouth, ME: Intercultural Press.
Conley, D. (2000). *Honky*. Berkeley: University of California Press.
Cook-Gumperz, J., Corsaro, W. A., & Streeck, J., Eds. (1986). *Children's worlds and children's language*. Berlin: Mouton de Gruyter.
Cooper, R. P., & Aslin, R. N. (1989). The language environment of the young infant: Implications for early perceptual development. *Canadian Journal of Psychology, 43*, 247–265.
Coy, M. W. (Ed.). (1989a). *Apprenticeship: From theory to method and back again*. Albany: State University of New York Press.
Coy, M. W. (1989b). Being what we pretend to be: The usefulness of apprenticeship as a field method. In M. W. Coy (Ed.), *Apprenticeship: From theory to method and back again*. Albany: State University of New York Press.
Crago, M. B. (1988). *Cultural context in the communicative interaction of young Inuit children*. Unpublished doctoral dissertation, McGill University.
Crago, M. B. (1992). Communicative interaction and second language acquisition: An Inuit example. *TESOL Quarterly, 26*, 487–505.
Crago, M. B., Annahatak, B., Ningiuruvik, L. (1993). Changing patterns of language socialization in Inuit homes. *Anthropology and Education Quarterly, 24*, 205–223.
Crago, M. B., & Eriks-Brophy, A. (1994). Culture, conversation, and interaction. In J. Felson Duehan, L. Hewitt, & R. Sonnenmeier (Eds.), *Pragmatics from theory to practice* (pp. 43–58). Englewood Cliffs, NJ: Prentice-Hall.
Crook, C. (1994). *Computers and the collaborative experience of learning*. London: Routledge.
Crouter, N. (1979). *The segregation of youth from adults: A review of the literature with recommendations for future research*. Paper prepared for the National Institute of Education, Cornell University.
Dasen, P. R. (1977). *Piagetian psychology: Cross-cultural contributions*. New York: Gardner.
Dasen, P. R., & Heron, A. (1981). Cross-cultural tests of Piaget's theory. In H. C. Triandis & A. Heron (Eds.), *Handbook of cross-cultural psychology* (Vol. 4). Boston: Allyn & Bacon.
Deater-Deckard, K., Dodge, K.A., Bates, J.E., & Pettit, G.S. (1996). Physical discipline among African American and European American mothers: Links to children's externalizing behaviors. *Developmental Psychology, 32*, 1065–1072.
DeCasper, A.J., & Fifer, W.P. (1980). Of human bonding: Newborns prefer their mothers' voices. *Science, 208*, 1174–1176.
DeCasper, A.J., & Spence, M. (1986). Prenatal maternal speech influences newborns' perception of speech sounds. *Infant Behavior and Development, 9*, 133–150.
Delgado-Gaitan, C. (1994). Socializing young children in Mexican-American families: An intergenerational perspective. In P. M. Greenfield & R. R. Cocking (Eds.), *Cross-cultural roots of minority child development* (pp. 55–86). Hillsdale, NJ: Erlbaum.
DeLoache, J. S. (1984). What's this? Maternal questions in joint picturebook reading with toddlers. *Quarterly Newsletter of the Laboratory for Comparative Human Cognition, 6*, 87–95.
Delpit, L. D. (1988). The silenced dialogue: Power and pedagogy in educating other people's children. *Harvard Educational Review, 58*, 280–298.
Demos, J., & Demos, V. (1969). Adolescence in historical perspective. *Journal of Marriage and the Family, 31*, 632–638.
deVries, M. W., & deVries, M. R. (1977). Cultural relativity of toilet training readiness: A perspective from East Africa. *Pediatrics, 60*, 170–177.
Dewey, J. (1916). *Democracy and education*. New York: Macmillan.
Dewey, J. (1938). *Experience and education*. New York: Macmillan.

Deyhle, D. (1991). Empowerment and cultural conflict: Navajo parents and the schooling of their children. *Qualitative Studies in Education, 4*, 277–297.
Deyhle, D., & Margonis, F. (1995). Navajo mothers and daughters: Schools, jobs and the family. *Anthropology & Education Quarterly, 26*, 135–167.
Deyhle, D., & Swisher, K. (1997). Research in American Indian and Alaska Native education: From assimilation to self-determination. In M. W. Apple (Ed.), *Review of Research in Education, 22*, 113–194.
Diamond, A. (1999, Winter). Developmental psychology in its social and cultural context. *SRCD Newsletter, 42*, 5–8.
Diamond, J. (1992). *The third chimpanzee*. New York: HarperCollins.
Diaz, R. (1983). Thought and two languages: The impact of bilingualism on cognitive development. In E. Gordon (Ed.), *Review of research in education* (Vol. 10). Washington, DC: American Educational Research Association.
Dien, D. S-F. (1982). A Chinese perspective on Kohlberg's theory of moral development. *Developmental Review, 2*, 331–341.
Dillon, S. (1999, June 8). Smaller families to bring big change in Mexico. *New York Times*, pp. A1, A15.
Disney, R. (1998, June). Roy Disney '51 claims failure may be key to success. *Pomona College Magazine*, p. 5.
Dixon, S. D., LeVine, R. A., Richman, A., & Brazelton, T. B. (1984). Mother-child interaction around a teaching task: An African-American comparison. *Child Development, 55*, 1252–1264.
Dornbusch, S. M., Ritter, P. L., Leiderman, P. H., Roberts, D. F., & Fraleigh, M. J. (1987). The relation of parenting style to adolescent school performance. *Child Development, 58*, 1244–1257.
Dorsey-Gaines, C., & Garnett, C. M. (1996). The role of the Black Church in growing up literate: Implications for literacy research. In D. Hicks (Ed.), *Discourse, learning, and schooling* (pp. 247–266). New York: Cambridge University Press.
Drake, S. G. (1834). *Biography and history of the Indians of North America*. Boston: O.L. Perkins & Hilliard, Gray & Co.
Draper, P. (1975a). Cultural pressure on sex differences. *American Ethnologist, 4*, 602–616.
Draper, P. (1975b). !Kung women: Contrasts in sexual egalitarianism in foraging and sedentary contexts. In R. R. Reiter (Ed.), *Toward an anthropology of women* (pp. 77–109). New York: Monthly Review Press.
Draper, P. (1985). Two views of sex differences in socialization. In R. L. Hall, with P. Draper, M. E. Hamilton, D. Mc Guinness, C. M. Otten, and E. A. Roth (Eds.), *Male-female differences: A biocultural perspective*. New York: Praeger.
Dube, E. F. (1982). Literacy, cultural familiarity, and "intelligence" as determinants of story recall. In U. Neisser (Ed.), *Memory observed: Remembering in natural contexts* (pp. 274–292). San Francisco: Freeman.
Duensing, S. (2000). *Cultural influences on science museum practices: A case study*. Unpublished doctoral dissertation, California Institute of Integral Studies. (UMI Microform 9949651).
Dumont, R., & Wax, M. (1969). Cherokee School Society and the intercultural classroom. *Human Organization, 28*, 219–225.
Duran, R. P. (1994). Cooperative learning for language minority students. In R. A. DeVillar, C. J. Faltis, & J. Cummins (Eds.), *Cultural diversity in schools: From rhetoric to practice* (pp. 145–159). Buffalo: State University of New York Press.
Duranti, A., & Ochs, E. (1986). Literacy instruction in a Samoan village. In B. B. Schieffelin & P. Gilmore (Eds.), *The acquisition of literacy: Ethnographic perspectives*. Norwood, NJ: Ablex.
Eagly, A. H., & Wood, W. (1999). The origins of sex differences in human behavior. *American Psychologist, 54*, 408–423.
Eccles, J. S., Buchanan, C. M., Flanagan, C., Fuligni, A., Midgley, C., & Yee, D. (1991). Control versus autonomy during early adolescence. *Journal of Social Issues, 47*, 53–68.
Eckensberger, L. H., & Zimba, R. F. (1997). The development of moral judgment. In J. W. Berry, P. R. Dasen, & T. S. Saraswathi (Eds.), *Handbook of cross-cultural psychology: Vol. 2. Basic processes and human development* (pp. 299–338). Boston: Allyn and Bacon.
Eckerman, C. O., Whatley, J. L., & McGhee, L. J. (1979). Approaching and contacting the object another manipulates: A social skill of the one-year-old. *Developmental Psychology, 15*, 585–593.
Eckert, P. (1994). *Entering the heterosexual marketplace: Identities of subordination as a developmental imperative*. Institute for Research on Learning, Working papers on learning and identity, No. 2.
Edwards, C. P. (1981). The comparative study of the development of moral judgment and reasoning. In R. H. Munroe, R. L. Munroe, & B. B. Whiting (Eds.), *Handbook of cross-cultural human development* (pp. 501–528). New York: Academic.
Edwards, C. P. (1993). Behavioral sex differences in children of diverse cultures: The case of nurturance to infants. In M. E. Pereira & L. A. Fairbanks (Eds.), *Juvenile primates: Life history, development, and behavior*. New York: Oxford University Press.
Edwards, C. P. (1994, April). *Cultural relativity meets best practice, OR anthropology and early education, a promising friendship*. Paper presented at the meetings of the American Educational Research Association, New Orleans.
Edwards, C. P., & Whiting, B. B. (1992). "Mother, older sibling and me": The overlapping roles of caregivers and companions in the social world of two- to three-year-olds in Ngeca, Kenya. In K. MacDonald (Ed.), *Parent-child play: Descriptions and implications*. Albany: State University of New York Press.
Edwards, P. A. (1989). Supporting lower SES mothers' attempts to provide scaffolding for book reading. In J. Allen & J. M. Mason (Eds.), *Risk makers, risk takers, risk breakers*. Portsmouth, NH: Heinemann Educational.
Ehrenreich, B., & English, D. (1978). *For her own good: 150 years of the expert's advice to women*. Garden City, New York: Anchor Press/Doubleday.
Eisenberg, A. R. (1986). Teasing: Verbal play in two Mexicano homes. In B. B. Schieffelin & E. Ochs (Eds.), *Language socialization across cultures* (pp. 182–198). Cambridge, England: Cambridge University Press.
Ellis, R. (1997). Color at Cal. In I. Reed (Ed.), *MultiAmerica: Essays on cultural wars and cultural peace* (pp. 395–399) New York: Viking.
Ellis, S. (1997). Strategy choice in sociocultural context. *Developmental Review, 17*, 490–524.
Ellis, S., & Gauvain, M. (1992). Social and cultural influences on children's collaborative interactions. In L. T. Winegar & J. Valsiner (Eds.), *Children's development within social context*. Hillsdale, NJ: Erlbaum.
Ellis, S., Rogoff, B., & Cromer, C. C. (1981). Age segregation in children's social interactions. *Developmental Psychology, 17*, 399–407.
Ellis, S., & Siegler, R. S. (1997). Planning as a strategy choice, or why don't children plan when they should? In S. L. Friedman & E. K. Scholnick (Eds.), *The developmental psychology of planning: Why, how, and when do we plan?* (pp. 183–208). Mahwah, NJ: Erlbaum.
Ember, C. R. (1973). Feminine task assignment and the social behavior of boys. *Ethos, 1*, 424–439.
Ember, C. R. (1981). A cross-cultural perspective on sex differences. In Munroe, R. H., Munroe, R. L., & Whiting, B. B. (Eds.), *Handbook of cross-cultural human development* (pp. 531–580) New York: Garland.
Engeström, Y. (1990) *Learning, working and imagining*. Helsinki: Orienta-Konsultit Oy.
Engeström, Y. (1993). Developmental studies of work as a testbench of activity theory: The case of primary care medical practice. In S. Chaiklin & J. Lave (Eds.), *Understanding practice: Perspectives on activity and context* (pp. 64–103). Cambridge, England: Cambridge University Press.
Erickson, F., & Mohatt, G. (1982). The cultural organization of participation structures in two classrooms of Indian students. In G. Spindler (Ed.), *Doing the ethnography of schooling* (pp. 132–174) New York: Holt, Rinehart, & Winston.
Fadiman, A. (1997). *The spirit catches you and you fall down: A Hmong child, her American doctors, and the collision of two cultures*. New York: Farrar, Straus and Giroux.
Farran, D. (1982). Mother-child interaction, language development, and the school performance of poverty children. In L. Feagans & D. C. Farran (Eds.), *The language of children reared in poverty*. New York: Academic Press.
Farran, D., Mistry, J., Ai-Chang, M., & Herman, H. (1993). Kin and calabash: The social networks of preschool part-Hawaiian children. In R. Roberts (Ed.), *Coming home to preschool: The sociocultural context of early education*. Norwood, NJ: Ablex.
Farver, J. M. (1993). Cultural differences in scaffolding pretend play: A comparison of American and Mexican mother-child and sibling-child pairs. In K. MacDonald (Ed.), *Parent-child play: Descriptions and implications* (pp. 349–366). Albany: State University of New York Press.
Farver, J. M. (1999). Activity setting analysis: A model for examining the role of culture in development. In A. Göncü (Ed.), *Children's engagement in the world: Sociocultural perspectives*. Cambridge, England: Cambridge University Press.
Farver, J. M., Kim, Y. K., & Lee, Y. (1995). Cultural differences in Korean- and Anglo-American preschoolers' social interaction and play behaviors. *Child Development, 66*, 1088–1099.
Feinman, S. (1982). Social referencing in infancy. *Merrill-Palmer Quarterly, 28*, 445–470.
Ferber, R. (1986). *Solve your child's sleep problems*. New York: Simon & Schuster.
Ferdman, B. M. (2000). "Why am I who I am?" Constructing the cultural self in multicultural perspective. *Human Development, 43*, 19–23.
Fernald, A. (1988, November). *The universal language: Infants' responsiveness to emotion in the voice*. Paper presented at the Developmental Psychology Program, Stanford University.
Field, T. M., Sostek, A. M., Vietze, P., & Leiderman, P. H. (Eds.). (1981). *Culture and early interactions*. Hillsdale, NJ: Erlbaum.
Fisher, C. B., Jackson, J. F., & Villarruel, F. A. (1998). The study of African-American and Latin American children and youth. In R. M. Lerner (Ed.), *Vol. 1: Theoretical models of human development* (pp. 1145–1207) of W. Damon (Ed.-in-chief), *Handbook of child psychology* (5th edition). New York: Wiley.
Fiske, A. P. (1995). *Learning a culture the way informants do: Observing, imitating, and participating*. Unpublished manuscript, Bryn Mawr University.
Fitchen, J. M. (1981). *Poverty in rural America: A case study*. Boulder, CO: Westview Press.
Fobih, D. K. (1979). *The influence of different educational experiences on classificatory and verbal reasoning behavior of children in Ghana*. Unpublished doctoral dissertation, University of Alberta.
Fortes, M. (1970). Social and psychological aspects of education in Taleland. In J. Middleton (Ed.), *From child to adult*. New York: National History Press. (Original work published Fortes 1938)
Foster, M. (1995). African American teachers and culturally relevant pedagogy. In J. A. Banks & C. M. Banks (Eds.), *Handbook of research on multicultural education* (pp. 570–581). New York: Macmillan.
Fox, N. A. (1977). Attachment of Kibbutz infants to mother and metapelet. *Child Development, 48*, 1228–1239.
Freed, R. S., & Freed, S. A. (1981). *Enculturation and education in Shanti Nagar* (Anthropological Papers of the American Museum of Natural History, Vol. 57, Pt. 2). New York: American Museum of Natural History.
Freeman, M.A. (1978). *Life among the Qallunaat*. Edmonton, Canada: Hurtig Publishers.
French, D. C., Jansen, E. A., & Pidada, S. (2002). United States and Indonesian children's and adolescents' reports of relational aggression by disliked peers. *Child Development, 73*, 1143–1150.
Frijda, N., & Jahoda, G. (1966). On the scope and methods of cross-cultural research. *International Journal of Psychology, 1*, 109–127.
Fung, H. H. T. (1995, March). *Becoming a moral child: The role of shame in the socialization of young Chinese children*. Paper presented at the Society for Research in Child Development, Indianapolis.
Gallimore, R., Boggs, S., & Jordan, C. (1974). *Culture, behavior, and education: A study of Hawaiian-Americans*. Beverly Hills, CA: Sage.
García, E. (1987). Interactional style of teachers and parents during bilingual instruction. *Ethnolinguistic Issues in Education, 21*, 39–51.
García Coll, C., Lamberty, G., Jenkins, R., McAdoo, H. P., Crnic, K., Wasik, B. H., & García, H. V. (1996). An integrative model for the study of developmental competencies in minority children. *Child Development, 67*, 1891–1914.
Gardner, R., & Heider, K.G. (1968). *Gardens of war*. New York: Random House.
Gaskins, S., & Lucy J. A. (1987, May). *The role of children in the production of adult culture: A Yucatec case*. Paper presented at the meeting of the American Ethnological Society, San Antonio, TX.
Gaskins, S., Miller, P. J., & Corsaro, W. A. (1992). Theoretical and methodological perpsectives in the interpretive study of children. In W. A. Corsaro & P. J. Miller (Eds.), *Interpretive approaches to children's socialization*. San Francisco: Jossey-Bass.
Gauvain, M. (1993). Spatial thinking and its development in sociocultural context. *Annals of Child Development, 9*, 67–102.
Gauvain, M. (1995). Influence of the purpose of an interaction on adult-child planning. *Infancia y Aprendizaje, 69–70*, 141–155.

Gay, G. (2000). *Culturally responsive teaching: Theory, research, and practice*. New York: Teachers College Press.

Gee, J. P. (1989). The narrativization of experience in the oral style. *Journal of Education, 171*, 75–96.

Getis, V. L., & Vinovskis, M. A. (1992). History of child care in the United States before 1950. In M. E. Lamb, K. J. Sternberg, C.-P. Hwang, & A. G. Broberg (Eds.), *Child care in context* (pp. 185–206). Hillsdale, NJ: Erlbaum.

Gewirtz, J. L. (1965). The course of infant smiling in four child-rearing environments in Israel. In B. M. Foss (Ed.), *Determinants of infant behavior* (Vol. 3). London: Methuen.

Giaconia, R. M., & Hedges, L. V. (1982). Identifying features of effective open education. *Review of Educational Research, 52*, 579–602.

Gibson, J. J. (1979). *The ecological approach to visual perception*. Boston: Houghton Mifflin.

Gibson, M. A. (1988). *Accommodation without assimilation: Sikh immigrants in an American high school*. Ithaca, NY: Cornell University Press.

Gick, M. L., & Holyoak, K. J. (1980). Analogical problem solving. *Cognitive Psychology, 12*, 306–355.

Gilligan, C., Lyons, N. P., & Hanmer, T. J. (Eds.). (1990). *Making connections: The relational worlds of adolescent girls at Emma Willard School*. Cambridge, MA: Harvard University Press.

Ginsburg, H. P., Posner, J. K., & Russell, R. L. (1981). The development of mental addition as a function of schooling and culture. *Journal of Cross-Cultural Psychology, 12*, 163–178.

Gjerde, P. F., & Onishi, M. (2000). In search of theory: The study of "ethnic groups" in developmental psychology. *Journal of Research on Adolescence, 10*, 291–299.

Gladwin, T. (1971). *East is a big bird*. Cambridge, MA: Harvard University Press.

Goldberg, S. (1972). Infant care and growth in urban Zambia. *Human Development, 15*, 77–89.

Goldberg, S. (1977). Infant development and mother-infant interaction in urban Zambia. In P. H. Leiderman, S. R. Tulkin, & A. Rosenfeld (Eds.), *Culture and infancy*. New York: Academic Press.

Göncü, A. (1987). Toward an interactional model of developmental changes in social pretend play. In L. G. Katz & K. Steiner (Eds.), *Current topics in early childhood education* (Vol. 7, pp. 126–149). Norwood, NJ: Ablex.

Göncü, A. (1993). Guided participation in Keçioren. In B. Rogoff, J. Mistry, A. Göncü, & C. Mosier, *Guided participation in cultural activity by toddlers and caregivers. Monographs of the Society for Research in Child Development, 58* (7, Serial No. 236, pp. 126–147).

Goodnow, J. J. (1962). A test of milieu effects with some of Piaget's tasks. *Psychological Monographs, 76* (36, Whole No. 555).

Goodnow, J. J. (1976). The nature of intelligent behavior: Questions raised by cross-cultural studies. In L. B. Resnick (Ed.), *The nature of intelligence*. Hillsdale, NJ: Erlbaum.

Goodnow, J. J. (1980). Everyday concepts of intelligence and its development. In N. Warren (Ed.), *Studies in cross-cultural psychology* (Vol. 2, pp. 191–219). London: Academic Press.

Goodnow, J. J. (1990). The socialization of cognition: What's involved? In J.W. Stigler, R.A. Shweder, & G. Herdt (Eds.), *Cultural psychology* (pp. 259–286). Cambridge, England: Cambridge University Press.

Goodnow, J. J. (1993). Direction of post-Vygotskian research. In E. A. Forman, N. Minick, & C. A. Stone (Eds.), *Contexts for learning: Sociocultural dynamics in children's development* (pp. 369–381). New York: Oxford University Press.

Goodnow, J. J., Cashmore, J., Cotton, S., & Knight, R. (1984). Mothers' developmental timetables in two cultural groups. *International Journal of Psychology, 19*, 193–205.

Goodwin, M. H. (1990). *He-said-she-said: Talk as social organization among Black children*. Bloomington: Indiana University Press.

Goody, E. N. (1978). Towards a theory of questions. In E. N. Goody (Ed.), *Questions and politeness* (pp. 17–43). Cambridge, England: Cambridge University Press.

Goody, J. (1977). *The domestication of the savage mind*. Cambridge, England: Cambridge University Press.

Goody, J., & Watt, I. (1968). The consequences of literacy. In J. R. Goody (Ed.), *Literacy in traditional societies*. Cambridge, England: Cambridge University Press.

Gossen, G. H. (1976). Verbal dueling in Chamula. In B. Kirshenblatt-Gimblett (Ed.), *Speech play* (pp. 121–146). Philadelphia: University of Pennsylvania Press.

Graves, N. B., & Graves, T. D. (1983). The cultural context of prosocial development: An ecological model. In D. L. Bridgeman (Ed.), *The nature of prosocial development* (pp. 243–264). New York: Academic.

Graves, Z. R., & Glick, J. (1978). The effect of context on mother-child interaction. *Quarterly Newsletter of the Institute for Comparative Human Development, 2*, 41–46.

Greene, M. (1986). Philosophy and teaching. In M. C. Wittrock (Ed.), *Handbook of research on teaching* (3rd ed., pp. 479–501). New York: Macmillan.

Greenfield, P. J. (1996). Self, family, and community in White Mountain Apache society. *Ethos, 24*, 491–509.

Greenfield, P. M. (1966). On culture and conservation. In J. S. Bruner, R. R. Olver, & P. M. Greenfield (Eds.), *Studies in cognitive growth*. New York: Wiley.

Greenfield, P. M. (1974). Comparing dimensional categorization in natural and artificial contexts: A developmental study among the Zinacantecos of Mexico. *Journal of Social Psychology, 93*, 157–171.

Greenfield, P. M. (1984). A theory of the teacher in the learning activities of everyday life. In B. Rogoff & J. Lave (Eds.), *Everyday cogniton: Its development in social context*. Cambridge, MA: Harvard University Press.

Greenfield, P. M., & Childs, C. P. (1977). Understanding sibling concepts: A developmental study of kin terms in Zinacantan. In P. R. Dasen (Ed.), *Piagetian psychology: Cross-cultural contributions*. New York: Gardner.

Greenfield, P. M., & Lave, J. (1982). Cognitive aspects of informal education. In D. Wagner & H. Stevenson (Eds.), *Cultural perspectives on child development*. San Francisco: Freeman.

Greenfield, P. M., & Smith, J. (1976). *The structure of communication in early language development*. New York: Academic.

Greenfield, P. M., & Suzuki, L. K. (1998). Culture and human development: Implications for parenting, education, pediatrics, and mental health. In W. Damon (General Ed.) & I. E. Sigel & K. A. Renninger (Vol. Eds.), *Handbook of child psychology: Vol. 4. Child psychology in practice* (5th ed.). New York: Wiley.

Griego, M.C., Bucks, B. L., Gilbert, S. S., & Kimball, L.H. (1981). *Tortillitas para Mamá and other nursery rhymes*. New York: Holt.

Grob, C. S., & Dobkin de Rios, M. (1994). Hallucinogens, managed states of consciousness, and adolescents: Cross-cultural perspectives. In P. K. Bock (Ed.), *Handbook of psychological anthropology* (pp. 315–329). Westport, CT: Greenwood Press.

Grossmann, K., Grossmann, K. E., Spangler, G., Suess, G., & Unzner, L. (1985). Maternal sensitivity and newborns' orientation responses as related to quality of attachment in northern Germany. In I. Bretherton & E. Waters (Eds.), *Growing points of attachment theory and research. Monographs of the Society for Research in Child Development, 50* (1–2, Serial no. 209, pp. 233–256).

Gump, P., Schoggen, P., & Redl, F. (1963). The behavior of the same child in different milieus. In R. C. Barker (Ed.), *The stream of behavior*. New York: Appleton-Century-Crofts.

Gundlach, R., McLane, J. B., Stott, F. M., & McNamee, G. D. (1985). The social foundations of children's early writing development. In M. Farr (Ed.), *Advances in writing research* (Vol. 1). Norwood, NJ: Ablex.

Guthrie, P. (2001). "Catching sense" and the meaning of belonging on a South Carolina Sea Island. In S. S. Walker (Ed.), *African roots/American cultures: Africa in the creation of the Americas* (pp. 275–283). Lanham, MD: Rowman & Littlefield.

Gutiérrez, K. D., Baquedano-López, P., & Tejada, C. (1999). Rethinking diversity: Hybridity and hybrid language practices in the third space. *Mind, Culture, and Activity, 6*, 286–303.

Gutierrez, R. A. (1991). *When Jesus came, the Corn Mothers went away*. Stanford, CA: Stanford University Press.

Haight, W. L. (1998). "Gathering the spirit" at First Baptist Church: Spirituality as a protective factor in the lives of African American children. *Social Work, 43*, 213–221.

Haight, W. L. (1999). The pragmatics of caregiver-child pretending at home: Understanding culturally specific socialization practices. In A. Göncü (Ed.), *Children's engagement in the world: Sociocultural perspectives*. Cambridge, England: Cambridge University Press.

Haight, W. L. (2002). *African-American children at church: A sociocultural perspective*. Cambridge, UK: Cambridge University Press.

Haight, W. L., Parke, R. D., & Black, J. E. (1997). Mothers' and fathers' beliefs about and spontaneous participation in their toddlers' pretend play. *Merrill-Palmer Quarterly, 43*, 271–290.

Haight, W. L., Wang, X., Fung, H. H., Williams, K., & Mintz, J. (1999). Universal, developmental, and variable aspects of young children's play: A cross-cultural comparison of pretending at home. *Child Development, 70*, 1477–1488.

Hale-Benson, J. E. (1986). *Black children: Their roots, culture, and learning styles*. Baltimore, MD: Johns Hopkins University Press.

Haley, A. (1972). *My furthest-back person — The African*. New York, Paul R. Reynolds. [Quotations from excerpted version in Weitzman, D. (1976). *Underfoot: An everyday guide to exploring the American past*. New York: Scribner.]

Hall, A. J. (1990). Immigration today. *National Geographic, 178*, 103–105.

Hall, J. W. (1972). Verbal behavior as a function of amount of schooling. *American Journal of Psychology, 85*, 277–289.

Haney, C. (1995). The social context of capital murder: Social histories and the logic of mitigation. *Santa Clara Law Review, 35*, 547–609.

Hanks, C., & Rebelsky, F. (1977). Mommy and the midnight visitor: A study of occasional co-sleeping. *Psychiatry, 40*, 277–280.

Hareven, T. (1985). Historical changes in the family and the life course: Implications for child development. In A. B. Smuts & J. W. Hagen (Eds.), *History and research in child development. Monographs of the Society for Research in Child Development, 50* (4–5, Serial no. 211, pp. 8–23).

Hareven, T. K. (1989). Historical changes in children's networks in the family and community. In D. Belle (Ed.), *Children's social networks and social supports* (pp. 15–36). New York: Wiley.

Harkness, S., Edwards, C. P., & Super, C. M. (1977). *Kohlberg in the bush: A study of moral reasoning among the elders of a rural Kipsigis community*. Paper presented at the meeting of the Society for Cross-Cultural Research, East Lansing, MI.

Harkness, S., & Super, C. M. (1977). Why African children are so hard to test. In L. L. Adler (Ed.), *Issues in cross-cultural research. Annals of the New York Academy of Sciences, 285*, 326–331.

Harkness, S., & Super, C. M. (1983). The cultural construction of child development: A framework for the socialization of affect. *Ethos, 11*, 221–231.

Harkness, S., & Super, C. M. (1985). The cultural context of gender segregation in children's peer groups. *Child Development, 56*, 219–224.

Harkness, S., & Super, C. M. (1987). Fertility change, child survival, and child development: Observations on a rural Kenyan community. In N. Scheper-Hughes (Ed.), *Child survival* (pp. 59–70). Boston: D. Reidel.

Harkness, S., & Super, C. M. (1992a). Parental ethnotheories in action. In I. E. Sigel, A. V. McGillicuddy-DeLisi, & J. J. Goodnow (Eds.), *Parental belief systems* (pp. 373–391). Hillsdale, NJ: Erlbaum.

Harkness, S., & Super, C. M. (1992b). Shared child care in East Africa: Sociocultural origins and developmental consequences. In M. E. Lamb, K. J. Sternberg, C.-P. Hwang, & A. G. Broberg (Eds.), *Child care in context* (pp. 441–459). Hillsdale, NJ: Erlbaum.

Harkness, S., Super, C. M., & Keefer, C. H. (1992). Learning to be an American parent: How cultural models gain directive force. In R. G. D'Andrade & C. Strauss (Eds.), *Human motivation and cultural models* (pp. 163–178). Cambridge, England: Cambridge University Press.

Harrison, A. O., Wilson, M. N., Pine, C. J., Chan, S. Q., & Buriel, R. (1990). Family ecologies of ethnic minority children. *Child Development, 61*, 347–362.

Hartup, W. W. (1977, Fall). Peers, play, and pathology: A new look at the social behavior of children. *Newsletter of the Society for Research in Child Development*.

Harwood, R. L., Miller, J. G., & Irizarry, N. L. (1995). *Culture and attachment: Perceptions of the child in context*. New York: Guilford.

Hatano, G. (1982). Cognitive consequences of practice in culture specific procedural skills. *Quarterly Newsletter of the Laboratory of Comparative Human Cognition, 4*, 15–17.

Hatano, G. (1988). Social and motivational bases for mathematical understanding. In G. B. Saxe & M. Gearhart (Eds.), *Children's mathematics* (pp. 55–70). San Francisco: Jossey-Bass.

Hatano, G., & Inagaki, K. (1996, May). *Cultural contexts of schooling revisited*. Paper presented at the conference "Global prospects for education: Development, culture, and schooling," Ann Arbor, MI.

Hatano, G., & Inagaki, K. (2000). Domain-specific constraints of conceptual development. *International Journal of Behavioral Development, 24*, 267–275.

Hawkins, J. (1987, April). *Collaboration and dissent*. Paper presented at the meetings of the Society for Research in Child Development, Baltimore, MD.

Hay, D. F. (1980). Multiple functions of proximity seeking in infancy. *Child Development, 51*, 636–645.

Hay, D. F., Murray, P., Cecire, S., & Nash, A. (1985). Social learning of social behavior in early life. *Child Development, 56*, 43–57.

Haynes, N. M., & Gebreyesus, S. (1992). Cooperative learning: A case for African American students. *School Psychology Review, 21*, 577–585.

Hays, W. C., & Mindel, C. H. (1973). Extended kinship relations in Black and White families. *Journal of Marriage and the Family, 35*, 51–57.

Heath, S. B. (1982). What no bedtime story means: Narrative skills at home and school. *Language in Society, 11*, 49–76.

Heath, S. B. (1983). *Ways with words: Language, life, and work in communities and classrooms*. Cambridge, England: Cambridge University Press.

Heath, S. B. (1989a). The learner as cultural member. In M. L. Rice & R. L. Schiefelbusch (Eds.), *The teachability of language*. Baltimore: Paul H. Brookes.

Heath, S. B. (1989b). Oral and literate traditions among Black Americans living in poverty. *American Psychologist, 44*, 367–373.

Heath, S. B. (1991). "It's about winning!" The language of knowledge in baseball. In L. B. Resnick, J. M. Levine, & S. D. Teasley (Eds.), *Perspectives on socially shared cognition*. Washington, DC: American Psychological Association.

Heath, S. B. (1998). Working through language. In S.M. Hoyle & C. Temple Adger (Eds.), *Kids talk: Strategic language use in later childhood* (pp. 217–240). Oxford: Oxford University Press.

Hendry, J. (1986). *Becoming Japanese: The world of the preschool child*. Honolulu: University of Hawaii Press.

Henry, J. (1955). Culture, education, and communications theory. In G. D. Spindler (Ed.), *Education and anthropology*. Stanford, CA: Stanford University Press.

Hentoff, N. (1976). How does one learn to be an adult? In S. White (Ed.), *Human development in today's world*. Boston: Little, Brown.

Henze, R. C. (1992). *Informal teaching and learning: A study of everyday cognition in a Greek community*. Hillsdale NJ: Erlbaum.

Hernandez, D. J. (1993). *America's children: Resources from family, government, and the economy*. New York: Russell Sage Foundation.

Hernandez, D. J. (1994, Spring). Children's changing access to resources: A historical perspective. *Society for Research in Child Development Social Policy Report, 8* (1), 1–23.

Hewlett, B. S. (1991). *Intimate fathers: The nature and context of Aka Pygmy paternal infant care*. Ann Arbor: University of Michigan Press.

Hewlett, B. S. (1992). The parent-infant relationship and social-emotional development among Aka Pygmies. In J. L. Roopmarine & D. B. Carter (Eds.), *Parent-child socialization in diverse cultures* (pp. 223–243). Norwood, NJ: Ablex.

Hicks, G. (1976). *Appalachian valley*. New York: Holt, Rinehart & Winston.

Highwater, J. (1995). The intellectual savage. In N. R. Goldberger & J. B. Veroff (Eds.), *The culture and psychology reader*. New York: New York University Press.

Hilliard, A. G., III, & Vaughn-Scott, M. (1982). The quest for the "minority" child. In S. G. Moore & C. R. Cooper (Eds.), *The young child: Reviews of research* (Vol. 3, pp. 175–189). Washington, DC: National Association for the Education of Young Children.

Hoffman, D. M. (1997, November). *Interrogating identity: New visions of self and other in the study of education*. Paper presented at the meeting of the American Anthropological Association, Washington, DC.

Hogbin, H. I. (1943). A New Guinea infancy: From conception to weaning in Wogeo. *Oceania, 13*, 285–309.

Holliday, B.G. (1985). Developmental imperatives of social ecologies: Lessons learned from Black children. In H. P. McAdoo & J. L. McAdoo (Eds.), *Black children* (pp. 53–71). Beverly Hills, CA: Sage.

Hollingshead, A. B. (1949). *Elmtown's youth: The impact of social class on adolescents*. New York: Wiley.

Hollos, M. (1980). Collective education in Hungary: The development of competitive, cooperative and role-taking behaviors. *Ethos, 8*, 3–23.

Horgan, E. S. (1988). The American Catholic Irish family. In C. H. Mindel, R. W. Habenstein, & R. Wright, Jr. (Eds.), *Ethnic families in America* (3rd ed., pp. 45–75). New York: Elsevier.

Houser, S. (1996). Accountability: What tribal colleges can teach —and learn. *Tribal College Journal, 8*, 18–21.

How we got into college: Six freshmen tell their tales. (1998–1999). *College Times*, pp. 28–29.

Howard, A. (1970). *Learning to be Rotuman*. New York: Teachers College Press.

Howard, A., & Scott, R. A. (1981). The study of minority groups in complex societies. In R. H. Munroe, R. L. Munroe, & B. B. Whiting (Eds.), *Handbook of cross-cultural human development* (pp. 113–152). New York: Garland.

Huston, A. C., & Wright, J. C. (1998). Mass media and children's development. In W. Damon (General Ed.), I. E. Sigel & K. A. Renninger (Vol. Eds.), *Handbook of child psychology: Vol. 4. Child psychology in practice* (5th ed. pp. 999–1058. New York: Wiley.

Hutchins, E. (1991). The social organization of distributed cognition. In L. B. Resnick, J. M. Levine, & S. D. Teasley (Eds.), *Perspectives on socially shared cognition*. Washington, DC: American Psychological Association.

Institute for the Study of Social Change. (1991, November). Final report of *The Diversity Project*, University of California, Berkeley.

Irvine, J. T. (1978). Wolof "magical thinking": Culture and conservation revisited. *Journal of Cross-Cultural Psychology, 9*, 300–310.

Irwin, M. H., & McLaughlin, D. H. (1970). Ability and preference in category sorting by Mano schoolchildren and adults. *Journal of Social Psychology, 82*, 15–24.

Irwin, M. H., Schafer, G. N., & Feiden, C. P. (1974). Emic and unfamiliar category sorting of Mano farmers and U.S. undergraduates. *Journal of Cross-Cultural Psychology, 5*, 407–423.

Jackson, J. F. (1993). Multiple caregiving among African-Americans and infant attachment: The need for an emic approach. *Human Development, 36*, 87–102.

Jahoda, G. (2000). On the prehistory of cross-cultural development research. In A. L. Comunian & U. Gielen (Eds.), *International perspectives on human development* (pp. 5–17). Lengerich, Germany: Pabst Science Publishers.

Jahoda, G., & Krewer, B. (1997). History of cross-cultural and cultural psychology. In J. W. Berry, Y. H. Poortinga, & J. Pandey (Eds.), *Handbook of cross-cultural psychology: Vol. 1. Theory and method* (pp. 1–42) Boston: Allyn and Bacon.

Jiao, S., Ji, G., & Jing, Q. (1996). Cognitive development of Chinese urban only children and children with siblings. *Child Development, 67*, 387–395.

John-Steiner, V. (1984). Learning styles among Pueblo children. *Quarterly Newsletter of the Laboratory of Comparative Human Cognition, 6*, 57–62.

John-Steiner, V. (1985). *Notebooks of the mind: Explorations of thinking*. Albuquerque: University of New Mexico Press.

John-Steiner, V. (1992). Creative lives, creative tensions. *Creativity Research Journal, 5*, 99–108.

John-Steiner, V., & Tatter, P. (1983). An interactionist model of language development. In B. Bain (Ed.), *The sociogenesis of language and human conduct* (pp. 79–97). New York: Plenum.

Jordan, B. (1989). Cosmopolitical obstetrics: Some insights from the training of traditional midwives. *Social Science Medicine, 28*, 925–944.

Jordan, C. (1977, February). *Maternal teaching, peer teaching, and school adaptation in an urban Hawaiian population*. Paper presented at the meetings of the Society for Cross-Cultural Research, East Lansing, MI.

Joseph, A., Spicer, R. B., & Chesky, J. (1949). *The desert people: A study of the Papago Indians*. Chicago: University of Chicago Press.

Jusczyk, P. W. (1997). *The discovery of spoken language*. Cambridge, MA: MIT Press.

Kagan, J., Klein, R. E., Finley, G. E., Rogoff, B., & Nolan, E. (1979). A cross-cultural study of cognitive development. *Monographs of the Society for Research in Child Development, 44* (5, Serial No. 180).

Kagitçibasi, C., (1996). The autonomous-relational self: A new synthesis. *European Psychologist, 1*, 180–186.

Kagitçibasi, C., & Sunar, D. (1992). Family and socialization in Turkey. In J. L. Roopnarine & D. B. Carter (Eds.), *Parent-child socialization in diverse cultures*. Norwood, NJ: Ablex.

Kasten, W. C. (1992). Bridging the horizon: American Indian beliefs and whole language learning. *Anthropology and Educational Quarterly, 23*, 57–62.

Kawagley, O. (1990). Yup'ik ways of knowing. *Canadian Journal of Native Education, 17*, 5–17.

Kearins, J. M. (1981). Visual spatial memory in Australian aboriginal children of desert regions. *Cognitive Psychology, 13*, 434–460.

Keating, C. F. (1994). World without words: Messages from face and body. In W.J. Lonner & R. Malpass (Eds.), *Psychology and culture* (pp. 175–182). Boston: Allyn and Bacon.

Kelly, M. (1977). Papua New Guinea and Piaget—An eight-year study. In P. R. Dasen (Ed.), *Piagetian psychology: Cross-cultural contributions*. New York: Gardner Press.

Kenyatta, J. (1953). *Facing Mount Kenya: The tribal life of the Gikuyu*. London: Secker & Warburg.

Kilbride, P. L. (1980). Sensorimotor behavior of Baganda and Samia infants. *Journal of Cross-Cultural Psychology, 11*, 131–152.

Kim, U., & Choi, S.-H. (1994). Individualism, collectivism, and child development: A Korean perspective. In P. M. Greenfield & R. R. Cocking (Eds.), *Cross-cultural roots of minority child development* (pp. 227–257). Hillsdale, NJ: Erlbaum.

Kiminyo, D. M. (1977). A cross-cultural study of the development of conservation of mass, weight, and volume among Kamba children. In P. R. Dasen (Ed.), *Piagetian psychology: Cross-cultural contributions*. New York: Gardner Press.

Kingsolver, B. (1995). *High tide in Tucson*. New York: Harper-Collins.

Kleinfeld, J. S. (1973). Intellectual strengths in culturally different groups: An Eskimo illustration. *Review of Educational Research, 43*, 341–359.

Klich, L. Z. (1988). Aboriginal cognition and psychological science. In S. H. Irvine & J. W. Berry (Eds.), *Human abilities in cultural context* (pp 427–452). New York: Cambridge University Press.

Kluckhohn, C. (1949). *Mirror for man*. New York: McGraw-Hill.

Kobayashi, V. (1964). *John Dewey in Japanese educational thought*. Ann Arbor: University of Michigan School of Education.

Kobayashi, Y. (1994). Conceptual acquisition and change through social interaction. *Human Development, 37*, 233–241.

Kohlberg, L. (1976). Moral stages and moralization. In T. Lickona (Ed.), *Moral development and behavior*. New York: Holt, Rinehart & Winston.

Kohn, A. (1993, September). Choices for children: Why and how to let students decide. *Phi Delta Kappan*, 8–20.

Kojima, H. (1986). Child rearing concepts as a belief-value system of the society and the individual. In H. Stevenson, H. Azuma, & K. Hakuta (Eds.), *Child development and education in Japan* (pp. 39–54). New York: Freeman.

Kojima, H. (1996). Japanese childrearing advice in its cultural, social, and economic contexts. *International Journal of Behavioral Development, 19*, 373–391.

Konner, M. (1972). Aspects of the developmental ethology of a foraging people. In N. Blurton-Jones (Ed.), *Ethological studies of child behavior*. Cambridge, England: Cambridge University Press.

Konner, M. (1975). Relations among infants and juveniles in comparative perspective. In M. Lewis & L. A. Rosenblum (Eds.), *Friendship and peer relations*. New York: Wiley.

Kozulin, A. (1990). *Vygotsky's psychology*. Cambridge, MA: Harvard University Press.

Kugelmass, N. (1959). *Complete child care*. New York: Holt, Rinehart & Winston.

Laboratory of Comparative Human Cognition. (1979). Cross-cultural psychology's challenges to our ideas of children and development. *American Psychologist, 34*, 827–833.

Laboratory of Comparative Human Cognition. (1983). Culture and cognitive development. In P. H. Mussen (Series Ed.), W. Kessen (Vol. Ed.), *Handbook of child psychology: Vol. 1. History, theory, and methods* (pp. 294–356). New York: Wiley.

Lamb, M. E., Sternberg, K. J., Hwang, C.-P., & Broberg, A. G. (1992). *Child care in context*. Hillsdale, NJ: Erlbaum.

Lamb, M. E., Sternberg, K. J., & Ketterlinus, R. D. (1992). Child care in the United States: The modern era. In M. E. Lamb, K. J. Sternberg, C.-P. Hwang, & A. G. Broberg (Eds.), *Child care in context* (pp. 207–222). Hillsdale, NJ: Erlbaum.

Lamborn, S. D., Dornbusch, S. M., & Steinberg, L. (1996). Ethnicity and community context as moderators of the relations between family decision making and adolescent adjustment. *Child Development, 67*, 283–301.

Lamphere, L. (1977). *To run after them: Cultural and social bases of cooperation in a Navajo community*. Tucson: University of Arizona Press.

Lancy, D. F. (1996). *Playing on the mother-ground*. New York: Guilford.

Lancy, D. F. (Ed.). (1978). The indigenous mathematics project. [Special issue]. *Journal of Education, 14*.

Lancy, D. F. (1980). Play in species adaptation. *Annual Review of Anthropology, 9*, 471–495.

Latouche, S. (1996). *The Westernization of the world*. London: Polity Press.

Laurendeau-Bendavid, M. (1977). Culture, schooling, and cognitive development: A comparative study of children in French Canada and Rwanda. In P. R. Dasen (Ed.), *Piagetian psychology: Cross-cultural contributions*. New York: Gardner.

Lave, J. (1977). Tailor-made experiments and evaluating the intellectual consequences of apprenticeship training. *Quarterly Newsletter of the Institute for Comparative Human Development, 1*, 1–3.

Lave, J. (1988a). *Cognition in practice: Mind, mathematics and culture in everyday life*. Cambridge, England: Cambridge University Press.

Lave, J. (1988b). *The culture of acquisition and the practice of understanding*. Institute for Research on Learning, Report No. IRL88–0007.

Lave, J., & Wenger, E. (1991). *Situated learning: Legitimate peripheral participation.* Cambridge, England: Cambridge University Press.

Laye, C. (1959). *The African child: Memories of a West African childhood.* London: Fontana Books.

Lebra, T. S. (1994). Mother and child in Japanese socialization: A Japan-U.S. comparison. In P. M. Greenfield & R. R. Cocking (Eds.), *Cross-cultural roots of minority child development* (pp. 259–274). Hillsdale, NJ: Erlbaum.

Lee, C. D. (1991). Big picture talkers/Words walking without masters: The instructional implications of ethnic voices for an expanded literacy. *Journal of Negro Education, 60,* 291–304.

Lee, C. D. (1993). *Signifying as a scaffold for literary interpretation.* Urbana, IL: National Council of Teachers of English.

Lee, C. D. (1995). Signifying as a scaffold for literary interpretation. *Journal of Black Psychology, 21,* 357–381.

Lee, C. D. (2001). Is October Brown Chinese? A cultural modeling activity system for underachieving students. *American Educational Research Journal, 38,* 97–141.

Lee, D. D. (1976). *Valuing the self: What we can learn from other cultures.* Englewood Cliffs, NJ: Prentice-Hall.

Lee, L. C. (1992). Day care in the People's Republic of China. In M. E. Lamb, K. J. Sternberg, C.-P. Hwang, & A. G. Broberg (Eds.), *Child care in context* (pp. 355–392). Hillsdale, NJ: Erlbaum.

Lee, R. B. (1980). Lactation, ovulation, infanticide, and women's work: A study of hunter-gatherer population regulation. In M. N. Cohen, R. S. Malpass, & H. G. Klein (Eds.), *Biosocial mechanisms of population regulation* (pp. 321–348). New Haven, CT: Yale University Press.

Leiderman, P. H., & Leiderman, G. F. (1973). *Polymatric infant care in the East African highlands: Some affective and cognitive consequences.* Paper presented at the Minnesota Symposium on Child Development, Minneapolis.

Leiderman, P. H., & Leiderman, G. F. (1974). Affective and cognitive consequences of polymatric infant care in the East African highlands. In A. D. Pick (Ed.), *Minnesota symposia on child psychology* (Vol. 8). Minneapolis: University of Minnesota Press.

Leiderman, P. H., Tulkin, S. R., & Rosenfeld, A. (Eds.). (1977). *Culture and infancy: Variations in the human experience.* Orlando, FL: Academic Press.

Lempers, J. D. (1979). Young children's production and comprehension of nonverbal deictic behaviors. *Journal of Genetic Psychology, 135,* 93–102.

Leont'ev, A. N. (1981). The problem of activity in psychology. In J. V. Wertsch (Ed.), *The concept of activity in Soviet psychology* (pp. 37–71). Armonk, New York: Sharpe.

Levin, P. F. (1990) Culturally contextualized apprenticeship: Teaching and learning through helping in Hawaiian families. *Quarterly Newsletter of the Laboratory for Comparative Human Cognition, 12,* 80–86.

Levine, R., Sato, S., Hashimoto, T., Verma, J. (1995). Love and marriage in eleven cultures. *Journal of Cross-Cultural Psychology, 26,* 554–571.

LeVine, R. A. (1966). Outsiders' judgments: An ethnographic approach to group differences in personality. *Southwestern Journal of Anthropology, 22,* 101–116.

LeVine, R. A. (1977). Child rearing as cultural adaptation. In P. H. Leiderman, S. R. Tulkin, & A. Rosenfeld (Eds.), *Culture and infancy: Variations in the human experience* (pp. 15–27). New York: Academic.

LeVine, R. A. (1980). A cross-cultural perspective on parenting. In M.D. Fantini & R. Cardenas (Eds.), *Parenting in a multicultural society.* New York: Longman.

LeVine, R. A., Dixon, S., LeVine, S., Richman, A., Leiderman, P. H., Keefer, C. H., & Brazelton, T. B. (1994). *Childcare and culture: Lessons from Africa.* New York: Cambridge University Press.

LeVine, R. A., & Miller, P. M. (1990). Commentary. *Human Development, 33,* 73–80.

Levinson, S. C. (1997). Language and cognition: The cognitive consequences of spatial description in Guugu Yimithirr. *Journal of Linguistic Anthropology, 7,* 98–131.

Lewis, C. C. (1995). *Educating hearts and minds: Reflections on Japanese preschool and elementary education.* Cambridge, England: Cambridge University Press.

Lewis, M., & Feiring, C. (1981). Direct and indirect interactions in social relationships. In L. P. Lipsett (Ed.), *Advances in infancy research* (Vol. 1, pp. 129–161). Norwood, NJ: Ablex.

Leyendecker, B., Lamb, M. E., Schölmerich, A., & Fracasso, M. P. (1995). The social worlds of 8- and 12-month-old infants: Early experiences in two subcultural contexts. *Social Development, 4,* 194–208.

Lillard, A. S. (1997). Other folks' theories of mind and behavior. *Psychological Science, 8,* 268–274.

Lipka, J. (1994). Schools failing minority teachers. *Educational Foundations, 8,* 57–80.

Lipka, J., with Mohatt, G. V., & the Ciulistet Group (1998). *Transforming the culture of schools: Yup'ik Eskimo examples.* Mahwah, NJ: Erlbaum.

Litowitz, B. E. (1993). Deconstruction in the zone of proximal development. In E. A. Forman, N. Minick, & C.A. Stone (Eds.), *Contexts for learning* (pp. 184–196) New York: Oxford University Press.

Little Soldier, L. (1989). Cooperative learning and the Native American student. *Phi Delta Kappan, 71,* 161–163.

Lomawaima, K. T. (1994). *They called it Prairie Light: The story of Chilocco Indian School.* Lincoln: University of Nebraska Press.

Losey, K. M. (1995). Mexican students and classroom interaction: An overview and critique. *Review of Educational Research, 65,* 283–318.

Lozoff, B., Wolf, A., & Davis, N. (1984). Cosleeping in urban families with young children in the United States. *Pediatrics, 74,* 171–182.

Lucy, J. A., & Gaskins, S. (1994, December). *The role of language in shaping the child's transition from perceptual to conceptual classification.* Paper presented at the meetings of the American Anthropological Association, Atlanta, GA.

Luria, A. R. (1976). *Cognitive development: Its cultural and social foundations.* Cambridge, MA: Harvard University Press.

Lutz, C., & LeVine, R. A. (1982). Culture and intelligence in infancy: An ethnopsychological view. In M. Lewis (Ed.), *Origins of intelligence: Infancy and early childhood* (pp. 1–28). New York: Plenum.

MacLachlan, P. (1989). Dialogue between Charlotte Zolotow and Patricia MacLachlan. *Horn Book, 65,* 740–741.

MacPhee, D., Fritz, J., & Miller-Heyl, J. (1996). Ethnic variations in personal social networks and parenting. *Child Development, 67,* 3278–3295.

Madsen, M. C., & Shapira, A. (1970). Cooperative and competitive behavior of urban Afro-American, Anglo-American, Mexican-American, and Mexican village children. *Developmental Psychology, 3,* 16–20.

Magarian, O. K. (1963, October). Light of the world. Tape recorded sermon [transcribed by E. Magarian]. Opa-Locka Methodist Church, Opa-Locka, FL.

Malinowski, B. (1927). *The father in primitive psychology.* New York: Norton.

Mandler, J. M., Scribner, S., Cole, M., & DeForest, M. (1980). Cross-cultural invariance in story recall. *Child Development, 51,* 19–26.

Martini, M. (1994a). Balancing work and family in Hawaii: Strategies of parents in two cultural groups. *Family Perspective, 28,* 103–127.

Martini, M. (1994b). Peer interactions in Polynesia: A view from the Marquesas. In J. L. Roopnarine, J. E. Johnson, & F. H. Hooper (Eds.), *Children's play in diverse cultures.* Albany: State University of New York Press.

Martini, M. (1995). Features of home environments associated with children's school success. *Early Child Development and Care, 111,* 49–68.

Martini, M. (1996). "What's new?" at the dinner table: Family dynamics during mealtimes in two cultural groups in Hawaii. *Early Development and Parenting, 5,* 23–34.

Martini, M., & Kirkpatrick, J. (1981). Early interactions in the Marquesas Islands. In T. M. Fields, A. M. Sostek, P. Vietze, & P. H. Leiderman (Eds.), *Culture and early interactions.* Hillsdale, NJ: Erlbaum.

Martini, M., & Kirkpatrick, J. (1992). Parenting in Polynesia: A view from the Marquesas. In J. L. Roopnarine & D. B. Carter (Eds.), *Parent-child socialization in diverse cultures: Vol. 5. Annual advances in applied developmental psychology* (pp. 199–222). Norwood, NJ: Ablex.

Martini, M., & Mistry, J. (1993). The relationship between talking at home and test taking at school: A study of Hawaiian preschool children. In R. N. Roberts (Ed.), *Coming home to preschool: The sociocultural context of early education: Vol. 7. Advances in applied developmental psychology.* Norwood, NJ: Ablex.

Massey, G.C., Hilliard, A. G., & Carew, J. (1982). Test-taking behaviors of Black toddlers: An interactive analysis. In L. Feagans & D.C. Farran (Eds.), *The language of children reared in poverty* (pp. 163–179). New York: Academic.

Mather, C. (1709–1724). Diary, in Collections of the Massachusetts Historical Society. Reprinted in Bremner, R. H. (Ed.) & J. Barnard, T. K. Hareven, & R. M. Mennel (Associate Eds.). (1970) *Children and youth in America: A documentary history: Vol. 1. 1600–1865.* Cambridge, MA: Harvard University Press.

Mathematics Achievement. (1996). *Mathematics achievement in the middle school years: IEA's Third International Mathematics and Science report.* Chestnut Hill, MA: TIMSS International Study Center, CSTEEP, Campion Hall 323, Boston College.

Matusov, E., Bell, N., & Rogoff, B. (2002). Schooling as cultural process: Working together and guidance by children from schools differing in collaborative practices. In R. V. Kail & H.W. Reese (Eds.), *Advances in child development and behavior* (Vol. 29, pp. 129–160). San Diego, CA: Academic Press.

Maybury-Lewis, D. (1992). *Millennium: Tribal wisdom and the modern world.* New York: Viking.

Maynard, A. E. (2002). Cultural teaching: The development of teaching skills in Maya sibling interactions. *Child Development, 73,* 969–982.

McBride, J. (1996). *The color of water: A Black man's tribute to his White mother.* New York: Riverhead Books.

McKenna, J. (1986). An anthropological perspective on the Sudden Infant Death Syndrome (SIDS): The role of parental breathing cues and speech breathing adaptations. *Medical Anthropology, 10,* 9–92.

McKenna, J. J., & Mosko, S. (1993). Evoluation and infant sleep: An experimental study of infant-parent co-sleeping and its implications for SIDS. *Acta Paediatrica Supplement, 389,* 31–36.

McLoyd, V. C., & Randolph, S. M. (1985). Secular trends in the study of Afro-American children: A review of *Child Development,* 1936–1980. In A. B. Smuts & J. W. Hagen (Eds.), *History and research in child development. Monographs of the Society for Research in Child Development.* (Serial No. 211, Vol. 50, pp. 78–92).

McNaughton, S. (1995). *Patterns of emergent literacy.* Melbourne: Oxford University Press.

McShane, D., & Berry, J. W. (1986). Native North Americans: Indian and Inuit abilities. In J. H. Irvine & J. W. Berry (Eds.), *Human abilities in cultural context* (pp. 385–426). Cambridge, England: Cambridge University Press.

Mead, M. (1935). *Sex and temperament.* New York: William Morrow.

Mead, M. (1942). Our educational emphases in primitive perspective. *American Journal of Sociology, 48,* 633–639.

Mehan, H. (1976). Assessing children's school performance. In J. Beck, C. Jenks, N. Keddie, & M. F. D. Young (Eds.), *Worlds apart* (pp. 161–180). London: Collier Macmillan.

Mehan, H. (1979). *Learning lessons: Social organization in the classroom.* Cambridge, MA: Harvard University Press.

Mehler, J., Jusczyk, P.W., Lambertz, G., Halsted, N., Bertoncini, J., & Amiel-Tison, C. (1988). A precursor of language acquisition in young infants. *Cognition, 29,* 143–178.

Meier, D. (1995). *The power of their ideas: Lessons for America from a small school in Harlem.* Boston: Beacon Press.

Merton, R. K. (1972). Insiders and outsiders: A chapter in the sociology of knowledge. *American Journal of Sociology, 78,* 9–47.

Metge, J. (1984). *Learning and teaching: He tikanga Maori.* Wellington: New Zealand Ministry of Education.

Meyer, J., Ramirez, J., & Soysal, Y. (1992). World expansion of mass education, 1870–1980. *Sociology of Education, 65,* 128–149.

Meyer, M. (1908). The grading of students. *Science, 28,* 243–250.

Michaels, S., & Cazden, C. B. (1986). Teacher/child collaboration as oral preparation for literacy. In B. B. Schieffelin & P. Gilmore (Eds.), *The acquisition of literacy: Ethnographic perspectives* (pp. 132–154). Norwood, NJ: Ablex.

Miller, B. D. (1995). Precepts and practices: Researching identity formation among Indian Hindu adolescents in the United States. In J. J. Goodnow, P. J. Miller, & F. Kessel (Eds.), *Cultural practices as contexts for development* (pp. 71–85). San Francisco: Jossey-Bass.

Miller, G. A., & Keller, J. (2000). Psychology and neuroscience: Making peace. *Current Directions in Psychological Science, 9,* 212–215.

Miller, K. F., Smith, C. M., Zhu, J., & Zhang, H. (1995). Preschool origins of cross-national differences in mathematical competence: The role of number-naming systems. *Psychological Science, 6,* 56–60.

Miller, P. (1982). *Amy, Wendy, & Beth: Learning language in South Baltimore.* Austin: University of Texas Press.

Miller, P. J., & Goodnow, J. J. (1995). Cultural practices: Toward an integration of culture and development. In J. J. Goodnow, P. J. Miller, & F. Kessel (Eds.), *Cultural practices as contexts for development* (pp. 5–16). San Francisco: Jossey-Bass.

Miller, P. J., & Hoogstra, L. (1992). Language as a tool in the socialization and apprehension of cultural meanings. In T. Schwartz, G. White, & C. Lutz (Eds.), *New directions in psychological anthropology.* Cambridge, England: Cambridge University Press.

Milton, O., Pollio, H.R., & Eison, J. A. (1986). *Making sense of college grades.* K. E. Eble (Consulting Ed.). San Francisco: Jossey-Bass.

Minami, M., & McCabe, A. (1995). Rice balls and bear hunts: Japanese and North American family narrative patterns. *Journal of Child Language, 22*, 423–445.
Minami, M., & McCabe, A. (1996). Compressed collections of experiences: Some Asian American traditions. In A. McCabe (Ed.), *Chameleon readers: Some problems cultural differences in narrative structure pose for multicultural literacy programs* (pp. 72–97). New York: McGraw-Hill.
Mindel, C. H., Habenstein, R. W., & Wright, R. Jr. (1988). (Eds.), *Ethnic families in America* (3rd ed.). New York: Elsevier.
Mintz, S., & Kellogg, S. (1988). *Domestic revolutions: A social history of American family life*. New York: Free Press.
Mistry, J. (1993a). Cultural context in the development of children's narratives. In J. Altarriba (Ed.), *Cognition and culture: A cross-cultural approach to psychology* (pp. 207–228). North-Holland: Elsevier Science Publishers.
Mistry, J. (1993b). Guided participation in Dhol-Ki-Patti. In B. Rogoff, J. Mistry, A. Göncü, & C. Mosier, (1993). *Guided participation in cultural activity by toddlers and caregivers. Monographs of the Society for Research in Child Development, 58* (7, Serial no. 236, pp. 102–125).
Mistry, J., Göncü, A., & Rogoff, B. (1988, April). *Cultural variations in role relations in the socialization of toddlers*. Paper presented at the International Conference of Infant Studies, Washington, DC.
Miura, I. T., Okamoto, Y., Kim, C. C., Chang, C.-M., Steere, M., & Fayol, M. (1994). Comparisons of children's cognitive representation of number: China, France, Japan, Korea, Sweden, and the United States. *International Journal of Behavioral Development, 17*, 401–411.
Miyake, K., Chen, S. J., & Campos, J. J. (1985). Infant temperament, mother's mode of interaction, and attachment in Japan: An interim report. In I. Bretherton & E. Waters (Eds.), *Growing points of attachment theory and research. Monographs of the Society for Research in Child Development, 50* (1–2, Serial no. 209), 276–297.
Moll, L. C., & Greenberg, J. B. (1990). Creating zones of possibilities: Combining social contexts for instruction. In L. C. Moll (Ed.), *Vygotsky and education: Instructional implications and applications of sociohistorical psychology*. Cambridge, England: Cambridge University Press.
Moll, L. C., Tapia, J., & Whitmore, K. F. (1993). Living knowledge: The social distribution of cultural sources for thinking. In G. Salomon (Ed.), *Distributed cognitions* (pp. 139–163). Cambridge, England: Cambridge University Press.
Moran, G. F., & Vinovskis, M. A. (1985). The great care of godly parents: Early childhood in Puritan New England. In A. B. Smuts & J. W. Hagen (Eds.), *History and research in child development. Monographs of the Society for Research in Child Development, 50* (4–5, Serial no. 211, pp. 24–37).
Morelli, G., Rogoff, B., & Angelillo, C. (2002, in press). Cultural variation in young children's access to worker involvement in specialized child-focused activities. *International Journal of Behavioral Development.*
Morelli, G. A., Rogoff, B., Oppenheim, D., & Goldsmith, D. (1992). Cultural variation in infants' sleeping arrangements: Questions of independence. *Developmental Psychology, 28*, 604–613.
Morelli, G. A., & Tronick, E. (1991). Parenting and child development in the Efe foragers and Lese farmers of Zaire. In M. H. Bornstein (Ed.), *Cultural approaches to parenting* (pp. 91–113). Hillsdale, NJ: Erlbaum.
Morelli, G. A., & Tronick, E. Z. (1992). Efe fathers: One among many? A comparison of forager children's involvement with fathers and other males. *Social Development, 1*, 36–54.
Moreno, R. P. (1991). Maternal teaching of preschool children in minority and low-status families: A critical review. *Early Childhood Research Quarterly, 6*, 395–410.
Morgan, E. S. (1944). *The Puritan family: Essays on religion and domestic relations in seventeenth-century New England*. Boston: Trustees of the Public Library.
Mosier, C. E., & Rogoff, B. (2002). *Privileged treatment of toddlers: Cultural aspects of autonomy and responsibility*. Manuscript submitted for publication.
Munroe, R. H., & Munroe, R. L. (1971). Household density and infant care in an East African society. *Journal of Social Psychology, 83*, 3–13.
Munroe, R. H., & Munroe, R. L. (1975a). *Infant care and childhood performance in East Africa*. Paper presented at the meetings of the Society for Research in Child Development, Denver, CO.
Munroe, R. L., & Munroe, R. H. (1975b). *Cross-cultural human development*. Monterey, CA: Brooks-Cole.
Munroe, R. L., & Munroe, R. H. (1997). Logoli childhood and the cultural reproduction of sex differentiation. In T. S. Weisner, C. Bradley, & P. L. Kilbride (Eds.), *African families and the crisis of social change* (pp. 299–314). Westport, CT: Bergin & Garvey.
Munroe, R. L., Munroe, R. H., Nerlove, S. B., Koel, A., Rogoff, B., Bolton, C., Michelson, C., & Bolton, R. (1977). *Sociobehavioral features of children's environments: Sex differences*. Unpublished manuscript, Harvard University.
Munroe, R. H., Munroe, R. L., & Whiting, B. B. (1981). *Handbook of cross-cultural human development*. New York: Garland.
Musick, J. S. (1994, Fall). Capturing the childrearing context. *SRCD Newsletter: A Publication of the Society for Research in Child Development.*
Myers, M. (1984). Shifting standards of literacy—the teacher's catch-22. *English Journal, 73*, 26–32.
Myers, M. (1996). *Changing our minds: Negotiating English and literacy*. Urbana, IL: National Council of Teachers of English.
Nagel, J. (1994). Constructing ethnicity: Creating and recreating ethnic identity and culture. *Social Problems, 41*, 152–176.
Nash, M. (1967). *Machine age Maya*. Chicago: University of Chicago Press.
Neisser, U. (1976). General, academic, and artificial intelligence. In L. B. Resnick (Ed.), *The nature of intelligence*. Hillsdale, NJ: Erlbaum.
Neisser, U. (Ed.). (1982). *Memory observed: Remembering in natural contexts*. San Francisco: Freeman.
Nerlove, S. B., Roberts, J. M., Klein, R. E., Yarbrough, C., & Habicht, J.-P. (1974). Natural indicators of cognitive development: An observational study of rural Guatemalan children. *Ethos, 2*, 265–295.
New, R. (1994). Child's play—una cosa naturale: An Italian perspective. In J. L. Roopnarine, J. E. Johnson, & F. H. Hooper (Eds.), *Children's play in diverse cultures* (pp. 123–147). Albany: State University of New York Press.
New, R., & Richman, A. L. (1996). Maternal beliefs and infant care practices in Italy and the United States. In S. Harkness & C. M. Super (Eds.), *Parents' cultural belief systems: Their origins, expressions, and consequences*. New York: Guilford.
Newman, D., Griffin, P., & Cole, M. (1984). Social constraints in laboratory and classroom tasks. In B. Rogoff & J. Lave (Eds.), *Everyday cognition: Its development in social context* (pp. 172–193). Cambridge, MA: Harvard University Press.
Newman, D., Griffin, P., & Cole, M. (1989). *The construction zone: Working for cognitive change in school*. Cambridge, England: Cambridge University Press.
Newman, K. (1998). Place and race: Midlife experience in Harlem. In R. A. Shweder (Ed.), *Welcome to middle age! (and other cultural fictions)*. Chicago: University of Chicago Press.
Nicolopoulou, A. (1993). Play, cognitive development, and the social world: Piaget, Vygotsky, and beyond. *Human Development, 36*, 1–23.
Nicolopoulou, A. (1997). The invention of writing and the development of numerical concepts in Sumeria: Some implications for developmental psychology. In M. Cole, Y. Engeström, & O. Vasquez (Eds.), *Mind, culture, and activity: Seminal papers from the Laboratory of Comparative Human Cognition* (pp. 205–225). New York: Cambridge University Press.
Niehardt, J. G. (1932). *Black Elk speaks*. New York: Pocket.
Nieuwenhuys, O. (2000). The household economy and the commercial exploitation of children's work: The case of Kerala. In B. Schlemmer (Ed.), *The exploited child* (pp. 278–291). London: Zed Books.
Nsamenang, A. B. (1992). *Human development in cultural context: A third-world perspective*. Newbury Park, CA: Sage.
Nunes, T. (1995). Cultural practices and the conception of individual differences: Theoretical and empirical considerations. In J. J. Goodnow, P. J. Miller, & F. Kessel (Eds.), *Cultural practices as contexts for development* (pp. 91–103). San Francisco: Jossey-Bass.
Nunes, T. (1999). Mathematics learning as the socialization of the mind. *Mind, Culture, and Activity, 6*, 33–52.
Nunes, T., Schliemann, A. D., & Carraher, D. W. (1993). *Street mathematics and school mathematics*. Cambridge, England: Cambridge University Press.
Nyiti, R. M. (1976). The development of conservation in the Meru children of Tanzania. *Child Development, 47*, 1122–1129.
Oakeshott, M. J. (1962). *Rationalism in politics, and other essays*. New York: Basic Books.
Ochs, E. (1982). Talking to children in Western Samoa. *Language and Society, 11*, 77–104.
Ochs, E. (1988). *Culture and language development: Language acquisition and language socialization in a Samoan village*. Cambridge, England: Cambridge University Press.
Ochs, E. (1996). Linguistic resources for socializing humanity. In J. Gumperz & S. Levinson (Eds.), *Rethinking linguistic relativity* (pp. 407–438) Cambridge, England: Cambridge University Press.
Ochs, E., Jacoby, S., & Gonzales, P. (1994). Interpretive journeys: How physicists talk and travel through graphic space. *Configurations, 1*, 151–171.
Ochs, E., & Schieffelin, B. B. (1984). Language acquisition and socialization: Three developmental stories and their implications. In R. Schweder & R. LeVine (Eds.), *Culture and its acquisition*. Chicago: University of Chicago Press.
Ochs, E., Schieffelin, B. B., & Platt, M. (1979). Propositions across utterances and speakers. In E. Ochs & B. B. Schieffelin (Eds.), *Developmental pragmatics*. New York: Academic.
Ochs, E., Taylor, C., Rudolph, D., & Smith, R. (1992). Storytelling as a theory-building activity. *Discourse Processes, 15*, 37–72.
O'Connor, M.C., & Michaels, S. (1996). Shifting participant frameworks: Orchestrating thinking practices in group discussions. In D. Hicks (Ed.), *Discourse, learning, and schooling* (pp. 63–103). New York: Cambridge University Press.
Ogbu, J. U. (1982). Socialization: A cultural ecological approach. In K. M. Borman (Ed.), *The social life of children in a changing society* (pp. 253–267). Hillsdale, NJ: Erlbaum.
Ogbu, J. U. (1990). Cultural model, identity, and literacy. In J. W. Stigler, R. A. Shweder, & G. Herdt (Eds.), *Cultural psychology: Essays on comparative human development* (pp. 520–541). New York: Cambridge University Press.
Ogburn, W. F., & Nimkoff, M. F. (1955). *Technology and the changing family*. Boston: Houghton Mifflin.
Ogunnaike, O. A., & Houser, R. F., Jr. (2002). Yoruba toddlers' engagement in errands and cognitive performance on the Yoruba Mental Subscale. *International Journal of Behavioral Development, 26*, 145–153.
Okonji, M. O. (1971). The effects of familiarity on classification. *Journal of Cross-Cultural Psychology, 2*, 39–49.
Olson, D. R. (1976). Culture, technology, and intellect. In L. B. Resnick (Ed.), *The nature of intelligence*. Hillsdale, NJ: Erlbaum.
Oppenheim, D. (1998). Perspectives on infant mental health from Israel: The case of changes in collective sleeping on the kibbutz. *Infant Mental Health Journal, 19*, 76–86.
Orellana, M. F. (2001). The work kids do: Mexican and Central American immigrant children's contributions to households and schools in California. *Harvard Educational Review, 71*, 366–389.
Osberg, S. (1994, Fall). Letter from the executive director. *Back in Touch, 10*, 1.
Ottenberg, S. (1994). Initiations. In P. H. Bock (Ed.), *Handbook of psychological anthropology* (pp. 351–377). Westport, CT: Greenwood Press.
Page, H. W. (1973). Concepts of length and distance in a study of Zulu youths. *Journal of Social Psychology, 90*, 9–16.
Panel on Youth of the President's Science Advisory Committee. (1974). *Youth: Transition to adulthood*. Chicago: University of Chicago Press.
Papousek, M., Papousek, H., & Bornstein, M. H. (1985). The naturalistic vocal environment of young infants. In T. M. Field & N. Fox (Eds.), *Social perception in infants* (pp. 269–298). Norwood, NJ: Ablex.
Paradise, R. (1987). *Learning through social interaction: The experience and development of the Mazahua self in the context of the market*. Unpublished doctoral dissertation, University of Pennsylvania.
Paradise, R. (1991). El conocimiento cultural en el aula: Niños indígenas y su orientación hacia la observación [Cultural knowledge in the classroom: Indigenous children and their orientation toward observation]. *Infancia y Aprendizaje, 55*, 73–85.
Paradise, R. (1994). Interactional style and nonverbal meaning: Mazahua children learning how to be separate-but-together. *Anthropology & Education Quarterly, 25*, 156–172.
Parker, S., & Parker, H. (1979). The myth of male superiority: Rise and demise. *American Anthropologist, 81*, 289–309.
Paul, B. D. (1953). Interview techniques and field relationships. In A. L. Kroeber (Ed.), *Anthropology today*. Chicago: University of Chicago Press.
Pea, R. D. (1993). Practices of distributed intelligence and designs for education. In G. Salomon (Ed.), *Distributed cognitions* (pp. 47–87). Cambridge, England: Cambridge University Press.

Pea, R. D., & Gomez, L. M. (1992). Distributed multimedia learning environments: Why and how? *Interactive Learning Environments, 2*, 73–109.

Peak, L. (1986). Training learning skills and attitudes in Japanese early educational settings. In W. Fowler (Ed.), *Early experience and the development of competence*. San Francisco: Jossey-Bass.

Pelletier, W. (1970). Childhood in an Indian village. In S. Repo (Ed.), *This book is about schools* (pp. 18–31). New York: Pantheon Books.

Pepper, S. C. (1942). *World hypotheses: A study in evidence*. Berkeley: University of California Press.

Perry, P. (2001). White means never having to say you're ethnic. *Journal of Contemporary Ethnography, 30*, 56–91.

Pettigrew, T. F. (1998). Intergroup contact theory. *Annual Review of Psychology, 49*, 65–85.

Pewewardy, C., & Bushey, M. (1992). A family of learners and storytellers. *Native Peoples, 5*, 56–60.

Philips, S. U. (1972). Participant structure and communicative competence: Warm Springs children in community and classroom. In C. B. Cazden, V. P. John, & D. Hymes (Eds.), *Functions of language in the classroom* (pp. 370–394). New York: Teachers College Press.

Philips, S. U. (1983). *The invisible culture: Communication in classroom and community on the Warm Springs Indian Reservation*. Prospect Heights, IL: Waveland.

Philp, H., & Kelly, M. (1974). Product and process in cognitive development: Some comparative data on the performance of school age children in different cultures. *British Journal of Educational Psychology, 44*, 248–265.

Phinney, J. S. (1996). When we talk about American ethnic groups, what do we mean? *American Psychologist, 51*, 918–927.

Phinney, J. S., & Alipuria, L. L. (1996). At the interface of cultures: Multiethnic/multiracial high school and college students. *Journal of Social Psychology, 136*, 139–158.

Phinney, J. S., & Rotheram, M. J. (Eds.). (1987). *Children's ethnic socialization: Pluralism and development*. Newbury Park, CA: Sage.

Piaget, J. (1926). *The language and thought of the child*. New York: Harcourt, Brace.

Piaget, J. (1971). The theory of stages in cognitive development. In D. R. Green, M. P. Ford, & G. P. Flamer (Eds.), *Measurement and Piaget*. New York: McGraw-Hill.

Piaget, J. (1972). Intellectual evolution from adolescence to adulthood. *Human Development, 15*, 1–12.

Plank, G. A. (1994). What silence means for educators of American Indian children. *Journal of American Indian Education, 34*, 3–19.

Posner, J. K. (1982). The development of mathematical knowledge in two West African societies. *Child Development, 53*, 200–208.

Potts, M., & Short, R. (1999). *Ever since Adam and Eve: The evolution of human sexuality*. Cambridge, England: Cambridge University Press.

Pratt, C. (1948). *I learn from children: An adventure in progressive education*. New York: Simon & Schuster.

Price-Williams, D. R. (1975). *Explorations in cross-cultural psychology*. San Francisco: Chandler and Sharp.

Price-Williams, D. R. (1980). Anthropological approaches to cognition and their relevance to psychology. In H. C. Triandis & W. Lonner (Eds.), *Handbook of cross-cultural psychology* (Vol. 3). Boston: Allyn & Bacon.

Price-Williams, D. R., Gordon, W., & Ramirez, M., III. (1969). Skill and conservation: A study of pottery-making children. *Developmental Psychology, 1*, 769.

Rabain Jamin, J. (1994). Language and socialization of the child in African families living in France. In P. M. Greenfield & R. R. Cocking (Eds.), *Cross-cultural roots of minority child development* (pp. 147–166). Hillsdale, NJ: Erlbaum.

Read, M. (1968). *Children of their fathers: Growing up among the Ngoni of Malawi*. New York: Holt, Rinehart & Winston.

Reed, I. (Ed.). (1997). *Multi-America: Essays on cultural wars and cultural peace*. New York: Viking.

Reese, L. (2002). Parental strategies in contrasting cultural settings: Families in México and "El Norte." *Anthropology & Education Quarterly, 33*, 30–59.

Reser, J. P. (1982). Cultural relativity or cultural bias: A response to Hippler. *American Anthropologist, 84*, 399–404.

Resnick, D. P., & Resnick, L. B. (1977). The nature of literacy: An historical exploration. *Harvard Educational Review, 47*, 370–385.

Rheingold, H. L. (1982). Little children's participation in the work of adults: A nascent prosocial behavior. *Child Development, 53*, 114–125.

Richman, A. L., LeVine, R. A., New, R. S., Howrigan, G. A., Welles-Nystrom, B., & LeVine, S. E. (1988). Maternal behavior to infants in five cultures. In R. A. LeVine, P. M. Miller, & M. M. West (Eds.), *Parental behavior in diverse societies*. San Francisco: Jossey-Bass.

Richman, A. L., Miller, P. M., & Solomon, M. J. (1988). The socialization of infants in suburban Boston. In R. A. LeVine, P. M. Miller, & M. M. West (Eds.), *Parental behavior in diverse societies* (pp. 65–74). San Francisco: Jossey-Bass.

Riegel, K. F. (1973). Developmental psychology and society: Some historical and ethical considerations. In J. R. Nesselroade & H. W. Reese (Eds.), *Life-span developmental psychology: Methodological issues*. New York: Academic.

Riet, M. van der. (1998, June). *Socialization through story-telling*. Paper presented at the meetings of the International Society for Cultural Research and Activity Theory, Aarhus, Denmark.

Rogoff, B. (1978). *Companions and activities of Highland Maya children*. Paper presented at the meetings of the Society for Cross-Cultural Research, New Haven, CT.

Rogoff, B. (1981a). Adults and peers as agents of socialization: A highland Guatemalan profile. *Ethos, 9*, 18–36.

Rogoff, B. (1981b). The relation of age and sex to experiences during childhood in a highland community. *Anthropology UCLA, 11*, 25–41.

Rogoff, B. (1981c). Schooling and the development of cognitive skills. In H. C. Triandis & A. Heron (Eds.), *Handbook of cross-cultural psychology* (Vol. 4, pp. 233–294). Rockleigh, NJ: Allyn & Bacon.

Rogoff, B. (1982a). Integrating context and cognitive development. In M. E. Lamb & A. L. Brown (Eds.), *Advances in developmental psychology* (Vol. 2). Hillsdale, NJ: Erlbaum.

Rogoff, B. (1982b). Mode of instruction and memory test performance. *International Journal of Behavioral Development, 5*, 33–48.

Rogoff, B. (1986). Adult assistance of children's learning. In T. E. Raphael (Ed.), *The contexts of school based literacy*. New York: Random.

Rogoff, B. (1990). *Apprenticeship in thinking: Cognitive development in social context*. New York: Oxford University Press.

Rogoff, B. (1994). Developing understanding of the idea of communities of learners. *Mind, Culture, and Activity, 1*, 209–229.

Rogoff, B. (1996). Developmental transitions in children's participation in sociocultural activities. In A. J. Sameroff & M. M. Haith (Eds.), *The five to seven year shift: The age of reason and responsibility*. Chicago: University of Chicago Press.

Rogoff, B. (1997). Evaluating development in the process of participation: Theory, methods, and practice building on each other. In E. Amsel & A. Renninger (Eds.), *Change and development: Issues of theory, application, and method* (pp. 265–285). Hillsdale, NJ: Erlbaum.

Rogoff, B. (1998). Cognition as a collaborative process. In W. Damon (Series Ed.) & D. Kuhn & R.S. Siegler (Vol. Eds.), *Cognition, perception and language: Vol. 2. Handbook of Child Psychology* (5th ed.). New York: Wiley.

Rogoff, B., & Angelillo, C. (2002). Investigating the coordinated functioning of multifaceted cultural practices in human development. *Human Development, 45*, 211–225.

Rogoff, B., Baker-Sennett, J., Lacasa, P., & Goldsmith, D. (1995). Development through participation in sociocultural activity. In J. Goodnow, P. Miller, & F. Kessel (Eds.), *Cultural practices as contexts for development*. San Francisco: Jossey-Bass.

Rogoff, B., Baker-Sennett, J., & Matusov, E. (1994). Considering the concept of planning. In M. M. Haith, J. B. Benson, R. J. Roberts, Jr., & B. F. Pennington (Eds.), *The development of future-oriented processes* (pp. 353–373). Chicago: University of Chicago Press.

Rogoff, B., & Chavajay, P. (1995). What's become of research on the cultural basis of cognitive development? *American Psychologist, 50*, 859–877.

Rogoff, B., Goodman Turkanis, C., & Bartlett, L. (2001). *Learning together: Children and adults in a school community*. New York: Oxford University Press.

Rogoff, B., & Lave, J. (1984). *Everyday cognition*. Cambridge, MA: Harvard University Press.

Rogoff, B., & Mistry, J. J. (1985). Memory development in cultural context. In M. Pressley & C. Brainerd (Eds.), *Cognitive learning and memory in children*. New York: Springer-Verlag.

Rogoff, B., Mistry, J., Göncü, A., & Mosier, C. (1991). Cultural variation in the role relations of toddlers and their families. In M. H. Bornstein (Ed.), *Cultural approaches to parenting* (pp. 173–183). Hillsdale, NJ: Erlbaum.

Rogoff, B., Mistry, J., Göncü, A., & Mosier, C. (1993). *Guided participation in cultural activity by toddlers and caregivers. Monographs of the Society for Research in Child Development, 58* (7, Serial no. 236).

Rogoff, B., & Mosier, C. (1993). Guided participation in San Pedro and Salt Lake. In B. Rogoff, J. Mistry, A. Göncü, & C. Mosier, *Guided participation in cultural activity by toddlers and caregivers. Monographs of the Society for Research in Child Development, 58* (7, Serial No. 236, pp. 59–101).

Rogoff, B., Paradise, R., Mejía Arauz, R. Correa-Chávez, M., & Angelillo, C. (2003). Firsthand learning through intent participation. *Annual Review of Psychology, 54*.

Rogoff, B., Sellers, M. J., Pirotta, S., Fox, N., & White, S. H. (1975). Age of assignment of roles and responsibilities to children: A cross-cultural survey. *Human Development, 18*, 353–369.

Rogoff, B., & Toma, C. (1997). Shared thinking: Cultural and institutional variations. *Discourse Processes, 23*, 471–497.

Rogoff, B., Topping, K., Baker-Sennett, J., & Lacasa, P. (2002). Mutual contributions of individuals, partners, and institutions: Planning to remember in Girl Scout cookie sales. *Social Development, 11*, 266–289.

Rogoff, B., & Waddell, K. J. (1982). Memory for information organized in a scene by children from two cultures. *Child Development, U53*, 1224–1228.

Rohner, R. P. (1994). Patterns of parenting: The warmth dimension in worldwide perspective. In W. J. Lonner & R. Malpass (Eds.), *Psychology and culture* (pp. 113–120). Boston: Allyn and Bacon.

Rohner, R. P., & Chaki-Sirkar, M. (1988). *Women and children in a Bengali village*. Hanover, NH: University Press of New England.

Rohner, R. P., & Pettengill, S. M. (1985). Perceived parental acceptance-rejection and parental control among Korean adolescents. *Child Development, 56*, 524–528.

Rosenthal, M. K. (1992). Nonparental child care in Israel: A cultural and historical perspective. In M. E. Lamb, K. J. Sternberg, C.-P. Hwang, & A. G. Broberg (Eds.), *Child care in context* (pp. 305–330). Hillsdale, NJ: Erlbaum.

Rosenthal, M. K. (1999). Out-of-home child care research: A cultural perspective. *International Journal of Behavioral Development, 23*, 477–518.

Ross, B. M., & Millsom, C. (1970). Repeated memory of oral prose in Ghana and New York. *International Journal of Psychology, 5*, 173–181.

Rothbaum, F., Pott, M., Azuma, H., Miyake, K., & Weisz, J. (2000). The development of close relationships in Japan and the United States: Paths of symbiotic harmony and generative tension. *Child Development, 71*, 1121–1142.

Ruddle, K., & Chesterfield, R. (1978). Traditional skill training and labor in rural societies. *Journal of Developing Areas, 12*, 389–398.

Ruffy, M. (1981). Influence of social factors in the development of the young child's moral judgments. *European Journal of Social Psychology, 11*, 61–75.

Sagi, A. (1990). Attachment theory and research from a cross-cultural perspective. *Human Development, 33*, 10–22.

Sagi, A., van Ijzendoorn, M. H., Aviezer, O., Donnell, F., & Mayseless, O. (1994). Sleeping out of home in a kibbutz communal arrangement: It makes a difference for infant-mother attachment. *Child Development, 65*, 992–1004.

Saraswathi, T. S. (2000). Adult-child continuity in India: Is adolescence a myth or an emerging reality? In A. L. Comunian & U. Gielen (Eds.), *International perspectives on human development* (pp. 431–448). Lengerich, Germany: Pabst Science Publishers.

Saraswathi, T. S., & Dutta, R. (1988). *Invisible boundaries: Grooming for adult roles*. New Delhi: Northern Book Center.

Saxe, G. B. (1981). Body parts as numerals: A developmental analysis of numeration among the Oksapmin in Papua New Guinea. *Child Development, 52*, 306–316.

Saxe, G. B. (1988a). Candy selling and math learning. *Educational Researcher, 17*, 14–21.

Saxe, G. B. (1988b). The mathematics of street vendors. *Child Development, 59*, 1415–1425.

Saxe, G. B. (1991). *Culture and cognitive development: Studies in mathematical understanding*. Hillsdale, NJ: Erlbaum.

Scaife, M., & Bruner, J. (1975). The capacity for joint visual attention in the infant. *Nature, 253*, 265–266.

Schaffer, H. R. (1977). *Mothering*. London: Fontana/Open Books.

Schaffer, H. R. (1984). *The child's entry into the social world*. London: Academic Press.

Scheper-Hughes, N. (1985). Culture, scarcity, and maternal thinking: Maternal detachment and infant survival in a Brazilian shantytown. *Ethos, 13*, 291–317.

Schieffelin, B. B. (1986). Teasing and shaming in Kaluli children's interactions. In

B. B. Schieffelin & E. Ochs (Eds.), *Language socialization across cultures* (pp. 165–181). Cambridge, England: Cambridge University Press.

Schieffelin, B. B. (1991). *The give and take of everyday life: Language socialization of Kaluli children.* Cambridge, England: Cambridge University Press.

Schieffelin, B. B., & Eisenberg, A. R. (1984). Cultural variation in children's conversations. In R. Schiefelbusch & J. Pickar (Eds.), *The acquisition of communicative competence* (pp. 377–420). Baltimore: University Park Press.

Schiffrin, D. (1984). Jewish argument as sociability. *Language in Society, 13,* 311–335.

Schlegel, A. (1995). A cross-cultural approach to adolescence. *Ethos, 23,* 15–32.

Schlegel, A., & Barry, H., III. (1991). *Adolescence: An anthropological inquiry.* New York: Free Press.

Schliemann, A. D., Carraher, D. W., & Ceci, S. J. (1997). Everyday cognition. In J. W. Berry, P. R. Dasen, & T. S. Saraswathi (Eds.), *Handbook of cross-cultural psychology: Vol. 2. Basic processes and human development* (pp. 188–216). Boston: Allyn and Bacon.

Schoenfeld, A. H. (1989). Ideas in the air: Speculations on small group learning, environmental and cultural influences on cognition, and epistemology. *International Journal of Educational Research, 13,* 71–88.

Schrage, M. (1990). *Shared minds.* New York: Random House.

Schwartz, D., Dodge, K.A., Pettit, G.S., & Bates, J.E. (1997). The early socialization of aggressive victims of bullying. *Child Development, 68,* 665–675.

Scollon, R. (1976). *Conversations with a one-year-old.* Honolulu: University of Hawaii Press.

Scollon, R., & Scollon, S. (1981). *Narrative, literacy, and face in interethnic communication.* Norwood, NJ: Ablex.

Scribner, S. (1974). Developmental aspects of categorized recall in a West African society. *Cognitive Psychology, 6,* 475–494.

Scribner, S. (1975). Recall of classical syllogisms: A cross-cultural investigation of error on logical problems. In R. J. Falmagne (Ed.), *Reasoning: Representation and process in children and adults.* New York: Wiley.

Scribner, S. (1976). Situating the experiment in cross-cultural research. In K. F. Riegel & J. A. Meacham (Eds.), *The developing individual in a changing world* (Vol. 1, pp. 310–321). Chicago: Aldine.

Scribner, S. (1977). Modes of thinking and ways of speaking: Culture and logic reconsidered. In P. N. Johnson-Laird & P. C. Wason (Eds.), *Thinking.* Cambridge, England: Cambridge University Press.

Scribner, S. (1984). Studying working intelligence. In B. Rogoff & J. Lave (Eds.), *Everyday cognition: Its development in social context* (pp. 9–40). Cambridge, MA: Harvard University Press.

Scribner, S. (1985). Vygotsky's uses of history. In J. V. Wertsch (Ed.), *Culture, communication, and cognition: Vygotskian perspectives* (pp. 119–145). Cambridge, England: Cambridge University Press.

Scribner, S. (1997). A sociocultural approach to the study of mind. In E. Tobach, R. J. Falmagne, M. B. Parlee, L. M. W. Martin, & A. S. Kapelman (Eds.), *Mind and social practice: Selected writings of Sylvia Scribner* (pp. 266–280). Cambridge, UK: Cambridge University Press.

Scribner, S., & Cole, M. (1973). Cognitive consequences of formal and informal education. *Science, 182,* 553–559.

Scribner, S., & Cole, M. (1981). *The psychology of literacy.* Cambridge, MA: Harvard University Press.

Seagrim, G. N. (1977). Caveat interventor. In P. Dasen (Ed.), *Piagetian psychology: Cross-cultural contributions* (pp. 359–376). New York: Gardner.

Sears, R. (1961). Transcultural variables and conceptual equivalence. In B. Kaplan (Ed.), *Studying personality cross-culturally.* Evanston, IL: Row, Peterson & Company.

Segall, M. H., Ember, C. R., & Ember, M. (1997). Aggression, crime, and warfare. In J. W. Berry, M H. Segall, & Ç. Kagitçibasi (Eds.), *Handbook of cross-cultural psychology: Vol. 3. Social behavior and applications* (2nd ed., pp. 226–229). Needham Heights, MA: Allyn & Bacon.

Seligman, K. (2001, September 7). 5.6% of California homes multigenerational. *San Francisco Chronicle,* p. A12.

Sellers, M. J. (1975). *The first ten years of childhood in rural communities of Mexico and Guatemala.* Unpublished manuscript, Harvard University.

Sénéchal, M. & LeFevre J.-A. (2002). Parental involvement in the development of children's reading skill: A five-year longitudinal study. *Child Development, 73,* 445–460.

Senungetuk, V., & Tiulana, P. (1987). *A place for winter: Paul Tiulana's story.* Anchorage, AK: The Ciri Foundation.

Serpell, R. (1976). *Culture's influence on behaviour.* London: Methuen.

Serpell, R. (1977). Strategies for investigating intelligence in its cultural context. *Quarterly Newsletter of the Institute for Comparative Human Development, 1,* 11–15.

Serpell, R. (1979). How specific are perceptual skills? A cross-cultural study of pattern reproduction. *British Journal of Psychology, 70,* 365–380.

Serpell, R. (1982). Measures of perception, skills and intelligence. In W. W. Hartup (Ed.), *Review of child development research* (Vol. 6, pp. 392–440). Chicago: University of Chicago Press.

Serpell, R. (1993). *The significance of schooling: Life-journeys in an African society.* Cambridge, England: Cambridge University Press.

Serpell, R., & Hatano, G. (1997). Education, schooling, and literacy. In J. W. Berry, P. R. Dasen & T. S. Saraswathi (Eds.), *Handbook of cross-cultural psychology: Vol. 2. Basic processes and human development* (pp. 339–376). Boston: Allyn and Bacon.

Seymour, S. C. (1999). *Women, family, and child care in India.* Cambridge, England: Cambridge University Press.

Shachar, H., & Sharan, S. (1994). Talking, relating, and achieving: Effects of cooperative learning and whole-class instruction. *Cognition and Instruction, 12,* 313–353.

Shapira, A., & Madsen, M. C. (1969). Cooperative and competitive behavior of kibbutz and urban children in Israel. *Child Development, 40,* 609–617.

Sharan, Y., & Sharan, S. (1992). *Expanding cooperative learning through group investigation.* New York: Teachers College Press.

Sharp, D., & Cole, M. (1972). Patterns of responding in the word associations of West African children. *Child Development, 43,* 55–65.

Sharp, D., Cole, M., & Lave, J. (1979). Education and cognitive development: The evidence from experimental research. *Monographs of the Society for Research in Child Development, 44* (Serial no. 178).

Shatz, M. (1987). Bootstrapping operations in child language. In K. E. Nelson & A. van Kleeck (Eds.), *Children's language* (Vol. 6, pp. 1–22). Hillsdale, NJ: Erlbaum.

Sherif, M., Harvey, O.J., White, B. J., Hood, W. R., & Sherif, C. W. (1961). *Intergroup conflict and cooperation: The Robbers Cave experiment.* Norman: Institute of Group Relations, University of Oklahoma.

Sherif, M., & Sherif, C. W. (1969). *Social psychology.* New York: Harper & Row.

Shore, B. (1988, November). *Interpretation under fire.* Paper presented at the meetings of the American Anthropological Association, Phoenix, AZ.

Shore, B. (1996). *Culture in mind: Cognition, culture, and the problem of meaning.* New York: Oxford University Press.

Shotter, J. (1978). The cultural context of communication studies: Theoretical and methodological issues. In A. Lock (Ed.), *Action, gesture, and symbol: The emergence of language* (pp. 43–78). London: Academic Press.

Shwalb, D. W., Shwalb, B. J., Sukemune, S., & Tatsumoto, S. (1992). Japanese nonmaternal child care: Past, present, and future. In M. E. Lamb, K. J. Sternberg, C.-P. Hwang, & A. G. Broberg (Eds.), *Child care in context* (pp. 331–353). Hillsdale, NJ: Erlbaum.

Shweder, R. A. (1979). Rethinking culture and personality theory, part II: A critical examination of two more classical postulates. *Ethos, 7,* 279–311.

Shweder, R. A. (Ed.). (1998) *Welcome to middle age! (and other cultural fictions).* Chicago: University of Chicago Press.

Shweder, R. (1991). *Thinking through cultures: Expeditions in cultural psychology.* Cambridge, MA: Harvard University Press.

Shweder, R. A., Goodnow, J., Hatano, G., LeVine, R. A., Markus, H., & Miller, P. (1998). The cultural psychology of development: One mind, many mentalities. In W. Damon (Ed.-in-chief) & R. M. Lerner (Ed.), *Theoretical models of human development* (Vol. 1: pp. 865–937) of *Handbook of child psychology* (5th ed.). New York: Wiley.

Shweder, R. A., Mahapatra, M., & Miller, J. G. (1990). Culture and moral development. In J. W. Stigler, R. A. Shweder, & G. Herdt (Eds.), *Cultural psychology: Essays on comparative human development.* Cambridge, England: Cambridge University Press.

Skeat, W. W. (1974). *An etymological dictionary of the English language.* Oxford: Clarendon Press.

Slaughter, D. T., & Dombrowski, J. (1989). Cultural continuities and discontinuities: Impact on social and pretend play. In M. N. Bloch & A. D. Pellegrini (Eds.), *The ecological context of children's play.* Norwood, NJ: Ablex.

Slobin, D. I. (1973). Cognitive prerequisites for the development of grammar. In C. A. Ferguson & D. I. Slobin (Eds.), *Studies of child language development.* New York: Holt, Rinehart & Winston.

Smitherman, G. (1977). *Talkin and testifyin: The language of Black America.* Boston: Houghton Mifflin.

Snow, C. E. (1984). Parent-child interaction and the development of communicative ability. In R. Schiefelbusch & J. Pickar (Eds.), *The acquisition of communicative competence.* Baltimore, MD: University Park Press.

Solomon, D., Watson, M., Schaps, E., Battistich, V., & Solomon, J. (1990). Cooperative learning as part of a comprehensive classroom program designed to promote prosocial development. In S. Sharan (Ed.), *Cooperative learning: Theory and research* (pp. 231–260). New York: Praeger.

Sorce, J. F., Emde, R. N., Campos, J., & Klinnert, M. D. (1985). Maternal emotional signaling: Its effect on the visual cliff behavior of 1-year-olds. *Developmental Psychology, 21,* 195–200.

Sorenson, E. R. (1979). Early tactile communication and the patterning of human organization: A New Guinea case study. In M. Bullowa (Ed.), *Before speech: The beginning of interpersonal communication* (pp. 289–305). Cambridge, England: Cambridge University Press.

Sostek, A. M., Vietze, P., Zaslow, M., Kreiss, L., van der Waals, F., & Rubinstein, D. (1981). Social context in caregiver-infant interaction: A film study of Fais and the United States. In T. M. Field, A. M. Sostek, P. Vietze, & P. H. Leiderman (Eds.), *Culture and early interactions.* Hillsdale, NJ: Erlbaum.

Spicher, C. H., & Hudak, M. A. (1997, August). *Gender role portrayal on Saturday morning cartoons: An update.* Paper presented at the American Psychological Association meetings, Chicago.

Spock, B. J. (1945). *The common sense book of child and baby care.* New York: Duell, Sloan, & Pearce.

Spring, J. H. (1996). *The cultural transformation of a Native American family and its tribe, 1763–1995.* Mahwah, NJ: Erlbaum.

Stairs, A. (1996). Human development as cultural negotiation: Indigenous lessons on becoming a teacher. *Journal of Educational Thought, 30,* 219–237.

Sternberg, R., Conway, B., Ketron, J., & Bernstein, M. (1981). People's conceptions of intelligence. *Journal of Personality and Social Psychology, 4,* 37–55.

Stevenson, H. W., Lee, S-Y., & Stigler, J. W. (1986). Mathematics achievement of Chinese, Japanese, and American children. *Science, 231,* 693–699.

Stevenson, H. W., Parker, T., Wilkinson, A., Bonnevaux, B., & Gonzalez, M. (1978). Schooling, environment, and cognitive development: A cross-cultural study. *Monographs of the Society for Research in Child Development, 43* (3, Serial no. 175).

Stevenson, H. W., Stigler, J. W., Lucker, G. W., Lee, S., Hsu, C., & Kitamura, K. (1987). Classroom behavior and achievement of Japanese, Chinese, and American children. In R. Glaser (Ed.), *Advances in instructional psychology* (Vol. 3, pp. 153–204). Hillsdale, NJ: Erlbaum.

Stewart, S. M., Bond, M. H., Zaman, R. M., McBride-Chang, C., Rao, N., Ho, L. M., & Fielding, R. (1999). Functional parenting in Pakistan. *International Journal of Behavioral Development, 23,* 747–770.

Stigler, J. W., Barclay, C., & Aiello, P. (1982). Motor and mental abacus skill: A preliminary look at an expert. *Quarterly Newsletter of the Laboratory of Comparative Human Cognition, 4,* 12–14.

Stipek, D. J. (1993). Is child-centered early childhood education really better? In S. Reifel (Ed.), *Advances in early education and day care.* Greenwich, CT: JAI Press.

Strauss, C. (2000). The culture concept and the individualism-collectivism debate: Dominant and alternative attributions for class in the United States. In L. P. Nucci, G. B. Saxe, & E. Turiel (Eds.), *Culture, thought, and development* (pp. 85–114). Mahwah, NJ: Erlbaum.

Strauss, S., Ankori, M., Orpaz, N., & Stavy, R. (1977). Schooling effects on the development of proportional reasoning. In Y. H. Poortinga (Ed.), *Basic problems in cross-cultural psychology.* Amsterdam: Swets.

Subbotskii, E. V. (1987). Communicative style and the genesis of personality in preschoolers. *Soviet Psychology, 25,* 38–58.

Subbotsky, E. (1995). The development of pragmatic and non-pragmatic motivation. *Human Development, 38,* 217–234.

Suina, J. H., & Smolkin, L. B. (1994). From natal culture to school culture to dominant society culture: Supporting transitions for Pueblo Indian students. In P. M. Greenfield & R. R. Cocking (Eds.), *Cross-cultural roots of minority child development* (pp. 115–130). Hillsdale, NJ: Erlbaum.

Super, C. M. (1979). *A cultural perspective on theories of cognitive development.* Paper presented at the meeting of the Society for Research in Child Development, San Francisco.

Super, C. M. (1981). Behavioral development in infancy. In R. H. Munroe, R. L. Munroe, & B. B. Whiting (Eds.), *Handbook of cross-cultural human development*. New York: Garland.

Super, C. M., & Harkness, S. (1982). The infant's niche in rural Kenya and metropolitan America. In L. L. Adler (Ed.), *Cross-cultural research at issue* (pp. 47–55). San Diego, CA: Academic Press.

Super, C. M., & Harkness, S. (1983). *Looking across at growing up: The cultural expression of cognitive development in middle childhood*. Unpublished manuscript, Harvard University.

Super, C. M., & Harkness, S. (1997). The cultural structuring of child development. In J. W. Berry, P. R. Dasen, & T. S. Saraswathi (Eds.), *Handbook of cross-cultural psychology: Vol. 2. Basic processes and human development* (pp. 1–39). Boston: Allyn and Bacon.

Sutter, B. & Grensjo, B. (1988). Explorative learning in the school? Experiences of local historical research by pupils. *Quarterly Newsletter of the Laboratory of Comparative Human Cognition, 10*, 39–54.

Swetz, F. (1987). *Capitalism and arithmetic: The new math of the 15th century*. La Salle, IL: Open Court.

Swisher, K. (1990). Cooperative learning and the education of American Indian/Alaskan Native students: A review of the literature and suggestions for implementation. *Journal of American Indian Education, 29*, 36–43.

Swisher, K., & Deyhle, D. (1989). The styles of learning are different, but the teaching is just the same: Suggestions for teachers of American Indian youth. *Journal of American Indian Education, 21*, 1–14.

Sylva, K., Bruner, J. S., & Genova, P. (1976). The role of play in the problem-solving of children 3–5 years old. In J. S. Bruner, A. Jolly, & K. Sylva (Eds.), *Play: Its role in development and evolution* (pp. 244–257). New York: Basic Books.

Tafoya, T. (1989). Coyote's eyes: Native cognition styles. *Journal of American Indian Education, 21*, 29–42.

Takahashi, K. (1990). Are the key assumptions of the "Strange Situation" procedure universal? A view from Japanese research. *Human Development, 33*, 23–30.

Taylor, D. (1983). *Family literacy*. Exeter, NH: Heinemann.

Tharp, R. G. (1989). Psychocultural variables and constants: Effects on teaching and learning in schools. *American Psychologist, 44*, 349–359.

Tharp, R. G., & Gallimore, R. (1988). *Rousing minds to life: Teaching, learning, and schooling in social context*. Cambridge, England: Cambridge University Press.

Thomas, D. R. (1975). Cooperation and competition among Polynesian and European children. *Child Development, 46*, 948–953.

Thomas, W. I., & Znaniecki, F. (1984). The peasant letter. In E. Zaretsky (Ed.), *The Polish peasant in Europe and America* (pp. 143–156). Urbana: University of Illinois Press.

Timm, P., & Borman, K. (1997). The soup pot don't stretch that far no more: Intergenerational patterns of school leaving in an urban Appalachian neighborhood. In M. Seller & L. Weis (Eds.), *Beyond black and white: New faces and voices in U.S. schools*. Albany: State University of New York Press.

Tizard, B., & Hughes, M. (1984). *Young children learning*. Cambridge, MA: Harvard University Press.

Tobin, J. J., Wu, D. Y., & Davidson, D. H. (1989). *Preschool in three cultures*. New Haven: Yale University Press.

Tobin, J. J., Wu, D. Y. H., & Davidson, D. H. (1991). Forming groups. In B. Finkelstein, A. E. Imamura, & J. J. Tobin (Eds.), *Transcending stereotypes: Discovering Japanese culture and education* (pp. 109–117). Yarmouth, ME: Intercultural Press.

Tomasello, M. (1992). The social bases of language acquisition. *Social Development, 1*, 67–87.

Tomasello, M. (in press). The cultural roots of language. In B. Velichkovsky & D. Rumbaugh (Eds.), *Naturally human: Origins and destiny of language*. Princeton: Princeton University Press.

Trawick-Smith, J. W. (1997). *Early childhood development: A multicultural perspective*. Upper Saddle River, NJ: Prentice Hall.

Trevarthen, C. (1988). Universal co-operative motives: How infants begin to know the language and culture of their parents. In G. Jahoda & I. M. Lewis (Eds.), *Acquiring culture: Cross-cultural studies in child development*. London: Croom Helm.

Trevarthen, C., & Hubley, P. (1978). Secondary intersubjectivity: Confidence, confiding and acts of meaning in the first year. In A. Lock (Ed.), *Action, gesture and symbol: The emergence of language* (pp. 183–229). London: Academic.

Trevathan, W. R., & McKenna, J. J. (1994). Evolutionary environments of human birth and infancy: Insights to apply to contemporary life. *Children's Environments, 11*, 88–104.

Tronick, E., Morelli, G. A., & Winn, S. (1987). Multiple caretaking of Efe (Pygmy) infants. *American Anthropologist, 89*, 96–106.

True, M. M., Pisani, L., & Oumar, F. (2001). Infant–mother attachment among the Dogon of Mali. *Child Development, 72*, 1451–1466.

Tudge, J. R. H. (1992). Processes and consequences of peer collaboration: A Vygotskian analysis. *Child Development, 63*, 1364–1379.

Tudge, J. R. H., & Winterhoff, P. (1993). Can young children benefit from collaborative problem-solving? Tracing the effects of partner competence and feedback. *Social Development, 2*, 242–259.

Tulviste, P. (1991). *The cultural–historical development of verbal thinking*. Commack, New York: Nova Science Publishers.

Ueno, N., & Saito, S. (1995, April). *Historical transformations of math as artifacts for socio–economic distribution in a Nepalese bazaar*. Paper presented at the meetings of the American Educational Research Association, San Francisco.

United States Census Bureau. (2000). *Statistical abstract of the United States*. Washington, DC: U.S. Government Printing Office.

Utley, R. M. (Ed.). (1964). *Battlefield and classroom: Four decades with the American Indian 1867–1904 [The memoirs of Richard Henry Pratt]*. New Haven, CT: Yale University Press.

Valdés, G. (2002). *Expanding definitions of giftedness: The case of young interpreters of immigrant communities*. Mahwah, NJ: Erlbaum.

Valentine, C. A. (1971). Deficit, difference, and bicultural models of Afro–American behavior. *Harvard Educational Review, 41*, 137–157.

Valsiner, J. (1984). Construction of the zone of proximal development in adult–child joint action: The socialization of meals. In B. Rogoff & J. V. Wertsch (Eds.), *Children's learning in the "zone of proximal development"* (pp. 65–76). San Francisco: Jossey-Bass.

Valsiner, J. (1987). *Culture and the development of children's action*. Chichester, England: Wiley.

Valsiner, J. (1994). *Comparative–cultural and constructivist perspectives*. Norwood, NJ: Ablex.

Valsiner, J. (2000). *Culture and human development: An introduction*. London: Sage.

Valsiner, J., & Lawrence, J. A. (1997). Human development in culture across the life span. In J. W. Berry, P. R. Dasen, & T. S. Saraswathi (Eds.), *Handbook of cross-cultural psychology: Vol. 2. Basic processes and human development* (pp. 69–106). Boston: Allyn and Bacon.

van der Veer, R., & Valsiner, J. (1991). *Understanding Vygotsky*. Oxford: Blackwell.

Velazquez, J. (1999). Pulp nonfiction: The story of paper. *Exploratorium Magazine, 23*, 4–9.

Verba, M. (1994). The beginnings of collaboration in peer interaction. *Human Development, 37*, 125–139.

Verdery, K. (1994). Ethnicity, nationalism, and state–making. In H. Vermeulen & C. Govers (Eds.), *The anthropology of ethnicity: Beyond 'Ethnic groups and boundaries'* (pp. 33–58). Amsterdam: Het Spinhuis.

Vigil, J. D. (1988). Group processes and street identity: Adolescent Chicano gang members. *Ethos, 16*, 421–444.

Vivero, V. N., & Jenkins, S. R. (1999). Existential hazards of the multicultural individual: Defining and understanding "cultural homelessness." *Cultural Diversity and Ethnic Minority Psychology, 5*, 6–26.

Vogt, L. A., Jordan, C., & Tharp, R. G. (1987). Explaining school failure, producing school success: Two cases. *Anthropology and Education Quarterly, 18*, 276–286.

Vygotsky, L. S. (1967). Play and its role in the mental development of the child. *Soviet Psychology, 5*, 6–18.

Vygotsky, L. S. (1978). *Mind in society: The development of higher psychological processes*. Cambridge, MA: Harvard University Press.

Vygotsky, L. S. (1987). *Thinking and speech*. In R. W. Rieber & A. S. Carton (Eds.), *The collected works of L. S. Vygotsky* (N. Minick, Trans.) (pp. 37–285). New York: Plenum.

Wagner, D. A., & Spratt, J. E. (1987). Cognitive consequences of contrasting pedagogies: The effects of Quranic preschooling in Morocco. *Child Development, 58*, 1207–1219.

Waldron, J. (1996). Multiculturalism and mélange. In R. K. Fullinwider (Ed.), *Public education in a multicultural society: Policy, theory, critique* (pp. 90–118). New York: Cambridge University Press.

Walker, S. S. (2001). Are you hip to the jive? (Re)writing/righting the pan-American discourse. In S. S. Walker (Ed.), *African roots/American cultures: Africa in the creation of the Americas* (pp. 1–44). Lanham, MD: Rowman & Littlefield.

Ward, M. C. (1971). *Them children: A study in language learning*. New York: Holt, Rinehart & Winston.

Watson-Gegeo, K. A. (1990). The social transfer of cognitive skills in Kwara'ae. *Quarterly Newsletter of the Laboratory of Comparative Human Cognition, 12*, 86–90.

Watson-Gegeo, K. A., & Gegeo, D. W. (1986a). *Communicative routines in Kwara'ae children's language socialization (Final report)*. Washington, DC: National Science Foundation.

Watson-Gegeo, K. A., & Gegeo, D. W. (1986b). The social world of Kwara'ae children: Acquisition of language and values. In J. Cook–Gumperz, W. Corsaro, & J. Streeck (Eds.), *Children's worlds and children's language*. The Hague: Mouton.

Watson-Gegeo, K. A., & Gegeo, D. W. (1989). The role of sibling interaction in child socialization. In P. Zukow (Ed.), *Sibling interaction across cultures: Theoretical and methodological issues*. New York: Springer–Verlag.

Waxman, S., & Gelman, R. (1986). Preschoolers' use of superordinate relations in classification and language. *Cognitive Development, 1*, 139–156.

Weatherford, J. (1988). *Indian givers: How the Indians of the Americas transformed the world*. New York: Crown.

Weisner, T. S. (1989). Cultural and universal aspects of social support for children: Evidence from the Abaluyia of Kenya. In D. Belle (Ed.), *Children's social networks and social supports* (pp. 70–90). New York: Wiley.

Weisner, T. S. (1997). Support for children and the African family crisis. In T. S. Weisner, C. Bradley, & P. L. Kilbride (Eds.), *African families and the crisis of social change*. Westport, CT: Greenwood Press/Bergin & Garvey.

Weisner, T. S., & Bernheimer, L. P. (1998). Children of the 1960s at midlife: Generational identity and the family adaptive project. In R. A. Shweder (Ed.), *Welcome to middle age! (and other cultural fictions)*. Chicago: University of Chicago Press.

Weisner, T. S, Bradley, C., & Kilbride, P. L. (Eds.). (1997). *African families and the crisis of social change*. Westport, CT: Greenwood Press/Bergin & Garvey.

Weisner, T. S., & Gallimore, R. (1977). My brother's keeper: Child and sibling caretaking. *Current Anthropology, 18*, 169–190.

Weisner, T. S., Gallimore, R., & Jordan, C. (1988). Unpackaging cultural effects on classroom learning: Native Hawaiian peer assistance and child–generated activity. *Anthropology and Education Quarterly, 19*, 327–351.

Wells, G., Chang, G. L. M., & Maher, A. (1990). Creating classroom communities of literate thinkers. In S. Sharan (Ed.), *Cooperative learning: Theory and research*. New York: Praeger.

Wenar, C. (1982). On negativism. *Human Development, 25*, 1–23.

Wenger, E. (1999). *Communities of practice*. New York: Cambridge University Press.

Wenger, M. (1983). *Gender role socialization in an East African community: Social interaction between 2- to 3-year-olds and older children in social ecological perspective*. Unpublished doctoral dissertation, Harvard University.

Werker, J. F., & Desjardins, R. N. (1995). Listening to speech in the 1st year of life: Experiential influences on phoneme perception. *Current Directions in Psychological Science, 4*, 76–81.

Werner, E. E. (1979). *Cross-cultural child development: A view from the Planet Earth*. Monterey, CA: Brooks/Cole.

Wertsch, J. V. (1979). From social interaction to higher psychological processes. *Human Development, 22*, 1–22.

Wertsch, J. V. (1984). The zone of proximal development: Some conceptual issues. In B. Rogoff & J. V. Wertsch (Eds.), *Children's learning in the "zone of proximal development"* (pp. 7–18). San Francisco: Jossey-Bass.

Wertsch, J. V. (1985). *Vygotsky and the social formation of mind*. Cambridge, MA: Harvard University Press.

Wertsch, J. V. (1991). *Voices of the mind: A sociocultural approach to mediated action*. Cambridge, MA: Harvard University Press.

Wertsch, J. V. (1998). *Mind as action*. New York: Oxford University Press.

Whaley, A. L. (2000). Sociocultural differences in the developmental consequences of the use of physical discipline during childhood for African Americans. *Cultural Diversity and Ethnic Minority Psychology, 6*, 5–12.

White, M. (1987). *The Japanese educational challenge: A commitment to children.* New York: Free Press.

White, M. I., & LeVine, R. A. (1986). What is an Ii Ko (good child)? In H. Stevenson, H. Azuma, & K. Hakuta (Eds.), *Child development and education in Japan* (pp. 55–62). New York: Freeman.

White, S. H. (1965). Evidence for a hierarchical arrangement of learning processes. In L. P. Lipsitt & C. C. Spiker (Eds.), *Advances in child development and behavior* (Vol. 2, pp. 187–220). New York: Academic Press.

White, S. H. (1976). Socialization and education: For what and by what means? In N. B. Talbot (Ed.), *Raising children in modern America.* Boston: Little, Brown.

Whitehead, H. (1981). The bow and the burden strap. In S. B. Ortner & H. Whitehead (Eds.), *Sexual meanings: The cultural construction of gender and sexuality* (pp. 80–115). Cambridge, England: Cambridge University Press.

Whitehurst, G. J., Arnold, D. S., Epstein, J. N., Angell, A. L., Smith, M., & Fischel, J. E. (1994). A picture book reading intervention in day care and home for children from low–income families. *Developmental Psychology, 30,* 679–689.

Whiting, B. B. (1974). Folk wisdom and child rearing. *Merrill–Palmer Quarterly, 20,* 9–19.

Whiting, B. B. (1976). The problem of the packaged variable. In K. F. Riegel & J. A. Meacham (Eds.), *The developing individual in a changing world.* Chicago: Aldine.

Whiting, B. B. (1979). *Maternal behavior in cross-cultural perspective.* Paper presented at the meeting of the Society for Cross-Cultural Research, Charlottesville, VA.

Whiting, B. B. (1980). Culture and social behavior: A model for the development of social behavior. *Ethos, 8,* 95–116.

Whiting, B. B. (1996). The effect of social change on concepts of the good child and good mothering: A study of families in Kenya. *Ethos, 24,* 3–35.

Whiting, B. B., & Edwards, C. (1973). A cross-cultural analysis of sex differences in the behavior of children aged 3 to 11. *Journal of Social Psychology, 91,* 171–188.

Whiting, B. B., & Edwards, C. P. (1988). *Children of different worlds: The formation of social behavior.* Cambridge, MA: Harvard University Press.

Whiting, B. B., & Whiting, J. W. M. (1975). *Children of six cultures: A psycho–cultural analysis.* Cambridge, MA: Harvard University Press.

Whiting, J. W. M. (1964). The effects of climate on certain cultural practices. In W. H. Goodenough (Ed.), *Explorations in cultural anthropology: Essays in honor of George Peter Murdock* (pp. 511–544). New York: McGraw–Hill.

Whiting, J. W. M. (1981). Environmental constraints on infant care practices. In R. H. Munroe, R. L. Munroe, & B. B. Whiting (Eds.), *Handbook of cross–cultural human development.* New York: Garland.

Whiting, J. W. M., & Child, I. L. (1953). *Child training and personality.* New Haven, CT: Yale University Press.

Wierzbicka, A. (1996). Japanese cultural scripts: Cultural psychology and "cultural grammar." *Ethos, 24,* 527–555.

Willinsky, J. (1998). *Learning to divide the world: Education at empire's end.* Minneapolis: University of Minnesota Press.

Wilson, W. J. (1974). The new Black sociology: Reflections on the "insiders" and "outsiders" controversy. In J. E. Blackwell & M. Janowitz (Eds.), *Black sociologists: Historical and contemporary perspectives* (pp. 322–338). Chicago: University of Chicago Press.

Wilson-Oyelaran, E. (1989). Towards contextual sensitivity in developmental psychology: A Nigerian perspective. In J. Valsiner (Ed.), *Child development in cultural context* (pp. 51–66) Toronto: Hogrefe & Huber.

Witmer, S. (1996). Making peace, the Navajo way. *Tribal College Journal, 8,* 24–27.

Wober, M. (1972). Culture and the concept of intelligence: A case in Uganda. *Journal of Cross-Cultural Psychology, 3,* 327–328.

Wohlwill, J. F. (1970). The age variable in psychological research. *Psychological Review, 77,* 49–64.

Wolf, D. P. (1988). Becoming literate: One reader reading. *Academic Connections* 1–4.

Wolf, E. R. (1994). Perilous ideas: Race, culture, people. *Current Anthropology, 35,* 1–12.

Wolf, E. R. (1997). *Europe and the people without history.* Berkeley: University of California Press.

Wolf, S. A., & Heath, S. B. (1992). *The braid of literature: Children's world of reading.* Cambridge, MA: Harvard University Press.

Wolfenstein, M. (1955). French parents take their children to the park. In M. Mead & M. Wolfenstein (Eds.), *Childhood in contemporary cultures.* Chicago: University of Chicago Press.

Wood, D. (1986). Aspects of teaching and learning. In M. Richards & P. Light (Eds.), *Children of social worlds* (pp. 191–212). Cambridge, England: Polity Press.

Wozniak, R. H. (1993). *Worlds of childhood.* New York: HarperCollins.

Yamauchi, L.A., & Tharp, R.G. (1994, April). *Policy and the development of effective education for Native Americans.* Paper presented at the meetings of the American Educational Research Association, New Orleans.

Young, V. H. (1970). Family and childhood in a Southern Negro community. *American Anthropology, 72,* 269–288.

Zborowski, M. (1955). The place of book–learning in traditional Jewish culture. In M. Mead & M. Wolfenstein (Eds.), *Childhood in contemporary cultures.* Chicago: University of Chicago Press.

Zellermayer, M., Salomon, G., Globerson, T., & Givon, H. (1991). Enhancing writing–related metacognitions through a computerized writing partner. *American Educational Research Journal, 28,* 373–391.

Zihlman, A. (1989). Woman the gatherer: The role of women in early hominid evolution. In S. Morgen (Ed.), *Gender and anthropology* (pp. 21–36). Washington, DC: American Anthropological Association.

Zinchenko, V. P. (1985). Vygotsky's ideas about units for the analysis of mind. In J. V. Wertsch (Ed.), *Culture, communication and cognition: Vygotskian perspectives* (pp. 94–118). Cambridge, England: Cambridge University Press.

Zukow, P. G., Reilly, J., & Greenfield, P. M. (1982). Making the absent present: Facilitating the transition from sensorimotor to linguistic communication. In K. E. Nelson (Ed.), *Children's language* (Vol. 3, pp. 1–90). New York: Gardner Press.

國家圖書館出版品預行編目資料

人類發展的文化本質／Barbara Rogoff 原著；
李昭明，陳欣希譯.--初版.--臺北市：心理，2008.09
面； 公分. --（幼兒教育；119）
參考書目：面
譯自：The cultural nature of human development

ISBN 978-986-191-177-9（平裝）

1.社會化 2.兒童發展 3.人類發展 4.發展心理學

541.17   97013634

幼兒教育 119　　**人類發展的文化本質**

作　　者：Barbara Rogoff
校　　閱：幸曼玲
譯　　者：李昭明、陳欣希
執行編輯：高碧嶸
總 編 輯：林敬堯
發 行 人：洪有義
出 版 者：心理出版社股份有限公司
社　　址：台北市和平東路一段 180 號 7 樓
總　　機：(02) 23671490　　傳　　真：(02) 23671457
郵　　撥：19293172　心理出版社股份有限公司
電子信箱：psychoco@ms15.hinet.net
網　　址：www.psy.com.tw
駐美代表：Lisa Wu　Tel：973 546-5845　Fax：973 546-7651
登 記 證：局版北市業字第 1372 號
電腦排版：臻圓打字印刷有限公司
印 刷 者：翔盛印刷有限公司
初版一刷：2008 年 9 月